중증 성격장애

치료의 이론과 실제

MODERATING SEVERE PERSONALITY DISORDERS

중증 성격장애

치료의 이론과 실제

Theodore Millon, Seth Grossman 지음

최영안, 김광현 옮김

Σ시그마프레스

중증성격 장애 치료의 이론과 실제

발행일 | 2013년 8월 5일 1쇄 발행

저자 | Theodore Millon, Seth Grossman

역자 | 최영안, 김광현

발행인 | 강학경

발행처 | ㈜시그마프레스

편집 | 우주연

교정·교열 | 김은실

등록번호 제10-2642호

주소 서울특별시 영등포구 양평로 22길 21 선유도코오롱디지털타워 A401~403호

전자우편 sigma@spress.co.kr

홈페이지 http://www.sigmapress.co.kr

전화 (02)323-4845, (02)2062-5184~8

팩스 (02)323-4197

ISBN 978-89-6866-047-4

Moderating Severe Personality Disorders: A Personalized
Psychotherapy Approach

＊책값은 책 뒤표지에 있습니다.

＊이 도서의 국립중앙도서관 출판시도서목록(CIP)은 서지정보유통지원시스템 홈페이지(http://seoji.
nl.go.kr)와 국가자료공동목록시스템(http://www.nl.go.kr/kolisnet)에서 이용하실 수 있습니다.
(CIP제어번호: CIP2013012948)

Theodore Millon은 21세기 초기를 대표하는 정신 장애 분야의 석학이다. 부모는 러시아의 소도시에서 리투아니아로 이주한 유태인이었고, 그는 1928년 폴란드에서 태어나 유럽과 미국에서 수학하고 학위를 받았다. 이후 펜실베이니아 알링턴 주립병원에서 15년간 근무하였다. 성격 장애 학술지를 창간하여 편집을 주관한 시기도 있었으나 하버드대학교 의학부와 마이애미대학교에서 강의하였고 그곳의 명예교수이다.

Millon은 정신 장애에 대한 학문적 토대를 확립하였다. 2007년에 저술한 본서 『중증성격 장애 치료의 이론과 실제』(Theodore Millon and Seth Grossman)는 그의 학문이 원숙한 시기에 완성된 이 분야의 금자탑이다. 다음해에 미국 심리학회는 그에게 심리학 공로상을 수여하였고, 명예를 기리기 위하여 그의 이름으로 재단과 학술상을 설립하였다. 정신 장애에 대한 그의 저작과 학술의 성과가 미국 심리학에 지대한 영향을 주었고, 학회도 이를 잊지 않기 위하여 살아 있는 인물에 대한 최고의 예우를 보였다.

공저자인 Seth Grossman은 플로리다 쿠퍼 시에서 건강상담소를 운영하고 있다. 그는 지역의 심리 장애자에 대한 자료를 광범하게 축적한 실무자로, Millon의 이론을 철저하게 적용하고 검증하였다. 이 책과 더불어 같은 해에 같은 출판사에서 시리즈로 Millon과 함께 저술한 책이 바로 『Resolving Difficult Clinical Syndromes: A

Personalized Psychotherapy Approach』이다.

Millon은 같은 해 같은 출판사에서 Seth Grossman과 『Overcoming Resistant Personality Disorders: A Personalized Psychotherapy Approach』를 편집하여 또 다른 시리즈를 완성하였다. 그가 주관한 위의 세 가지 책은 학문적 역량과 경험을 집결시켰고, 성격 장애의 심리치료 분야에서 미국을 넘어 모든 인류의 참고서로의 위치를 유지하리라 예상된다.

이 책의 가치를 알고, 저자의 허락을 받아 번역하기까지 공역자의 노고가 참으로 컸다. 나는 Millon의 정신 장애 검사가 매우 탁월하다는 사실을 감지하고 이를 임상심리에 처음으로 적용하였고, 이를 다듬어서 학위를 받았을 정도로 실무와 학문에서 저자의 신세를 많이 졌다. 역자가 처음 사용한 Millon의 정신 장애 검사는 그가 15년간 알링턴 병원에서 쌓은 실무를 토대로 사례를 분류하고 정리한 결과이지만, 이후에 더욱 정교하게 다듬고 향상시켰으므로 나는 이를 파악하기에 바쁠 정도였다.

학문은 날로 성장하고 이론으로 다듬어진다. 나는 병원에서 정년퇴직하고 대학에서 실무를 바탕으로 강의를 계속하면서 그동안의 경험을 적용하지만, Millon의 예리한 사고와 분별력, 그리고 근면한 노력과 미국 심리학계의 발전하는 풍토를 살피면 나의 부족한 노력과 우리 학계의 협력이 부족함을 절감한다. 다행히 일찍 Millon의 성과에 매료되었던 나를 찾아 함께 번역을 독려하고 몇 줄의 역자 서문을 전담하도록 위임한 공역자의 겸손한 학문 태도와 학구열에 오히려 부끄러움과 감사함이 교차한다.

이 책이 한국에서 심각한 정신 장애자를 치료하고 건강한 사회로 나아가는 디딤돌이 되기를 기대한다. 아울러 사회발전에 출판으로 기여하는 (주)시그마프레스와 편집부 관계자에게 깊은 감사를 드린다. 이 책이 마음의 소리로 깊이 메아리치는 양서로 널리 읽히도록 우리글로 아름답게 태어나기를 기도한다.

남부터미널 삼성유니빌 321호 마음의 소리에서
최영안 삼가 씀

저자 서문

진단이나 면담, 실험 과정과 검사를 수반하는 심리평가가 실제로 임상가들이 치료해야 할 것을 분명하게 지적한다면, 이는 우리 분야에서 커다란 진보가 아닌가? 환자의 심리적 구성의 어떤 특정 기능이 근본적으로 문제(생리적, 인지적, 대인관계적)가 있는지 평가를 통해 가려내고, 그에 따라 일차적인 치료 집중에 기여할 수 있다면 좋은 일이 아닌가? 그것은 임상가들이 진단이 치료 과정에 직접 이어질 수 있다고 인정해야 하는 때가 아닌가?

이러한 치료 목표에 대한 진단은 치료 지향적인 평가도구를 사용함으로써 획득될 수 있다(예 : Millon Clinical Multiaxial Inventory III Facet Scales, Millon-Grossman Personality Disorder Checklist 등).

'개인화 심리치료'는 치료 접근에서 모호한 개념이나 진부한 전문용어가 아니라 환자의 심리 구성의 유일한 복합성에 최우선으로 초점을 맞추는 명시적인 공약이다. 따라서 문제가 되는 여러 개인적인 속성을 교정하기 위한 치료의 근본 이론과 기법의 정밀한 공식화의 상술에 초점을 두어야 한다.

정신적 부분과 환경적인 맥락은 그들이 정착해 있는 특정한 사람에 따라 다른 의미를 가지거나 다른 반응을 요청을 할 수 있기 때문에 치료자들은 처음부터 개인에 대한 인식을 해야 한다. 마구잡이가 아닌 치료 기법의 경우, 기반을 단단히 하거나 준거를 이해하지 않고 한 가지 심리적 영역의 표현이나 사회적 구조에 초점을 두는 것은 잠재적으로 잘못 관여하는 것이다.

초보 치료자들은 우리가 진단하는 증상 및 장애가 단지 유기적으로 혼조된 심리적 요소의 한 복합체의 하나나 또는 다른 단편을 나타냄을 더 배워야 한다. 임상적인 특징에 대한 각각의 의미는 환자의 유일한 심리적 경험과 자신의 전반적인 심리 패턴 또는 어느 한 구성요소가 되는 단일 부분의 형태적인 역동을 검토함으로써 가장 잘 이해될 수 있다.

그것이 정신 역동적이든 인지적인 것이든 행동적인 것이든 생리적인 것이든 하나의 관점으로 임상 장애를 개념화한 치료가 유용할 수 있고 심지어 필요하기까지 하지만 그것이 장애든 아니든 환자의 치료를 떠맡는 자체로는 충분치 않다. 우리가 제안하는 혁명은 임상 장애가 특정 표현 양식에 국한되는, 즉 독점적으로 행동이나 인지 또는 무의식들이 아니라고 주장한다. 개인의 특질과 정신적 표현의 전반적인 패턴은 체계적이고 다면적이다. 시스템의 어떤 부분이 다른 부분으로부터 완전히 격리되어 존재하는 시스템은 없다. 장애의 임상적인 뒤얽힘을 설명하는 새로운 협동작용(synergism)처럼 모든 부분은 직접 또는 간접적으로 서로 연관되어 있다.

성격은 실재이다. 그것은 전체로 모든 치료적 기획을 고려해야 하는 뒤얽힌 요소들의 혼합물이다. 따라서 환자들을 치료하는 열쇠는, 그 사람 그 자신이 그런 것처럼 치료가 유기적인 복합체로 설계되어야 한다는 것이다. 이러한 치료 형태는 그 부분의 총합보다 그 이상을 산출해야 한다. 여기서 어려움이 나타날 수 있으므로 우리는 용이성과 유용성을 보여주기를 원한다.

우리의 바람이 기반을 잡는다면 이 책은 치료가 환자의 삶을 근본적인 현실로 돌려놓는 르네상스로서 혁명을 불러일으키게 될 것이다.

이 책은 우리가 환자의 유일한 얽히고 설킴의 폭넓은 다양성을 모두 탐색하여 다시 현실로 돌아오도록 이끌 것이라고 기대한다. 종종 탁월했음에도 불구하고 치료에 대한 대부분이 단일-초점 학파들(예 : 행동, 정신분석)은 동종이 되었다. 더욱이 인간의 현실에서 멀리 이제까지 방황하는 까닭에 그들은 환자의 심리적 구성의 일면이나 단지 하나로 임상가의 관심 범위를 좁히는 데 집착한다. 여러 심리 분야 중(무의식, 생화학적 과정, 인지적 스키마 또는 기타)에서 한 가지를 유일한 중요성으로 고려함으로써 그들은 환자 삶 전체의 풍요로움을 나타내기를 중단한다. 대부분 초보 치료자들이 배웠던 것은 사실상 인위적인 현실로, 초기 단계에서 원래의 관점과 통찰력 있는 방법론으로 구상된 것이지만, 그것이 추상된 것에서부터 복잡한 임상적 현실에 더 이상 정박되지 않음으로써 시간이 지나면서 계선에서 점점 더 벗어나게 되었다.

어떻게 우리의 치료적 접근 방법이 타인들과 다른가? 본질적으로 선호된 이론이나 기법으로서가 아니라 환자의 유일한 성격 속성을 중심에 두고 치료 과업에 임한다. 오직 이러한 개인 속성과 전반적인 평가 후에 우리가 사용해야 하는 치료 방향과 방법론에 대한 어떠한 조합과 연속이 있는지를 생각한다.

신체적 치료와 필적할 만한 개인화 접근은 현재 게놈의학(genomic medicine)이라고 하는 인식을 얻은 것은 주지할 만하다. 여기서 의학자들은 치료를 위해서 현존하거나 빠져 있거나 손상된 유전인자들을 해독하고 환자의 DNA를 탐구했는데 그 때문에 의사는 고도의 개인화된 방식으로 그 환자 특유의 기저에 있는 중심 유전결함들을 세분화해 맞춤식의 치료를 할 수 있다. 환자의 유일한 DNA 속에 새겨진 변이들로, 특이질병에 대한 환자의 사망가능성과 취약성을 경고하는 변이들을 스크린하고 평가해왔다.

개인화 심리치료 시리즈의 첫 번째 책 첫 장에서 구체화되었듯이, 생물학적인 DNA를 구성하는 4개의 화학적 요소와 개념상 유사한 틀로, 우리는 심리적 DNA라고 칭하는 여덟 가지 성격 구성요소와 영역을 공식화했다. 결핍, 과잉, 결함 또는 역기능의 심리 영역(예 : 기분/기질, 정신 내적 기제)은 성격병리의 15가지 뚜렷한 다른 이형(예 : 회피성 장애, 경계성 장애)의 스펙트럼을 나타난다. 이는 개인화 심리치료 대상과 중심이 되는 심리 영역의 잠재적인 문제 8개 중 하나 또는 여러 가지 문제를 거슬러 나타내는(유전자에서 다른 다양한 질병을 야기하는 생물학적 DNA의 취약성과 똑같은 방식으로) 독특한 취약성의 군집이다.

개인화 심리치료 시리즈 첫 번째 책에서 축 1로 구성된 모든 임상증후군이 환자의 전반적인 성격 유형의 산물로 인식될 때 더욱 분명하게 이해되고 좀 더 효과적으로 치료될 수 있음을 보여주려고 한다. 한 환자와 다음 환자에서 우울이 다르게 경험되고 표현된다는 것은 당연한 이치다. 그러나 이 같은 책에서의 일반적인 진술은 충분하지 않을 것이다. 우리의 과업은 훨씬 더 많은 것들을 필요로 한다.

시리즈 첫 번째 책은 정신 장애에 대한 진단 및 통계 편람의 축 1의 임상증후군 해결에 초점을 맞춘다. 이것은 다양한 성격의 취약성을 지닌 환자들이 생애의 스트레스원들에 반응하고 대처하는 방법에 대한 광범한 정보와 도해를 제공한다. 간단한 지식체계와 함께 치료자들은 더욱 정확하고 효과적인 치료 계획을 수행할 수 있도록 해야 한다. 예를 들어 의존적인 사람은 이혼에 종종 무력감과 무능감으로 반응할 것이고, 반면에 유사한 환경에 처한 자기애적인 성격은 흔히 경멸적이고 거드름 피우는 방식으로 반응한다. 의존성과 자기애적인 성격이 모두 공통된 우울증상을 나타낼 때조차도 이러한 증상에 대한 예후는 매우 다를 것이다. 더구나 치료는 그 목적과 방법에 따라 달라져야 한다. 실질적으로 만일 환자의 취약성과 대처방식이 다르다면 유사한 증상은 같은 치료를 요구하지 않는다. 의존성의 경우에서, 정서적인 혼란은 그들의 낮은 자존감으로부터 자율적으로 기능하려는 것에 대한 그들의 무능력에서 생겨날 수 있다. 자기애성의 경우에서, 우울은 그들의 습관적인 대인관계에서 거만함의 결과적인 붕괴이거나 실패했다는 인지적 거부의 노출에 의한 것일 수 있다.

행동(사회적 고립), 인지(망상적 신념), 정동(우울), 생물학적인 결핍(식욕 상실)으로 표현되는 것처럼 임상증후군의 '부분 기능'으로서 우리가 작업을 하든지 안 하든지 상관없이 또는 더 큰 환경, 가족 또는 집단 또는 생애의 사회경제적이고 정치적인 조건들을 우리가 다룰지 말지에 상관없이, 개인의 사회적 맥락에 임상적 표현의 다양성을 연결시키는 장소 교차점은 사람이다. 사람은 기능과 체계를 통합하는 교차 매체이다. 그러나 개인들은 단지 교차 매체 이상이다. 이 시리즈 첫 번째 책에서 우리가 상세히 설명했듯이 이는 자연적인 실체로서 출생 때부터 생성된 심리적 영역의 유기적으로 통합된 체계이다. 더구나 가족 상호작용과 사회화 과정에서 삶과 표현을 부여하는 유일한 실재하는 존재일 뿐 아니라 — 그들이 행동, 정동, 기제든지 어쨌든 — 증상과 특질에 의미와 일관성을 부여하는 실질적인 존재로 치료 경험의 중심부에 놓여 있는 사람이다.

환자의 전체를 고찰해 보는 것은 가장 동기화된 젊은 임상가들조차도 그것이 인지적인 것이든 또는 약리적인 것이든 좀 더 다루기 쉬운 간단한 세계관으로 물러서도록 추진하는 치료 가능성이 없는 혼란스러운 배열인지 당혹스럽게 만들 수 있다. 그러나 여기서 우리가 주장했던 것처럼 만일 우리가 치료 계획에 대한 논리와 질서를 만들 수 있다면, 복잡성은 당황의 경험도 아니고 혼란을 의미하는 것도 아니다. 축 1의 증상을 축 2의 장애에서 체계적으로 통합하여 설명함으로써 논리와 질서를 제공하려고 시도하는 것은 가능할 뿐 아니라 더욱 간단하고 효과적인 치료에 도움이 된다. 우리가 알아야 할 것은 그 치료 방법이 아무리 논리적이고 합리적일지라도 결코 물리과학의 정밀도를 달성할 수는 없을 것이다. 우리는 인간 삶의 자연스러운 과정을 구성하는 끊임없이 진화하는 힘뿐 아니라 우리 분야에서 많은 난해한 변이들과 서열에 대해서도 더욱 깨어 있어야 한다.

Theodore Millon

Seth D. Grossman

플로리다 주 코럴 게이블스

차례

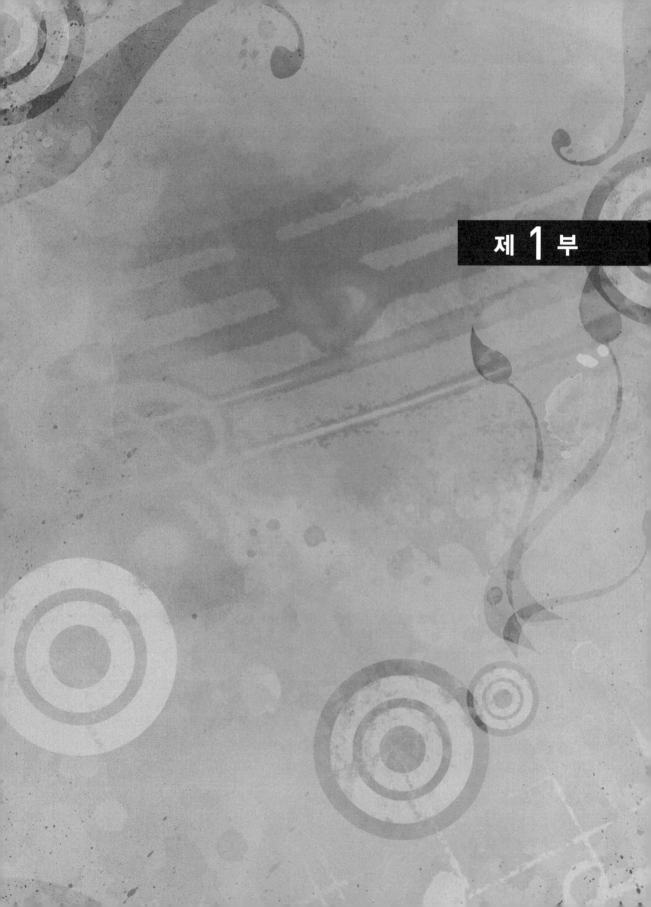

제 1 부

제 1 장

개인화 심리치료 : 개관

이 장은 『Personalized Psychotherapy』 시리즈(Millon & Grossman, 2007)에 있는 『Resolving Difficult Clinical Syndromes』의 제1장을 숙지하지 못한 독자들을 위해 심리치료의 새로운 접근에 대한 간단한 개요를 제공한다.

모든 심리치료는 개인화 치료가 아닌가? 모든 치료자는 자신이 치료하는 환자와 관련짓지 않는가? 우리가 택한 치료 접근법에 '개인화'라는 명칭이 적절할까? 일반적으로 우리가 주장하는 제목은 일상적으로 공유되는 대부분의 치료전문가가 사용해 온 보편적인 제목에서 나온 것이 아닌가?

우리는 그렇다고 생각한다. 사실상 대부분의 치료자는 환자 개인의 특이성을 단지 흔하거나 부수적으로 보고 있다고 생각한다. 대다수의 치료자는 초기 훈련 과정에서 획득한 인지적 치료, 집단치료, 가족치료, 절충주의, 약물치료 등에서 선호하는 이론이나 기법을 암묵적으로 편향된 심리치료에 적용한다.

우리의 치료 접근은 어떻게 다른가? 본질적으로 우리는 선호해 왔던 이론이나 기법만이 아니라 환자의 성격 속성의 독특한 군집을 조명하여 심리치료를 한다. 개인 속성에 대한 현저한 특성에 대해 철저히 평가를 한 후에 사용할 치료 방향과 방법론들의 결합과 순서를 생각한다.

따라서 '개인화'라고 하는 심리치료는 모호한 개념이나 진부한 전문용어가 아니라 치료 원리와 기법에 대해 정확한 형식과 설명을 갖춘 치료 양식과 기법으로, 문제가 되는 여러 개인의 속성을 치료하기 위해서 환자의 고유한 심리적 구성의 복합체를 가장 중요하게 우선으로 초점을 맞추는 분명한 입장을 가진다.

우리는 초기의 저서들로, 성격치료 입문(personality-guided therapy; Millon, 1999)과 상승협동 치료(synergistic therapy; Millon, 2002)에서 두 개념을 받아들여 '개인화 심리치료(personalized psychotherapy)' 라는 새로운 명칭으로 통합했다. 이 두 가지 핵심 개념의 축은 첫째는 환자의 전반적인 성격의 구성이 지침이 되고, 둘째는 치료의 개별적인 효과의 합보다 더 큰 전체 결과를 산출하는 상호 간 상호작용과 상호 강화를 치료 양식의 복합접근으로 병행하는 의미에서 방법론적으로 **상승협동**을 하는 것이다.

저자 서문에는 소위 **게놈의학**이라고 하는 의학적 치료방식에 대응하는 '개인화' 를 기술했다. 여기서 의학자들은 치료를 위해서 현존하거나, 빠져 있거나, 손상된 유전인자들을 해독하고 환자의 DNA를 탐구했는데, 그 때문에 의사는 고도의 개인화된 방식으로 그 환자 특유의 기저에 있는 중심 유전 결함을 세분화해 맞춤식 치료를 할 수 있게 되었다. 여기에서 환자의 DNA 속에 새겨진 변이들 중 유일하게 특이 질병에 대한 환자의 사망 가능성과 취약성을 경고하는 변이들을 스크린하고 평가해 왔다.

개인화 심리평가는 **치료지침**이 되고 개인화 심리치료의 방향을 잡아준다. 심리평가가 개개인의 정신질환자를 특징짓는 정신질환의 임상징후로 독특한 군집의 근본적인 취약성을 확인해내는 점은 게놈의학과 상응하여 이해되어야 한다. 개인화 심리평가에서 환자의 취약한 심리 영역(예 : 인지적 유형, 대인관계 행동)을 밝히기 위해서 우리는 MCMI-III(Grossman Facet Scales of the Millon Clinical Multiaxial Inventory)와 같은 **맞춤형 도구**를 사용한다. 이 평가 자료는 개인화 심리치료에서 이루고자 하는 목표를 구현하는 지침을 제공한다.

다음 장에서 상세히 설명하겠지만, 생물학적인 DNA를 구성하는 4개의 화학적 요소와 개념상 유사한 틀로, 우리는 **심리적 DNA**라고 칭하는 여덟 가지 성격 구성요소와 영역을 공식화했다. 결핍, 과잉, 결함 또는 역기능의 심리 영역(예 : 기분·기질, 정신 내적 기제)은 성격 병리의 열다섯 가지 뚜렷한 다른 이형(예 : 회피성 장애, 경계선 장애)의 스펙트럼을 나타낸다. 이는 개인화 심리치료 대상과 초점이 되는 심리 영역의 잠재적인 문제 8개 중 하나 또는 여러 가지 문제를 거슬러 나타내는(유전자에서 다른 다양한 질병을 야기하는 생물학적 DNA의 취약성과 똑같은 방식으로) 독특한 취약성의 군집이다.

심리치료는 영역이나 양상 중심의 치료가 최근까지 지배적이었다. 즉 치료자들이 자신의 단일 분야 영역에 초점을 두거나 이론서(행동주의, 정신내적)에 일치시켜 어떤 치료든지 설정 내에서 시도했다. 급속한 치료 환경의 변화, 경제적인 압력, 개념의 변화, 진단의 변혁들로 연관된 모든 것이 불과 지난 수십 년 사이에 발생했다. 좋든 나쁘든 이러한 변화는 늦추어지는 조짐이 보이지 않고 역전하기에는 거리가 멀어 치료자들은 스스로 적응할 수밖에 없게 되었다.

심리치료를 실천하는 가장 단순한 방법은 모든 환자를 본질적으로 같은 장애로 간주하고, 한 가지 표준양식을 치료에 활용하는 것이다. 많은 치료자들이 여전히 이러한 간단한 양식을 사용한다. 그러나 과거 20~30년 동안에 우리가 배워 왔던 모든 접근은 단지 최소한의 효과만 있고, 환자들을 위한 좀 더 세심하고 효과적인 치료적 접근이 주어지지 않았다. 과거 20년 동안 환자들이 드러내는 임상징후와 성격 장애에서 우리는 미묘한 차이를 알게 되었다. 약리학적이든 인지적이든 정신내적이든 아니면 다른 방식이든 모든 치료양식이 모든 환자에게 똑같이 효과적이지 않은 것은 명백하다. 우리 앞에 놓인 과제는 치료를 단축하고, 문화적 차이를 알아차리고, 선택적인 치료를 위해 통합적인 모델로 윤곽을 잡는 노력을 시작함으로써 효과를 극대화하는 것이다. 환자 각각의 개인 특질 형태를 기반으로 선택하고, 통합은 다음 장에서 논의될 **개인화 심리치료**라고 하는 것이 된다.

결합하고 통합하는 치료에 대한 현재의 지식은 이제 막 발달하기 시작했다. 이 장에서 우리는 많은 심리치료자들이 숙련되지 않은 치료방식에 대한 저항을 극복하도록 힘쓰기를 바란다. 대부분의 치료자들은 한두 개의 특별한 기법에 전문가가 되기 위해서 오랫동안 열심히 일해 왔다. 그들은 자신이 알고 있는 한 최선을 다해 임하기는 하나 이전에 훈련받았던 기법대로 환자의 문제를 접근하기 쉽다. 불행하게도 현대 치료자들은 소수만이 치료 접근을 다양하게 넓히는 전문가이지만, 이들은 대부분 환자의 복잡한 증상에 적합한 상호적인 결합을 탐색하는 데는 관대하지 않다.

이 문제에 정통한 Frances, Clarkin과 Perry(1984, p. 195)는 다음과 같이 기술했다.

다양한 심리치료계의 주창자들은 환자의 복합적인 증상들이 어떻게 서로 결합될 수 있을 것인가를 결정하려고 하기보다는 오히려 그들만의 경쟁력 있는 순수한 기술적인 혁신을 고수하려는 경향이 있다. 이런 상황에서는 항상 극소수의 통합과 조정이 있어왔으나, (모든 측면에서 '절충적'이라고 온갖 방면에서 비웃음 받아서) 대부분의 경우 한 형식으로 훈련된 임상가들은 다른 유형의 치료를 경멸하거나 의심스럽게 바라보았다.

나머지 또 다른 치료양식을 선호하는 치료자들이 오로지 부분적으로 치료 경쟁을 나타냈다. 치료 발달의 초기 단계에 혁신자들은 다른 양식의 간섭으로 인한 혼돈 없는 효과를 입증하기 위한 연구를 하였다. 각 영역의 치료는 환자의 복합적인 요인 중 단 하나의 일면일 뿐이라는 점은 매우 중요하다. 우리는 간단한 의학적 모델로부터 증상과 원인에 대한 복합의 치료를 발전시켜 환자의 복잡성을 반영하는 것이 현명한 것으로 보인다.

이 책 전반에서 상세히 설명하겠지만, 어떤 결합의 접근은 부가적인 효과가 있고 다른 접근은 상승협동의 효과를 입증할 수 있다(Klerman, 1984). '부가적 효과'라는 말은 2개 또는 그 이상이 결합된 치료의 효과들은 개별적인 효과의 합 이상임을 말한다. 상승협동 효과라는 말은 여러 치료방식의 이점을 결합한 개별적인 구성요소들의 합을 초과한 상태를 설명한 것이다. 즉 치료방식의 효과가 활성화되는 것이다. 이 저술들은 약물요법, 인지치료, 가족치료, 정신내적 통합치료와 같은 여러 방식이 상승협동 효과는 아닐지라도 적어도 부가적인 효과를 획득하기 위해서 결합되고 통합될 수 있다는 것을 보여주기 위해 의도되었다.

정신병리학 자체가 구조적 의미를 포함하므로 모든 치료의 형태는 정신병리적인 구성요소를 치료 방안으로 규정하는 것이 우리의 관점이다. 따라서 우리가 제시하는 철학적인 여러 가지 의미를 끌어내어 새로운 통합 모델의 치료를 제안한 것이 소위 말하는 개인화 심리치료 접근이다. 환자 성격의 심리구조에 대한 모형은(선호하는 이론이나 양식이나 기법은 아니지만) 새로운 수준의 효능을 약속하며, 실제로 단기치료로 할 수도 있다. 지금까지 단지 이론적 근거나 정당화로 고수해 온 여러 치료방식은 고사하고 환자의 특이한 형태의 병리에 적합한 맞춤형 치료 개입으로 심리치료를 최적화해야 한다. 우리가 말하는 개인화 접근은 축 II의 성격 장애뿐 아니라 축 I의 임상증후군에도 효과적이라고 믿는다.

통합은 두세 가지 본래의 불일치한 성향이나 기법이 공존하는 그 이상이어야 한다. 우리는 다른 자료 영역에서 나온 각기 내적 일관성을 지닌 잡다한 이론의 도식들을 간단히 종합할 수 없다. 이러한 뒤범벅은 함께 할 수 없는 허구적인 종합으로만 주도할 것이다(Messer, 1986, 1992). 이러한 노력으로 어떤 점에서 있을 수 있는 가치는 혁신자나 통합론자도 아닌 중립적인 사람이 주장한다. 물론 통합은 절충하는 그 이상이다.

좀 더 논의하겠지만, 우리가 바라는 것은 통합이 환자에 따라 성격과 증상에서 문제의 윤곽을 반영해 주는 종합체계여야 한다. 우리는 이러한 관점에서 통합에 관해 다음 장에서 논의한다. 과거에 많은 사람들은 이론 방향과 치료 양상을 연결 다리로 해서 연합하려고 모색했다. 이와 대조적으로, 개인화 심리치료를 추구하는 우리는 종합 이론을 우회한다. 더 정확히 말하면 환자에게서 알아낼 수 있는 **본질적이며 생득적인 통합**에 일차적인 관심을 둔다.

Arkowitz(1997)가 주지했다시피 대부분 이론가들이 구성요소에 접근방식을 다르게 사용한다는 점에서는 아무리 이론을 종합하여 창조하기 위한 노력을 해도 완전하게 통합적이지 못하다. 대부분이 하나의 특정 이론이나 방식에 따르며, 그 핵심적인 접근법에 다른 전략이나 개념을 동화하려고 노력한다. 더욱이 동화된 이론과 기법은 그들의 핵심 모델에 의해서 변화된다. Messer(1992, p. 151)가 기술했다시피 "다른 치료 요소들을 자신의 것으로 구체화시키는 경우에 치료 과정에서 원래의 치료관점뿐만 아니라 개입하는 치료의 구조에서도 그 의미를 더 많이 가진다." Messer는 이 관점을 일차적인 사회학습 모델에서 가져온 두 의자의 게슈탈트 과정(two-chair gestalt procedure)으로 설명하기를, 일차적인 사회학습 모델을 동화한 게슈탈트의 두 의자 과정은 똑같은 기법을 사용하는 일반 게슈탈트 치료자보다도 다른 목표를 성취하고 다르게 활용되기 쉬울 것이라고 했다.

게다가 종합이론을 강제로 부과하면 치료자들은 내력을 거쳐 구축한 각자의 표준화된 이론적 접근으로 인해 맥락과 주제의 논리를 상실할 수도 있다. 본질에 있어서 내재적으로 일관성 있는 이론들은 보통 여러 다양한 이런 저런 것들을 짜 맞추는 노력으로 분리된다. 통합 모델에 대안되는 행동주의나 정신분석으로 구성된 통합 모델은 복수가 될 수 있지만, 이는 연구 성과와 관련 없는 다양한 개념의 연결망을 지닌 분리된 양상들로 나타낸다. 이와 마찬가지로 통합 모델은 사실상 본래의 본질적인 것을 나타내는 것이 아니라 사실상 본질적으로 분절된 것들을 짜 맞춘 스키마를 고안해내는 것이다.

다음 장에서 논의되겠지만, 내재적인 통일성은 고안하는 것이 아니라 환자의 정신 상태 전 영역에 내재적인 통일성에 중점을 두고 사실상 발견하는 것이다. 개인의 조화와 자연계의 질서를 기본으로 하는 통합은 본질이 다른 분리된 이론 도식들을 종합하려는 독단적인 노력을 더욱 피한다.

치료 모델을 종합하는 노력은 실제로는 그것을 통합하기보다는 오히려 그 분야를 폐지하는 데 기여했다. Arkowitz(1997, pp. 256-257)는 다음과 같이 설명했다.

> 통합을 조망해 보면 이는 단일 학파의 접근 한계를 넘어서는 심리치료에 대한 새로운 방식의 사고와 행동을 탐색하는 촉진제가 되어 왔다. 연구가들은 다른 이론과 치료에서 제공해야 하는 것이 무엇인지를 검토하고 있다…
>
> 여러 가능성 있는 시작점에서 통합적인 치료를 위한 임상적 제안이 제시되어 왔다. 그러나 이를 위해서는 훨씬 많은 작업이 필요하다는 것은 분명하다.

주지하다시피 저자의 믿음은 다음과 같다. 즉 통합은 다른 이론들의 지적인 종합으로 생겨날 수 없고, 우리가 지금 방향을 돌리고 있는 주제인 각 환자 개인 유형의 기능에서 찾아낸 내재적 통합으로부터 유래하는 것이다.

절충주의와는 다르게 통합주의자들은 게슈탈트 위에 탁월한 아치를 이룬 응집성을 갖추고 상호작용의 틀을 제공하며, 분리된 단위나 요소 사이에 유기적 체제를 만들어낸다고 주장한다. 앞서 논의된 이론적 종합이 여러 이론들과 치료양상을 연결시키는 지적인 다리를 놓으려고 시도하는 반면에, 개인화 통합론자들은 자연스러운 종합이 이미 환자 안에 존재한다고 주장한다. 우리가 각 환자의 정신병리적 성격 특질의 형태를 더 잘 이해하게 될 때 여러 특질을 반영할 치료 계획을 고안할 수 있어 최적의 치료 과정과 성과를 마련하리라고 믿는다.

앞에서 언급했듯이 통합은 개인의 심리치료뿐 아니라 임상과학에서의 심리치료로써 고려하는 중요한 개념이다. 통합치료를 위해서는 임상과학의 요소(이론, 분류, 평가, 치료)가 마찬가지로 통합되어야 한다(Millon, 1996b). 경험을 근거로 한 절충주의에 반대해서 일찍이 전개되어 왔던 논의 중 하나는 광범한 임상과학이 심리치료를 더 고립시킨다는 것이다. 절충주의와는 다른 개인화 심리치료의 통합은 인성에 대한 통합적인 이론을 취해야 한다. 이러한 거대 이론은 환영해야 한다. 왜냐하면 그것이 인간 행동(정상이든 아니든)에 대한 모든 자연스러운 변이들을 설명하므로, 개인화 심리치료는 더욱 이러한 개별 이론의 습관에서 벗어나게 될 것이다. 이 이론은 치료기법에서 벗어난 것이 아니라 오히려 치료기법을 지도하고 안내할 것이다.

Murray(1983)는 우리가 인지, 정동, 자기, 대인관계의 정신체계 사이의 연관을 더 잘 이해하도록 하기 위해서 그 분야에서 새로운 상위체계의 이론을 개발해야 한다고 제안했다. 이러한 이론에서 추론된 병리현상의 상호 구성이 심리치료를 안내하는 역할을 할 수 있다는 주장이 우리와 같은 개인화 심리치료 이론가들의 신념이다.

환자의 특정 문제 영역에 특별히 무게를 두는 차별화된 치료를 하지만, 대부분의 이론가와 치료자들은 색다른 진단 범주를 구성하는 상세한 영역에 대해서는 별로 관심을 두지 않는다. 우리는 각각의 특정 환자를 특징짓는 성격 특성의 형태를 고려할 것을 주장한다. DSM-IV(정신 장애에 대한 진단 및 통계 편람) 목록과 같은 차별화된 치료는 단지 환자의 내적 · 외적 세계와 연관된 복잡한 요소를 겉으로 나타내는 적용 범위만 제공해 주는 현대의 진단정보로 인식하고 있다.

앞에서 주지했듯이 행동, 인지, 무의식적 과정 또는 생리적 결함에 초점을 두는 '기능 부분'을 연구할지, 또는 더 넓은 환경(가족, 집단 또는 사회경제적 그리고 정치적 조건에 초점을 두는 좀 더 포괄적인 체계) 중심의 맥락체계에 역점을 두든지 간에 맥락의 부분을 연결하는 분기점은 사람이다. 개인은 이들 모두가 교차하는 정보전달의 매개체이다.

그러나 사람들은 정보전달 매체의 분기점 이상이다. 이들은 인지적 속성을 매개로 해서 구성된 경험에서 나온 게슈탈트라기보다는 자연의 실체로서 출생에서부터 생득적으로 만들어지고, 심리학적 영역에서 유일하게 유기적으로 통합된 체계이다. 게다가 가족 상호작용과 사회 과정에서 생명과 표현을 부여하는 존재이며, 증상과 특성(행동, 정동, 기제)에 의미와 일치성을 부여하는 실제의 존재로, 심리치료 경험의 중심부에 놓여 있는 것은 사람이다.

내적으로 혼조된 정신 구조와 기능이 정신병리의 가장 복잡한 장애를 구분한다. 마찬가지로 다양한 관현악 작곡처럼 이제 개입 방식을 종합하는 것은 다른 다양한 심리치료 변이들의 상승협동이 구별된다. 다른 전통에서부터 출현하고 다른 논거로부터 이해된 이러한 2개의 대비되는 구성은 하나는 정신 장애의 이해를 향상시키고, 다른 하나는 이를 철학적으로 효과적인 치료를 향상시킨 측면을 반영한다.

하나의 양상이나 이론 지향의 심리치료는 간단한 증상병리에는 적당하지만, 성격과 임상 징후를 연결하는 복잡한 관계에서는 오히려 상승협동적으로 계획된 치료가 더 요구된다(반면에 우울은 인지치료 아니면 약물치료가 성공할 수 있다). 이는 상당히 복잡한 장애를 구성하는 구성요소들이 그 혼조된 특성들로 다축화되고 종합된 연구가 필연적이다.

다음에 나올 글에서 우리는 순차적으로 몇 가지를 설명한다. 첫째, 개인화 심리치료는 이론 조화의 토대를 요구한다. 즉 그것은 절충적 기법의 스키마(각 사례가 새롭게 배치되는 다양한 대안들의 뒤범벅) 이상이어야 한다. 둘째, DSM 증상을 이루는 진단적 기준이 합당한 첫 단계이지만, 이러한 기준은 포괄적이고 비교할 수 있는 것이어야 한다. 즉 치료 계획에 진정으로 유용하도록 체계적으로 개정되어야 한다. 셋째, 복합적 정신병리를 치료할 때 어떻게 다양한 양상에 초점을 둔 치료를 통합할 수 있고 통합해야 하는지에 대한 논리적 원리가 공식화될 수 있어야 한다.

이러한 주제들로 방향을 돌리기 전에 우리는 짧게 철학적 문제에 대해서 논의하고자 한다. 치료기법을 위한 기반으로 사용할 수 있는 광범위한 범주의 이론을 발전시키기 위해서는 이론적 설명이 관계가 있다. 즉 보편적인 원리는 단순히 경험적인 것(예 : 우울함에 대한 전기충격 요법)을 능가한다. 우리가 심리치료에 대한 개인화 접근을 구성하는 데 성공하기 위해서는 성격분류상의 이론들이 더 진전되어야 한다고 확신한다.

분명히 환자의 장애와 다양한 개입 양식에 관한 상당한 양의 지식은 개인화 심리치료 수행에 요구된다. 다수의 양상들 사이의 상승작용을 극대화하는 것은 치료자가 어느 정도 재즈 솔리스트와 같아야 함을 요구한다. 전문가는 다양한 음악적 변환(즉 모든 특질 영역에 뻗치는 심리치료 기법)에 완전히 숙달되어 있을 뿐 아니라 여러 다양한 방향으로 변주할 수 있어야 하는 것과 마찬가지로 환자의 생각, 행동, 감정의 세밀한 요동에 반응할 준비가 되어 있어야 하고, 전개되는 대로 치료에 대한 전면적인 계획을 가지고 이를 통합해야 한다. 악기들이 포장되고 밴드가 집으로 간 후에 전 과정에 대해 회고하는 것처럼 치료의 전 과정에 대한 회고적 판단으로 우리가 미리 알았으면 모든 상응한 적절한 조치를 취할 수 있었던 일관된 주제와 논리체제가 드러나게 해야 한다.

개인화 심리치료의 통합적 과정은 성격 자체의 본질에 의해서 지시받아야 한다. 그러나 이 치료에 대한 실질적 논리와 토대는 다른 기준에 의거되어야 한다. 정신병리학은 개인내적인 변인 패턴으로 정의하지만, 이러한 변인들은 성격학의 구성을 넘어선 일련의 기본원리에 의해서 공급되어야 한다. 예를 들어 성격과 정신병리학의 구조와 기능은 우리의 임상적 주제와 동떨어져 있지만 이는 정보를 주는 원리인 진화론에 근거한다는 것이 우리의 관점이다. 병리적 성격은 그 자체의 구조-기능적 개념으로 유기체 내적 변인 패턴으로 언급한다. 이는 이러한 변인들이 어떤 것인지, 무엇과 관련되는지 아니면 관련될 수 없는지에 대해서 스스로 말하지 않고 또 말할 수도 없다.

몇 가지 요소가 모두 성숙한 임상과학의 특성을 기술한다. (a) 주제를 추론해낼 수 있는 보편적인 원리에 근거한 **개념론**을 구체화한다. (b) 이러한 이론은 주제 영역에 대한 핵심 양상을 세분화하고 특징짓는 **통일성 있는 분류학**의 기반을 제공한다(우리의 경우에 성격과 정신병리에 관한 것, 그 안에서 과학적 정신치료기법이 적용되는 실질적인 영역). (c) 분류학은 이러한 이론을 구성하는 개념을 검증하고 분류할 수 있는 다양한 **경험적 평가도구**와 관련된다(정신병리학, 발달사를 조사하고 분야별 교차 평가를 하는 방법). (d) 이론에 덧붙여서 임상적 분류학, 경험적 평가도구, 성숙한 임상과학은 그들의 영역에서 병리적 요인을 완화시키는 치료에 최적인 **변화 지향적 개입** 기법을 가지고 있다.

대부분 현대의 치료학자들은 성숙한 학문의 네 가지 요인을 조화시키는 데 공통된 실패를 공유한다. 이들을 차이 나게 하는 것은 그들이 자연계 속에 있는 다른 수준의 자료들에 참여한다는 사실보다는 그들이 주장하는 과학적인 근거가 약하다는 점이다. 정신병리학의 특성과 개인화 심리치료가 논쟁해야 할 다수의 다른 미결 논제들이 있다. 우리가 알다시피 여러 주장들로 활발한 논의를 고무하는 데는 별 문제가 없다.

그러나 치료철학으로서 개인화 심리치료에 대한 방식에서 2개의 중요한 장애물이 있다. 첫 번째는 *DSM*이다. 진단 전형에 대한 생각은 1980년에 *DSM-III*가 출판되었을 때 진정한 혁명이었다. 군집별로 적용하는 진단 기준에 부합하는 집단의 개발은 다양한 관점에 대한 폭넓은 설명을 제공하기 위해 의도되었다. 그러나 25년 이상이나 지난 시점에서도 *DSM*은 더 깊은 원리에 의해서 범주를 구별시켰던 기저에 있는 일련의 원리를 공식화하지 않고 있다. 그 대신에 경험적 조사라는 허울에 덮인 채 주로 위원회의 합의 방식에 의해서 진행해갔다.

두 번째 장애물은 인간의 습관제도이다. 다른 환자들과 서로 다른 문제들에 대해 다양한 치료방법이 수행되어야 한다는 권고사항은 거의 자명하게 되었다. 그러나 치료의 순서와 구성물을 효과적으로 디자인하기 위한 논리적인 기초가 없기 때문에 가장 자의식이 있는 임상가라 할지라도 절대적으로 한두 개의 성향에 기대어야 한다.

특별히 다른 절충적인 특성의 모델에서 개인화 심리치료를 구분 짓는 과정은 어떤 것인가?

20년 전에 『personologic psychotherapy』(Millon, 1988)의 원저자에 의해서 분류된 통합 모델은 게슈탈트 위에 탁월한 아치를 이룬 응집성을 갖추고, 상호작용의 틀을 제공하며, 분리된 양극단과 속성에 유기체제를 만들어낸다고 주장했다. 그것은 절충적면서 그 이상이다. 전반적인 실제 이론의 기원과 활용은 '전체는 부분의 합보다 크다'는 오랜 재담으로부터 나왔다. 환자들이 우리에게 가지고 오는 문제들은 종종 대인관계의 행동, 인지 양식, 조절 과정 등과 복잡하게 얽히고 연결되어 있다. 그것들은 시시때때로 출현하는 역동적인 변화의 형태로 피드백 연결의 얽힘과 순차적으로 펼쳐지는 연쇄를 통해서 이어진다. 이러한 고유한 역할과 의미를 가지고 있는 형태들의 각 구성성분은 지속적으로 진화하는 군집에 의해서 변경된다. 개인화 심리치료는 선택한 각각의 치료 개입 기법에서 통합된 형태의 전략과 전술로 병렬 형식으로 파악해야 한다. 이는 특별한 병리적 귀인을 해결하는 데 효과적일 뿐 아니라 치료 과정에서 필수적인 한 부분이 아닌 전체적인 군집으로 기여하기 때문이다.

모든 환자에게 같은 치료적 접근을 사용하면 안 된다는 것이 자명함에도 불구하고 환자의 병리 특성보다는 훈련 시 경험상에서 일치하는 치료 접근을 사용하게 된다. Millon(1969; 1985)의 말로 부연하자면, 임상가들은 그들의 소중한 기법들을 세분화된 연구에 복속시키는 것 또는 그것들을 비판-경험적 발견물의 선상에 세우는 것을 일관되게 싫어한다는 것이다. 대부분의 치료 연구가 적당한 통제, 견본 추출, 사정할 수 있는 방법을 고려하는 정도이지만 치료기법은 환자의 문제에 적합해야 한다는 중요한 사실이 반복적으로 제시된다. 이 진술은 간단하고 분명하지만, 이는 정신병리의 변인들을 모두 하나의 특정 접근법으로 활용할 것을 고집하고 열정적으로 찬성하는 치료자들에 의해서 반복적으로 무시되었다. 치료에 대한 어떤 학파도 이 악명 높은 태도로부터 제외되지 않는다.

우리는 왜 정신병리에 대한 개인화 심리치료 접근을 명료화해야 하는가? 우리가 한 사람의 정신적 요소들을 오케스트라의 파트들과 비교해 보고, 환자의 특질 영역을 여러 분과 안에서의 갈등(불균형, 결함)을 드러내는 코드가 맞지 않는 악기들의 집합으로 생각한다면 아마도 그 대답은 가장 잘 이해될 수 있을 것이다. 이 비유를 확장해 보면 치료자들의 과업이 어떻게 하면 작품이 가장 화음을 잘 낼 수 있는지에 관해, 지휘자는 모든 지식을 가동시켜 여기에서는 음이 나지 않고 저기에서는 음이 강하게 나서 그들의 특수한 코드가 맞지 않는 악기에서도 모든 파트들 사이의 조화로운 균형을 잡는 지휘자의 과업에 비견해 볼 수 있다. 과업은 한 악기를 바꾸는 것이 아니라 콘서트에서 모두를 바꾸는 것이다. 따라서 음악에서 추구되는 것은 균형 잡힌 악보, 즉 조화로운 대위법, 리듬감 있는 패턴, 선율의 조합으로 구성된 악보이다. 마찬가지로 치료에서 필요한 것은 균형 잡힌 프로그램, 즉 질서가 있고 치료 효과를 최적화하기 위해 고안된 균형 잡힌 기법의 조화로운 전략이다.

공포가 특성상 일차적인 실제상의 행동으로 생각되는 것처럼, 만일 임상징후들이 배타적으로 하나의 개별적인 각자 특성 영역에 닿아 있다면 한정된 양상의 심리치료가 적당하고 바람직한 것이 될 것이다. 그러나 정신병리는 행동적, 인지적, 생물학적 또는 정신내적으로 한정된 것이 아니다. 즉 각자 임상자료 정도로 국한되지 않는다. 체계의 어떠한 부분도 완전히 독단적일 수 없다. 그 대신 전체를 이끄는 상승작용이 병리 전체를 현실감 있게 만드는 것과 같이 모든 부분이 직·간접적으로 연결되어 있어 종합적인 치료 노력을 고려할 필요가 있다. 치료자들은 치료하는 증후군과 장애들이 그런 것처럼, 많은 특질과 임상적 영역의 형태를 반영해야 한다. 만일 치료의 범위가 병 치료에 상대적으로 불충분하다면 치료체계는 적합한 목표들을 완수하는 데 심각한 어려움을 가지게 될 것이다. 비구조화된 정신내적 치료와 고도로 구조화된 행동 기법들이 극단으로 치달으면서 이러한 결함을 가지고 있다.

정신병리는 배타적인 행동적·인지적·대인관계가 아니라 각각 그 하위 종속 영역의 진정한 통합에 있다. 지금까지 확립한 패러다임을 전복하기보다는 이러한 광범위한 관점에서 단순히 주어진 현상을 여러 각도로 치료한다. 어떤 하나의 입장에 강한 유대를 가지고 있지 않는 불가지론의 치료자들이라 할지라도 양상들을 만화경으로 사용할 수 있다. 만화경으로 방향 전환을 함으로써(이해의 틀인 패러다임으로 전환함으로써) 같은 현상을 내적으로 일치하는 다양한 관점으로 검토할 수 있다. 절충주의는 각 환자의 타고난 형태의 특성과 장애에 대응하는 방식을 종합하는 방향으로 첫발을 내딛게 된다.

여러 다른 결합방식을 취하는 열린 마음을 지닌 치료자는 각각 환자의 병리를 이해한다고 하지만, 그러한 여러 다양한 개념을 일치하는 모델로 통합하는 것이 정확히 무엇인지에 대한 진정한 의미는 남기고 있지 않다. 이러한 치료자의 책무는 이해는 하나 수용할 만하지는 않다. 예를 들어 하나의 입장에서 기본적으로 고려되는 양상기법들은 또 다른 입장에서는 그렇지 않을 수 있다. Lorna Benjamin의 대인관계 모델과 Robert Cloninger의 신경생리학적 모델은 둘 다 성격과 정신병리학을 이해하기 위한 구조적으로 강력한 접근들이다. 하지만 이들의 기본적인 구성은 다르다. 특정 관점의 전략 방식을 이어가기보다는 오히려 몇 가지 일련의 원칙을 추구하는 종합체계로서의 심리치료 이론은 개인의 유기체를 이용하여 환자의 모든 심리를 다룰 수 있다. 대안은 부분적인 관점에서 동화되지 못한 불안정한 절충주의이다. 아마도 대부분의 심리치료자들은 어떤 것도 더 이상 가능하지 않다는 믿음에서 이러한 상태의 사건들을 필연적인 현실로 받아들였다.

다행스럽게도 방식에 의거한 심리치료는 점차적으로 과거의 한 부분이 되고 있다. 점점 더 많은 수의 임상가들은 자신들을 정신 역동이나 행동이 아니라 절충적이거나 통합적인 치료자와 동일시하고 있다. 초반에 기술한 대로 절충주의는 개인화 심리치료의 지침이 되기는 불충분하다. 구성이 아니라 하나의 동향으로서 개인의 병리와 징후를 치료하는 방식으로 특정 형태를 규정할 수 없다. 절충주의는 내용 면에서는 너무 개방적이고, 주요 목표를 성취하는 데는 너무 부정확하다. 본질적으로 정신병리학의 형태 특성(중다조작주의, 임상적 영역의 혼조된 특징)은 단순히 정신병리 치료에 필요한 만큼 그렇게 절충주의로 통합되지 않는다.

다음에 나오는 그림, 도표들은 진화론에 근거한 성격 모델의 간단한 개요이다. 다른 자료들이 이보다 더 광범위하고 정교하게 추진되어야 한다(Millon & Bloom, 출판 중; Millon & Davis, 1996; Millon & Grossman, 2006).

〈그림 1.1〉, 〈그림 1.2〉, 〈그림 1.3〉은 임상 영역과 관련해 정상·비정상 패턴의 성

격 스펙트럼을 전체적으로 이론상에서 추론한 원형 설명이다. 〈그림 1.1〉의 성격 스펙
트럼 원반은 15개의 전형적인 변인들이다. 〈그림 1.1〉의 기호 II는 전형적인 일차적 진
화기반과 관련이 있다(예 : 은둔/분열성은 고통-쾌락의 극단 속에서 결핍으로부터 나
오는 분리된 양상). 〈그림 1.2〉는 15개의 성격 원형 각각에 대한 네 가지 기능 영역을
나타낸다. 예를 들어 〈그림 1.2〉의 기호 II는 대인관계 행동과 관련된 원형 특징이다
(예 : 은둔/분열성의 행동은 '이탈된'으로 기록). 〈그림 1.3〉은 모두 15개 성격 원형의
네 가지 **구조** 영역이다. 〈그림 1.3〉에서 기호 IV는 기분/정동에 관련된 것이다(예 : 은
둔/분열성의 기분은 '냉담한'으로 기록).

   MCMI-III의 분석에 의한 또는 Millon-Grossman 성격 영역 대조표(Millon-
Grossman Personality Domain Checklist, MG-PDC)에 의한 것과 같이 여러 기
능-구조 영역들에 대한 점수들은 치료 행위에 대한 주요한 초점과 기법을 검증하고
선택하고 조화시키는 데 기초가 된다. 따라서 비관적/우울성의 대인관계와 기분/정동
영역들의 상승률은 환자의 심리 구성을 통해 더욱 문제 영역을 확인할 수 있다. 또한
이는 두 가지 치료기법을 결합하여 사용할 것을 제안한다. 즉 대인관계의 방법(예 :
Benjamin, 2005)과 약리적 약물요법들(프로작 매일 복용)이다.

   새롭게 고안된 MG-PDC 도구는 유용하게 쓰인다(Millon & Grossman, 2006). 임
상가들과 성격분류학자들은 정상적인 사람과 환자 모두에서 평가 자료를 얻기 위해서
수많은 자원을 사용한다. 이 자원들은 부차적인 관찰에서부터 잘 구조화된 관찰, 가벼
운 면담에서부터 상당히 체계적인 면담, 공식적인 신상 분석에 이르기까지 폭넓다. 또
한 다양한 실험적 테스트, 자기보고식 평가지, 수행력이나 투사적 기법에 이르기까지
다양하다. 이러한 모든 것이 진단 연구에 유용한 근거가 된다.

   어떻게 하면 우리는 모았던 정보들을 체계화하고 수량화하기 위해서 다양한 자료들
을 결합시킬 수 있을까? 그것은 MG-PDC가 발전시켜 왔던 성격 판정에 대한 임상적
효용성을 극대화하는 것이다.

   대부분의 입장에서는, 관찰과 투사적 기법은 과도하게 주관적인 것으로 보인다. 실
험 과정(예 : 뇌 영상)이 아직 충분히 발달하지 않았고, 신상자료에 의지하기는 너무 믿
음직하지 못하다. 탁월한 많은 심리평가자들의 인기에도 불구하고 자기보고식 도구들
이 보편적으로 활용하기에는 요원하다.

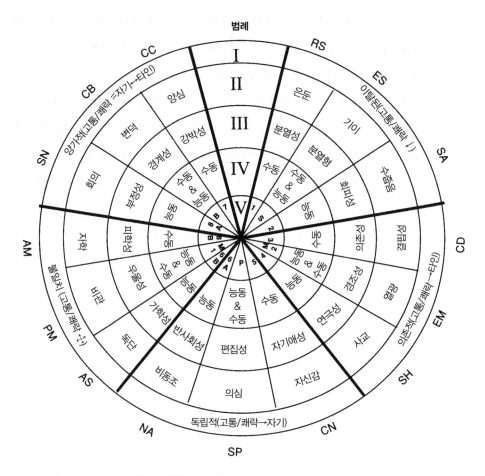

⋯➧ **그림 1.1** 성격 스펙트럼 원반 I : 정상과 비정상 성격 패턴. 15개 스펙트럼 성격 원형의 정상과 비정상 극단의 진화론적 기반. I : 진화상 성향, II : 정상 원형, III : 비정상 원형, IV : 적응 양상 V : MCMI-III-E 척도 숫자/문자

　　평가도구들이 경험적인 연구, 역학적 조사, 수학적 분석이나 이론적 영역에 근거를 두는 것과 상관없이, 그들은 임상적 개인분류학자들에 의해서 사용된 전통적인 언어와 개념으로 개인의 특성을 기술하기는 실패한다. 확립된 진단체계의 일치성과 합리적인 상관관계를 논증하는 것처럼(예 : DSM) 많은 도구들이 수많은 조사 연구에서의 가치를 증명해 왔음에도 불구하고 많은 빈틈없는 임상가들은 이러한 도구들이 외적인 신뢰성 이외에 어떤 것을 산출할 수 있는지 의문시해 왔다. 어떤 이는(Westen & Weinberger, 2004) 자기보고식 도구들이, 예컨대 성공적으로 측량하기에 어려운 과정에 있는 다양하고 복잡하고 숨겨진 관계들을 파고들어 가거나 밝혀낼 수 있는지에

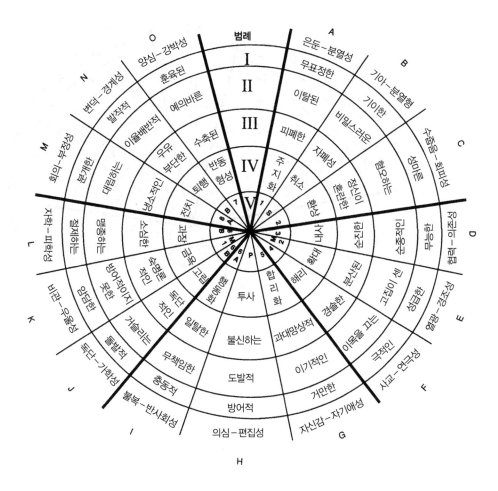

⫸ 그림 1.2 성격 원반 IIA : 기능적 개인분류학 영역
I : 표현 반응, II : 대인관계 행동, III : 인지 양식/내용, IV : 정신내적 기제, V : MCMI-III 척도

대해서 의심했다. 다른 비판들은 환자에게서 산출되는 반응이 일반인의 비 과학자의 판단을 능가하는 임상 정보를 가지고 있지 않다는 것을 내용으로 한다.

환자의 자기판단으로 얻게 된 자료들은 정신건강 전문가들의 세련된 임상적 평가와는 대조될 수 있다. 우리는 임상적 언어, 개념, 도구들이 지난 100년 동안 진화해 왔던 전문 언어에 부합하는지, 아니면 임상에서 일반인의 일상 어휘와 부합하는지 물어야 한다. 그들이 다른 좀 더 정교한 목적은 제공하기 때문에 우리는 임상적인 언어가 일반인들의 언어와는 다르다는 것을 알고 있다(Livesley, Jackson, & Schroeder, 1989). 사실 임상적 개념은 다수의 역사가들의 사상적 공헌들을 반영한다(Millon,

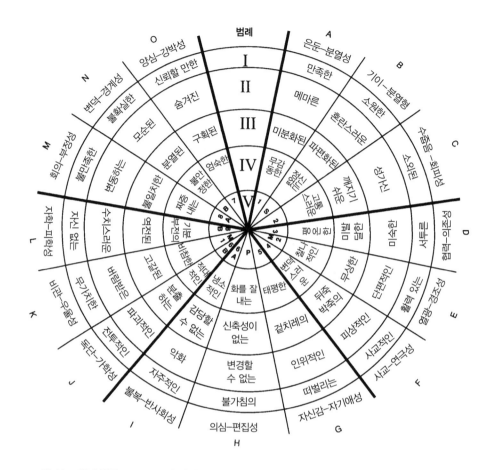

▶ **그림 1.3** 성격 원반 IIB : 구조적 성격분류학 영역
I : 자기상, II : 정신내적 내용, III : 정신내적 구조, IV : 기분-정동, V : MCMI-III 척도

2004). 여러 임상가들(예 : 정신 역동, 인지, 대인관계)은 우리의 정신생활 속에서 작동하는 다양하고 복잡한 정신 과정의 다중성을 확인했다. 확실히 여러 역사적 전문용어들의 개념을 비과학자들의 일상적인 용어에서 끌어낸 피상적인 요소로 축소시킬 수 없다.

우리는 영역에 근거해 임상가들이 등급 평가를 구성했던 여러 수요한 사상가들의 통찰과 개념을 통합할 필요성이 있다(Millon, 1969/1985, 1981, 1984, 1986, 1990, 1996b; Tringone, 1990, 1997). 그리고 이제 다음에 나오는 경험적이고 이론적으로 다듬어진 MG-PDC의 개발이 필요하다. 조사를 지향하는 심리학자들 사이에 인기 있는 5개의 요인방법과 대조되게 성격 영역 대조표(Personality Domain Checklist,

PDC)는 주요한 5개의 **전통적 임상**에 근거한다(행동주의, 대인관계, 자기, 인지, 생물학). 3개의 선택적 영역이 정신분석적 전통을 반영하기 위해서 도구에 목록이 추가되었다. 이 중 정신내적 영역은 최근 몇 년 동안 감소되어 왔다. 이들은 절충적인 것을 포함하므로 도구를 요구하지 않게 되었다.

여러 기준이 대조표에 실려 있는 임상 영역에 사용되었다. (a) 구체화된 **다양하고 광범위한 기반**이 특징이다. 즉 단지 생리적 기질이나 인지적 과정들로 제한되는 것이 아니라 개념에 근거하는 임상 용어들로 성격 특성에 전 범위를 아우른다. (b) 환자들을 치료하기 위해 현대의 정신건강 전문가들이 사용하는 주요한 **치료 방식**과 부합한다(예 : 역기능적인 신념을 변경하기 위한 인지적 기법, 대인관계 행동을 수정하기 위한 집단 과정). (c) *ICD*(International Classification of Diseases)와 *DSM*에서 확립된 공식적인 성격 장애 원형을 반영하고 **부합**한다. 이에 따라 보험이나 다른 경영 전문가들에 의해서 인정된다. (d) 이러한 성격분류학 기준 간의 범위와 비교 가능성을 모두 가정한 하나의 두드러진 **심리 특성**이, 각각의 성격 원형으로 임상 영역에서 확인하고 작동될 수 있다. (e) 이는 **정상과 비정상** 모두의 성격 영역의 특징 평가에 유래해서, 심리학 저서에서 증가하고 있는 관심 분야의 하나인 정상 분야에서의 이점을 증진시킨다. (f) 이는 성격 귀인을 평가하는 데 고려하는 많은 차이점, 미세함, 영역 간 상호작용을 훈련하는(심리학자, 정신치료자, 임상 분야의 사회복지사) 정신건강 종사자들의 **교육상 임상도구**로 활용할 수 있다.

MG-PDC에서 장려하는 **통합적 관점**은 성격을 다중결정과 다중준거 구성으로 파악한다. 몇몇 임상연구가들의 개념적 대안 수단이 문제가 되지만, 오늘날의 성격 연구는 과업을 지나치게 단순화시키는 것이 특징이다. 역행하는 독단주의 행동으로 다양한 관점의 통합을 제거한 단일한 개념 지향에 따라 환자를 평가한다. 그러나 진정한 효과적인 평가는 구성과 실제 모두에서 성격에 대한 현대의 통합적인 특성과 논리적으로 부합되는 것으로, 개인이 포괄적인 다중성격이 체계적으로 평가되기를 요구한다. 그렇게 함으로써 평가가 포괄적이고 임상가들에게 유용하고 더욱더 타당성이 보장된다. 따라서 MG-PDC로 평가함에 있어서 임상가들은 각 영역을 독립적인 실제로 간주하고, 그로 인해서 순진하고 단편적인 생각으로 접근하는 과오를 저지르는 것을 삼가야 한다. 각각의 영역은 합리적으로 개인의 충분한 통합이 제시되는 것을 확증하는 데 필수적인 성분인, 전체적으로 단일하고 통합된 고도로 맥락화된 부분이다.

앞에서 언급했듯이, 도구의 영역은 생물학적 범위에서 유도된 차이점과 비슷한 방식으로 조직되었다. 즉 그것들은 **구조적** 그리고 **기능적 귀인**으로 특성화되어 나눌 수 있다. 도구의 기능적 영역은 개인의 심리사회적 환경 사이에서 드러나는 역동적 과정을 대표한다. 우리가 **행동 조절 양식**이라고 부르는 것, 즉 개인의 품행, 사회적 관계, 사고 과정, 내적 외적 생활에서 주고받는 것을 수행하고 조절하고 변형하고 조화시키고 통제하는 각각에서 여러 처리 과정이 발생한다. 각각의 성격에 적절한 여러 기능적 영역이 MG-PDC의 주요한 구성성분 사이에 포함되었다.

기능적인 특징과 대조적으로 구조 영역은 지속적인 삶의 사건 경험으로 깊게 새겨진 정동기질, 각인된 기억, 태도, 욕구, 갈등에 대한 형판들이다. 이러한 영역은 **정체성**과 **기질의 반-영구적인 속성**으로 수용될 수 있다. 이들은 과거의 비교적 유지되고 있는 정동의 잔여물들을 효과적으로 억제하고 심지어는 혁신적인 학습을 차단해버려 이미 확립된 습관과 성향에 대한 새로운 가능성을 제한한다. 그들의 완고하고 성취적인 성격은 부적응 행동과 환자의 광범위한 성격 병리의 악순환을 지속시킨다.

물론 개인들이 가장 빈번하게 규정하는 측면과는 다르다. 사람들은 그들이 각 성격 원형에 접근하는 정도에서뿐만 아니라 각 영역이 그들의 행동을 지배하는 범위에 있어서도 다양하다. 성격을 한 체계로 개념화함으로써 여러 개인들이 같은 원형(prototype)의 진단을 공유할 때조차 우리는 체계의 다른 부분들이 다른 개인들에게 우세할 것이라고 인지해야 한다. 개인의 기능에 공헌하는 데 우선적인 여러 영역의 특색을 **양적으로 구분하고 조직하고 측정하는 것**이 MG-PDC의 목적이다. 확인되었듯이 도구는 임상치료자들을 개인 문제의 특징(예 : 대인관계 행동, 인지적 신념)을 수정하고, 그에 따라 환자가 환경에서 매우 다양한 적응행동을 획득할 수 있도록 도와야 한다.

독자는 각 영역의 선택사항을 구성하는 특질 옵션을 검토하기를 바란다. 영역의 설명을 읽고, 편안하게 앞뒤로 자유롭게 여러 개의 영역 기술에 대해서 생각하고 읽고 선택해라. 예를 들어 표현 행동 영역에 대한 특질 옵션을 검토하는 작업을 하는 동안에 어떤 다른 영역(예 : 대인관계의 행동)에 대한 특질 기술에서 당신이 선택지에 표현 행동 집단의 특징을 이해하는 데 도움이 되는지를 살펴보는 데 주저하지 마라.

〈표 1.1〉에서 〈표 1.8〉까지 각각의 영역은 표현 행동으로 시작하고, 당신은 15개의

기술적 특질 선택지를 보게 될 것이다. 당신 앞에 나타나는 기술적 문항에서 당신이 생각하는 환자를 특성화하는 **적합도**를 찾아라. 당신은 1번 상자에 있는 그 문항에 체크했을 것이다.

대부분의 사람은 1개의 표현 행동 특질보다 더 많은 특질에 의해 특성화되기 때문에 이 사람에게 선택했던 첫 번째 적합도로 적용할 수는 없지만, 그럼에도 불구하고 주목할 만한 것이 있다면 우리는 두 번째 적합도의 기술적인 특징에 채워넣는다. 두 번째 적합도 칸 2번 상자에 체크해라.

그러나 두 번째 적합도로 선택된 사항보다는 덜 적합한, 이 사람에게 적용할 수 있는 다른 대조표에 올려야 하는 기술적 특질이 혹시라도 있다면 세 번째 적합도 칸에 있는 3번 상자에 체크해라. 단지 1개가 기술 특질만이 각각의 첫 번째 적합도 그리고 두 번째 적합도 칸에 표기될 수 있다는 것에 주의해라. 당신은 나머지 칸에 세 번째 적합도난 안에 있는 3번 상자들로 모두 채워도 좋다.

진행할 때 나오는 점수를 살펴보라. 각 영역에 대한 15개의 기술 특질이 환자들을 특성화하기 위해서 기록되었다. 게다가 각 특질은 여러 개의 임상적 특징과 실례들을 예시했다. 당신이 점수를 매기고 있는 그 사람에게 대조표에 올린 특징을 정확하게 보여줄 필요는 없다는 것에 주목해라. 그것들은 다만 목록에 오른 특색군에 대한 적합도일 필요가 있다. 그럼에도 불구하고 당신은 표시자가 그 사람이 수행한 것보다 더 심한 임상적 설명으로 특성화될 때는 물론이고, 비임상적 특성으로 평가된 사람들, 즉 특징적 특질에서 단지 최소한 또는 적당한 측면을 나타내는 정상 성격들에 대해서도 적합도 평가 칸에 빼놓지 말고 표시하는 것이 중요하다. 간단히 말하면 어떠한 적합도 평가 칸도 공백으로 남겨두지 마라. 심지어 특질이 단지 주변적으로 제시될 때도 그것들을 가장 적절한 순서로 순위를 매겨서 채워라.

표현 행동 영역에 대한 평가를 완성한 후에 당신은 다음의 7개 영역에 대한 선택지를 채우기를 진행할 것이다. 한 번에 하나씩 똑같이 첫 번째, 두 번째, 세 번째로 당신이 이전에 했던 대로 평가한다.

이 책의 독자들이 다음에 나오는 MG-PDC 판단 형태를 정확하게 숙달하지 않기 때문에 성격 원형이 각각의 색인에 선행하는 문자들에 상응한다는 것을 알면 그들에게 유용할 것이다. 예를 들어 표현 행동 영역에서 대문자 A인 최초의 색인은 '감정이 없는'에 선행하는 것이다. 대문자 A의 이 색인은 은둔/분열성 원형으로 특성화한다는 것을 의미한다. 8개의 영역에 있는 문자들은 다음에 나오는 연관된 원형들에 상응하는 것이다.

A. 은둔/분열성

B. 기이/분열형

C. 수줍음/회피성

D. 빈곤/의존성

E. 열광/경조성

F. 사교/연극성

G. 자신감/자기애성

H. 의심/편집성

I. 불복/반사회성

J. 독단/가학성

K. 비관/우울성

L. 자학/피학성

M. 회의/부정성

N. 변덕/경계성

O. 양심/강박성

개인에 대한 당신의 지식에 기초해 평가한 〈표 1.1〉에서부터 〈표 1.8〉까지의 대조표에 오른 영역범주로서, 〈표 1.9〉에서 성격연속체 진단에 적합한 전반적인 첫 번째 적합도, 두 번째 적합도, 세 번째 적합도에 가장 잘 어울리는 성격연속체는 당신의 판단을 요약한 것이다.

지난 10년간의 경험적이고 이론적인 발전은 최근 출간되는 서적에서 많은 성격 장애 유형과 하위 유형을 확장했다. 마찬가지로 장애를 정상에서부터 비정상 성격에 이르는 연속체 또는 연속으로 정련하는 데 점차로 관심이 있었다. 이러한 진보에 더욱 공헌하는 목적으로, 당신이 할 수 있는 최선의 것으로 〈표 1.9〉에서 제시된 성격 연속체에서 방금 평가했던 그 사람을 가장 잘 특징지을 수 있다고 믿는 세 가지를 선택하기

■ **표 1.1** MG-PDC I. 표현 행동 영역

다음의 특성은 정서에 대한 행동 수준을 관찰해서, 보통 환자가 어떻게 행동하는가를 기록하였다. 추론을 통해서 공공연한 행동 관찰은 환자가 자기도 모르게 드러내는 정서 또는 종종 역으로 환자에 대해서 다른 사람들이 어떻게 생각하기를 원하는지 유도 하였다. 표현 행동의 범위와 특징은 폭넓고 다양하며, 개인적 무능감에서부터 정서적 방어, 훈련된 자기통제와 그 외의 것에 이르기까지 분명하고 가치 있는 임상적 정보를 가지고 있다.

첫 번째 적합도	두 번째 적합도	세 번째 적합도	특징적 행동
1	2	3	A. **무표정한** : 창백하고, 동작이 느리고, 행동과 정서 표현에서 결함이 있다. 낮은 에너지와 생동감 부족이 지속된다(예 : 담담하고 자발성 결여).
1	2	3	B. **기이한** : 남의 눈에 띄지 않게 동떨어져 있고, 호기심을 끌고, 또는 기괴한 방식으로 행동함으로써 다른 사람에게 기이하게 인식된다. 사회적으로 세련되지 못한 습관과 정도에서 도를 벗어난 버릇을 보인다(예 : 분명히 기이하거나 기괴함).
1	2	3	C. **성마른** : 사회적 폄하가 두려워 환경을 무섭게 세밀히 살핀다. 사회적으로 무해한 사건에 과민반응을 하고, 개인적인 조롱과 냉소를 의미하는 것으로 판단한다(예 : 불안하게 조롱/굴욕에 집착함).
1	2	3	D. **무능한** : 성숙하고 독립적인 역할을 하는 데 잘 갖추어져 있지 않다. 수동적이며 기능적인 역량이 부족하고, 자기주장을 피하고 성인의 책무로부터 철회한다(예 : 자신의 일을 하는 데 어려움이 있음).
1	2	3	E. **성급한** : 강하게 정력적이고 주도적이다. 정서적으로 고조되어 있고 지나치게 열정적이다. 종종 흥분되었고, 절제력이 없고, 조급하고, 다혈질이다(예 : 쉬지 않고 사회적으로 간섭함).
1	2	3	F. **극적인** : 연기하는 것처럼 과잉행동하고 자극적이고, 사려가 부족하고, 과장된 반응을 초래하며, 상황에 대한 선정적인 경향과 근시안적인 쾌락주의를 나타낸다(예 : 지나치게 감정적이고 인위적으로 과장되어 있음).
1	2	3	G. **거만한** : 공유된 사회적 생활의 인습적인 규칙을 초월한 존재로 풍모를 나타내고, 자신과는 관계없거나 고지식하게 본다. 다른 사람의 욕구에는 자기중심적인 무관심을 보여준다(예 : 자기확신과 자존감을 가지고 거만하게 행동함).

■ 표 1.1 (계속)

첫 번째 적합도	두 번째 적합도	세 번째 적합도	특징적 행동
1	2	3	H. **방어적** : 부단히 방어적이고, 예상되는 속임과 해악을 피하기 위해 지나치게 경계한다. 외부의 영향을 근본적으로 완강하게 저항한다 (예 : 경계하고, 부러워하고, 질투심을 많이 드러냄).
1	2	3	I. **충동적** : 청년기부터 생각 없이 행동하고 사회적 문제는 책임감이 없다. 근시안적이고, 경솔하고, 부주의하고, 무분별하고, 미리 계획하는 데 실패하고, 법적인 결과를 고려하지 않는다(예 : 15세 이하에서 품행 장애의 증거).
1	2	3	J. **돌발적** : 질풍과 같이 예측할 수 없이 갑작스럽고, 무모하고, 뻔뻔하며, 고통에도 단념하지 않고 꺾이지 않는다. 처벌에도 굽히지 않고, 도전에 끌린다(예 : 모험, 위험, 해로움에 끌림).
1	2	3	K. **암담한** : 슬픔에 빠진 태도나 자세는 아닐지라도 제거되기 어렵게 고독하고, 마음이 무겁고, 특징적으로 얼이 빠져 있고, 낙담하고 있다(예 : 다른 사람들이 보호해 주기를 희미하게 요구함).
1	2	3	L. **절제하는** : 기쁨과 매력의 표시를 삼가면서 자신을 엄격하고, 알뜰하고, 고상하게 나타내고, 자신의 열등한 측면을 부각시키면서, 겸손하게 자기를 소실시키는 방식으로 행동한다(예 : 자기 자신의 재능을 깎아내림).
1	2	3	M. **분개한** : 무효능감, 변덕스러움, 반대함, 진력내는 행동을 한다. 다른 사람의 기쁨과 기대를 훼손하는 것에 만족을 나타낸다(예 : 비협조적이고, 대립하고, 완고함).
1	2	3	N. **발작적** : 예기치 않던 자기징벌의 격발을 하는 갑작스럽고 일관성 없는 에너지 수준을 보여준다. 종잡을 수 없는 정서적인 상태의 변경이 지속적으로 위험한 행동의 평형을 잡는다(예 : 강박적이고, 자기를 손상하는 행동).
1	2	3	O. **훈육된** : 조절되고, 정서적으로 삼가고, 잘 정리된 삶을 유지한다. 종종 다른 사람들에게 개인적으로 확립된 역할과 방법을 고수할 것을 주장한다(예 : 매우 신중하고 완전주의).

■ **표 1.2** MG-PDC II. 대인관계 행동 영역

자신의 행동이 다른 사람에게 어떻게 영향을 주는지, 어떻게 의도되는지와 같이 타인과의 관계 양식이 여러 방식으로 포착될 수 있다. 기저에 있는 태도, 동기, 여러 행동들을 형성하는 것. 자신이 스스로의 욕구를 채우기 위해서 다른 사람들에게 관계하는 방법들, 사회적 긴장과 갈등의 대처 방식을 추정해 보면 임상가는 다른 사람들과 관계하는 환자의 기능이 어떤지를 상상해 볼 수 있다.

첫 번째 적합도	두 번째 적합도	세 번째 적합도	특징적 행동
1	2	3	A. 이탈된 : '개인에' 대한 최소한의 관심만을 가지며 다른 사람에 대한 행동이나 감정에 무관심하다. 몇 명의 가까운 관계로 제한하고, 직장과 가족 상황에서 제한된 역할만으로 끝난다(예 : 욕구와 관심이 거의 없음).
1	2	3	B. 비밀스러운 : 제한된 애착과 책무를 가지고 사생활을 고수한다. 점점 더 거리를 두면서 은밀한 사회적 활동에 몰입한다(예 : 수수께끼 같고 철회하는).
1	2	3	C. 혐오하는 : 사회적 불안과 고립에 대한 광범위한 개인사를 보고한다. 사회적 수용을 추구하지만, 예측되는 수치와 비난을 피하기 위해서 조심스럽게 거리를 유지한다(예 : 사회적으로 범불안을 느끼고 두려워하며 경계함).
1	2	3	D. 순종적인 : 더 강하고 양육자에 대한 복종 욕구이다. 그 사람이 없으면 외롭다고 느끼고 불안하고 무기력하다. 고분고분하고, 타협적이고, 자기희생적이다(예 : 일반적으로 유순하고, 맹종하며, 회유함).
1	2	3	E. 고집이 센 : 생명과 사회적 활력으로 끊임없이 가득 차 있다. 활기차고 명랑하고 생동감 있는 방식으로 다른 사람들에게 간섭하려고 한다. 그러나 다른 사람에게 침해하고, 과도하게 주장적인 것으로 비추어진다(예 : 지속적으로 거만함).
1	2	3	F. 이목을 끄는 : 자기연출적이다. 의도된 관심과 찬성을 얻기 위해서 쇼맨십 있게 적극적으로 칭찬을 간청한다. 다른 사람들을 능숙하게 다루고 정서적으로 요구한다(예 : 유혹적이고, 들떠있고, 과시적인).
1	2	3	G. 이기적인 : 직함이 부여되고, 자기중심적이고, 허영심이 있고, 동정심이 없이 행동한다. 상호 책임을 고려하지 않고 특별한 배려를 기대한다. 부끄럼 없이 당연하게 여기며, 타인을 자기의 증진 욕구를 채우는 데 이용한다(예 : 자기중심적이고 사회적으로 고려하지 않음).

■ 표 1.2 (계속)

첫 번째 적합도	두 번째 적합도	세 번째 적합도	특징적 행동
1	2	3	H. 도발적 : 시비 걸고, 성을 잘 내고, 불신하는 태도를 보인다. 충성을 시험하고 숨겨진 동기에 몰두하여 탐색함으로써 심각하게 원한을 가지고 있고 격분을 촉발시킨다(예 : 배우자나 친구에 대한 황당한 충성 유도 질문).
1	2	3	I. 무책임한 : 사회적으로 신뢰할 만하지 않고, 믿음직스럽지 못하다. 부부관계, 부모 역할, 고용 또는 재정적인 문제에서 개인의 책무에 의도적으로 또는 부주의하며 실패한다. 일구이언하거나 탈법적인 행동으로 확립된 문화적 양식들을 적극적으로 어긴다(예 : 다른 사람들의 권리에 대한 적극적인 무시를 보인다).
1	2	3	J. 거슬리는 : 다른 사람과 경쟁하고, 지배하고, 굴복시키는 데 만족해한다. 육체적으로 사나운 행동을 하지 않을지라도 정기적으로 언어적인 욕설을 하고 조롱하는 사회적 논평, 다른 사람에 대한 경솔함을 표시한다(예 : 위협, 강요, 다른 사람의 위신을 떨어뜨린다).
1	2	3	K. 방어적이지 못한 : 상처 입기 쉽고 죄책감을 느끼며 행동한다. 감정적인 포기를 두려워하고 애정과 헌신에 대한 공적인 확인을 추구한다(예 : 희망 없는 외모를 떠받치기 위해서 지지적인 관계를 필요로 함).
1	2	3	L. 맹종하는 : 만일 다른 사람들이 이점을 활용하거나 취할 수 있도록 격려하지 않을 경우 부당한 비난과 불공정한 비판을 수용하면서 다른 사람에 대해서 자기희생적이고, 아첨하고, 맹종하는 방식으로 관계한다(예 : 다른 사람들에게 이용당했고, 잘못 대우받았다고 호소함).
1	2	3	M. 대립하는 : 사회적 관계에서 역할 충돌이 있는 경우에 다른 사람에게 의존적인 묵인에서 독단적인 독립관계로 변경한다. 다른 사람들을 방해하고, 부정적이거나 변덕스럽게 행동한다(예 : 뚱하고 논쟁적으로 요구에 대응).
1	2	3	N. 이율배반적 : 극단적인 관심과 애증을 요구한다. 그러나 예측할 수 없는 조종하는 행동을 한다. 쉽사리 격해서 종종 지지보다는 거부를 유도해낸다. 분리와 고립에 대한 두려움으로 분노, 변덕, 종종 자기 손상을 주는 방식으로 반응한다(예 : 삼성석으로 빈곤하시만, 내인관계에서는 변덕스럽다).
1	2	3	O. 예의바른 : 사회적인 관습과 함의에 대해서 특별한 집착을 보인다. 예의바르고 형식적이고 '정확한' 인간관계를 선호한다(예 : 대인관계에서 적당하고 책임감 있는).

▣ **표 1.3** MG-PDC III. 인지 양식/내용 영역

환자가 어떻게 관심을 기울이고 주의를 배분하는가, 정보를 입력하고 처리하는가, 사고를 조직하고 표현하는가, 다른 사람들에 대한 반응과 생각에 소통하는가는 주요한 인지적 기능의 임상적 가치를 대표한다. 이러한 특징은 환자의 탁월한 사고방식에 대한 가장 유용한 지표이다. 자신의 신념과 태도들을 종합함으로써 문제되는 인지적 기능과 가정에 대한 지표를 파악할 수 있다.

첫 번째 적합도	두 번째 적합도	세 번째 적합도	특징적 행동
1	2	3	A. 피폐한 : 인간의 지적 분야에 대한 결핍이 있어 보이고, 일상적 문제에 대해서 모호한 사고과정의 하위의 지적 수준을 나타낸다. 사회적 소통은 쉽게 궤도에서 벗어나 있거나 순환적 논리에 의해서 전달된다(예 : 인간관계에 인지가 부족함).
1	2	3	B. 자폐성 : 개인적 부적절함을 가지고 사회적 의사소통을 수행한다. 주목할 만한 우회적인 언변, 관계사고, 은유적인 측면이 있다. 생각에 빠져 있고, 자기몰입이 되어 있는 것처럼 보이고, 가끔 마술적 사고에 빠진다. 공상과 현실에 대한 경계가 흐릿하다(예 : 기묘한 생각과 미신적인 신념을 나타냄).
1	2	3	C. 정신이 혼란한 : 내적인 사고가 종종 혼란스럽고 고뇌에 차서 괴로워진다. 무관한 지엽적인 생각의 급증이 사고의 지속성을 전복시키고, 사회적 의사소통을 방해한다(예 : 욕구를 채우기 위해서 환상 속으로 철회함).
1	2	3	D. 순진한 : 쉽게 설득되고, 의심이 없으며, 속기 쉽다. 대인관계의 어려움에 지나친 낙천적 태도를 보인다. 객관적인 문제들을 흘려보내고 문제될 만한 사건들을 스쳐 넘긴다(예 : 유아적 사고와 추론).
1	2	3	E. 분산된 : 생각은 순간이며 사고에 대한 집중을 거의 못한 채로 흐트러져 무질서하게 뒤섞여 있다. 이것은 논리나 목적이 없이 임의적으로 표현되는 잡다하고 우연한 신념의 혼란스러운 뒤범벅으로 부터 야기되었다(예 : 강렬하고 일시적인 정서가 사고를 방해함).
1	2	3	F. 경솔한 : 내성적 사고를 피하고 사소하거나 외부에서 일어나는 사건들에 지나치게 집착한다. 얕은 학습과 낮고 생각 없는 판단의 결과로 경험을 미숙하게 통합한다(예 : 피상적인 것들에 대해 일시적 감응하기 쉬운).
1	2	3	G. 과대망상적 : 미숙한 상상으로 성공, 아름다움 또는 사랑에 대한 허구적인 판타지로 가득 찬 선입관을 보인다. 최소한의 객관적인 실제에 속박되어 있다. 사실들로부터 자유롭고, 자화자찬의 신념을 이행하려고 한다(예 : 명예/권력에 대한 공상소설을 탐닉함).

■ **표 1.3** (계속)

첫 번째 적합도	두 번째 적합도	세 번째 적합도	특징적 행동
1	2	3	H. 불신하는 : 무해한 사건들을 음해의 의도로 해석하며, 다른 사람들의 동기에 대해 의심한다. 어긋나거나 사소한 사회적 어려움을 이중성, 악의, 반역으로 확대시킨다(예 : 경계, 불신).
1	2	3	I. 일탈한 : 사회적인 신념과 도덕에 벗어나는 일상적 사건에 맞는 개인적 관계를 파악한다. 전통적 이념과 관습적인 역할에 대해서는 경멸한다(예 : 사회적 윤리와 도덕에 대한 경멸을 보임).
1	2	3	J. 독단적인 : 강하게 의견을 가지고 있고, 자신의 편견을 굽히지 않고 고집한다. 광범위한 사회적 불관용과 편견을 가진다(예 : 폐쇄적 마음과 고집).
1	2	3	K. 숙명론적인 : 상황을 가장 어두운 형태로 보고 오직 가장 나쁜 것을 예상한다. 상황이 결코 개선되지 않을 것이라고 믿으면서, 현재 사건들에 가장 우울한 해석을 한다(예 : 삶의 사건들을 지속적인 비관적인 사건들로 인지한다).
1	2	3	L. 소심한 : 자신의 관점을 말하기를 주저한다. 종종 내적 신념과 대비되는 태도를 나타낸다. 자신과 타인에 대한 대조되고 갈등되는 사고를 경험한다(예 : 자신의 확신과 의견을 평가절하함).
1	2	3	M. 냉소적인 : 현재의 사건은 불신으로 미래의 가능성은 공포로 접근하면서 회의적이고 불신한다. 행운을 경험하는 사람들에 대해 경멸과 신랄한 논평을 하면서, 삶에 대한 염세적인 관점을 가지고 있다(예 : 자신보다 운이 있는 사람을 부러워하거나 경멸함).
1	2	3	N. 우유부단한 : 급속한 변화나 동요, 지나간 사건들에 대조적인 지각과 사고를 한다. 대조되는 반응이 자신의 행동에 의해서 다른 사람에 환기, 그다음 상반되고 당황스런 사회적 피드백이 된다(예 : 자신의 신념과 태도에 변화가 심하고 후회함).
1	2	3	O. 수축된 : 보통은 법, 규칙, 시간표, 사회적 위계의 입장에서 세계를 구성한다. 상상력이 없고, 결정을 내리지 못하며, 익숙하지 않거나 기발한 생각과 관습에 특히 화를 낸다(예 : 목록이나 세부사항, 규칙 등에 선입관이 있다).

■ **표 1.4** MG–PDC IV. 자기상 영역

상징적인 내적 세계가 발달을 통해서 완숙됨으로써 주요 구성의 하나로 유동적인 환경에 일정한 동일성을 지니도록 한다(자기를 대상으로 지각, 분명한 현시적 자기동일성). 자기상은 변화하는 경험으로부터 지속성을 유지시키는 이정표로 의미가 있다. 대부분의 환자들은 그들이 누구인가에 대한 분명한 이해를 가지고 있지만 그러나 이 상을 구성하는 심리적 요인에 대한 그들의 내관의 명료성, 정확성, 복잡성은 확연히 차이가 있다.

첫 번째 적합도	두 번째 적합도	세 번째 적합도	특징적 행동
1	2	3	A. 만족한 : 최소한의 자기의식을 나타낸다. 일상적인 사회생활에서 자신의 역할에 대한 감정적이고 개인적 연관에 둔감한 것처럼 보인다(예 : 자기 자신의 개인적 삶에 최소한의 관심).
1	2	3	B. 소원한 : 몰개성화, 현실감 상실, 해리를 경험할 뿐 아니라 급성 사회적 환란과 망상을 보인다. 불분명한 자기경계를 소유한다. 삶의 혼란과 무의미함에 대한 반복적인 사고를 하면서 자기를 '다르다고' 이해한다(예 : 자기인지가 우연하고 단편적임).
1	2	3	C. 소외된 : 자신을 다른 사람들에 의해서 거절당한 사회적으로 고립된 개인으로 본다. 자기의 성취를 과소평가하고 고독감과 불쾌함을 보고한다(예 : 다른 사람들에 의해서 해를 입었고 원하지 않는 것을 했다고 느낌).
1	2	3	D. 서투른 : 자기를 약하고 깨지기 쉽고 미숙하게 본다. 자신의 습성과 적성을 과소평가함으로써 자신감의 결여를 나타낸다(예 : 자신을 어린아이와 같거나 깨지기 쉬운 것으로 봄).
1	2	3	E. 활력 있는 : 자신을 정력과 활기가 가득하고, 생동감 있고, 튼튼하고 강건하며, 피곤치 않고, 자신의 에너지로 다른 사람들을 충전시키는 유쾌한 사람으로 본다(예 : 적극적이고 활력이 넘치는 것을 자랑함).
1	2	3	F. 사교적인 : 자신을 사회적으로 자극적이고 매력 있는 사람으로 본다. 유명인의 외모를 따라하고, 분주하고, 유쾌한 사회생활을 추구한다(예 : 호소하고 매력 있게 인지되지만 깊이가 없음).
1	2	3	G. 떠벌리는 : 자신감 있게 자신을 드러내고, 자기확신에 찬 방식으로 행동하고 공개적으로 성취를 자랑한다. 다른 사람에게는 자기중심적이고, 배려가 없고, 거만한 것으로 보일 수 있다(예 : 높은 자기존재감).

■ **표 1.4** (계속)

첫 번째 적합도	두 번째 적합도	세 번째 적합도	특징적 행동
1	2	3	H. **불가침의** : 동일성, 지위, 자기결정력을 잃을까 봐 강렬한 두려움을 경험하면서 상당히 고립되어 있다. 그럼에도 불구하고 개인적으로 전적으로 악의가 없는 행동과 사건을 무례하게 가치를 손상시키고 단언하면서, 일관적인 자기참조적인 생각을 가지고 있다(예 : 평범한 일상적인 사건들을 항상 자기에게로 돌림).
1	2	3	I. **자발적인** : 사람, 장소, 책임, 일상에서 벗어나 방해받지 않고 구속되지 않는 상태에 가치를 부여한다. 자신을 사회적 관습, 제약, 개인적 충성에 대한 구속으로부터 자유로운 것으로 본다(예 : 사회적 책무로부터 독립된 것에 가치를 부여함).
1	2	3	J. **전투적인** : 자기의 거칠고, 오만하고, 권력 지향적 상을 드러내는 측면에 가치를 둔다. 자기를 냉혹하고 감성적이지 않은 특징에 자부심을 느낀다(예 : 다른 사람들로부터 단호하고 두렵다는 소리를 듣는 것을 자랑스럽게 생각함).
1	2	3	K. **무가치한** : 어떠한 칭찬받을 만한 가치 있는 특질이나 성취를 가지고 있지 않기 때문에 자신을 가치 없고, 기대할 수 없고, 무시되어야 하는 사람으로 본다(예 : 자신을 무가치하고 하찮게 본다).
1	2	3	L. **자신 없는** : 자기의 가장 나쁜 특성에 초점을 맞추고 이를 확대한다. 자기를 부끄러움과 수치당하고 저하될 만하다고 판단한다. 다른 사람들의 기대에 맞추어 사는 것에 실패했기 때문에 비난받고 비하되어야 한다(예 : 자신을 고통 받을 만하다고 본다).
1	2	3	M. **불만스러운** : 자신이 부당하게 오해되었고 평가절하되었다고 본다. 자신이 삶에서 특징적으로 후회하고, 시무룩하게 되고, 환멸을 느낀다는 것을 이해한다(예 : 자신이 불공정하게 대우받았다고 본다).
1	2	3	N. **불확실한** : 애매하고 흔들리는 자기동일성과 자기가치를 가지는 특징적인 혼란을 경험한다. 회한과 자기처벌의 행동양상 표출로 변덕스러운 행동과 변하는 자기표상을 되찾으려고 한다(예 : 지속적인 자기동일성의 혼란).
1	2	3	O. **신뢰할 만한** : 자신을 근면하고, 세심하고, 유능하게 본다. 실수와 오판을 두려워해서 원칙, 완전, 순순, 충성을 나타내는 자신의 측면을 과대평가한다(예 : 자신을 신뢰할 만하고 성실하게 봄).

■ **표 1.5** MG-PDC V. 기분/정동 영역

자신이 표현하는 개인 정동의 강도, 빈도와 현저한 특징보다 더 임상적으로 적절한 관찰은 거의 없다. 극단적 정서들의 의미는 해독하기 쉽다. 그러나 환자의 진행 중인 관계와 경험에 잠행해서 반복적으로 널리 퍼져 있는 더 세밀한 기분과 느낌은 그렇지 않다. 기분/정동에서의 표현적인 특색은 비록 간접적이지만 행동 수준, 언변의 질, 신체적 외모에서 드러나게 된다.

첫 번째 적합도	두 번째 적합도	세 번째 적합도	특징적 행동
1	2	3	A. **무감동한** : 고유한 느낌이 없고, 차갑고 뻣뻣한 성질을 나타내며 약한 정동과 애정의 욕구를 보고한다. 따뜻하고 강렬한 느낌을 거의 나타내지 못하고, 표면적으로 슬픔이나 분노의 경험 또한 갖지 못한다(예 : 깊은 즐거움을 경험할 수 없다).
1	2	3	B. **정신없는** : 특별히 사회적 기대에 대해서 쉽게 염려하거나 부적응을 보여준다. 다른 사람에 대해 불안해하면서 감시하고, 불신하고, 그들의 동기에 대해 경계한다. 단조롭고, 게으르고, 기쁨이 없고, 멍한 모습을 나타낸다. 정서적인 표현과 직접 대면하는 접촉에서 표현에 대한 두드러진 결여를 보여준다(예 : 상당히 동요되었지만 정서적으로 반응이 없음).
1	2	3	C. **고통스러운** : 애정에 대한 욕구, 거절의 두려움, 감정이 없는 사이에서 동요한다. 지속적이고 혼란스러운 긴장, 슬픔, 분노의 저류를 나타낸다(예 : 이따금 새로운 사회적 경험에 대한 두려움을 보임).
1	2	3	D. **평온한** : 사회적 긴장과 대인관계의 갈등을 조용하게 수동적으로 피한다. 전형적으로 상냥하고, 따뜻하고, 부드럽고, 비경쟁적이다(예 : 특징적으로 소심하고 비경쟁적이다).
1	2	3	E. **찰나적인** : 휘발성이고 변덕스럽다. 어떤 때에는 과도하게 원기 왕성하고, 흥분되어 있고, 주체할 수 없다가 다른 때에는 뜨거웠다 냉담했다 하면서 감정적으로 들떠 있고 변하기 쉽다(예 : 특징적으로 일시적인 흥분의 경향을 가짐).
1	2	3	F. **변덕스러운** : 순간적이고 피상적인 정서를 나타낸다. 극적으로 과잉 행동을 하고, 쉽게 흥분하고 그리고 마찬가지로 쉽게 지루해하는 경향을 나타낸다(예 : 쾌락을 향한 사회적 생활의 맹렬한 추구).

■ 표 1.5 (계속)

첫 번째 적합도	두 번째 적합도	세 번째 적합도	특징적 행동
1	2	3	G. 태평한 : 냉담함과 무관심함의 일반적인 분위기를 나타낸다. 자기중심적인 자신감이 흔들려서 분노, 부끄러움 또는 공허감으로 짧게 드러날 때를 제외하고는 무덤덤하게 인상적이지 않거나 조용한 낙천적인 모습을 보인다(예 : 일반적으로 동요하지 않고 침착함).
1	2	3	H. 화를 잘 내는 : 시무룩하고, 무뚝뚝하고, 유머 없는 품행을 보여준다. 화가 나면 감정적이지 않고 객관적으로 보이려고 시도하지만 날카롭고, 과민하고, 퉁명스럽고, 즉흥적인 반응을 한다(예 : 개인적인 방어를 할 준비가 되어 있음).
1	2	3	I. 냉소적인 : 사회적 자선, 인간적 동정, 개인적인 연민에 폭넓은 범위의 결함을 나타내면서 공감하지 않는다. 다른 사람의 안녕에 대한 무자비한 무관심과 함께 조악한 무례함을 드러낸다(예 : 사회적으로 거슬리는 행동에 대한 최소한의 죄책감과 회한을 경험함).
1	2	3	J. 적대적인 : 공공연하게 거칠고 싸움을 좋아하는 기질이 있는데, 그것은 임시적으로 논쟁적인 논의와 물리적 호전적이기도 하다. 순간적으로 까다롭고 해치는 쪽으로 나아가기도 하고, 심지어 다른 사람들을 자신의 방식대로 괴롭히기도 한다(예 : 쉽게 소란을 피우며 혼란케 함).
1	2	3	K. 비참한 : 전형적으로 처량하고, 눈물이 많고, 흥이 없고, 침울하다. 특징적으로 걱정이 많고, 생각에 잠겨 있다. 떨어진 기력이 좀처럼 회복되지 않는다(예 : 종종 낙담하고 죄책감을 가짐).
1	2	3	L. 기분부전의 : 의도적으로 무덤덤하고 우울한 외모를 나타낸다. 종종 다른 사람에 대해서 죄책감과 불편함을 야기한다(예 : 그나 그녀가 겪어야 할 관계로 끌어들임).
1	2	3	M. 짜증내는 : 다른 사람에 의해서 쉽게 화가 나고 좌절되는 것을 보고, 종종 성마르다. 퉁하고 기분이 언짢아서 철회를 수반하면서 전형적으로 완고하고 성을 잘 낸다(예 : 반대하는 행동에 대해서 참을성이 없고 쉽게 자극됨).
1	2	3	N. 불안정한 : 외부 사실로 인한 불안정한 기분에 따라 행동함으로써 실패힌다. 짧은 기간 동인의 분노, 불안, 도취김으로 분산되어 정상에서 우울과 흥분으로 쉽게 바뀌거나 또는 낙담과 냉담의 기간을 연장시킨다(예 : 슬픔에서 괴로움이나 무감각으로 기분이 탄력적으로 바뀐다).
1	2	3	O. 엄숙한 : 휴식하지 못하고, 긴장하고, 흥이 없고, 엄격하다. 대부분의 감정을 엄격히 통제하면서, 지나치게 따뜻함이나 전향된 상반된 감정을 삼간다(예 : 정동이 수축되어 있고 제한된다).

■ **표 1.6** MG-PDC Ⅵ. 정신내적 기제 영역

자기보호, 욕구 충족, 갈등 해소의 기제가 때때로 의식적으로 인식되지만 이는 일차적으로 정신내적 수준에서 나타난다. 자아 또는 방어기제들은 내적 조절 과정이기 때문에 더 가까이 관찰할 수 있는 과정보다 식별하고 기술하기 더 어렵다. 그렇기 때문에 직접적으로 순수한 형식대로 자기반영 사정을 통한 평가에는 취약하지만 핵심갈등과 역동적 분석을 제외한 잠재적으로 많은 수준의 파생물이 있다. 이들이 제시하는 방법론적인 문제에도 불구하고 어떤 기제들이 환자에게 유용한 가장 특징적인 것인가를 확인하는 과업은 포괄적인 임상평가에서 상당히 유용하다.

첫 번째 적합도	두 번째 적합도	세 번째 적합도	특징적 행동
1	2	3	A. 주지화 : 실제로, 추상이나 개인 감정이 섞이지 않는 대인관계, 기계적 방식으로 대인관계와 정동 경험을 표현한다. 사회적으로 정서적인 사건에 있어 형식적이고 객관적인 면에 일차적인 주의를 기울인다.
1	2	3	B. 취소 : 기괴한 매너리즘과 특유한 사고가 불안, 갈등, 죄책감의 각성으로 그전의 행동과 생각에 위축되거나 전환되어 변형해서 나타난다. 비행이나 '악한' 생각을 회개하고 없애 주술적 행동이나 '마술적' 행동을 한다.
1	2	3	C. 환상 : 욕구 충족과 갈등 해소를 성취하기 위해 상상에 과도하게 의존한다. 공격적인 자극도 마찬가지로 깊은 애정을 안전하게 이행하기 위해 공상으로 철회한다.
1	2	3	D. 내사 : 개인 간 분리할 수 없는 유대가 존재한다는 믿음을 타인에 몰입하여 그대로 강화한다. 관계에 대한 갈등과 위협을 제거하기 위해 타인과의 어떤 독립적인 입장을 버린다.
1	2	3	E. 확대 : 특히 자신의 장점뿐 아니라 다른 사람의 장점을 증진하는 특색으로서 자신의 중요성을 고양시키기 위해 평범한 문제를 과장하고, 과장해서 지나치게 강조하는 것에 몰두한다.
1	2	3	F. 해리 : 실제와는 다른 외관으로 사회적 유인을 창출해서 자기표상을 변경한다. 불쾌한 사고/정서로 통합된 회상을 피하기 위해서 자기 혼동의 행동에 몰두한다.
1	2	3	G. 합리화 : 사회적으로 수용되지 않는 자기 중심적인 행동들을 다양한 이유를 고안해내어 정당화하여 자기를 기만한다. 증거가 부족하고 타당성이 없음에도 불구하고 자기를 가장 그럴싸한 측면에 세우는 알리바이를 제공한다.

■ 표 1.6 (계속)

첫 번째 적합도	두 번째 적합도	세 번째 적합도	특징적 행동
1	2	3	H. 투사 : 적극적으로 바람직하지 않은 성격 특질과 동기를 자기가 아니라고 하고, 이를 다른 사람의 탓으로 돌린다. 자신의 변변치 않은 행동과 특성에 맹목적이다. 그렇지만 다른 사람의 결점에 지나치게 민감하고 과도하게 비판적이다.
1	2	3	I. 행동화 : 불쾌한 사고와 심술궂은 행동의 표현을 지연함으로써 발생되는 내적 긴장을 거의 구속하지 않는다. 사회적으로 모순된 충동들이 승화 형태로 재탄생하지 않지만, 일반적으로 죄의식 없이 충동들이 성급한 방식으로 직접 방출된다.
1	2	3	J. 고립 : 자신이 파멸 행위의 충격에 관한 인식에서부터 현저하게 분리시켜 냉혈적이 된다. 비인간적인 방해되는 대상의 관점에서 평가 절하된 집단들의 상징으로 본다.
1	2	3	K. 금욕 : 참회를 해야 한다고 삶이 보상되지 않는다고 믿으면서 자기부정, 자기고뇌, 자기처벌의 행동에 몰두한다. 쾌락의 거부뿐 아니라 가혹한 자기판단과 소극적인 자기파괴 행동을 한다.
1	2	3	L. 과장 : 고통과 근심을 불안한 항상성 수준으로 끌어올리는 수단으로서 반복적으로 과거의 나쁜 것을 회상하고, 미래의 실망을 찾아낸다. 고의적인 행동은 아니지만, 개인적으로 선호하는 좋은 상황을 인내와 고통으로 향상하고 유지하기 위해 잘못 사용한다.
1	2	3	M. 전치 : 분노나 다른 고통스러운 정서를 간접적으로 방출하거나, 그것들을 진정으로 객관적으로 덜 위험한 장면이나 사람들에게로 전가한다. 부적절하고 당혹하거나 잊어버리거나 나태한 행동으로 대체하거나 수동적인 수단으로 분개를 표현한다.
1	2	3	N. 퇴행 : 스트레스 상황에서는 발달 전 단계의 불안, 극복, 충동 통제 수준으로 물러선다. 사회적 응은 점차적으로 어린아이와 같이 행동하는 것은 아닐지라도 미성숙으로 책임감 있는 과업과 성인의 문제들에 대처할 마음이 내키지 않거나 훈련하고 싶어 하지 않는다.
1	2	3	O. 반동 형성 : 자신의 깊고, 모순되고, 감추어진 감정에 극단적으로 반대되는 긍정적인 생각이나 사회적으로 칭찬받을 만한 행동을 반복적으로 나타낸다. 대부분의 사람들이 정상적으로 분노나 낙담을 일으키는 상황에 마주해서도 합리성과 성숙함을 보여준다.

■ **표 1.7** MG-PDC VII. 정신내적 내용 영역

과거로부터 상당한 경험이 내적인 각인으로 남아 기억, 태도, 정동으로 구성된 구조로 생활사건에서 지각하고 반응하거나 또는 하나의 성질로서의 역할을 한다. 몸에 있는 다양한 기관조직들과 비슷하게, 과거 중요한 인물들이나 관계의 내면화된 표상의 특성과 내용은 임상적 목적으로 구별하고 분석할 수 있다. 이 내적 세계에 대한 특성과 내용의 다양성 또는 우리가 종종 부르는 대상관계는 하나 또는 다른 성격으로서 이들을 대표로 다음의 기술적 용어로 설명할 수 있다.

첫 번째 적합도	두 번째 적합도	세 번째 적합도	특징적 행동
1	2	3	A. 메마른 : 아주 잘 적응된 개인의 전형화된 욕동과 갈등에서 다양한 지각과 기억 또는 활동적인 상호작용이 거의 없고, 내적 표상이 수적으로 거의 없이 미세하게 분절되어 있다.
1	2	3	B. 혼란한 : 내적 표상이 잡다한 기억과 지각, 간헐적인 욕동과 충동의 뒤범벅이고, 긴장을 가라앉히고, 욕구를 조절하고, 갈등을 중재하는 데 유일하게 딱 들어맞는 조정이 조화되지 않게 구성되어 있다.
1	2	3	C. 성가신 : 내적 표상이 즉시 반응하고, 강렬하고, 불안이 지배하는 기억, 제한된 만족으로 구성되어 있고, 욕구를 분출하고, 충동을 구속하고, 갈등을 해소하고, 외부 스트레스를 회피하는 기제가 거의 없다.
1	2	3	D. 미숙한 : 내적 표상이 천진난만한 생각과 불완전한 기억, 미숙한 욕동과 어린아이와 같은 충동으로 구성되어 있고, 스트레스를 다루고 해소하기에는 부족한 능력을 가지고 있다.
1	2	3	E. 단편적인 : 내적 표상이 와해되고 흩어져서 단지 일상의 긴장과 갈등을 다루는 데 일시적인 길잡이로만 기여하면서, 발작적으로 상기되는 회상이 희미해지고 혼돈되어 뒤범벅이다.
1	2	3	F. 피상적인 : 내적 표상이 거의 피상적으로 구성되어 있다. 그럼에도 손쉬운 욕동과 공허한 기제들뿐 아니라 정서적으로 강도 높은 정동, 기억, 갈등이 있다.
1	2	3	G. 인위적인 : 내적 표상이 보통의 허구적인 생각과 기억, 종합적인 욕동과 갈등보다 훨씬 더 심하게 과장되어 있다. 잘 통제되지 않으면 지각과 태도 등 이러한 모든 것들이 욕구의 상승과 함께 즉시 다시 떠오른다.

■ 표 1.7 (계속)

첫 번째 적합도	두 번째 적합도	세 번째 적합도	특징적 행동
1	2	3	H. 변경할 수 없는 : 내적 표상이 특이한 형태로 경직된 태도, 유연성이 없는 지각표상, 준망상적 계층인 집요한 기억, 불변의 인지, 돌이킬 수 없는 신념과 나란히 한 맺힌 욕동으로 이루어져 있다.
1	2	3	I. 악화된 : 내적 표상이 개인적인 감수성과 인습적인 사회적 소양을 악화시킬 뿐 아니라 확립된 문화적 이념과 관습을 파괴시키는 경향으로 복수의 태도와 충동의 혼합이다.
1	2	3	J. 파괴적인 : 내적 표상이 감수성 있는 기억, 부드러운 정동, 내적 갈등, 부끄러움 또는 죄책감의 극명한 결핍뿐 아니라 공격적인 기운과 악의 있는 태도의 출현으로 차별화된다.
1	2	3	K. 버림받은 : 내적 표상이 감소되거나 활력을 잃고, 자신의 풍요로움과 즐거운 요소들이 고갈되거나 기억으로부터 철회되어 포기와 상실감으로 버림받은 자로 남겨져 있다.
1	2	3	L. 수치스러운 : 내적 표상이 비방적인 과거 기억과 불명예의 성취, 자신의 최소한의 매력과는 반대로 전이되어 있는 긍정적인 느낌과 애정의 욕동, 의사에 따라 악화된 내적 갈등, 불편을 강렬하게 하는 과정에 의해 파괴된 불안 감소의 기제로 이루어져 있다.
1	2	3	M. 변동하는 : 내적 표상이 자신의 성취 및 타인의 기쁨이나 기대를 무효로 하기 위한 충동에 의해서 추동으로 대립하는 경향과 양립할 수 없는 기억의 복합체로 구성되어 있다.
1	2	3	N. 모순된 : 내적 표상이 미숙하게 그러나 편의주의적이지만, 반복해서 좌절됨으로써 복잡한 기억, 정체 모를 태도, 모순된 욕구, 대조적인 정서, 변덕스러운 충동, 갈등 감소에 맞선 전략들로 이끈다.
1	2	3	O. 숨겨진 : 상당히 조절되고 금지된 충동들이 격리되고 단단하게 묶여져서 개인적·사회적 갈등들이 방어적으로 부정되고, 의식적인 엄중한 통제 하에 지속되고 유지되는 결과를 초래하여 사회적으로 승인된 여러 내적 정동, 태도, 행동으로 의식적인 인식이나 행동 표현이 주어진다.

▣ **표 1.8** MG-PDC VIII. 정신내적 구조 영역

개인의 심리 내면의 틀로 전반적인 양식은 구조적 응집력에서 약점을 나타내고, 구성 간 조화가 결여되어 있다. 균형과 조화를 유지하고, 내적 갈등을 규정하거나 또는 외적 압력을 중재하는 기제들이 거의 없다. 정신내적 구조라는 개념은 성격체계에 대한 유기체의 힘, 내면의 적합성, 성격체계의 기능적인 효율성, 정신내적 분석적 추론으로부터 거의 배타적으로 유도된 개념을 말한다. 정신분석적인 용례는 또한 통합의 구조나 형태인 질적 변이들이 아니라 통합적인 병리의 양적인 정도로 제한되는 경향이 있다. 다음과 같이 이 구조적 속성에 대한 양식의 변이들은 각각의 성격 전형들을 특성화하기 위해서 사용된다.

첫 번째 적합도	두 번째 적합도	세 번째 적합도	특징적 행동
1	2	3	A. 미분화된 : 내적인 무력감, 욕구 충족에 미약한 욕동, 그리고 내적 갈등을 방어하고 해소하기 위한 또는 외적 요구에 대처하기 위해 미약한 압력이 주어져서 내적 구조들의 제한된 조화와 결여된 조직이 특징이다.
1	2	3	B. 파편화된 : 대처 및 방어적 작동이 깨지기 쉬운 집합체로 되는 대로 조직되어서, 그 속에서 원초적 사고와 정동이 직접적으로 분출된다. 현실에 기초한 승화가 거의 없어서 구조적 미통합으로 이어지는 발작적이고 산만한 행동들로 이끈다.
1	2	3	C. 깨지기 쉬운 : 비틀린 정서의 해결과 이행에서 1개의 양상(회피, 도피, 공상)이 거의 배타적으로 의존한다. 예기치 않았던 스트레스에 접하게 되면 전개할 만한 근거가 거의 없으며 일시적인 퇴행적 보상 작용 상실로 되돌릴 수 있는 입장이 거의 없다.
1	2	3	D. 미발달한 : 욕구 충족과 성숙한 과업을 대처하는 책임을 다른 사람들에게 전가하기 때문에 내적 구조와 통제의 다양성의 결손과 부족이 있고, 상대적으로 발달되지 않고 미숙한 적응 능력으로 독립적인 기능을 하기에는 초보적인 체계들이 있다.
1	2	3	E. 무상한 : 기껏해야 일시적 효과 있는 대처로 노력하면서, 상당히 변하기 쉽고, 혼란되고 일시적인 형태들로 존재한다. 통제 확립과 중대한 목표의 결핍으로 정동과 행동에 제약이 없다.
1	2	3	F. 뒤죽박죽의 : 구조의 집합체가 느슨하게 짜여 있고 내적인 조절과 통제가 흩어져 있고 통합되어 있지 못하다. 자극을 피하고, 방어들을 통합하고, 갈등을 해결하는 방법이 거의 없어서 정신적인 유대와 안정을 확장하고 유지하는 처리기제가 사용될 때 사고와 감정 그리고 행동의 혼란을 더욱 야기할 뿐이다.

■ 표 1.8 (계속)

첫 번째 적합도	두 번째 적합도	세 번째 적합도	특징적 행동
1	2	3	G. 겉치레의 : 대처와 방어 전략이 취약하고 뻔히 들여다보인다. 충동은 단지 이차적으로 조절하고, 욕구의 통로를 최소한으로 억제하고, 갈등은 내면세계에서 해소하고, 실패는 빨리 만회하고, 자만심은 힘들이지 않게 거듭 주장하면서, 자신보다 더 실질적이고 역동적으로 조율되어 있는 것처럼 보여준다.
1	2	3	H. 신축성이 없는 : 갈등 중재와 욕구 충족의 통로가 경직되어 있을 뿐 아니라 현저하게 수축되어 있고, 유연하지 못한 대처와 방어수단 패턴이 존재해 예기치 않았던 스트레스원이 폭발적인 발작 또는 내적 동요를 부추겨 환경의 변화를 조절하는 데 너무 완고한 긴장된 틀을 만들어낸다.
1	2	3	I. 감당할 수 없는 : 쉽게 사회적 통제를 위반, 충동 방출의 낮은 역치, 몇 안 되는 승화된 통로, 고삐 풀린 자기 표현, 연기나 좌절에 대한 현저한 불관용을 유도하면서 책임질 수 없는 욕동과 태도에 재갈을 물리려는 노력처럼 결핍된 내부의 방어적인 기능에 의해서 주지된다.
1	2	3	J. 분출하는 : 일상적으로 통제를 조절하는 보편적인 응집 구조와 표현 통로들이 있음에도 불구하고 공격성과 성적인 특성이 요동하고, 힘차고 폭발하는 에너지가 단기적으로 압도하는 조급한 발작을 유도하고 그렇지 않으면 합리적인 절제를 가로막는다.
1	2	3	K. 고갈된 : 정신 내 구조의 발판이 현저하게 약화되어 고갈된 대처 방법으로 방어 전략이 피폐한, 활력과 초점이 없으며, 행동 개시나 정동을 조절하는 능력은 소진되지 않았어도 감소된 결과를 나타난다.
1	2	3	L. 역전된 : 다소 통념적이면서도 이와 상반되는 이면의 이중 특성을 지니고 있다. 자기파괴로 귀결되지 않을지라도 욕구 만족과는 반대로 좌절로 이어지는 정동이나 의도의 반복적인 실행의 취소를 야기한다.
1	2	3	M. 불일치한 : 하나의 욕동 충족이나 욕구 충족이 필수적으로 다른 것을 무효화하거나 전복시켜 놓으면서, 주요 갈등이 해결되지 않고 정신적 응집력이 불가능한 대처 책략과 방어 책략이 모순된 목표 쪽으로 향하는 것과 같이, 원형의 내적 요인 속에서 분명한 불일치가 있다.

■ **표 1.8** (계속)

첫 번째 적합도	두 번째 적합도	세 번째 적합도	특징적 행동
1	2	3	N. **분열된** : 요소 사이의 일관성의 특징적인 결여로 내적인 응집력이 뚜렷이 분절되어 있고 갈등의 형태들로 구성되어 있다. 의식들의 수준이 종종 흐릿하다. 제한된 현존하는 순서를 뒤바꾸는 분열의 결과로, 관련이 없는 기억/정동의 분리 형태로 경계선들을 가로지르는 빠른 변환이 일어난다.
1	2	3	O. **구획된** : 정신적인 구조들이 다수의 명확히 분리된 욕동, 기억, 인지들로 분명하게 나누어져 있고, 이러한 구성 부분들 사이에 상호작용하는 개방된 통로가 거의 없이 통합된 체계로 완고하게 조직되어 있다.

■ **표 1.9** 개인을 가장 잘 특성화하는 성격연속체

첫 번째 적합도	두 번째 적합도	세 번째 적합도	정상에서 비정상에 이르는 성격 스펙트럼
1	2	3	은둔-분열성
1	2	3	기이-분열형
1	2	3	수줍음-회피성
1	2	3	협력-의존성
1	2	3	열광-경조성
1	2	3	사교-연극성
1	2	3	자신감-자기애성
1	2	3	의심-편집성
1	2	3	불복-반사회성
1	2	3	독단-가학성
1	2	3	비관-우울성
1	2	3	자학-피학성
1	2	3	회의-부정성
1	2	3	변덕-경계성
1	2	3	양심-강박성

를 바란다. 그전처럼 첫 번째, 두 번째, 세 번째 적합도에서 선택한다. 원한다면 8개의 '순차적 최적합도' 선택지에서와 **중복** 원반에서, 치료적 개입에 있어 가장 중요하다고

■ **표 1.10** 사회적 · 직업적 기능에 대한 전반적 수준(순차적 최고치 선택지)

판단	점수 매김	기술 내용
우수	1	높은 직업적인 수행과 성공을 분명히 드러낼 뿐 아니라 심지어 그들의 어려움을 해결하도록 하는 과정에서 다른 사람을 돕기도 한다. 가족과 사회 동료들과 관련해서 기능에 있어서 탁월한 수준은 아닐지라도 분명히 효과적인 수준을 나타낸다.
아주 좋은	2	어떤 주요한 분야에서 대인관계의 스트레스나 직업적인 어려움의 증거를 약간 나타내지만, 합리적이고 일관성 있는 기초를 가지고 주요한 사회적 그리고 직업적 기술들을 보여준다.
좋음	3	일상생활의 일상적 문제에서 평균 수준의 사회적 · 직업적 능력보다 높은 능력을 보여준다. 그들은 대인관계의 관계성에서 그리고 일의 만족도를 획득하려는 노력에 있어서 간헐적인 어려움을 가진다.
적당	4	외래환자의 임상작업에서 보이는 전형적인 환자의 평균 기능이 보인다. 일상의 가족 사회적 · 직업적 책무를 적당히 만족시키지만 직업적 스트레스와 대인관계 갈등으로 문제되거나 연장된 기간이 있다.
나쁨	5	외래환자의 기준에서 유지될 수 있지만, 대인관계의 관계성과 직업 장면의 한쪽 또는 둘 다에서 그들의 평정심을 뒤집는 다른 사람과의 심각한 갈등에 종종 빠진다.
아주 나쁨	6	대부분의 사회적 · 직업적 장면에서 경쟁력이 있게 기능하는 것이 불가능하다. 직업 수행에서 불안정하고 중요한 다른 사람들과의 관계가 안정되어 있지 않아서 환자에 의해서 어려움이 야기된다. 순간적으로 심한 정신적 와해를 다루기 위해 입원이 필요할 수 있다.
심각한 부적응	7	만성적이고 특징적인 붕괴가 대부분의 정신 기능 전반에서 나타난다. 육체적 행동의 통제 상실이 지속적인 돌봄과 자기보호를 요구하는 요양이나 입원 장면의 연장을 필요로 한다.

판단되는 3개를 검토하기 위해서 앞으로 넘어가도 좋을 것이다.

이전처럼 우리는 앞의 8개 영역 특징을 사용해서 당신이 방금 점수 매긴 사람들을 더 평가하기를 원할 수 있다. 〈표 1.10〉에서 현재의 개괄적인 수준의 사회적 기능과 직업적 기능을 평가해 보라. '우수'에서부터 '심각한 부적응'에 이르는 7단계 연속체를 활용해서 판단을 내려라. 가능한 신체적 손상이나 사회경제적 고려의 가능성을 간과하고 있는 개인의 현재 정신 상태와 사회적 경쟁력에 대한 당신의 평가에 초점을 맞추어 보라. 당신의 최고의 판단에 밀접하게 들어맞는 표의 숫자에 동그라미를 쳐보아라.

   개인화 심리치료에 관한 책 시리즈 중에서 이 책에 나오는 장들을 전개함으로써 우리는 이 장에서 다루어질 다양하게 지도하는 많은 원리와 논제로 방향을 돌릴 것이다. 개인화 심리치료를 위한 성격 원리를 특성화하는 많은 주제들은 앞에서 제시되고 논의되었다. 우리가 다음 장에서 독자들에게 제시하는 여러 논제들과 정의가 더욱 분명한 증거가 되리라 기대된다.

상승작용 편성과 촉매 서열

어떤 과정이 개인화 심리치료를 절충적인 치료라기보다는 오히려 개별화하고 상승협동이 되는 치료가 되는 데 기여했는가?

   앞부분을 다시 언급하면 절충적으로 설계된 기법들 간에 가장 적합한 선택은 구분이다. 개인화 심리치료에서 다양한 기법에 심리학적으로 설계된 **복합체**와 **과정**이 있다. 현재의 저자 논문에서 공식화한(Millon, 1988) '촉매 서열(catalytic sequences)' 그리고 '상승작용 편성(potentiated pairings)'과 같은 용어는 극성(polarity)의 이론 기반과 영역 중심의 치료 계획을 나타낸 것이다. 본질적으로 이들은 각 환자의 두드러진 극성의 불균형을 해소하고, 여러 개의 본질적으로 조화된 기법을 효과적으로 사용하여 특정 임상 영역에 변화를 주기 위한 치료적 배열과 일련의 시간 계열이다.

   첫 번째 개인화 절차(personalized procedures)에서, 우리가 몇 년 전에(Millon, 1988, 1990) '상승작용 편성'이라는 말을 사용했다. 각 기법이 분리해서 관리된다면 만연될 수 있었던 문제되는 특징을 극복하기 위해서 **동시에 결합**된 처치방법들이다. 치료가 장애 자체로서 강력한 중다조작적이 되기 위해서 이 구성은 많은 다른 측면 상에서 변화를 밀고 당긴다. 치료 편성에 대한 최근의 알려진 예는 최초의 결합치료 중에 하나인 인지행동치료에서 찾을 수 있다(Craighead, Craighead, Kazdin, & Mahoney, 1994; Rasmussen, 2005).

두 번째 '촉매 서열'이라 불리는 개인화 과정에서, 이루어진다면 우선은 **행동 변화** 과정에 의해 환자의 고통이 따르는 굴욕감을 바꾸고, 그다음은 다른 사람들과의 관계 개선에 효과적인 대인관계 기법 활용을 육성하고, 자기확신감을 행동 수정으로 변화시키는 과정으로 **인지 또는 자기활성화** 방법을 촉진할 수 있다. 촉매 서열은 순서의 결합을 효과적으로 적절하게 배열하여 강력한 변화들을 최적화하는 시계열이다.

더욱 최근의 예가 지난 10년 동안 다수의 임상 보고서에서 나타나기 시작했다 (Slater, 1998). 그것은 우울성과 장기 기분부전증 환자들이 약물요법(예 : 선택적 세로토닌 재흡수 억제제(SSRI) 덕분에 현격하게 감소되었다는 사실과 관련이 있다. 환자들은 임상 증상이 감소함에 따라 꽤 편안해졌지만 오랫동안 '우울증'은 그들 전반적 심리 구성의 핵심 부분을 이루어 왔다. 우울증은 이제 더 이상 그들의 일상적인 경험의 한 부분이 아니기 때문에 많은 사람들은 이제 그들이 누구인지 그들이 갈망하는 것이 무엇인지 또는 세계에 대해 어떻게 관계해야 하는지 알지 못한 채 공허하고 혼란스럽게 느낄 수 있다. 심리치료의 촉매 서열이 건설적인 역할을 할 수 있는 곳이 여기이다. 환자는 더 이상 우울해지지 않을 수 있지만 그들은 새로운 자기상과 그것의 평가에 부합하는 치료가 필요하다. 그들의 후속 치료가 현재 상태와 더욱 조화로운 안정된 사회적 행동과 인지에 대체함으로써 이전에 습성화된 대인관계 양식과 태도를 변경시킬 수 있는 기회가 된다는 점은 아주 중요하다. 인지적 가정과 기대는 상당한 정신적 회복을 요구하는 우울 인자 요소들과 더 이상 혼합되지 않을 것이다.

위대한 신경학자 겸 심리학자 Kurt Goldstein(1940)이 언급했듯이 주요한 신경학적인 장애 치료를 위해 뇌를 개조한 환자들은 근절된 영역이 보조했던 기능을 단순히 잃지 않는다. 오히려 환자들은 스스로 통합된 감각을 유지할 수 있도록 하기 위해 뇌의 능력을 재구성하고 재조직한다. 비슷한 방법으로 환자의 습관적인 심리적 구성의 한 영역 또는 다른 주요한 영역이 제거되거나 축소될 때(예 : 우울) 환자들은 상실을 보상하기 위해서뿐만 아니라 **새로운 자기를 구성하기** 위해서도 그들 자신들을 재조직해야 한다.

유사하게 신경학자 Oliver Sacks는 1973년 그의 책 『Awakenings』에서 뇌성마비로 수십 년 동안 움직이지 못했던 환자들이 L-Dopa 투약 이후 갑자기 '태도가 완화된' 것을 기술했다. 이러한 환자들은 생명을 되찾았지만, 그들이 오랫동안 간과해 왔던 세상의 기능을 배워야 했다. 그들에게는 10년, 20년 또는 30년 동안 움직이지 못하는 상태가 불운하다고 생각했었고 이 상태는 대처하기 위해 배워온 익숙한 요소였다. 그들이 적응해 온 생활방식을 제거하기 위해서 이제 상당한 인내와 격려 없이는 좀처럼 해나가기 힘든 과업인 자신을 알아내는 새로운 세계와 관계해야 했다. 촉매 서열은 여러 재학습과 재통합 과정을 계속 촉진해야 하는 단계들을 설명한다.

마치 각각의 병리적인 유사물, 즉 비유연성과 적응의 악순환들 사이에 선이 없는 것처럼, 상승작용 편성과 촉매 서열화 사이에 분리된 경계는 없다(Millon, 1969/1985). 치료자들이 언제 한 양상보다 또 다른 양상을 사용할지에 매어 있어서는 안 된다. 그 대신 본질적으로 상호 의존적인 현상에서 그 적용을 촉진하기 위하여 유연성을 증가시키고 희망적으로 악순환이 아니라 선순환을 도모하는 것이다. 상승작용 편성과 촉매 서열은 논리적인 결합치료를 나타낸다. 상승작용 편성과 촉매 서열화에 대한 아이디어는 여러 논리적 구성물이 환자의 혼조된 장애 영역에 강력함에 비례해서 각각의 영역을 세워 갈 수 있음을 인정한다.

문제의 하나는 이미 개인화 심리치료에서 명기한 내용의 한계와 관련된다. 즉 특정의 상승작용 편성과 촉매 서열화의 정도는 복합증후군과 성격 장애의 존재가 각각이 확인될 수 있다는 것이다. 이 장에 증상과 장애에 대한 각 임상 영역의 특징을 나타내는 표가 제시되어 있다. 예를 들어 기분/정동에 대한 약리학의 경우에서와 같이, 각 환자의 표상이 원형의 범위 내에서 사용되는 상승작용 편성과 촉매 서열화는 문제 영역들에 최적인 다소 전형적인 전술방식에서 유도되어야 한다. 그러나 아마도 이론이나 '치료작업'이 구체적인 개인 사례의 병력과 특성에 관해 아무것도 알지 못한 채 임상적 치료를 이끌 수 있다는 한계를 나타낸다. 환자 개인에게는 너무 많고 특별해서 어떤 이념적인 분류 도식에 적합할 수 없어 적당하게 시행된 개인화 심리치료는 일반 분류학으로는 쉽사리 해결될 수 없는 특이성으로 가득 차 있다. 상승작용 편성, 촉매 서열로 치료자들이 진화하게 할 수 있는 어떤 다른 상위체계의 구성성분은 보편적인 분류학 수준에서보다는 세분화된 개인 사례의 개인에서 가장 잘 실현된다. 이에 따라 이들의 정밀한 내용은 개인 사례의 논리에서처럼 증상이나 장애의 논리에 의해서 많이 세분화되었다. 개인 특이 사례 수준에서 동시 또는 번갈아 중심이 되는 방법을 사용함으로써 우리들 각각은 궁극적으로 세련되고 열린 마음의 치료자가 되어야 한다. 그러한 촉매 과정과 상승작용이 일어난 과정에 의해서 산출된 상승 효과와 증진이 진정으로 혁신적인 개인화 심리치료 전략을 구성하는 것이다.

만일 개인화 심리치료자들이 가능성 있는 용어로 쉽사리 치료 선택의 활용에 관해 생각한다면, 그들은 더욱더 많은 영향력을 미치게 될 것이다. 즉 각각의 효능은 단지 부분적이고, 성공의 가능성은 완전하지 않을 것이라는 것을 알기 때문에 그들은 협력적이고 연쇄적인 방식의 순서를 만들어야 한다. 예측 가능성을 높이기 위해 결합 방식이 전반적으로 가장 높은 효과의 가능성이 있도록 수학자들이 계산하는 것처럼 치료자들은 모든 가능한 평가 정보들을 모아야 한다. 어떤 결합 접근도 자동적으로 '최고'로 판단되지 않는다는 것에 주지해라. 각각의 새로운 환자에게서 치료자는 전에는 이렇게 정확한 형태로 있어 본 적이 없었던 취약한 소인을 가진 개인을 다루고 있다는 것을 알아야 한다. 게다가 개인화 심리치료는 치료에서 절대적인 또는 흑백 논리로 생각하지 않는다는 점은 중요하다. 모든 치료 양식은 합리적인 성공 가능성을 가지고 있다.

환자의 성격 원형이 그 자체로 치료 성공 가능성에 대한 예측은 적합지 않다는 많은 사례들이 있다. 그러한 환경에서 치료자들은 장기적이거나 포괄적인 계획을 세워야 한다고 생각하지 말아야 한다. 초기 단계에서 활용할 만한 치료 선택이 정확하고 좋은 행동 과정을 제공하진 않는다. 이런 불확실한 상태가 훨씬 더 분명하게 나타날 때까지는 오히려 임시적이거나 보수적인 과정을 선택한다. 개인화 심리치료자가 대부분 사례에서 구체적 방식을 일상적으로 선택하는 경우보다 더 많이 요구하고 결과에 확신 가능성이 적은 어려운 판단을 하도록 도전받게 될 것이라는 것은 상기의 진술로 명백하다. 치료자가 일상적인 양상을 선택하는 것은 치료자에게는 쉽지만 환자에게는 반드시 최상이 아닐 것이다. 이 책이나 이 전작의 다른 책을 상기하는 사람은 과업의 가능성에 덜 주저할 것이고 덜 성가시게 여길 것이다. 우리는 어떠한 방식과 어떠한 결합이 주어진 환자의 임상적인 증상과 성격 장애 패턴에 가장 효과적인지를 결정하는 원리를 제공한다.

임상적 문제들이 제시하는 영역으로 방향을 돌리면, 우리는 최근에 발달된 분명하게 명료화된 대인관계의 기법과 몇 개의 가족치료와 집단치료 방법을 사용함으로써 대인관계의 행동 영역에서의 역기능을 다룰 수 있다. 인지적 신념과 자존감의 어려움을 완화하기 위해서 잘 선택된 Beck과 Ellis의 방법처럼 고전적인 분석과 더욱 현대적인 학파들의 방법들은 대상 표상들의 범위에 특별히 적합할 수 있다.

　전술과 전략은 치료의 두 개념적인 구성요소들에 균형을 유지한다. 첫 번째는 개별에 초점을 맞춘 개입으로 일어나는 일을 일컫고, 두 번째는 치료의 전체 과정을 특징짓는 전반적인 계획과 디자인을 일컫는다. 이는 둘 다 필요하다. 전술적인 목표가 없는 전략적인 특수성은 큰 장면에서 이유를 알지 못하고 행동하는 것이라고 볼 수 있고, 특수성 없이 목표만을 가지고 있는 것은 어디로 가야 할지는 알지만 거기에 도달하는 방법은 알지 못하는 것과 같다. 분명히 높은 수준의 전술 또는 장기 목표를 성취하기 위해서 우리는 단기 전술방식을 사용한다.

　정신치료는 그들이 선호하는 전략적 특수성과 전술적 목표의 총합에서 다양한 것처럼 보인다. 이것은 종종 단지 병력의 개연성뿐 아니라 치료 자자신의 잠재적인 가정에 다시 묶일 수 있다. 역사적으로 진보는 더 많은 특수성과 더욱 분명한 목표 모두로 향하는 것처럼 보인다. 인지행동치료처럼 정신치료에 대한 더욱 현대적 접근은 치료 자체가 자기조절 체계가 되는 더욱 세분화된 요인(예 : 목표에 부합하는 것, 종결 기준, 진행 중인 평가)으로 자리를 잡아 가고 있다. 진행 중인 평가들은 치료자와 환자 모두에 의해서 내사와 협상에 개방적인 피드백 과정을 보장한다. 양식은 말보다는 하나의 행동이다. 말은 그 자체로는 실현이 불가능하지만 행동 장애가 제거 또는 축소되도록 불행한 상황을 재구성하는 데 사용되는 행동의 선행조건이 된다. 행동은 말보다 더 집행력이 있고, 치료는 현재의 가능성을 새로운 가능성으로 창출하고 개방시키는 수단으로 구현하도록 조망하고 집중하는 것이다. 개인들은 종종 과거의 문제들에 초점을 맞추고 해명하는 것보다는 노출과 행동을 통해서 더욱 변화된다. 통찰은 유용하지만 단지 본래의 목적에만 필요하다.

　어떤 체계에서건 기초적인 기능은 생체항상성이라는 것을 명심해야 한다. 초기의 저서에서(Millon, 1981) 안정성, 일관성, 내적 평형이 성격의 목표인 것처럼 성격은 정신에 대한 면역체계로 비교된다. 일상적으로 이러한 것들은 직접적으로 뚜렷한 치료 목표인 변화와 반대쪽으로 나아간다. 보통 환자와 치료자의 대화는 직접적으로 대면하므로 위협을 경험하지 않는다. 환자가 위협을 느낄 때 성격체계는 수동적인 저항의 형태로서 기능한다. 이는 치료자에 의해서 긍정적인 힘을 경험하도록 할 수 있다. 사실상 환자의 자기상과 대상표상의 구조적 지표가 선재적이고 확인을 추구하는 것이어서, 치료자의 설명에 대한 진정한 의미가 의식 과정의 수준에 결코 도달할 수 없을 정도이다. 또한 개별적인 해석에 의해서 환자 마음의 평형이 최초로 좌초될 때조차도 그들의 방어기제들은 치료자의 의견을 어떻게든 왜곡하고 오해하고, 덜 위협적인 방식으로 해석하거나 또는 심지어 무시했다는 사실을 확신하려고 하지 않을 수 있다. 첫 번째 것은 수동적인 형태의 저항이고 두 번째 것은 능동적인 형태의 저항이다. 실제로 환자가 아무런 효과적인 반응이 없는 경우에 대부분 반응 목록의 범위가 확장될 수 있는 것처럼 정신체계의 면역 기능이 일시적으로 억압되어 있는 상황에서 효과적인 치료가 종종 불안을 일으킨다는 것은 놀랄 일이 못 된다. 성격은 아는 만큼 인정할 수 있고 모르는 만큼 배울 수 있는 가능성이 있다.

한 개인의 정신 구성이 체계로 간주되면 다음과 같은 문제가 있다. 체계로 규정된 특성이 변화를 지체하기보다는 오히려 변화를 촉진하기 위해서 어떻게 선택될 수 있는가? 이러한 치료의 목표 수행을 위한 전략적 목적과 전술 양상의 조화인 스키마는 우리가 개인화 심리치료에서 성취를 기대하기 위한 것이다. 환자의 성격 장애와 복잡한 임상 증상의 체계를 기반으로 구성을 반영하는 다양하게 조화된 접근을 통해서 전략적 치료 목표를 충족시키는 영역 중심의 전략을 선택하는 노력이 시행된다.

만일 개입이 초점이 맞추어져 있지 않고 산만하고 혼란스럽다면 환자는 단지 조금만 기댈 것이고, 자신의 의지로 무게를 지탱함으로써 수동적으로 변화에 저항할 것이다. 즉 이미 내재적인 체계에 습관적 특징을 보일 것이다. 라포 형성이 항상 중요함에도 불구하고 체계가 마침내 어떠한 방식으로 흔들리지 않으면 아무것도 일어나지 않는다. 치료자들이 환자의 방어를 노출하는 데 반드시 매진해야 하는 것은 아니지만 오히려 조만간 습관적인 과정에 의해서 쉽게 처리할 수 없는 일, 불편하고 심지어 위협적으로 경험되는 일이 종종 발생하기 마련이다.

사실상 개인화 심리치료는 많은 방면에서 느리고 지속하는 과정이라기보다는 오히려 '평형 상태의 정점(Eldridge & Gould, 1972)'과 같이 나타난다. 이러한 진화론적인 통찰은 정신체계가 비교적 불변의 시기로 변경하면서 새로운 게슈탈트 형태로 바꾸는 동안 빠른 성장 기간이었다는 것에 찬성한다. 영역이나 전술에 목표를 세우는 것 또는 당신이 무엇을 하고 있는지 그리고 당신이 그것을 왜 하는지를 아는 것은 혼란스러운 것으로부터 온전한 치료적 기획을 하는 것이다. 느리지만 점증하는 특색을 가진 인간 중심 체계 모델은 19세기 후반의 기계 모델인 결정론적 보편론과 역행한다. 이전의 강조된 치료 적용으로 진화론적 모델은 적당한 개입이 무 변화는 아니지만 사소한 변화를 주며, 점진적으로 그리고 항상성으로 진전된다. 이러한 이전 과정에서 보존 법칙은 우세한 역할을 한다. 적당한 개입은 충분한 시간과 노력이 주어짐으로써 치료 목표에 도달되고 소규모의 변화를 산출한다. 대조적으로 중점적인 개인화 모델의 '정점에서' 치료적 진보는 우리가 상승작용 편성과 촉매 서열이라고 기술했던 것과 같은 절차를 통해서 최적화된 가능성, 즉 진정한 변형 가능성이 있음을 분명하게 설명할 수 있다.

치료가 실행되는 장면에서 정신 수준이 완전히 분명하기 때문에 전략적 특이성이 부분적으로 필요하다. 가장 흔하게 환자와 치료자 사이의 회기에 대한 대화는 성격 장애 또는 임상 증상에 대한 추상적인 토론이 아니라 세부영역의 행동, 느낌, 인지가 지배적으로 논의된다. 논의될 때 종종 환자의 자기소외나 침입적인 특징을 지각한다. "당신은 변해야 할 부정적 성격을 가지고 있다."라는 진술은 환자를 어떤 유해한 물질로 채워져 있거나 변경될 그릇으로 보는 것이다. 이러한 상황에서는 전문가는 그릇을 비우고 더욱 바람직한 것으로 다시 채우기를 기대한다. 환자는 통제와 책임감을 상실하고 수동적으로 치료자가 정신치료 수행 시 최악의 가정적인 장면 중 하나인 어떤 신비로운 의식을 거행하기를 기다린다.

치료자에 있어서 표현 행동과 인지 영역의 군집인 임상 증상과 성격 장애는 전략적 양식의 선택에 특별히 유익할 수 있다. 회피성의 사회적 철회는 굴욕적인 상황을 스스로 떠남으로써 충분한 자긍심을 갖게 하는 것으로 보인다. 중요한 다른 사람에 대한 의존성의 집착은 스스로를 다른 사람의 보살핌을 받을 수 있게 하는 힘을 가지는 것에서 보일 수 있다. 물론 이러한 재구성은 변화를 이루는 데 적절치 않다. 그러나 그것들이 긍정적인 특성을 만들어내고 그에 따라 자존감을 높이는 방식으로 유대를 추구하지만, 동시에 환자는 새로운 역할과 행동 시도를 차단하는 기능과 낮은 자존감의 다른 신념을 재검토하거나 거절하기 위해 노력한다.

특질을 행동 또는 인지 영역의 집합체로 이해하는 것은 그것이 증상과 성격병리에 대한 약물요법 모형으로 선회하거나 개인화 모형으로 대체할 때 환자는 물론 치료자에게도 똑같이 이점이 있다. 복잡한 증상과 장애에 대한 문제점 중 하나는 속성과 지각에 대한 그들의 범위가 사실상 사회적 환경 안에 존재하는 풍요로움을 특성화하기에는 너무 좁다는 것이다. 결과적으로 무해한 행동과 사건을 유해한 것으로 해석함으로써 오래된 문제들을 지속하는 것으로 종료된다. 현대 치료자들은 비슷한 문제를 가지는데 그것은 그들의 증상과 장애가 있는 환자들에게 가져와야 하는 패러다임의 범위가 모든 개인을 설명하기에는 너무 좁다는 것이다. 교정이 안 되는 정신적 어려움이 의학적 질병이라는 믿음은 그 자체가 치료로 인해서 생기는 병리 형태로 간주되어야 한다.

앞에서 언급했듯이 치료의 **전략적 목표**는 수많은 회기들을 겪은 과정을 평가하고 특수한 영역 방식의 전술로 여러 목표를 추구하는 것이다. 전략적 목표를 달성하기 위해서 전략을 선택하고, 치료 회기의 수와 문제의 특성과 같은 주어진 다른 요인을 실제로 성취하도록 하는 기반에서 전술들을 선택하듯이 이상적으로 전략과 전술은 통합되어야 한다. 예로 정신내적 치료는 상당히 전략적이지만 전술적으로는 빈곤한 반면 순수한 행동치료는 상당히 전술적이지만 전략적으로는 좁고 융통성이 없다. 사실상 전략이 작동되어야 하는 많은 다른 방식들이 있다. 진단 기준이 어떤 주어진 집단에게는 필요하지도 충분하지도 않을 수 있는 것처럼 어떤 기법도 제시된 임상 전략의 필연적 결과를 가져오지는 않는 것 같다. 기법에서 세밀한 다양성과 임시방편의 기법을 고안하고, 개인치료자들의 기법과 창의력이 주어진 임상 전략을 시행하고 작동하는 데는 거의 무수히 많은 방식이 존재한다는 것이 예시된다.

개인들은 양자관계, 가족들, 공동체 그리고 궁극적으로 문화와 같은 더욱 큰 생태학적인 주위 환경 속에서 존재하는 체계단위들로 검토되어야 한다. 성격체계처럼 여러 높은 수준의 체계들은 독특한 내적 변수들을 유지하고 강화하는 생체항상성의 과정이 포함된다. 복잡한 임상 증상과 성격 장애의 생태학 자체가 치료의 또 다른 원리를 위한 유기적이고 체계적인 논쟁거리이다. 주위에 있는 대인관계와 사회적 맥락을 가능한 치료 과정에 끌어오는 것 또는 위험 요소를 없애는 것이 중요하다. 생태학적 요인이 작동하는 곳에 치료적 이득이 최소화될 수 있고 재발 위험이 증가될 수 있다. 최상의 시나리오는 가족 구성원들이 집단으로 또는 협력해 치료에 동참하는 것이다. 어떠한 잠복해 있는 병리들이 있다면 가족은 병리를 지속시키는 현상을 논의하는 데 협력하고 변화를 촉진시키는 대안들을 탐색할 것이다. 치료에 빠지는 것은 아마도 그들이 사실상 두려워하는 변화를 수동적으로 손상시키기 위한 한 가지 방편이기 때문에 최악의 경우의 시나리오는 가족 구성원들이 어떤 사소한 이유를 내세워 치료에 오는 것을 거부하는 것이다. 만일 가족 구성원들이 치료 과정에서 협조하려고 동기화되지 않는다면 그것은 자신이 법정에 보내져야 할 경우이거나 아니면 가족 구성원들이 적극적으로 협조하는 것을 거부했다고 비난할 수 있는 죄책감을 원치 않기 때문일 수 있다.

절차상 주의점 및 고려사항

모든 개인화 심리치료는 일반 계획의 이행에 따르는 여러 요소들을 고려해야 한다. 첫째, 진행은 완전히 표준적인 기반 위에서 평가해야 한다. 둘째, 저항과 위험의 문제들은 분석되고 해결되어야 한다. 셋째, 재발을 예측하고 예방하기 위한 노력이 행해져야 한다.

모든 것들이 빠르게 변하기를 기대하는 개인화 심리치료에서 치료 검토는 2~3회기 정도마다 지속으로 진행되어야 한다. 치료 평가 목표는 그 전략적인 목표가 성취하도록 진행되고 있는지를 확인하는 데 있다. 평가 과정의 부분은 치료자에게 얼마나 오래 치료할 것인지를 대충 인식하도록 하기 위해서 의도되었다. 치료 진행이 적절한 수준에 도달하는 데 지연되고 실패하게 된다면 목표와 전략에 대한 재고가 요구될 것이 분명하다. 치료 과정의 평가는 참여 시간이 제한되거나 비구조화된 치료일 때 어렵다. 개인화 심리치료는 일련의 분명한 목표와 양식으로 시작한다. 그러나 특히 치료가 개방적일 경우 시간이 지나면서 변경될 수 있다(Bergin & Lambert, 1978).

치료 초기에 계획한 전략과 양식이 부족함이 발견될 수 있다. 치료는 환자의 복잡한 구성요소를 제한된 장면에서 오직 대략의 통념만 가지고 시작한다. 치료 절차와 환자에 관한 사실을 철저히 이해함으로써 이 새로운 정보로 원래의 계획과 전략을 강화한다. 다른 한편 평가 과정이 계속됨에 따라 환자의 정신적 어려움에 대한 개념이 변경될 수 있다. 잘 조율된 과정이 요구된다. 장애와 증상의 전체적인 형태는 다른 영역의 방식으로 사용하는 방향으로 상당한 전환을 요구할 수 있다. 따라서 전략과 전술 모두가 이 새로운 정보에 따라 변경될 수 있을 것이다.

치료 과정에서 환자에게 일어나는 많은 문제들이 있다. 어떤 환자들은 치료에서 경험하는 검사와 심리적 움직임에 상당히 저항한다. 다른 환자들은 위험 행동을 증가시키는 데 몰두하게 하는 원리를 치료함으로써 그들이 원래의 압박으로부터 자유롭게 되었다고 느낀다. 치료적 저항은 보통 치료자에게 감정과 생각을 반향하기 위해 나타내는 환자의 방어에서 나온 것이다. 대부분의 저항은 침묵, 지각, 무능력해짐, 많은 중대한 기억착오, 매달 점점 더 지불금을 늦게 지불하는 등의 방식으로 나타난다. 다른 한편 치료가 잘못되었다는 것을 증명하려 하고, 자살극을 벌이고, 비합리적인 행동에 몰두하는 위험한 행동들은 분노를 표현하는 측면에서 시연화하고 개방하는 경향을 보여주려는 것이다. 그러나 Messer(1996)가 지적했듯이 저항은 치료의 적이 아니라 환자들이 일상에서 느끼고 행동하고 생각하는 방식에 대한 정보의 표현 양식이다.

저항과 위험이 스스로 드러날 때 여러 선택이 있다. 원래의 계획대로 계속 지속할 수 있고, 저항의 의미를 해석하고 위험한 행동의 결과를 지적해 낼 수 있고 또는 전반적인 치료 전략을 변경할 수도 있다. 어떤 선택이 있든지 간에 그것은 긍정적이고 능동적인 결정으로 구성되어야 한다. 그렇지 않으면 치료 계획이 심각하게 손상될 수 있다.

치료 과정을 통해 실제적인 진전에 도움이 안 되었어도 환자들은 치료에 들어올 때보다도 더 나은 상태로 치료를 끝내야 한다. 가장 나쁜 시나리오는 환자의 정신적 측면이 치료 종결 시점에서 해결되지 않은 채로 남겨져 있을 때이다. 환자가 충분한 치료를 받았다고 결정하는지 또는 치료자가 치료를 더 지속하면 완화될 것이라고 믿는지 여부에 따라 치료의 종료 시점은 조언할 만한 것이 될 수 있다.

개인화 심리치료자의 과업은 환자의 건설적인 잠재력을 더욱 강화할 뿐 아니라 잠재적인 문제를 예측하게 하고, 상당히 취약할 수 있는 스트레스 상황을 피하도록 하고, 문제해결 기술들을 개발하도록 돕는 것이다. 환자가 치료 과정 동안 새로운 정신적인 증상들을 발전시키는 것은 흔한 일이다. 더욱 전형적으로 많은 환자들이 치료를 종결함에 따라 병리적인 사고와 감정을 거듭 주장한다. 우리는 치료 진행의 회기 시간을 늘릴 것을 치료자들에게 강하게 장려한다. 이것은 치료자가 치료 전략의 어떤 측면이 정확하게 해소되었고, 또 어떤 것이 취약하고 잠재적인 문제로 남아 있을 수 있는지 결정할 수 있게 한다. 적합한 치료는 재발이 일어나지 않도록 정기적인 회기를 지속해야 한다는 것이 우리의 일반적인 믿음이다. 어떤 증상들의 재현은 환자가 더 악화되었다는 것을 의미하는 것이 아니라 오히려 환자 정신의 더 복잡한 요소들이 특별히 문제가 되는 방식으로 삶의 환경과 연합되었다는 것을 의미한다. 이러한 증상은 치료자와 환자들에게 그들이 미래에 무엇이 문제로 지속될지에 대해 배우고 예측하게 해 주는 단서로 기여한다.

개인화 심리치료의 체계가 폭넓은 다양한 치료 접근뿐 아니라 이를 종합하고 순서를 계획하도록 치료자가 충분히 연마될 수 있을지의 여부에 관해 몇 가지 우려가 제기되었다. 원저자가 위원회에서 다음과 같은 질문을 받았다. "상당히 유능한 행동치료자가 인지기법을 어느 정도의 효율성을 가지고 사용할 수 있겠습니까? 그리고 필요할 때 통찰력 있는 정신내적 치료자로서의 기능이 있음을 어떻게 증명할 수 있습니까? 우리가 훗날에 인지적으로 직면할 수 있는, 적응하는 데 강한 자기실현을 하는 사람을 찾을 수 있겠습니까? 만일 치료자가 다양하게 훈련되지 않았거나 한 가지보다 두 가지 이상의 치료 방식에 특별히 유능하지 않다면 환자를 치료하기 위한 여러 방식을 선택하는 지혜가 있겠습니까?"

대다수의 치료자들은 그들의 선천적인 한계를 극복하고, 다양한 치료 방식에 대한 유효한 지식을 확고히 획득하고, 그들의 고집스러운 생각과 느슨한 절충적 틀을 분쇄하는 능력을 가지고 있다는 것이 우리의 믿음이다. 가장 넓은 범위의 치료 방식과 전문성 있는 척도 개발은 상당한 정도의 치료 효율과 치료자의 성공률을 증가시킬 것이다.

제 2 부

제 2 장

은둔/분열성 성격 패턴의 개인화 치료

개인화 개념의 개관

통합치료자들은 치료 시작부터 개인에 관한 인식을 지녀야 한다는 것이 우리 주장이다. 왜냐하면 개인의 심리 상황은 성향에 따라 그 맥락과 처한 입장에서 의미가 다르므로 다른 개입이 필요하기 때문이다. 개인을 떠받치고 있는 부수적 기반에 관한 이해없이, 하나의 사회 구조나 정신 형태에 초점을 맞추는 것은 잘못된 지침의 치료기법을 사용하는 것이다.

오늘날 정신치료는 수평적인 정제에 몰두하는 것처럼 보인다. 그러나 통합 스키마에 대한 연구는 각 환자와 밀접하게 연관된 구조와 기능의 특질이 혼조된 내재적으로 응집한 구성에 근거를 두어야 한다. 비록 거대한 것이기는 하지만 목표는 분리된 양상의 천 조각들을 유일하게 통합된 개인이라는 잘 짜인 직물로 재창조하는 것이다. 그러므로 인생의 다양한 형태를 반영해 주는 결합된 기법을 개발하는 것이다.

그러한 종합기법들을 떠맡게 될 심리과학 분야에서 어떤 분야가 성격론과 정신 병리론의 주요 문제보다 더 나을 수 있겠는가? 심리학의 영역에서 개인은 단지 수천 년을 통해서 자연적인 실체로 진화해 온 통합된 체계일 뿐이다. 개인의 내재적 응집력은 수사적 구성뿐만 아니라 화합하는 것이다. 성격론의 양상은 조화되지 않을 수 있고, 실증주의 입장에서나 사회적 목적에서 개념적으로 구획된 것일 수도 있다. 그럼에도 불구하고 이는 분리되지 않는 생리심리사회적 실재의 단편들이다.

‘홀로그래피(holography)’ 라 불리는 Leibniz와 Whitehead의 철학에서부터 나와 유용하게 쓰이는 은유는 넓게 분포된 삶의 경험의 영향력을 설명하는 수단으로서 유용하다. Abroms(1993, p. 85)는 다음과 같이 기술했다.

> 홀로그래피적으로 분포된 패턴들은 각 부분(예 : 고립된 몸의 세포)이 모든 다른 영역에서 축적된 정보를 담고 있어서, 우리가 각각의 조각들로부터 유기체의 온전한 유전 코드를 재구성한다. 따라서 홀로그램은 각각의 부분이 전체를 특성화하기에 충분한 정보를 담고 있는 대상이나 사건에 대한 표상이다. 각 부분은 전체를 표현하고 전체는 각 부분을 의미한다.

우리 판단에는 특정한 환자에서 개별 사례로 이해될 때 홀로그래픽 은유는 같은 가치를 임상 기능에서 다른 개념의 범위에 적용한다. 각 범위는 단일하게 통합된 전체의 일부분이다. 우선적으로 인지적 또는 대인관계에서 또는 정신내적 구조에서 표현될 수 있는 것은 구성 전체의 단면적인 축들이다. 치료자로서 우리는 과학적 또는 임상적 목표로 여러 영역들을 구분했다. 사실상 인지적으로 발생한 것은 정신내적 범주에 두고 행동으로 발생한 것은 또한 자기상에, 나머지는 또 다른 범주에 둔다. 결과적으로 과업은 각 환자에게서 가장 중심적인 여러 특질을 확인하는 것이다. 즉 심리적 홀로그램의 모든 다른 축들에 결정적인 영향과 광범위한 충격을 주는 여러 특질을 확인하는 것이다. 성취하고자 하는 성격의 상승작용(personality synergism) 대부분은 두드러지게 문제되는 영역을 확인하고, 다른 모든 공변하고 문제되는 영역에서 의미 있는 변화를 촉진하는 것이다.

은둔/분열성 성격

은둔/분열성 성격의 본질적인 특징은 사회적 관계를 형성하는 능력의 결함이 있고 모든 형태에 과소반응을 한다. 이들은 내재적 정서의 혼재됨을 보이고 있으며 기쁨, 분노, 슬픔에 무감각하다. 주로 정서 자극에 의해서 동요하지 않기 때문에 은둔/분열성은 일반적인 자발성과 활기가 부족할 뿐 아니라 각성하고 활성화할 수 있는 일반화된 능력이 없는 것처럼 보인다(Smith, 2006). 대인관계의 수동성은 의도적이거나 자기보호적인 이유에서가 아니라 다른 사람들의 감정과 요구에 대한 기본적인 지각능력의 결핍에서 나온다(Millon, 1969, 1981, 1996b).

은둔/분열성 성격은 전형적으로 제한된 대인관계의 접촉과 사회적 그리고 가족 관계에서 단지 주변적인 역할만을 선호한다. 그들은 사회적인 분리를 지속할 수 있는 관심 분야와 직업을 찾으려는 경향이 있다(McWilliams, 2006). 일반적으로 생기가 없고 자발성이 부족하며, 책임감이 없고 지루해하며, 관계에 둔감한 것으로 인식된다. 말투는 감정적으로 단조롭고 애매하고 모호한 경향이 있다. 그리고 의사소통과 인간의 상호작용에서 정서적인 요소를 파악하는 능력이 없는 듯하다(Collins, Blanchard, & Biondo, 2005). 그들은 칭찬과 비판 모두에 관심이 없는 것 같다. 분열성은 그의 대인관계 방식과 일치하는 자신에 대한 깨달음이 거의 없고 단지 최소한의 내성만을 사용한다. 강렬한 정서와 대인관계의 갈등에 의해서 비교적 고통 받지 않는 은둔/분열성은 통찰이 부족하고 한정된 단조로운 정신내적 방어를 가지고 있다.

분열성 성격의 만연된 정서적 둔감은 그것들이 진정한 우울인지 아니면 다른 정서상의 고통인지를 의심하게 하는 성격 유형이다. 사회적 자극(정동과 애착을 포함해서)에 대한 의욕이 일어나지 않기 때문에 대상상실로 인한 낙담에 상처 입지 않는다. 게다가 은둔/분열성이 자신들로부터 억제된 쾌락만을 누리기 때문에 자존감의 상실이나 자기비하에 특별히 민감하지 않다. 그러나 흔치 않은 사회적 요구나 책임감에 직면하거나 또는 자극 수준이 과도하거나 과감하게 박탈되면 정서적 고통으로 이어질 수 있다. 게다가 내적으로 메마름과 대인관계의 고립은 이따금씩 죽음이나 무기력에 대한 두려움으로 그들을 몰고 간다(Raja, 2006).

분열성이 주체성 상실로 인한 불안에 직면하면 짧고 격한 조증과 같은 흥분의 삽화를 보여주는 경우도 있다. 광란보다는 오히려 일시적인 기괴한 환락으로 덧없고 변덕스러운 과정이 은둔/분열성의 특징이어서 감정이 없고 비사교적인 패턴을 대신할 수 있다. 그러나 분열성은 더욱 자주 불균형으로 고립이 커지고 해리반응을 나타낸다 (Camisa et al., 2005). 외부적인 사건뿐 아니라 자신에 대한 투자와 관심의 결여로 은둔/분열성은 일치하고 잘 통합된 내적 주체성을 획득하지 못한다. 분열성 생활방식에서, 원하지 않았던 사회적 과잉자극이나 오래 유지되었던 사회적 고립 기간에 야기되었을 수 있었던 일치성의 파괴는 결과적으로 일종의 분열과 미 통합으로 귀결될 수 있다. 자기소외의 기간에 비합리적인 사고와 전형적인 정서적 빈곤감이 혼합된다. 행동으로는 심오하고 무감각한 생기 없는 얼굴 표정과 흉내는 내지만 우울한 기분을 반영하지 않는 듣기 힘든 말투 등으로 심한 무기력이 뚜렷하게 나타날 수 있다.

분열성 성격에서 정동 장애에 대한 경험적 자료들이 부족함에도 불구하고 일반화된 하위 유형 요인분석에서 최소한 두 가지가 우울 경험에 적합하다. 1961년 Grinker와 동료들에 의한 연구에서 발표된 '요인패턴 A'는 특별히 불안하고 집착하거나 애정을 추구하는 것이 아니라 오히려 고립되고 철회하고 탈감되어 있는 우울성에 대해 기술되었다. 약간의 인지교란의 증거로 사고와 말투가 느려진 것이 또한 보인다. 많은 양의 우울한 정동, 불평, 회복 시도의 부재는 이 우울 하위 유형인 공허한 사람의 모습을 보인다. 이러한 대부분은 분열성이 가진 우울증의 이론적인 양상과 상당히 잘 부합하지만 Grinker와 동료들은 강박적인 전조증상의 성격에 더 가까울 수 있는 우울요인패턴의 다른 특색을 세분화했다.

Overall과 Hollister(1980)에 의해서 논의된 '지체된 우울'은 또한 은둔/분열성의 우울증 증상 진단과 일치한다. 그러한 우울은 말투나 둔한 운동 행동, 사회적 상호작용의 지체에 의해서 특성화된다. 이러한 우울증의 형태에서 나타나는 정서반응 감소는 '일반화된 행동 억제'(p. 376)를 종종 동반한다.

대인관계와 기분 영역에 대한 *DSM-IV*에서의 규정은 유효한 기준의 범위를 오히려 좁은 테두리로 제한한다. 이러한 영역과 관련해서 분열성은, 예를 들어 자기상, 인지양식, 정신내적 특색에서 *DSM-IV*에 포함된 영역 특징보다 훨씬 더 넓은 범위를 나타낸다.

저자의 이론적 스키마로부터 유도되기는 했지만, 은둔/분열성 성격을 구분하고 영역 상으로 분리할 수 있는 특질이 경험적으로 그리고 수치적으로 추론한 일련의 요인들로 전개되어 왔고 후속 연구 논문들에서 기록될 것이다(J. G. Johnson, Cohen, Chen, Kasen, & Brook, 2006). 그러나 추후에 그것이 분열성 성격 유형에 어울리도록 진화 모델과 이론을 기술하는 언급은 많지 않다.

은둔/분열성의 극단의 도식을 살펴보면(그림 2.1), 우리는 그들이 내적 쾌락(증진)과 고통(유지) 모두를 경험하는 능력에서 치명적인 결함을 가지고 있음을 볼 수 있다. 다시 말하면 그들은 기쁨과 만족 추구에 동기화되지 않고 삶을 열광적으로 볼 수 없고,

슬픔과 불안 및 분노와 같은 어떠한 고통스러운 정동의 삶도 경험할 수 없다. 이러한 결손으로 인해 은둔/분열성은 불편한 경험과 가능한 거리를 두거나 보상을 받고자 하는 동기는 거의 없다. 결과적으로 삶의 환경을 변화시키거나 또는 능동적인 참여에 비협조적이고 수동적인(적응) 개별화 양상이 나타난다. 이러한 결손과 경향 때문에 다른 사람(양육)의 일들에 관여하는 동기가 거의 없다. 따라서 이러한 개인들은 최소한 자연스럽게 자신에 몰두(개별화)하는 경향이 있다. 〈그림 2.1〉은 성격 장애 이론의 연역적인 모델이다. 이는 본질적으로 Costa와 Widiger(1993)의 모델과 같은 과정으로 양적인 다섯 가지 요소들로 장애의 구성요소를 분명히 했고, 마찬가지로 Cloninger(1986)가 생리학적 방법으로 삼분법 도식으로 회피 방지, 새로움의 추구, 보상의존을 사용하였다. Millon의 모델과 양적으로 신경생물학적 형질의 모델들과의 주요한 차이는 성격 장애를 그 자체로(사전적, 생화학적으로) 명시하는 특정한 형식의 표현을 초월한 이론을 바탕에 두고 있다는 것이다. 대신 Millon의 모델은 자연과학의

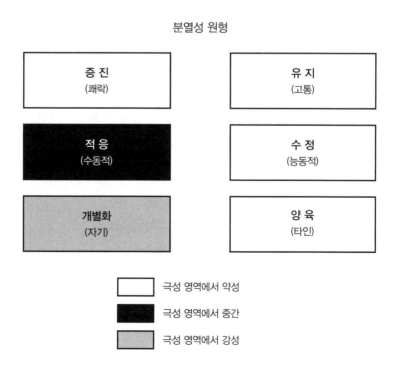

그림 2.1 Millon의 극성 모델에 부합하는 은둔/분열성 성격 원형의 현황

주요 원리들이 거의 따르고 있는 진화의 원리에서 발견되듯이 천성에 대한 더 깊은 요소들이 정착해 있다.

임상 양상

아마도 말하는 것이 필요하지 않을지도 모르겠지만 그러나 많은 변이들이 있음에도 같은 병명으로 진단받은 개인들을 볼 수 있다. 동일한 명칭이 주어진 모든 사람이 같은 유형의 행동과 감정, 사고를 보여준다는 것이 발견되기를 바라겠지만 실제로는 같은 병명 하에 적용된 다수의 다채로운 형태들이 있다. 각각 범주의 분류들을 전형화하는 단일한 패턴의 양상이 있다고 단순히 독자가 믿도록 이끄는 것은 그렇게 사려 깊은 것은 아닐 것 같다. 따라서 이 장에서는 각각의 성격 장애 원형의 많은 변이들에 대해서 기술한다. 대부분의 경우 각 성격 장애의 기본형은 유사한 특색을 드러내는 정상 유형의 연장으로 최극단의 변인이라고 확신한다.

이 장은 더욱 분명하고 체계적인 방식으로 분열성 원형의 핵심 집단의 임상 특성을 구체화한다. 이에 대해서는 〈표 2.1〉에 나타나 있다. 여러 도표들은 각각의 성격 장애 원형을 특징짓는 다른 영역들을 요약하고 조명한 것이다. 또한 〈그림 2.2〉는 같은 임상적 영역을 나타내지만 은둔/분열성 성격 간의 **현저성**을 강조한다. 예를 들어 고립된 대인관계의 행동과 냉담한 기분/기질은 분열성 원형에서 현저한 두 가지 가장 지배적이고 특징적인 특색이다.

무표정한 행동 표현

대부분의 은둔/분열성의 특징은 표현력이 부족하고 에너지와 활기가 결여되어 있어 로봇같이 보인다. 많은 환자들이 활성화와 자발성이 현저하게 결여되어 있다. 전형적으로 분열성 중에 말투는 느리고 단조롭다. 즉 정동 없는 공허함과 애매함이 특성으로 의사소통의 정서적인 분야를 파악하는 데 부주의하거나 실패한다. 움직임은 무감각 상태로 박자를 맞추거나 표현적인 몸동작이 부족해 보이고, 타인의 감정에 의해 기운을 내거나 조심하는 반응을 좀처럼 보이지 않는다. 그러나 그들은 고의적으로 불친절한 것은 아니다. 그들은 예외 없이 이탈된 사소한 일에 마음이 빼앗겨서 자기의 세계

■ **표 2.1** 은둔/분열성 성격 원형의 임상 영역

행동 수준

(F) **표현적으로 감정이 없는**(예 : 둔한 정서적 상태를 나타낸다. 생기 없고, 내색하지 않고, 에너지와 정력의 결여를 보인다. 활성화, 얼굴 표정의 표현, 자발성의 결여를 보이면서 감동을 받지 않고, 지루해하고, 활기가 없고, 로봇 같고, 차갑다.)

(F) **대인관계에서 이탈된**(예 : 다른 사람의 행동이나 감정에 거의 반응하지 않으면서, 무관심하고 동떨어져 있는 것처럼 보인다. 고독한 활동을 선택하며, 최소한의 인간에만 관심을 가진다. 배경의 뒤에 숨고, 멀리 떨어져 있거나 나서지 않고, 친근한 관계를 욕망하거나 즐기지 않고, 사회와 직장 및 가족 상황에서 주변적인 역할을 선호한다.)

현상학적 수준

(F) **인지적으로 피폐한**(예 : 인간 지식의 광범위한 범위에 걸쳐서 결여가 있는 것처럼 보이고, 특별히 사회적 문제에 대해서 애매하고 모호한 사고 과정의 증거가 있다. 다른 사람과의 대화에 종종 초점이 없고, 그 목적과 의도를 잃어버리거나 아니면 느슨하거나 순환적인 논리를 통해 전달된다.)

(S) **만족한 자기상**(예 : 자기에 대한 최소한의 내성법과 인지를 보인다. 다른 사람의 칭찬과 비판에 무관심하면서, 일상적 사회생활에서 정서적 · 개인적 관련성에 둔감한 것처럼 보인다.)

(S) **메마른 대상**(예 : 거의 다른 사람과의 관계에 대한 다양한 지각표상과 기억이 없어서 잘 적응된 사람들에서 전형화되는 욕동과 갈등 사이의 정적인 상호작용을 거의 가지고 있지 않기 때문에 내면화된 표상들이 수적으로 거의 없고 작게 분절되어 있다.)

정신내적 수준

(F) **주지화 기제**(예 : 사실의 문제로, 추상으로, 비정하거나 또는 기계적인 방식으로 대인관계와 정동 경험을 기술한다. 사회적 · 정서적 사건들의 형식적이고 객관적인 측면에 일차적 관심을 기울인다.)

(S) **미분화된 조직**(예 : 내부의 성마름이 주어져서 욕구와 갈등에 대항해서 방어하거나 해소하려고 하거나 하지 않고 외부의 요구에 대응하려는 압력이 거의 없고, 내면적인 형태의 구조들이 그들의 제한된 틀과 메마른 양식에 의해서 가장 잘 특성화된다.)

생물물리학 수준

(S) **냉담한 기분**(예 : 내적인 무감각, 차가움, 완고한 성질을 드러내면서 정서적으로는 흥분하지 않는다. 좀처럼 따뜻하고 강렬한 감정을 거의 드러내지 않고, 약한 정동이나 애정의 욕구를 보고한다. 그리고 외관상으로는 쾌락, 슬픔 또는 분노와 같은 대부분의 정동들을 어떤 깊이로도 경험할 수 없는 것처럼 보인다.)

주 : F = 기능적 영역   S = 구조적 영역

에 갇힌 양 오히려 수동적으로 타인으로부터 고립되어 있고, 조용하고 남의 눈에 띄지 않게 부유한다.

이들은 모든 형태의 자극에 대해 반응하지 않는다는 증거를 나타낸다. 정상적으로

분열성 원형

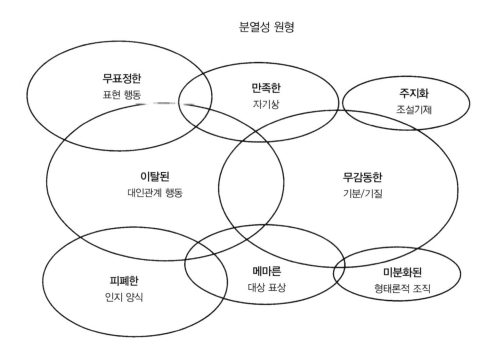

무표정한
표현 행동

만족한
지기상

주지화
조설기제

이탈된
대인관계 행동

무감동한
기분/기질

피폐한
인지 양식

메마른
대상 표상

미분화된
형태론적 조직

※ 그림 2.2 은둔/분열성의 주요 영역

분노를 일으키고, 기쁨을 이끌어내고, 슬픔을 일깨우는 사건들에 대해서 똑같이 무관심한 것처럼 보인다. 기쁨과 쾌락정서뿐 아니라 감정에서 만연된 둔감함이 있다. 분노, 우울, 불안의 감정이 좀처럼 표현되지 않는다. 이 무감동한 감정의 결여는 은둔/분열성 증상의 주요한 표식이다. 일반화된 각성이나 활동성의 무능력은 다른 행동을 자극시키는 대부분의 강화에 실패 반응과 광범위한 주도성의 결핍으로 표출된다. 따라서 그들은 정서자극에 대해서 감동받지 않을 뿐 아니라 일반적인 생명력 있는 에너지가 결여되어 있는 것처럼 보인다. 그들이 관여하는 행동은 독서나 텔레비전 시청과 같은 정신적 활동이나 또는 그림 그리기, 시계 수선, 바늘귀 꿰기와 같은 최소한의 에너지를 소비하는 육체적 활동을 할 것이다.

이탈된 대인관계 행동

은둔/분열성은 대부분 사람들의 정서와 행동에 반응하지 못하고 대인관계에서 무관심하고 동떨어져 있는 것처럼 보인다. 그들은 고독한 행동을 선호하고 타인들의 삶에 별로 관심이 없으며, 남의 눈에 띄지 않고 멀리 떨어져 사회적 배경 뒤로 숨어들어 간다. 그들은 가까운 관계를 열망하거나 즐기지 않으며, 대부분의 대인관계 상황에서 주변적인 역할을 하기를 선호한다. 주고받는 상호작용 관계에서 분열성의 실패가 곧잘 관찰된다. 그들은 자신의 세계 안에 이미 갇힌 것처럼 보이며 집단 상호작용에서 더욱 애매하고 유리되어 있다. 여러 지도력이 요구되는 활동은 고사하고, 유쾌한 사회적 행동에서조차 다른 사람과 섞이는 것을 어려워한다. 학교나 직장에서와 같이 다른 사람과 관계해야 할 때 그들의 사회적 의사소통은 기이하거나 비합리적인 방식뿐만 아니라 피상적이고 형식적이고 개인 감정을 나타내지 않는 방식으로 표현한다.

그들이 정신내적 기제들을 개발하는 데 실패했던 것과 같은 이유로, 은둔/분열성은 또한 복잡한 대인관계의 대처 전략을 배우는 데 실패하는 경향이 있다. 그들의 욕동은 메마르고, 때때로 고통스러운 정서적 갈등을 전달하는 강렬한 개인적 관여가 부족하다. 이것은 불일치나 욕동이 없다는 것을 말하는 것이 아니라 가벼운 정도의 사소한 관계로 경험하는 것을 말한다. 그렇다면 분열 성격의 특징 중 하나는 대인관계의 대처 능력이(특징이나 방향보다는) 결핍에 오히려 가깝다. 일반적으로 동기에 대한 연약한 층이 있는 어떤 요인들이 확인되면 거기에는 사회적으로 이탈되어 남아 있는 데 대한 그들의 선호가 있다. 이것은 회피성 성격에서 그러는 것과 같이 이것은 욕동의 필요가 아니라 단지 편리하고 선호된 상태이다. 사회적인 환경이 그들의 편리함을 넘어서 갈 때 그들은 간단히 물러서서 자신들로 움츠릴 수 있다. 사회적 불일치와 요구가 강하고 완고하면 그들은 더 고도의 대처반응으로 바뀌어서 정신분열증 증상과 같은 다양한 병리의 장애를 보일 수 있다.

피폐한 인지 양식

은둔/분열성의 사고 과정은 일반적으로 대부분의 인간 관심 영역에서뿐만 아니라 특별히 사회적 · 개인적 삶에 있어서도 여러 결핍 경향이 있다. 흔하게 타인들과 분열성과의 의사소통은 초점이 맞추어져 있지 않고 더 느슨하거나 순환적인 방식으로 전달되고, 이따금씩 목적이나 의도를 잃은 채 궤도에서 벗어나 있는 것처럼 보인다. 정서를 경험할 수 없는 사람이 자기평가가 낮은 것에서도 만족하는 것처럼, 분열성 성격은 좀처럼 내성을 하지 못한다. 낮은 통찰을 수반하는 내성의 감소는 정신분열성 패턴의 또 다른 특징이다. 즉 그들은 생각의 모호함과 빈곤함을 보이면서 사건의 표면을 대충 훑어보는 경향이 있고, 경험과 대인관계의 현상을 고려하는 데 있어 분명하고 연관성 있는 생각을 전달하는 것이 불가능한 경향이 있다.

이러한 무정형의 의사소통 양식은 여기서 '인지 스캐닝의 결함'이라고 언급된 또 다른 특질과 관계된다. 이는 경험의 다양화된 요소들을 균질화하고 간과하고, 섞어 버리고, 차이점을 흐리게 하거나 빠뜨리는 경향성이 특징이다. 사건들을 구분하고 지각하여 식별할 수 있고, 속성을 구별할 수 있는 대신에 분열성은 그것들을 섞어버리고, 외부적이거나 연관성이 없는 양상에 관입시키고, 다소 무질서한 방식으로 인식하는 경향이 있다. 환경에 대한 지각을 유지하고 선택하고 규정하는 데 있어서의 이러한 무능력은 특별히 사회적 · 정서적 현상에서 두드러진다.

만족한 자기상

은둔/분열성은 자신의 삶뿐 아니라 타인과의 삶에서도 깨달음이나 관심을 거의 드러내지 않으면서 사회적 교류에 정서적으로 둔감한 것처럼 보인다. 칭찬과 비판처럼 사람들이 전달하고 있는 의미에 무관심할 뿐 아니라 개인적 감정과 태도를 알아보는 경향성이 없거나 거의 표출하지 않는다. 분열성 성격은 내측으로 보는 정도에 따라서 반성적이고 내성적인 온화한 사람을 특징짓는다. 대부분은 자신의 삶에 흡족해 보이고 사회적 열망과 경쟁력으로부터 멀리 떨어져 있는 것에 만족하는 것 같다. 그러나 자기 설명은 모호하고 피상적인 경향이 있다. 이러한 명확성의 결여는 일부분 마음속에 남의 눈을 피하거나 보호적인 거부가 있다는 것을 의미하는 것이 아니라 사회적 · 정서적 과정을 반영하는 데 결손된 능력을 의미한다. 대인관계의 태도는 약간 모호하다. 은둔/분열성은 자기개념이 적절하게 세워지면 어떤 점에서는 자신이 내성적이고 거리감이 있음을 인식하고, 타인을 돌봐주거나 관심을 많이 두지는 못한다. 오히려 흥미롭게 타인들이 그들에 관하여 그리고 그들의 욕구에 대해서 무관심한 경향이 있다는 것을 알아차린다.

메마른 대상 표상

대부분의 분열성 마음에 형성된 과거 경험들의 내적인 주형은 수가 적고 혼란스럽게 분절된 기억들을 가지고 있다. 다른 성격과 대조적으로 이렇게 새겨진 기억들은 상세하거나 분명하지 않은 것처럼 보인다. 이들은 또한 잘 적응된 사람들의 욕동과 자극, 갈등 사이의 동적인 상호작용이 거의 없다. 이들은 미약하게 경험하기 때문에 그들 마음에서 강하게 각인된 것이 상대적으로 거의 없다. 분열성은 상대적으로 지각력이 없고, 구분을 흐릿하게 하는 경향이 있을 뿐 아니라 각성과 정서적 반응이 낮고, 내면적 삶은 거의 단순하고 분화되지 않은 채로 남아 있다. 대부분의 사람들이 즐기는 경험에 대한 통상적인 다양성의 부족으로 역동적인 상호작용에 참여할 수 없고, 정신내적 상호작용의 결과로 그들은 변화하고 진보할 수 없다.

주지화 조절기제

은둔/분열성 환자들은 경험하고 기억한 정동의 특징과 대인관계를 어느 정도 개인 감정을 섞지 않고 기계적인 방식으로 설명한다. 그들은 정서적이고 사회적 삶을 사실적인 일로 하고 추상화하는 경향이 있다. 그들은 성격 묘사를 할 때 여러 사건들에 대해 개인적이고 정서적인 의미보다는 경험들에 대한 더욱 객관적이고 형식적인 측면에 우선적 관심을 두는 경향이 있다. 분열성은 소수의 복잡한 무의식적인 과정에 몰두한다. 상대적으로 강렬한 정서에 힘들어하지 않고, 대인관계에 민감하지 않고, 자극하거나 활성화시키는 데 어려워하며, 사건의 충격을 좀처럼 느끼지 않고, 복잡화된 정신내적 방어와 전략을 생각해내야 할 이유를 알지 못한다. 그들에게 남아 있는 과거의 기억과 감정을 단편적으로 간직하고 있지만, 일반적으로 내적 세계는 모든 다른 병리적 성격들에서 발견되는 강도와 복잡성이 부족하다.

미분화된 형태론적 조직

앞에서 살펴보았듯이 퇴행/분열성의 내적 세계는 대부분의 '정상인들'이 품고 있는 복잡한 인지, 갈등과 정서가 없이 거의 황폐화되어 있고 그 내적 세계는 불모지이다. 그들은 욕구를 충족시키기 위한 최소한의 욕동이 있다. 이와 유사하게 내적 갈등을 해결하거나 외적 요구를 다루기 위한 최소한의 압력을 경험한다. 아마도 정신분열형을 제외한 어떤 다른 성격보다는 더 심하게 그들의 정신내적 세계에 대한 구성성분은 상당히 산만하고 역동적으로 활동적이지 못하다.

냉담한 기분/기질

아마도 은둔/분열성의 가장 두드러지고 기본적인 요인은 정동의 민감성에서 그들의 내재적인 결손이다(Haznedar et al., 2004). 그들은 이러한 주요 정동의 상태나 애정의 욕구가 있다고 하더라고 거의 없을 뿐 아니라 또한 여러 주요한 정동 상태(쾌락, 슬픔, 분노)를 어느 정도 경험하지 못한다. 그들은 정서적으로 흥분할 수 없으며, 아주 약한 정서감정을 표출하며, 삶을 차갑고 엄격하게 경험하는 것처럼 보인다.

자기지속 과정

분열성에서 무엇이 미래와 닿아 있는가? 이 장은 개인의 어려움을 불러일으키는 병리적인 성격 양상을 탐색하고 도움되는 치료 단계를 접근한다.

　은둔/분열성 환자들이 감정이 없고 무표정한 것은 다른 사람으로부터 편안한 거리를 유지하게 해 준다. 그러나 이는 더 활력이 넘치고 보상을 주는 삶의 방식을 증진하는 경험들을 이끌어내는 데 실패할 뿐 아니라 더 심각한 정신병리 형태로 전도되는 조건을 불러일으키기 때문에 분리에 대한 그들의 선호된 상태는 그 자체가 병적이다. 더 현저한 요소들이 〈표 2.2〉에 나타나 있다.

■ **표 2.2** 자기지속 과정 : 은둔/분열성 성격

무표정하고 불안정한 행동
　이탈을 가중시킨다.
　똑똑하게 말을 못하고 정동에 무반응이다.
　지루하고 표정이 없다.

축소된 지각의식
　정서적 사건들을 단조롭게 한다.
　미분화된 인지의 투사
　다양화한 경험들을 균질화한다.

사회적 무활동
　정서적 관여를 제한한다.
　대인관계의 환경에 위축된다.
　삶을 활기 있게 하는 사건들을 배제시킨다.

무표정하고 둔감한 행동

은둔/분열성 특성의 하나로 모호함과 정동의 무반응은 거의 매력이 없게 만든다. 대부분의 사람들은 사회적 상호작용을 할 때 대부분의 장면에서 정신분열성의 존재를 간과하는 경향이 있어 피상적이고 비정서적인 방식으로 하게 되며, 어느 시기에도 분열성과 관계를 가지고 싶어 하지 않는다. 물론 타인이 그들을 지루하고 표정이 없다고 간주한다는 사실은 은둔/분열성의 비사회적 선입견과 들어맞는다. 그러나 이는 따로 남아 있기를 선호하며 단지 분리하고자 하는 경향을 지속시키고 강화시킬 뿐이다.

축소된 지각인식

분열성 성격은 사회적으로 지각하지 못할 뿐 아니라 정서적인 사건들을 단조롭게 하는, 즉 내재적으로 뚜렷하고 다양화된 경험들을 흐리게 하고 균질화하는 경향이 있다. 사실상 이러한 성격은 식별할 수 있는 복잡한 사회적 사건에 암울하고 미분화된 인지로 투사한다. 이 지각혼란의 결과로 그들은 더 다채로운 그리고 사회적으로 식별력 있는 삶으로 이어질 수 있는 경험을 습득할 가능성을 배제시켰다.

사회적 무활동

수동적으로 분리된 은둔/분열성 환자들은 심하게 사회적 접촉과 감정적 관여를 제한하여 자신의 패턴을 지속한다. 단지 일을 수행하거나 가족 책무를 완수하는 데 요구되는 행동만을 부지런히 추진하고, 대인관계의 환경을 축소시킴으로써 견디기 힘든 새로운 경험을 배제한다. 물론 이것은 그들이 선호하는 것이지만 이는 방식을 변화시킬 수 있는 사건을 배제시키기 때문에 오로지 자신들의 고립되고 철회된 실존을 추구할 뿐이다.

개입 목표

고도의 성격 장애에 대한 예후는 보장이 없다. 대다수가 정동 표현과 무능한 신체적인 활기의 구조적인 한계를 보인다. 이러한 경향은 천성적이거나 초기 경험에서 획득될

■ **표 2.3** 은둔/분열성 성격 원형을 위한 치료 전략과 전술

전략적 목표
  극성 균형
    쾌락-증진을 증가시키기
    능동적인-수정을 증가시키기

  지속성 감소
    감정이 없는 행동을 극복하기
    인지적 지각을 증가시키기
    사회적 활동을 자극하기

  전술적 양상
    냉담한 기분에 활력을 넣기
    대인관계의 관여 발전시키기
    척박한 인지를 바꾸기

수 있다. 그러나 그 기원이야 어찌 됐든 여러 개인에게서 발견되는 정동과 대인관계의 결손은 만성적이고 만연된 성격 구성상의 특색이다. 이러한 여러 몸에 밴 특질이 통찰의 부족과 변화에 대한 빈약한 동기와 짝을 이루고 있기 때문에 치료 과정을 찾거나 성공할 가능성이 적다고 결론지을 수 있다. 그러나 만일 이러한 결핍이 미약하고 생활환경이 호의적이라면 적당한 직업과 사회적인 적응을 해나갈 좋은 기회를 잡는다. 내성하는 동기가 부족할 경우 치료 진행에 동원되는 맥락적 요소의 역할이 무엇보다도 중요하다.

일상적인 생활 사건을 대처해 온 분열성 유형은 상당한 정도로 고통스러운 감정과 쾌락의 감정을 경험하는 내재적 능력이 결손되어 있다. 초기 학습의 영향은 시간이 지남에 따라 모든 사건을 지속적으로 부정적인 영향을 끼치는 까닭에 초기에 부적응 패턴의 지속이 약화될 수 있다(표 2.3 참조).

극성 균형의 재설정

앞에서 주지했듯이 특징이 되는 은둔/분열성 양상의 대응 전략은 수동적인 이탈로 가장 잘 설명할 수 있다. 이들은 쾌락이나 고통을 경험하는 능력이 부족할 뿐 아니라 자기나 다른 사람들로부터 만족을 얻지 못한다. 이러한 장애를 치료하기 위한 주요 목표

는 기쁨의 증진, 특히 고통-기쁨 양극의 불균형을 극복하는 것이다. 더욱이 수동적으로 고립된 특성은 능동적-수동적 극성상 극단적인 한계 가까이를 나타낸다. 이 후자의 불균형은 연속체의 능동적인 정점으로 강화하는 방향으로 치료적 노력을 한다.

지속 경향의 감소

치료자는 초기에 분열성 환자들의 철회하는 경향을 감소시키도록 방향을 잘 정해야한다. 주요한 치료 목표는 쾌적한 환경의 지원으로 완전히 고립되는 가능성을 미리 막는 것이다. 치료자는 그들이 환상적인 몰두에서 길을 잃는 것과 현실 접촉과 분리되는 것을 미리 막기 위해서 어느 정도 사회적 행동을 지속하도록 확신을 주어야 한다. 그러나 많은 사회적 행동을 격려하는 노력에도 이러한 영역에 한계를 느끼면 회피된다. 그 이상의 치료 전략들은 인지적 지각을 증진하고 환경에 대한 무반응을 해결하는 방향으로 잡아야 한다. 은둔/분열성 환자들은 관계해야 할 필요가 있는 사람들에게 정서적인 부주의를 전형적으로 드러낸다. 정동이 증가되면 점차적으로 더욱 다채로운 사회적 경험들을 증진하는 것으로 바뀔 것이다.

역기능 영역의 확인

일차적인 역기능 영역은 대인관계 행동과 기분/기질 영역에서 보일 수 있다. 환자에게 사회적 상호작용의 기회를 제공하는 것은 대인관계 영역의 개선을 조장하고 사회적 고립을 감소시킨다. 기분/기질 영역에 표적을 맞추는 것은 이러한 환자들의 특징적인 무딘 기분/기질 영역을 활성화하고 쾌감을 느낄 수 있는 정동 상태를 경험하도록 능력을 증가시키는 것이다. 활동성의 결여는 표현 행동에서 관찰된다. 개선은 그들의 에너지 수준을 높이고 표현 능력을 증진하는 것이다. 이들의 인지 양식은 모호하고 풍요로움이 부족하므로 사고 과정을 분명하게 해서 그들이 내적·외적 과정 모두에서 초점을 잃지 않고 참여할 수 있도록 개입한다.

부차적인 역기능은 여러 개의 다른 영역의 전반에 걸쳐 있을 수 있으며, 자기상, 대상 표상, 조절기제, 형태적인 조직에서 모두 복잡성과 깊이가 부족하다. 이들의 행동과 사회적 레퍼토리를 확장하고, 동시에 다른 자극에 참여하는 능력을 개선하면 나머지 다른 영역을 개선하는 데 토대가 된다.

치료방식 선택

이 목표들을 성취하기 위해서 임상 영역의 역기능을 목표로 다양한 치료방식을 사용할 수 있다. 그다음에 여러 기법들이 조합되고 최대의 성장을 증진하기 위한 순서가 정해져야 한다(Löffler-Stastka, Ponocny-Seliger, Fischer-Kern, & Leithner, 2005). 각 개인이 독특한 속성을 가지고 있기 때문에 임상 영역 요점에 대한 전반적인 평가가 시행되어야 한다(Bender, 2005). 여기서 제공되는 형식은 물론 완전히 증명된 것은 아니나 치료자는 일어날 수 있는 잠재적인 장벽과 저항을 알아차릴 필요가 있다.

행동 기법

행동수정 기법은 다름이 아닌 특정한 사회적 기술들을 강화하는 것보다도 다른 한계치를 보여준다. 분열성 환자들이 보통 사회 분야에서 관습적인 행동방식에 대한 숙지가 부족하기 때문에 사회 기술 훈련과 이색적이고 더욱 직접적이고 교육적인 방법으로 대인관계의 행동 레퍼토리를 적절히 형성하도록 할 수 있다. Beck과 Freeman (1990a, 1990b; Beck, Freeman, & Davis, 2004)은 환자가 성취하기를 원하는 사회적 상호작용의 위계를 제안한다. 역할 시연과 실제 상황 노출은 실제적인 기술로 활용된다. 오디오 재생장치들은 환자들이 단일음조의 말투를 모니터할 수 있는 이점이 있다. 비디오 녹화도 환자들의 행동에서 더욱 미묘한 뉘앙스를 확인하도록 돕는 데 비슷하게 사용된다(Coen, 2005).

이러한 환자들은 결과론적인 사건들을 보상이나 처벌로 경험하는 제한된 능력을 가졌으므로 강화될 수 있는 외적인 자원들이 매우 적다는 것이 조작기법의 결정적인 한계이다. 대부분의 사람에게 잠재적인 강화물로 사용하는 정동과 인정받음은 가치가 없다. 종종 활성화될 수 있었던 효력 있는 강화요인들을 확인하기 위해서 환자 행동의 레퍼토리와 강화의 내력 분석이 조심스럽게 시도되어야 한다. 행동의 변화는 때때로 환경을 수정시킴으로써 가져올 수 있고(Young, 1990), 그러한 변화들은 생활 속에서 직업적인 적응이나 변화를 포함할 수 있다.

대인관계 기법

대인관계 치료에서 가장 주된 요소는 치료관계, 즉 인정받지 못한 은둔/분열성의 비사회적 세계가 특징이므로 대인관계 기법에서 문제를 밝혀낼 수 있다. 전이반응이 발생한다고 해도 좀처럼 발생하지 않지만 발생한다면 초기 부적응의 대인관계 패턴을 반복한다(Meyer, Pilkonis, & Beevers, 2004). 환자에 대한 치료자의 공감적인 자세와 지속되는 수용은 라포 형성을 촉진한다. 이는 회기 내에서 상호작용에 양식의 분석으로 최소한의 성공을 추구하는 통찰 지향적 접근보다 더욱 결실이 있음이 증명될 수 있다.

치료자는 지지적이고 신뢰할 수 있는 환경을 제공하여 협력을 촉진하고 치료자와 최근에 획득된 대인관계 기법과 사회적 기법으로 토론할 수 있다. 여기서 치료자는 환자가 자기에 대해서 더욱 가까이서 볼 수 있게 하고, 불완전한 자기 스키마에 대한 형태와 정교함을 잴 수 있는 거울로 기능할 수 있다.

환자들이 대인관계와 기법을 전개시키는 데 관심을 나타낸다면 집단방법들이 건설적인 사회적 태도를 획득하도록 고무하고 촉진하는 데 유용하다. 이러한 장면에서 분열성 환자들은 자기상을 바꾸기 시작하고, 더욱 효과적인 대인관계 방식을 위한 그들의 동기와 기술을 발달시킬 수 있다. 집단 장면은 또한 대인관계의 특성을 유발하는 스키마에 유일하게 적합하다(Young, 1990). 환자는 다른 집단 구성원들과 피드백을 순조롭게 활용할 수 있는지에 관해 스키마의 정확성을 체크하는 기회를 제공받게 된다. Leszcz(1989)는 집단이 은둔/분열성 환자에게 관계하지 않는 방식으로 천천히 신뢰감을 형성하게 하면서 소속감을 갖게 되는 기회를 제공한다고 주장한다. 여기서 그들은 다른 사람들과 거리감을 둠으로써 보호하는 것을 포기할 필요는 없지만 어떻게 사람들이 서로 관계를 하는지 배울 수 있다. 환자가 다소 혼란스러운 정동에 어떻게 관계하는지 그리고 어떻게 참아내는지를 배울 때까지 임상가들은 이러한 분리된 위치를 인정해야 한다. 가장 중요하게 분열성 환자들은 다른 집단 구성원들의 다른 반응을 알아차리고 이러한 차이에 대한 신체적 반응을 관찰하고 경험하여 터득한다. Yalom (1985)은 이러한 자기 깨달음의 정화의 방법들은 적당하다고 주장한다. 그러나 치료자는 은둔/분열성 환자들이 집단 구성원들과 동일하게 참여에 임하기를 기대하는 것에 극도로 주의해야 한다. 집단 장면에 놓이는 것이 처음에 많은 양의 불안을 야기할 수 있을 내담자에게 상호작용을 요구하는 부담을 줄 수 있다.

분열성 환자들은 가족 구성원들의 요구로 치료에 오는 경우가 흔하다. 결정은 가족 체계의 다른 구성원들을 치료 과정에 포함하도록 할 수 있다. 어떤 경우에서는 가족치료와 부부치료가 변화를 줄 가능성 있는 친척과 가족 구성원들의 교육상 가장 잘 방향 잡힌다. 은둔/분열성 환자의 사생활이 가족 구성원들에 의해서 더 견뎌내고 덜 침해되도록 해서 그들의 기대를 조절하는 것은 순차적으로 개선이 촉진될 수 있다. 게다가 가족 구성원들은 환경 수정으로 그리고 새롭게 학습된 사회적 기술과 상호작용 방식을 탐색하게 함으로써 신장된 교정의 도구가 될 수 있다. 그러나 가족체계에 대한 깊은 평가는 오랜 시간 성격 패턴을 유지시켜 왔던 부적응적인 패턴들을 드러낸다. 환자 안에 존재해 있는 잠재적인 자기치료 능력이 억눌려 있을 수 있는 까닭에 발달상 실패한 분열성의 상을 강화해 왔을 수도 있다.

인지 기법

환자의 태도를 인지적으로 재정립하는 시도는 자기통찰 그리고 더 큰 대인관계의 민감성과 활동성을 동기화하는 데 유용하다. 은둔/분열성의 인지 양식은 특징적으로 피폐하다. 역기능적인 사고에 대한 일기를 쓰는 것과 같은 과제 부과는 자동적인 사고를 확인하는 데 환자가 도움을 받고, 그들의 모호한 인지를 모호하지 않도록 조력한다. 확인된 자동적 사고는 전형적으로 고독에 대한 선호, 그들 생애에서 이탈된 관찰자라고 느끼는 것, 그들 자신들에 대한 부정적인 인지에 집중한다(Beck & Freeman, 1990a, 1990b). 여러 기록들이 그들의 감정과 긴장의 정도와 감정 상태가 어떻게 다른 사람들과의 상호작용에 영향을 주는지를 확인하는 데 도움을 준다(Will, 1994).

Young과 Lindeman(1992)이 언급했듯이 스키마가 발달하고 유지되는 것은 대인 관계의 경험을 통해서라고 했다. 정신분열성의 경우에 자신과 타인의 대상 표현의 난 순성과 빈곤한 인지 관찰로 대인관계 경험의 부재가 있다. 또 다른 후퇴는 치료자들이 빈번하게 정동 기법을 유발 스키마로 사용하는 것이다. 주지화하는 환자들의 성향은 정서적 각성이 오직 스키마에의 접근 가능성을 줄이는 데 기여할 뿐이다. 그들이 혼자 있는 게 더 낫다는 것과 상호관계가 그들에게 줄 수 있는 것이 없다는 믿음에서 작용하

는 자동적 사고와 스키마를 탐색할 수 있다. 치료자와 환자가 환자의 삶에서 고립의
기능과 역기능적인 측면 모두를 살펴보는 것은 가치가 있다. 치료자와 환자가 동의할
수 있는 더 현실적인 형식의 목표를 정해야 한다. 예를 들어 은둔/분열성은 종종 강화
의 세밀함을 알아차리거나 분명히 말할 수 없다. 치료자와 함께하는 인지 방법은 환자
가 다양한 경험에서 얻게 되는 단계적인 변화를 확인하는 데 조력할 수 있다.

자기상 기법

분열성에서 주요한 어려움은 자기이해의 부족이다. 다른 사람들이 그러는 것처럼 대
부분의 은둔/분열성 환자들은 자신들을 지루하고 활력이 없다고 한다. 이러한 환자들
의 제한된 정동의 용량을 자극하는 것이 치료의 주요 과업이다. 방향 제시가 없는 로
저스학파의 기법이 초기에는 결실을 맺지 않는 것 같지만 궁극적으로 도움이 될 수 있
다. 이와 유사하게 활력이 넘치는 자기에 대한 이해의 예비적인 발달이 생성될 수 있
을 때까지는 인본주의적 실존적인 방법은 거의 기대하지 않는다. 자발적으로 사고와
감정을 나타내지 못하는 분열성은 본성적인 지루함과 사회적 무관심에 있다. 그러나
초기 치료 단계에서 도움이 된다고 증명되었던 것은 게슈탈트 과정과 함께 경험적 기
법들이다. 은둔/분열성의 정서적 둔감성은 가장 희미한 정서의 부분조차 민감하게 하
고 점차적으로 그들이 어떻게 느끼는지에 대해서 알 수 있게 하여 능력을 활성화시키
는 기법으로 적용한다. 이러한 기법들은 환자가 최근 몇 년 동안 가져 보지 못했던 경
험들을 불러일으키는 데 극적으로 도움이 된다. 마찬가지로 분열성의 사회적 무관심
은 그의 아내가 환자와 상호작용을 할 때 아내의 역할을 시연해 보도록 하는 것과 같이
그들의 역할을 바꿔서 시연해 보는 과정에 의해서 부분적으로 극복될 수 있다. 이 방
법에서 적응에 무관심하기 쉬운 것은 적응하도록 할 수 있다는 것이다. 이러한 맥락에
서 환자는 처음에는 최소한으로 활동에 참여하도록 부드럽게 권고하고, 점차적으로
컴퓨터 집단이나 여행에 참여하는 것과 같이 더 나아가 다른 사람들과 합류하도록 한
다. 생산적인 과업의 대체(Kantor, 1992)는 환자의 잘못된 일상적인 삶을 자기만족을
하도록 제자리에 놓는 것이다. 치료 집단 내에서처럼 동료들과의 새로운 사회적 관계
가 또한 사회적 기술과 가치의 부족에 대한 대체물이 될 수 있다.

정신내적 기법

정신분석 접근은 은둔/분열성 환자들이 정신내적인 정서와 방어의 세계를 기대하지 않는다. 그들은 심리적으로 동기화되지 않고 그들의 내적 세계를 탐구하려는 욕구가 부족하다. 분석적인 정신치료의 경우에는 치료자들은 평상시보다 더 능동적인 역할을 해야 한다. 개입은 환자의 내적 대상관계(Hantman, 2004)를 탐색하여 방향을 잡아야 한다. 정신내적 치료 기반은 내적 갈등을 해석하는 것보다는 치료적 관계에서 일어날 수 있는 습득한 것을 해석하는 것이다. Gabbard(1994)가 지적했듯이 임상가들의 과업은 환자의 고정된 내적 표상을 줄이고 일상의 전이분석을 통해서 교정적인 경험을 제공하는 것이다. 조용하고 관계하지 않으려는 분열성의 성향은 임상가들에게 스트레스를 줄 수 있다. 치료자는 이에 따라 철회하거나 떨어지려고 할 때 환자를 위협하는 말이나 시연은 경계해야 한다. 임상가들은 그들이 전형적으로 타인들과 관계하는 방식이 침묵이라는 것을 알게 되면 허용하고 수용하는 태도를 채택해야 한다. 그러한 방식이 치료의 저항을 의미하지는 않는다. 역전이 감정을 감지함으로써 임상가는 환자의 정신세계에 관한 유용한 정보를 얻을 수 있고, 치료 중에 내면화될 수 있는 더 긍정적이고 안정적이고 합리적인 경험을 제공할 수 있다(Gabbard, 1994). 이러한 관계에 대한 새로운 이해는 자신에 대한 숨겨진 측면을 드러내면서(Borgogno, 2004), 환자에게 더욱 편안한 감정을 불러일으킨다. 결과적으로 자기에 대한 상당한 깨달음이 일어난다. Dorr(1985)는 현실 접촉을 늘리는 것과 자기에 대한 이해를 증진하는 것이 일차적인 치료의 목표라고 설명했다.

약리적 기법

행동 수준에서 결손은 표현적인 행동 영역에서 드러난다. 치료가 최초로 시작되었을 때 분열성의 낮은 에너지 수준과 활성의 결손이 치료 과정에서 효과적이지 못하므로 정신약리학 치료가 필요할 수 있다. 에너지와 정동을 증가시키는지를 알기 위해서 많은 자극물질들이 투여된 기간이 탐색되어야 한다. 이러한 입장에서 항우울성(bupropion)이 고려되는데, 이것은 은둔/분열성의 냉담과 쾌감 상실을 다루는 데 다소 효과적이다. 쾌감 상실과 면역성 감소와 같은 다양한 부정적인 증상이 조절될 수 있는지를 알기 위한 모의 시행에서 리스페리돈과 올란자핀의 낮은 투약이 유효한 것으로 나타 났다. 무과립구증의 가능성을 확인하기 위해서 낮은 투약이 주어진다면 클로자핀을 검토할 수 있다. 그러나 이는 환자의 피폐해진 방어구조와 인지적 스키마가 다루어지 도록 잘 갖추어져 있지 않은 감정과 욕동 상태를 활성화시킬 수 있기 때문에 조심스럽 게 사용되어야 한다.

상승효과 합의

중도 포기를 막기 위해서 치료가 가치 있는 무엇인가를 제공해 준다고 환자가 인식하 도록 하는 것이 타당하다. 분열성에 대한 치료노력은 치료를 시작할 때부터 자극체계 를 활성화하고 그에 따라 정동과 에너지를 경험하도록 무능력에 대항하기 위한 정신 약리학적 중재를 요구할 수 있고, 차례로 어느 정도의 동기와 이행을 요하는 다른 개 입을 촉진한다. 그러나 이러한 개입은 환자에 의해서 빠른 수정을 하게 해 조기 종결 로 귀결될 수 있으므로 약물요법에 대해 결정하기 전에 치료관계를 고양시키는 것이 필요하다. 환자들이 행동과 대인관계로부터 즐거움을 얻을 수 없다고 하는 불평은 처 음에 인지적으로 다루어진다. 환자의 경험적 레퍼토리들이 증가된 다음에 환자가 더 깊은 수준을 경험하게 되었을 때 행동방법들이 더 결실 있게 사용된다. 집단치료는 개 인 정신치료와 함께 동시간적으로 사용되지만 사회적 상호작용과 환자의 욕망에 대한 가능성이 적당하게 평가된 후에만 그러하다. 가족이나 부부에 대한 접근이 연대해서 적용될 수 있고 개인치료의 보충물이 될 수 있다.

예시 사례

다음에 나올 사례는 Grossman에 의해서 최근에 치료되거나 감독받은 사람들뿐 아니 라 지난 40여 년 동안 Millon에 의해서 치료되고 지도받은 실제 환자들이다. 대학원 생, 인턴, 레지던트들이 치료 목표의 적용뿐만 아니라 여러 가지 체계화에서 의미 있 는 공헌을 했다. 모든 사례는 나이, 성별, 직업 등을 변경한 것이었다.

이 책에 각 장에 있는 성격 장애의 바탕이 되는 원형들은 본질적으로 **이론적 추론**을

■ **표 2.4** 은둔/분열성 성격 장애의 하위 유형

정동이 없는 : 열정이 없고, 반응적이지 않고, 애정이 없고, 냉담하고, 무관심하고, 처져 있으며, 기운이 없고, 활기 없고, 쌀쌀맞고, 차갑다. 모든 감정이 축소되었다. **MCMI 1(7)**

동떨어진 : 거리감이 있고 떨어져 있음. 다가가기 어렵고, 외롭고, 고립되어 있고, 부유하며, 연결되어 있지 않고, 은둔하고, 목적이 없이 표류한다. 주변에서 맴돈다. **MCMI 1-2A/S**

무기력한 : 현저하게 무기력함. 결여된 활동성 수준. 내적으로 무감각하고, 기면 상태이고, 피곤하고, 답답하고, 기력이 없고, 지쳐 있고, 허약해짐. **MCMI 1-2B**

비인격화된 : 다른 사람과 자기에 대해 몰두하지 못한다. 자기는 육체적으로 분리되어 있거나 멀리 떨어진 존재이다. 몸과 마음이 분리되고, 쪼개지고, 분열되고, 고려되지 않음. **MCMI 1-5**

근거로 파생되었다. 이는 *DSM–III, DSM–III–R, DSM–IV*뿐 아니라 일찍이 임상학자들과 이론에 의해서 기술된 특징이다. 각각의 장애의 대부분이 일련의 이론적 개념이나 순수한 학문적 개념이다(표 2.4 참조).

실증적인 연구와 임상경험의 결과에서 이론적으로 추론된 성격 장애의 원형으로 수많은 변이들이 있다. 각각의 성격 원형에 형태를 부여하는 더 심오한 기저에 있는 법칙들은 이론상으로 가장 잘 이해될 수 있지만 그러한 정보가 존재해 왔고 모아질 수 있었던 결실 있고 비이론적인 원천이 있다는 것을 인정하는 것이 현명하다 (Millon, 1987a).

연속적인 평형구간뿐 아니라 성인의 하위 유형의 여러 구간에서 우리는 연구와 임상관찰로 각각의 성격 장애에 핵심이 되는 다양한 성격 패턴의 원형을 설명한다. 획일적인 분열성(또는 회피성 또는 우울성 또는 연극성) 유형은 없으며, 오히려 성격의 핵심이나 원형을 표현하는 다른 형태의 변이가 있다. 몇몇은 다양한 기준에서 벗어나는 다른 심리적인 특성이 적절하게 나타내서 서로 다른 방식으로 재구성하여 인생 경험에 영향을 주는 구조적인 성향으로 반영된다. 인생 경험의 과정과 특징은 복잡하게 혼조되어 있다. 많은 수가 농시석이거나 연쇄석으로 영향을 미침으로써 다른 성격 기본형인 원형의 혼합을 산출한다.

여기에 임상가들과 연구원들은 순수한 기본형 성격뿐만 아니라 임상적 실재에서 나타나는 변형과 혼합들도 배워야 하는 이러저러한 이유가 있다. 따라서 다음에 나오는 것은 많은 수의 여러 변이 또는 '하위 유형'(Millon, 1996a)이라고 칭하는 것이다.

이들은 학습과 경험을 통해서 순수하고 혼합된 패턴으로 나타내고, 특수한 형태의 일관된 경향과 분명한 원형들이 가려진 무의식과는 완전히 다르게 표출되는 갈등 해소를 반영한다. 저자는 독자가 성격 **원형**뿐만 아니라 성격 **하위 유형**의 범위에서 수준을 높여 획득해야 한다고 강하게 믿는다.

　은둔/분열성 성격 기본형에서 일어날 수 있는 많은 패턴이 있다. 여기서 임상적인 평가 결과와 통합치료 계획 그리고 치료 과정뿐 아니라 여러 제시되는 장면들을 짧게 기술한다.

사례 2.1 요세프 W., 26세

은둔/분열성 성격 : 무기력한 유형(우울성 특질을 가진 분열성)

현재 양상

요세프는 그의 고용인 도우미 프로그램에서 하는 상담을 선호한다. 그의 고용주는 그를 매우 좋아했고, 잦은 칭찬과 정기적으로 격려해 주었다. 그리고 일상적인 업무 완수에 큰 도움을 주었다. 그러나 그는 가장 단순한 일을 성취하거나 동료들과 효과적인 소통을 하는 데 있어 움직여 주지 못한 그의 무능력에 의해 좌절하게 되었다. 요세프가 회기 중에 이 상황에 대해 무관심하게 반영한 것은 다음과 같다. "나는 괜찮아요. 그러나 사장님은 제가 지금까지 더 잘했어야 한다고 생각했어요." 누구도 다른 사람의 회사를 즐기지는 않는다. 요세프는 혼자 살았고, 그는 동료들이나 다른 사람과 사귀지 않았다. 심지어는 가족들과의 접촉도 없었다. 그는 이러한 공허함을 성가시게 느끼지 않았다. 치료자는 그에게 외로운지 물어봤다. 요세프의 대답은 "나는 조용한 게 좋아요."였다. 본질적으로 요세프는 상당히 공허한 존재 상태를 유지했기 때문에 불만스러운 것이 없고, 고통스러운 것이 훨씬 적다고 말하고 있었다. 그러나 전체적으로 이 표현에 부합하지 않는 측면은 요세프가 가끔씩 활발하게 투자에 대해서 설명했다는 것이다. 일반적으로 그의 반응은 느렸고 어떠한 물음에 대한 답변을 하기 전에 중단을 명백하게 하였다. 그러나 그가 애정사에 대해서 질문받을 때를 제외하고는 내성이 없는 것처럼 보였다. 다른 성격의 정동반응과 비교해서 취약한 것처럼 보이지만 요세프의 우수에 찬 한숨은 여기서 어떤 투자와 고통스러운 내용을 회상하는 것처럼 보였다. 그러나 그는 이러저러한 일에 대해서 다른 감정을 실은 생각과 사건에 여전히 열정이 없는 것처럼 보였다.

초기 인상

무기력한 분열성 환자인 요세프에게서 우리가 임상적으로 볼 수 있었던 것은 우울한 성격 양상이 스며들어있는 은둔/분열성의 혼합 원형이었다. 다른 분열성 환자들처럼 요세프가 세상에서 행동하는 기면 (lethargic) 방식들은 삶의 경험이나 타고난 무능력에 기인해 왔을 수도 있다. 요세프는 적절한 신경물 질들의 미발달을 이끄는 자율신경계의 단계에서 두드러진 자극 무감각의 영향에 놓여 있는 듯했다. 그 원천은 그의 타고난 활동성과 만족할 수 있는 자극에 필수적인 또는 아마도 타고난 결핍으로부터 파생 되었을지도 모르는 결손을 보상하는 정신적 양분을 얻지 못했기 때문일 수도 있다. 특히 여기서는 적절 하지만 요세프는 그러한 내성에서 잘못된 성향을 가지고 있었기 때문에 그의 주관적 보고로부터 나온 구체적 정보를 우리는 모을 수 없다. 요세프에 대해 가장 두드러진 것은 그의 활성화 수준의 결핍과 굼뜸이었다. 그는 두드러진 무기력으로 특징지어졌고, 그의 책임을 충족시키도록 스스로 자극할 수 없 거나 또는 가장 단순한 쾌락활동들조차 몰두할 수 없었다. 아마도 그의 본성은 내재적으로 무기력했는 데, 특히 행동 템포가 일률적으로 느리게 나타날 때 더욱 그러했다. 그의 상호작용은 조용하고, 표정이 없고, 타인에게 의존적 방식의 관계로 유형화될 수 있었다. 그의 내성하는 패턴은 일반적인 생기의 부 족, 사회적으로 주도하고 자극을 추구하는 행동의 부족, 메마른 정동, 대인관계 문제에 대한 인지적 모 호함으로 공변되었다. 그에게 있어 가장 두드러지는 특색은 피로함, 적은 에너지 수준, 근육운동의 발 현과 자발성에서의 약화이다.

치료의 착수에서 가장 중요한 것은 이러한 매우 수동적이고 낙담되어 있는 사람의 활동을 자극해 타 고난 우울한 성벽을 정지시키고, 사회적 기술에 대한 더 많은 관심을 불러일으키도록 하는 것이었다. 물론 투자가 요구되었던 애정을 더욱 충족하기보다는 그에게 아무것도 없다고 거의 기대하지 않는 사 람들과의 가상적인 관계에 끌리는 요세프의 **수동적** 대처에 직접적인 주의를 기울이는 것이 가장 중요 했다. **즐거움**은 요세프에게 그의 기억에서 막 끊어지고 거의 사라지게 되었으므로, 그가 개선을 위해 일 상적인 활동에 참여할 수 있다고 느낄 수 있는 것이 필요했다. 궁극적으로 이것이 치료의 일차적인 목 표였다. 그는 내면에 분명히 존재했던 감수성, 표현성, 능력을 증진시키는 것이 필요했다. 당연히 장애 물은 일반적으로 비관적이고 스스로를 손상시키는 소인이 혼합된 무관심으로 내재되어 있는 여러 수 용기를 요세프가 닫았다는 것이었다.

영역 분석

간단한 'OK'로 요세프는 심리테스트에 동의했다. 객관적인 자기보고서와 임상대조표 기준을 따라서, 요세프의 검사기획안 역시 여러 함축적인 특징들을 확인하기 위해서 여러 가지 심리투사기법을 시도 했다. 여러 기법들에 대한 요세프의 제한된 반응으로 좀 더 잠복해 있고 개별적인 영역을 적당히 세분 하는 데 실패했다는 것은 완전히 놀랄 만한 것은 못 되었다. 이 평가에서 가장 효율적이었던 것은 임상 적으로 완성된 MG-PDC였으며, 이를 치료 초점으로 다음 영역을 확인했다.

무감동의 기질 : 요세프의 내면에 더욱 감추어진 존재의 증거는 오직 주지화된(그러나 여전히 희박한)

기술에서만 뚜렷이 나타났다. 그의 삶에서 몇 안 되는 중요한 인물들이 그의 삶을 이끌었던 무관심하고 무기력한 방식에 의해 약화되어 있었고, 그의 정동세계의 둔마는 그의 일을 위험에 빠지게 하는 현재의 환경에 노출시켰다.

비관적인 인지 : 덜 분명했지만 영역 분석에서 요세프는 자기훼손과 언짢은 태도와 신념을 가졌는데, 이는 일반화된 기분부전과 지속된 냉담함, 수동성과 자기만족을 지지했다.

무관한 대인관계 : 요세프의 모든 메마른 상호작용에 스며든 일반화된 무반응이 있었고 그는 대인관계의 복잡성에 관여함이 없이 날마다 고독한 생활로 이끌리는 것을 선호하며, 다른 사람들에 의한 반응이나 아는 사람의 느낌에 의해 전적으로 영향을 받으려고 하지 않는 듯하다.

치료 단계

정신약리학적 처치는 요세프의 에너지와 정동을 증가시키기 위해 사용되었다. 이 단계가 없었다면 그의 '포기된' 정동 양식과 신뢰의 구축에서 투자를 시작하고 촉진시키는 것이 무익했을 것이었고, 활동에 참여하고 좀 더 활동적인 사회적 대응을 신장하도록 도울 수 있었던 일들과 훈련에 관여할 수 있는 기회가 훨씬 더 적어졌을지도 모른다. Cymbalta, SSNRI(serotonin과 norepinephrine 계열 모두를 사용한 항우울 약물요법)가 조심스럽게 사용되지만, 약물은 종종 어떤 환자들에게 치료를 지속하는 관점에서 문제의 가능성을 활성화시켰다. 요세프의 무감동을 다루는 데 있어서 이런 방법들의 조기 성공은 낙관적인 예측을 정당화했지만, 초기 수용은 그 이상의 진전이 빠르고 쉬울 수 있겠다는 오해 소지가 있는 인식을 일으켰다. 원천적으로 잠재적인 불안으로 초기의 치료 성공이 표현 욕구. 사회적 욕구 그리고 정동의 몰입이 동시에 일어나는 것을 확인하지 않고 넘어가게 했기 때문에 사회적 도전을 추구하는 것과 취약성에 대해 두려워하는 것 사이에 있는 양가감정을 재건하기 위해 그의 성향을 모니터하는 것은 절대적으로 필요했다. 다시 말해 기질적인 동기의 재점화는 오랫동안 포기되었던 열망을 발화할 수 있지만 또한 실패, 경멸, 거부에 대한 두려움도 발화할 수 있었다. 조급하게 선택한 평탄한 길은 어떤 새로운 안락 지대에 주지화된 몰입을 하는 것이었지만 근본적으로 이를 시연하는 데 무력증만을 지속시켰다. 그가 그간 길게 유지해 온 실망에 대한 예상을 단념하게 하고 그러한 보상 작용 상실을 저지시킬 수 있도록 초기의 성공에 따라 이전의 성과를 지지하기 위한 여러 회기가 필요했다. 그리고 그는 양가감정을 지속시키는 응집력 있는 신념체계들을 더욱 직접적으로 다룰 준비가 되었다.

그는 비교적 인내의 한계 부족 이상으로 독촉되지 않았지만 특히 Beck(2004)과 Meichenbaum (1977)에 의해서 개발된 신중하고 합리적인 **인지적 방법**은 요세프가 효과적으로 환경의 과업들과 연합하는 능력에 도움이 되었던 더 정확한 사고 방식과 연결된 개발을 육성하기 위해 제공되었다. 요세프가 과잉 일반화했던 **모든 것**(그는 잠재적으로 열망했던 더욱 만족스러운 가족 관계, 직장에서의 성취 또는 사회화 상호작용)은 실패와 거부에 대한 그의 예상 때문에 좌절되었다. 본질적으로 그에게 있어서 슬로건은 '고통이 없는 것이 고통이 없는 것' 또는 '내가 그것에 신경 쓰지 않더라도 나를 해치지 못해.' 라는 것이었다. 이 모든 것은 일종의 '포기된'의 기본적 스키마로 억압되었다. 내면화된 신념에 도전하고 인지적 과정을 경험적으로 대체함으로써 요세프는 **비관적**인 기대를 더욱 균형 잡히고, 정밀하고, 반응에 적합한 스키마로 대체할 수 있었다.

　　요세프의 다음 주요 과업은 사회적 관심을 증대시키고 다른 사람들과 관계하는 능력을 개선하는 것이었다. 그가 자신에 대해서 가지고 있는 또한 다른 사람들이 그에 대해서 가지는 태도에 대한 거짓된 신념을 식별하는 작업에 추가해서, 치료자는 항상 요세프가 긍정적인 정서를 가졌던 여러 삶의 영역들을 이용해서 여러 성향과 일치하는 행동을 떠맡을 수 있는 **대인관계** 방법과 **행동 기술 발달** 기법을 통해서 그를 격려할 준비가 되어 있었다. 주지되었다시피 그의 태도에 대한 인지적인 재정립의 시도는 대인관계의 이해와 신뢰를 동기화하는 데 유용했다. 이와 마찬가지로 행동수정 절차는 그의 부족한 사회적 기술을 강화하는 데 가치 있었다. 개인치료의 마지막 3분의 1을 동반하는 집단 과제는 건설적인 사회적 태도를 고무하고 촉진하는 데 유용했다. 요세프는 그의 사회적 이미지를 바꿔서 더욱 **대인관계 양식의 몰입**을 위한 동기와 기법을 배우기 시작했다. 이와 같은 단기 프로그램과 개인치료 회기와의 조합은 그가 경험했던 불편함의 재발을 예견하는 데 도움이 되었다.

　　이러한 내성적이고 수동적인 사람에게로 초점이 맞추어진 치료 노력은 인지적 – 정동 수용체를 억제함으로써 외부세계를 닫는 그의 성향을 역행시키는 것으로 가장 잘 방향 지을 수 있었다. 최소한으로 내성을 사용하고 지속적으로 정동과 에너지를 소진함으로써 요세프가 다른 사람들로부터 점점 더 고립되는 것을 미리 막아야 했다. 그의 경향은 단지 그의 일이나 가족이 의무적으로 요구하는 활동을 부지런히 수행하는 것이기 때문에 상호작용의 기회를 실행하기 위해서는 그의 사회적 배경을 확장시킬 수 있는 에너지가 투여되어야 했다. 그는 대인관계 책략을 위축시켰고, 이에 따라 새로운 경험의 개방을 계속해서 차단해 왔다. 물론 이것은 그의 선호였다. 그러나 그러한 행동은 단지 고립되고 철회된 실존을 양육할 뿐이었다. 그러한 뒷걸음질 치는 것을 막기 위해서 치료자는 잠재적으로 새로운 것뿐 아니라 모든 건설적인 사회적 활동의 지속을 확신시켰다. 그렇지 않았다면 요세프는 비사교적이고 공상적인 선입관 속에서 점점 더 길을 잃었을 수도 있었다. 그러나 이 영역에서 요세프의 인내와 능력이 오히려 제한되어 있기 때문에 과도한 사회적 압력은 피해졌다.

사례 2.2 더그 G., 23세

은둔/분열성 성격 : 동떨어진 유형(회피성 특질을 가진 분열성)

현재 양상

변두리에 있는 기술학교에 다니는 학생인 더그는 지난 몇 년간 여러 개의 다른 인터넷 자격 프로그램에 참여해 오고 있고, 또 다른 프로그램에 참여하려 했는데, 그때 그의 어머니는 그가 '실제로' 정식으로 전문대학을 지원하지 않는 것에 혼란스러워져서 그가 치료를 받아야 한다고 주장했다. 원래 외톨이인 더그는 어떤 전통적인 의미에서 사회화되지 않으려고 하며, 그의 직접적인 사회적 배경에 있는 사람에 대해 알고자 하는 욕망을 거의 가지고 있지 않았다. 더그가 보는 방식은 '그들은 단지 학교에서 집으로 왔다 갔다 할 뿐이다' 라는 것이었다. 일상적으로 그는 낮에 대부분 자고 저녁 시간과 밤 그리고 주말에 학교 수업이 없을 때 다른 사람들과 채팅하면서 컴퓨터실에서 보냈다. 특이하게 그가 '채팅' 하는 사람은 더그를 만나려고 했다. 그러나 그는 그들에게 채팅 방에서 아는 것보다 더 이상 알고 싶지 않다고 말함으로써 그들의 초대를 거부했다. 그는 그 가족생활을 사회적 환경과 유사하게 설명했다. 가족이 그를 가장 가까이 보호함에도 불구하고 그는 최근 몇 년 전에 가족을 떠났던 아버지를 멀리했고 10대인 2명의 남동생과 여동생을 염두에 두지 않았다. 그의 아버지는 더그가 그에 대해 적대적 개인사를 가지고 있음에도 더욱 건강하고 친근한 관계를 형성하기 위해 다소간 노력을 해 왔지만 더그는 아버지가 자신의 삶에 필요 없는 존재라고 말했다. 더그가 가족에게 했던 유일하고 명백한 투자는 어머니였지만 그는 이러한 관계를 실질적으로 논의하는 것을 거부했다.

초기 인상

동떨어진 분열성에서의 초기 어려움은 방어적이고 고립되고 철회하는 상호작용 패턴에서 기인한다. 이는 회피성 환자들에게 더욱 전형적인 적응책략이 될 수 있다고 믿지만, 또한 은둔/분열성 사이에도 있을 가능성이 있다. 더그는 그의 생애 초기에 아버지에게 거절과 적대감에 시달렸으며, 그 때문에 보호적인 철회 태도가 너무 극심해서 외부세계와의 관계에서 원래의 잠재적인 감정이 줄어들었다. 이러한 강도 높은 방어적인 책략은 상당히 심하여 후속적으로 감정관계에서 무능한 아이로 만드는 것이었다. 어렸을 때 더그는 관계 형성의 욕망과 매우 강렬한 감정을 느낄 수 있었지만 그러한 욕망과 감정이 극단적인 분노와 환멸로 귀결된다는 것을 터득했다. 따라서 다른 분열성 환자들처럼 그가 다른 사람과 느끼고 관계하는 능력이 부족하지는 않지만 그는 자기보호를 위해서 깨닫지 못할 정도까지 이러한 감정과 바람을 사그라뜨렸다.

이러한 압도적인 부정적 경험의 시간과 강도에 의해 더그는 보호를 위해 피하는 양상이 은둔/분열성과 같은 내적인 결여의 표식을 보이기 시작했다. 그는 정동적인 유대를 원하지만 그것이 실현될 수 없다는 것을 깊게 확신했다고 우리는 믿는다. 더그가 분열성과 회피성의 핵심 기능의 혼합인 조금 심한 **동떨어진** 성격임을 우리가 살펴보았을 때 이것을 알 수 있었다.

기괴한 행동, 간헐적인 자폐적 사고, 이인화 불안과 같은 사회적 관심에 대한 두드러진 결여가 더그에게서 수복할 만했다. 기껏해야 그는 수변적인 일에 머물렀고, 그러나 사회와 가족 관계에서는 의존적 역할을 했다. 낮은 자존감과 자율성은 모두 사회적 경쟁력의 부재에서 유래했다. 외부로 모험을 하기보다는 점차적으로 사람들과 그리고 잠재적인 성장과 만족의 근원을 제거했다. 삶은 무미건조하고 산재된 고독의 연장된 기간이었으며, 이따금씩 해체되었고 공허하고 비인격적이라고 느꼈다. 이러한 양상들이 실제로 나타나지 않더라도 그는 의지의 나약함 또는 지적 능력이 결여된 인상을 주었다. 또한 주지했듯이 더그의 직업 야망은 대단한 것이 아니다. 즉 대학에 가는 것은 단지 그의 사회경제적 환경에서 뭔가 기대되는 것이었고, 아직 숙달되지 않은 위치에서 단순히 부분적으로 종속되거나 또는 공공의 지지와 안녕을 위해서 할 수 있는 선택을 한 것뿐이었다.

더그의 전반적인 목표는 심각하게 약화된 **쾌락**의 극성을 증진하기 위해 노력하지만 주로 본질상 비지시적으로 단기적인 발달에 더욱 초점을 두고 이전을 중심으로 해서 매우 사려 깊게 적용하였다. 많은 다른 은둔/분열성 환자들과 달리 더그의 지속 성향이 **능동적**으로 그의 주변 환경(아이러니컬하게, **수동적인** 역할인), 즉 그의 본성적인 경계로 전형적인 방어적 자세에 머무는 것에 초점을 맞추게 했다. 치료의 초기 단계에서 지속적으로 무력증을 이끌었던 **고통**을 회피하기 위한 경계심을 줄여야 하므로 불안을 유발하는 신념을 다룰 필요가 있다. 신뢰가 커지고 **자기감**에 대한 더 큰 이해가 확립됨에 따라 치료의 초점은 사회적 관계(타인 극성)가 항상 그에게 고통과 적대감을 가져오는 것은 아니라는 사실을 확증시키는 사회적 영역들로 바꿔질 수 있었다. 이러한 더욱 중점적인 접근에서 안전한 성공과 더불어, 지속된 성장은 더그를 위한 편안한 보폭에 맞춰 방향이 잘 정해진 간접적인 접근에서 획득될 수 있다.

영역 분석

더그는 MCMI-III의 질문들에 상당히 반응적이었다. 그는 특별이 컴퓨터 응용 프로그램을 좋아했다. 진/위 진술들을 통해서 보면, 그 자신에 대한 학습의 전망은 적었지만 그러나 주목할 만한 활기찬 인상은 가지고 있는 것처럼 보였다. Grossman 다축척도에서 나온 주안점들은 다음과 같았다.

소외된 자기상 : 시간이 흐르면서 어린 시절에 더욱 외향적이어서 실제로 주목받았다고 드물게 회상하여 표현한 더그는 사회적 두려움, 부적절함과 서툰 감정을 지니기 시작했고, 지금은 이러한 감정을 닫아버리고 더욱 친근한 대인관계의 상호작용으로부터 안전하게 거리를 두고 효과적으로 차단했다.

무관한 대인관계 : 더그는 상호작용 관계의 욕구는 분명히 있으나(예 : 채팅 방에 상당히 소속되어 있다) 단지 동떨어진 상호관계에 머물고 있다. 즉 그는 특별히 가까운 관계를 즐기지 않았고, 친근함에 대한 최소한의 욕구만 있었다.

감정이 없는 표현 : 종종 자진해서 무력감 상태로 힘이 없고, 표현적이지 못하고, 능동적인 자발성이
부족했다. 그는 느린 운동성과 무딘 표현, 그리고 종종 피곤하고 동기화되어 있지 않았고, '인간적
인' 활동성에 무관심했다.

치료 단계

더그의 가장 중요한 치료 과업은 그의 전후 사정에 관한 관심과 대인관계 역량 모두를 증대시키는 것이
었다. 치료를 이끌기 위한 더그의 역치는 상당히 낮은 수준이므로 초기 단계에서 치료자가 조심스럽게
신중해야 할 필요가 뚜렷이 있었다. 치료는 사실상 시간이 흐르면서 반감되었던 감정과 사고를 좀 더
효과적으로 안심하고 탐색할 수 있는 안전한 환경이라는 사실을 강조하는 것은 아주 중대했다. 동기면
담 측면에서는 지시적이지만 상당히 공감함으로써 인본적인 첫 번째의 패러다임으로 자기발생적인 동
기와 양가감정을 알아내는 것이다. 첫 번째 회기나 두 번째 회기에서는 더그가 '그의 마음을 터놓는' 것
과 상관되는 두려움과 마찬가지로 소외감을 언급함으로써 안심되었다. 대부분은 기다려야 했던 더그는
'이 시점에서 편안하도록' 격려되었다. 초기 단계에서 일의 방향과 정도를 통제하는 것은 상당히 도움
이 되었다. 더그에게는 너무 개방적어서 좌절하기 쉬운 전통적인 인본적 접근과 대조적으로 지시적 접
근은 그가 불확실한 영역을 확실하게 고정시키고 그가 바라던 성취에 관해서 자기만의 미세한 조정을
하도록 도왔다. 신뢰가 구축됨으로써 신중하고 사려 깊게 적용된 인지 방법들이(예 : Beck, 2004;
Meichenbaum, 1977) 더욱 균형 잡힌 생각 패턴과 좀 더 안정된 자기신념을 지니게 되는 결실이 있었
다. 이러한 인지적 재설정 방법은 더그가 적대적인 다른 세계에서 바라보는 자기폄하와 비관적인 입장
에 더욱 대항하도록 도우면서 자신감을 촉진시켰고 정서적인 깨달음을 자극했다.

자동적 사고를 논박하고 새로운 스키마들을 재설정하는 인지 과정 이외에 치료자는 대인관계 방법과
행동 기술 개발 기법을 통해서 더그가 그의 건강한 정서적 성향을 적극적으로 사용하도록 격려했다. 마
찬가지로 단기 행동수정 기법은 그의 부족한 사회적 기술을 증대시켰다. 이러한 훈련에 국한해서 더그
는 무표정이 덜하고 더욱 생기 있고 활력 있는 새로운 기본적인 표현 행동을 발전시키는 것이 가능했다.
이것은 일련의 좀 더 몰입된 상호관계를 포함했다. 이러한 개인요법에 겸해서 환경 집단 요법은 더그가
쾌적한 장면에서 상호 관계의 과업을 새로운 긍정적인 태도로 여러 기술을 사용하고 발전시키도록 도
움을 주었다. 그는 대인관계 방식의 변화와 개선에 영향을 미쳤다. 그가 확신을 얻게 되면서 비록 신중
해야 하지만 관계 형성과 좀 더 의미 있는 경험에 대한 욕망과 그의 민감성을 향상시키고, 더 나아가 그
의 깊이 배어든 소외된 자기상과 더 대항하기 위하여 실존적이고 경험적인 기법을 적절하게 적용하였다.
단기 집단 경험과 개인치료 회기들의 조합은 앞서의 사회적 불편에 대한 그의 면역성을 강화했다.

더그가 치료 초기부터 이 치료 계획에 매우 수용적이었지만 치료자는 그 과정은 쉽고 신속히 할 수 있
다고 믿기 쉬우므로 경계할 필요가 있었다. 예상했다시피 아마도 더그는 어떤 것이라도 정서적인 모험

을 싫어하고, 안전성 있는 사회적인 소외됨을 선호하는 것 같았다. 실패가 자기충족을 예언해 준다고 여기는 그의 경향성을 와해시키기 위해서 초기에 여러 번 회기의 긍정적인 진행이 필요했다. **지지적** 기법들은 어떤 것도 일시적인 개선은 오래가지 못할 것이고 유지가 불가능하며 사회적인 거절로 다시 떨어질 것이라고 확신하는 그의 진빈직인 신념을 통해서 그를 도왔다. **정신악리힉적인 치료**기 이 개입 동안에 또한 고려되었지만 궁극적으로 거부되었다. 많은 경우 환자의 행동 수준과 정서 반응에 맞추어진 여러 약물들을 탐색하는 것은 유리했다. 그러나 더그의 경우 여러 약물들이 정서를 너무 빨리 그리고 강렬하게 유발하고 그를 압도할 것이라고 믿었다. 더그의 치료 과정에서 가장 중요한 것은 철회 경향에 목표를 맞추는 것이었다. 처음부터 심리적인 어려움, 특히 낮은 에너지와 감정을 탐색하는 데 서툴렀기 때문에 여러 엄선된 치료를 통해서 그는 여러 환경 특성과 상관없이 그에게 당연한 것처럼 여겼던 다른 사람들과 완전히 고립시키는 운명을 막을 수 있었다. 더그는 강한 편애적인 고립된 행동으로 다른 활동을 추구하는 것을 싫어하는 경향이 있었기 때문에 새로운 경험이나 사회적 접촉에 대한 노출을 심하게 차단시켰고, 더 나아가 고립되고 철회된 방식을 강화했다. 치료자는 더그가 여전히 비사회적이고 환상적인 선입관들로 기울어 있었기 때문에 치료 범위를 넘어서서 여러 사회적인 과업들과 활동들을 지속하도록 격려했고, 사회적인 탐색이 더욱 요구되었다. 여기서 전형은 **압박감**에 반대로 **격려**이다. 즉 더그는 사회적 범위에서 그의 경쟁력이 아주 제한되어 있었으므로 어떤 치료적인 요구도 수용하지 못해 왔다. 이러한 간략한 초점에 맞춘 치료기법들은 그가 이 분야에서 기술들을 더욱 개발하는 데 도움을 주었다.

사례 2.3 패트리샤 L., 36세

은둔/분열성 성격 : 냉담한 유형(강박성 특질을 가진 분열성)

현재 양상

패트리샤는 그녀가 13년 동안 사고 없이 책임감 있게 일해 온 작은 법률회사의 사서였다. 하루는 그녀가 숨이 가쁘고, 가슴이 두근거리고, 통제력을 상실하고, 환각에 빠지는 공황발작 증상을 보이며 강한 감정을 '터트렸다'. 법의학 심리학자가 그날 우연히 법률사무소에서 상담하다가 그녀를 발작에서 벗어나도록 도왔다. 그 후 그녀를 개인적으로 보살펴 줄 수 없지만 전문의로서 도움을 받도록 이 심리학자에게 요청하게 되었다.

　면담 동안 패트리샤는 겉보기에는 조용하며 만족해 보였으며, 더욱이 검약한 생활로 동료와 가족 그리고 주위에 있는 사람들이 그녀를 귀찮게 하지 않는다는 사실에 만족해했다. 이것이 그녀의 첫 공황발작임에도 불구하고 그녀는 집에 혼자 있을 동안에 그러한 '부딪침'을 여러 번 느꼈으므로 이 급성적인 불안발작이 첫 번째 경험이 아니라고 시인했다. 그녀는 자신의 존재에 무엇이 결핍되었는지 알지 못했으나 우리는 그녀가 즐긴다고 주장했던 행동들과 관심을 포함해서 또는 반응하는 것조차도 **어느 것**이든지에 대한 열의 부족의 불안감이 있다는 것을 알 수 있었다. 그녀는 "나는 아이였을 때조차도 조용했었고, 숙제를 위해서 어울렸던 몇 명의 친구하고만 같이 학교생활을 했다."고 진술했다. 그녀가 관심을 가질 수 있는 다른 직업이 있을지 질문받았을 때 그녀는 처음에는 당황해 보였지만 그 후 역사연구를 잘했을 것이라고 의견을 말했다. 그녀는 이러한 가능성 이전에 관해 생각하는 듯했으나 그녀의 정서를 수반한 관심에 대한 언급에서는 여전히 메말라 있었다.

초기 인상

냉담한 분열성 하위 유형에 있어서 고립되고 감정적으로 격리되고 비사회적인 의사소통 양상이 최소한 일부라도 기질적인 결핍에서 나타날 수도 있다고 우리는 믿는다. 아마도 패트리샤는 타인들과 따뜻함과 이해력을 가지고 관계하는 능력을 보조했던 그녀의 신경계통의 여러 영역(예 : 대뇌 번연계)의 손상이나 구조적 발육부전증처럼 보이는 신경학적인 결핍이 특성화될 수 있다. 이는 정동의 민감성에 대한 정상분포에서 낮은 극점에 있으며, 이 제한된 능력이 주로 타고난 한계성이었다. 그녀의 책임과 근면성이 공존하는 정서적으로 위축된 특성 때문에 패트리샤는 임상적으로 강박적 성격에서 보이는 여러 것들이 혼조된 특질로 나타나기 쉽다. 임상 증상에 의해서 그녀의 불안 연속 장애(anxiety-spectrum disorder)는 또한 이런 특별한 성격 군거의 결과로 보일 수 있었다.

패트리샤의 결손은 어떤 다른 은둔/분열성 원형들에서와 같이 운동과 행동이 아니라 정서와 감정 영역에 있었다. 그녀는 정동이 활성화될 수 없는 것처럼 보였다. 정서는 빈곤했으나 에너지가 부족한 것은 아니었다. 어떤 분열성 환자들은 활기 없고 힘이 없고 지치고 우울해 보이듯이 패트리샤는 흥분하지 않으며 기운 없고 차갑고 억제되어 있어서 열정적이지 못해 보였다. 그녀에 대해서 우리가 보는 것은 사회적이든 반사회적이든 어떤 강렬한 정서의 활성화에 대한 무능력이었다. 최소한의 따뜻함이 있었지만 반면에 최소한의 분노와 적대감이 있었다. 패트리샤는 체질상 실제적으로 정동을 차단시켰고 자동화 기기처럼 단순한 삶을 사는 것이다. 즉 그녀는 자신의 메마른 정서적인 삶 또는 의사결정에 의해 결속됨으로써 어떤 주목할 만한 방식으로 벗어나 있거나 어떠한 규칙을 반박하지 않고 인정한 것을 수행할 뿐이었다.

최근에 보여주었던 그녀의 급성불안의 발생과 표현에서 감정적으로 부과된 내성이 무엇이었는지가 분명해졌고, 그녀는 더욱 강력한 감정적인 일로 불안해했다. 따라서 상당한 공감적 접근들이 처음부터 필요했다. 그녀는 일상적으로 무감동하게 매우 엄격히 고수해 온 현존 방식을 매우 **수동적**으로 취소할 필요가 있다. 그리고 다음으로 실현가치가 없다는 관점으로 스스로 일상적인 일(그녀의 **자기 지향 지지**)을 중단하기로 결정하고, 자신을 무능력하게 보는 경향성을 감소시키고 **즐거움**을 증가시키기 위해 노력하는 것이다. 패트리샤는 처음에는 매우 어려운 과제로 사회적 기술과 행동과업을 증가시키고 관계를 개선할 필요가 있었으나 치료 후반기 시점에서 강한 **타인**에 대한 강조로 결국 실패로 끝났다.

영역 분석

패트리샤는 영역 분석에 반응을 하는 데 동의했다. MCMI-III Grossman 다축척도들과 MG-PDC에 의해서 측정된 영역은 다음과 같다.

> **인지적 수축** : 패트리샤는 경직된 자신의 세계관에 있었고 그녀가 믿는 역할에 매여 있었다. 그녀의 목적에서 벗어난 전통에서 '세운' 규칙은 외부의 기능이며 독립적인 사고로 보았으며, 이러한 기본적인 스키마는 항상 받아들여져야 하는 것이었다.
>
> **메마른/감춰진 대상(정신 내부 내용)** : 패트리샤의 과거 모습은 희박하고 빈약했다고 정의된다. 그리고 어떤 고통스럽거나 이상한 내용을 수반한 형상들은 파기했다. 이 영역은 오히려 유일한 공감의 결함을 제공하며, 은둔/분열성과 강박적 양식의 성질을 공유했다.
>
> **무관한 대인관계** : 일반적으로 패트리샤는 동떨어져 있었고, 거의 모든 경우에 더 가까운 상호작용이 있어야 할 것 같은 사람들과의 보이지 않는 벽이 있는 것 같았다. 그녀의 겸손함은 또한 감정이 없고, 더욱 힘든 모든 정서적 만족은 지적인 반응으로 써버린다.

치료 단계

패트리샤는 과도한 독립적인 의사결정에 관한 불안을 제거함과 마찬가지로 자기확신감과 사회성을 발달시키는 것이 가장 확실한 목표이지만, 그녀는 처음부터 이러한 목표를 위한 어떤 행위도 저항했을 것이다. 초기 단계에서 책임감과 숙련을 격려하는 치료자의 노력은 그녀에 대한 치료자의 거절로 동일하게 간주되었으므로 그녀는 점점 더 철회하게 되었다. 그렇게 하지 않으면 재발을 촉진하고 탐색을 억누를 수도 있으므로 그러한 반응에 대응하기 위한 준비가 필요했다. 정서의 갈등과 불안을 어떻게 참아내는가를 그녀가 배울 필요가 있기 때문에 치료자와 패트리샤의 동맹은 중요했다. 그녀의 신뢰의 어려움은 특별한 주의가 필요했다. 그녀는 이해하는 분위기와 분명한 공감이 없이는 실질적인 개선을 위해 충분하게 치료를 계속하지 않을 것이다.

스키마들을 대체하고 새로운 행동을 시작하기 전에 그녀의 **위축된** 신념을 입증하는 목적에서 주로 비지시적인 **인본주의** 접근으로 시작하는 것이 의미가 있었다. 패트리샤는 거의 피폐해진 **정신내적 내용** 때문에 그녀의 의도를 지지해 줄 필요가 있었다. 기저에 있는 잠재의식 구조의 면밀한 재작업은 더 깊은 양가감정을 촉발시킬 가능성이 있으므로 불필요했다. 그러나 역동적 방법을 중심으로 해서 더 새롭고 건강한 **표현**을 생성하도록 촉진하고, 점차적으로 초기에 제시한 인본적인 접근으로 통합했다. 이러한 방식으로(인지적인 요소들 덕분에) 패트리샤는 안전한 환경에서 위축된 신념을 느슨하게 할 뿐 아니라 폭넓은 인지적 유연성으로 좀 더 수용할 수 있어서 덜 **메마른** 대상으로 구축할 수 있었다. 이 단계에서 그녀가 새로운 경험을 함에 따라 그녀는 더욱 초점이 맞추어진 기법 형성의 중재를 받아들일 수 있었다.

불안정한 정서에 직면하고 통제하는 것과 같은 **학습 방법**은 **인지적 강화**(예 : Beck) 그리고 **대인관계의 방법들**(예 : Benjamin, Kiesler)과 조화되었다. 그녀의 제한된 세계관에 의해서 이미 견제되었던 **대인관계에서의 이탈**은 대부분 불확실성에서 유발되었다. 행동과 대인관계 기법에 보충으로 조합한 여러 새로운 도전은 패트리샤의 신념을 받침으로 공감을 불러일으키고 안전한 상호작용을 달성하게 되었다. 또한 본래 규칙을 따르는 그녀는 "때때로 약간의 사회적 위험을 감수하는 상당한 원칙이 있다."라는 새로운 믿음을 표현하기 시작했다. 치료자는 또한 불확실성에 합리적인 균형과 예견으로 접근하는 방법을 배울 수 있는 추가적인 자원을 제공했다. 그녀는 대인관계 치료 과정에 있었으나 때로는 치료자의 진실성 검증을 표적으로 한 스키마와 때로는 무감동 패턴으로 변경하는 대담한 진행으로 일관성이 없었다. 그녀의 보상 성향과 철회 성향은 차단되어야 했다. 패트리샤의 경우는 눈에 띄는 좌절, 소외, 지속적인 우울의 징후들이 보이기 시작했으므로 **지지적**이고 **인본적**인 환경은 치료 내내 유지되었다. 그녀가 사회적 활동을 하도록 격려되고 신뢰감을 형성하고 사기저하로 낙담한 기간 동안에 그녀의 집착과 맞서기 위해서 **자기활성화**의 인지적 방식이 효과적으로 사용되었다. 그러나 부분적인 실패가 그녀의 신념을 부적절하게 강화하곤 했기 때문에 능력 이상의 강요는 하지 않았다.

사례 2.4 말라 D., 36세

은둔/분열성 : 비인격화 유형(분열형 특질을 가진 분열성)

현재 양상

말라는 비활동성과 비사교적인 냉담한 생활이 평생 동안 그녀를 성가시게 하고 좌절시켰기 때문에 성인기 내내 함께 살았던 어머니의 권유로 치료에 오게 되었다. 말라는 원래 친구들 때문에 행복했지만 특히 남편이 죽은 후 그녀가 '남편을 만나면' '성인 생활을 계속할 수 있을지'의 염려로 그녀의 어머니는 상당히 피로해졌다.

말라는 집 근처에 있는 작은 가게에서 무미건조하고 경쟁력이 없는 일을 뒷켠에서 했다. 그녀가 밋밋하게 일을 기술하는 방식은 "나는 상자를 만들어요."라는 것이었고, 그리고 그녀의 어머니는 말라가 점차적으로 카드나 선물가게에서 쓸 상자들을 책상 아래 모아 놓는다는 것이 드러났다. 회기에서 그녀의 말투는 한 단어의 대답과 불완전한 사고로 제한되어 있었고, 질문에 세부적인 대답을 할 때조차도 그러했다. 그녀의 사고는 연관이 없는 것들로 둘러싸여 있었고, 더욱 특이하고 파편화된 대답을 하곤 했다.

말라는 보통 텔레비전 시청이나 영화를 빌려 보며 여가시간을 보냈다. 그녀는 대부분 직장에 있었다. 그러나 일상을 벗어나서 그들과 여가시간을 보낼 생각은 없었다. 그녀가 보았던 텔레비전이나 영화에 대한 이야기들에 동조하지 않았지만, 어떤 특별한 배우에 집착했다는 것은 주목할 만한 흥미로운 것이었다.

임상 평가

초기의 관찰에서 우리는 말라가 어떤 내면의 비전에 대한 관조, 즉 그녀를 점점 더 고립의 상태로 끌고 갔던 어떤 내면의 실체를 즐기고 있는 것을 느꼈다. 다른 은둔/분열성에서처럼 그녀는 극도로 실제 상항에 참여하거나 몰두하지 못했다. 그녀가 다른 사람들보다 더 내적으로 사로잡혀 있는 것처럼 보였지만 단지 망각의 상태로 떨어져 있지 않고 사실상 특히 아무것도 아닌 것에 사로잡혀 있었다. 다른 사람의 세계에 존재하지만 사람들의 행동과 감정에 관계없고 자신 안에서 품어져 나오는 것도 없이, 그녀는 텅 빈 공간을 응시하는 것으로 보였다. 이는 말라의 혼합된 수많은 양상들이 분열형 성격과 밀접히 융합된 것이 특색이다. 이인화를 경험하는 많은 다른 사람의 경우에서처럼 말라는 자신의 느낌과 생각에 대해서 해체되고, 자신을 거리감 있는 대상으로 보고 공허하고 연결되지 않게 보는 상당한 정도의 외부 관찰자였다. 그녀는 외부 현상뿐 아니라 자신에서부터 품어져 나오는 것에 대해서도 무시하는 상태로 떠다녔다. 자신의 육체적 존재를 포함해 세상에서 확실하고 현실적인 어떤 것에도 연결되지 않았고 그녀 고유의 상상과 공상에 골몰하지 **않았다**.

그녀의 내부로의 방향전환에도 불구하고 사고와 감정은 혼란과 모호함, 불분명하고 심하게 분절된 일련의 생각들이 주류를 이루었다. 그녀는 혼란스러웠을 뿐 아니라 관계의 애매함과 무능력은 다른 사람들이 그녀의 결함이 있을 수 있다는 점을 점차로 인식하도록 했다. 그녀는 백만 마일 떨어진 타국에서 온 사람처럼 내적인 상호작용에 관심이 없고, 초점이 맞추어져 있지 않을 뿐 아니라 내부 세계는 거의 텅 비어 있는 것처럼 거리가 있고 모호하게 나타났다. 따라서 말라의 전반적인 목표는 개인의 정신 내부와 대인관계의 연결을 개선하여 성취하는 것이었다.

그녀의 **자기**와 **타인** 극성 모두는 치료의 착수에서 혼란되고 방향이 없었다. 자신의 존재 의식을 약하게 함으로써 그리고 극단적으로 **수동적**인 자세를 가정함으로써 고립을 지속하는 경향들을 중단시키는 것이 필수적이었지만, 이를 입증하는 데 도움을 주는 여러 평가들로 위협적이지 않는 신뢰증진이 수반될 필요가 있었다. 말라가 자신의 정체성에 더욱 몰두하게 됨에 따라 그녀가 표현적인 기술을 형성하도록 도우는 것이 가능하게 되었다. 또한 **쾌락** 지향을 증대하기 위해 존재를 개선시키는 연결을 점차 늘리는 것이 가능했다.

영역 분석

MG-PDC에 근거한 말라의 영역 분석은 여러 영역의 개입을 위한 적절한 입장임을 확인했다.

만족한 자기상 : 내성하는 자각에 대한 통찰이 거의 없어서 말라는 다른 사람들의 합리적인 생활에 대한 자극에 오히려 무관심했다. 그녀가 더욱 정동적인 생활에 덜 공명하고 몰두하면서 동떨어져 있음에 만족하는 것처럼 보였다.

인지적으로 자폐적 : 말라는 주위를 둘러싼 사람들의 생각과 감정에서 분리되어 독자적인 자신의 방식으로 표류하는 것처럼 보였다. 이따금씩 적당한 맥락에서 보호되지만 그녀는 다른 사람들의 논리와 정서에 연결능력이 주지할 만하게 파편화되어 있어서 늘 환상과 현실의 경계를 흐릿하게 하는 기괴한 신념에서 길을 잃어 버렸다.

무관한 대인관계 : 삶을 이끄는 것은 단지 동떨어져 있고 무관심한 것이었다. 말라는 다른 사람들과 가까운 접촉에 결코 참여하지 않고 어떤 사건의 배후에 머무르면서 사회적 맥락의 주변에 머무르고 있는 것에 만족한 것처럼 보였다.

치료 과정

치료의 최초 단계에서 놀랍지 않게 말라는 자존감과 사회적 관계를 증진하는 목표에 순응했지만, 그 뒤에는 이러한 목표들에 저항했다. 첫 회기나 두 번째 회기에서 그녀가 책임감과 사회적 기술을 지니도록 격려하는 치료자의 노력을 거절의 표시로 느낄 가능성이 있으므로 현명하게 주의해야 했고, 이것이 실망과 낙담을 야기시킬 수 있었다. 분노가 더욱 가능했던 것은 그녀가 잘 알지 못하는 부적절감 측면에서 설정한 개인적인 판단 방법이었다. 그러나 급격한 재발을 미리 막을 수 있도록 구조적인 변화를 탐색하기 위해 치료자는 잠재적으로 치료 상황을 예측해서 준비했고 이를 감소시켰다. 특별한 관심은 말라의 철회하는 경향과 그녀의 우회적인 논리로 타인들과 거리감을 지속하는 경향이다. 처음에 그녀가 모든 것을 인내할 수 있던 **비지시적인 인간 중심 패러다임**의 반복된 보호와 강한 공감이 없이는 치료 과정을 지속하지 않으려는 경향이 있었다. 건강하고 안전한 치료동맹이 세워짐에 따라 말라는 그녀의 불안의존과 모순된 감정에 정착해 왔던(그때까지는 인지하지 못했던) **현실에 안주하는 자기상**을 극복하기 위한 탐색을 하게 되었다. 후속적으로 개선되기 전에 말라가 치료를 포기하지 않도록 온정과 이해를 분명하게 해주어야 한다.

말라에 대한 공감과 무조건적인 존중을 세우는 초기의 노력은 상당한 수준의 신뢰를 나누었고, 이는 **자폐적인** 신념의 구조와 과정을 통해 그녀의 특이함의 존재를 밝히면서 안전을 느꼈다. 그리고 나서 특이한 과정 중 일부 표현에서 '실재'를 느꼈을 뿐 아니라 이따금씩 더욱 연관성 있고 논리적 과정을 적용함으로써 더 이상 유용하지 않다고 느꼈던 것들을 거부하고 수정하기 시작했다. 어떻게 불안정한 정서에서 나오는 여러 해체된 사고에 직면하고 다루는가를 배우기 위해 몇몇 인지이론가들의 **인지적 재구성과 역기능적 사고중지** 방법이 조율되었다(예 : Beck et al., 2004; Young, 1990). 이들은 또한 세상의 본질에 관계되는 더욱 건강하고 더욱 완성된 태도들을 불러일으켰다. 이는 좋은 시간이었을 뿐 아니라 그녀의 대인관계의 고립을 다루는 데도 기여했다(예 : Benjamin, Kiesler). 더 좋고 더 친근한 전이를 불러일으키는 것을 목표로 두는 여러 기법 그리고 느낌, 갈등과 불확실이 어떻게 접근되어 합리적인 평정심과 통찰로 이행될 수 있는지를 보여주기 위한 사회적 학습 모델을 치료자가 제공하는 사이에서 말라는 우선적으로 가족 구성원들이 대인관계에서 호기심의 표식을 보여주었다고 회상했다. 개인치료에서 발견되는 것보다 더욱 자연스러운 장면에서 가족 방법이 말라의 새롭게 학습된 사회적 기술과 전략에 대한 시도로서 마찬가지로 적용되었다. 그녀는 대인관계 치료 과정에 있었지만 그것이 치료자의 진실성을 검사하는 것과 혼합된 무관심으로 인해서 종종 불일치한 패턴을 수반했다. 인지적 기법과 대인관계 기법 모두는 습관적인 대처 양식인 철회를 막았고, 평범한 생활양식과 커지는 분개 경험으로 혼합된 수치스런 직면에 맞닥뜨린 그녀의 무의지 상태를 앞질러 막았다. 치료는 거짓된 기대와 실망을 활성화하는 것에 대한 그녀의 두려움을 중화하도록 노력했다.

저항과 위험

분열성의 피폐하고 포괄적으로 분화되지 못한 현상은 그 자체가 수동적 저항의 깊은 형태이다. 치료가 진행되면 은둔/분열성은 치료적 관계에 가치를 두려고 하지 않고 치료자를 간섭한다고 보아서 치료자로부터 숨어 버리려고 할 수 있다(Beck & Freeman, 1990a, 1990b). 지속적인 위험은 이러한 환자들이 치료를 그만두고 이전의 고립되고 이탈된 생활방식으로 돌아가려고 하는 가능성이다. 만일 과정이 인상적으로 개별적인 회기에서 이루어진다 하더라도, 환자가 단순히 개인의 장막 속으로 들어가 버리면 통찰이나 행동의 일반화는 발생하지 않을 것이다. 이러한 것과 같은 은둔을 미리 막기 위한 지지 회기들은 특히 지혜로운 종결을 이끈다.

또 다른 위험은 치료자가 무보수로 환자와 상호작용할 수 있다는 것이다. 좌절, 난감함, 지루함, 무기력과 같은 감정이 경험될 수 있다. 치료자들은 정신분열성 환자들이 겪는 과정이 고립된 행동에서 더 많은 만족을 유도해낼 수 있는 능력으로 이루어져 있으므로 사회적 고립을 감소시키는 것은 필연적인 것은 아니라는 점을 세밀히 알아야 할 필요가 있다. 사회적 연결을 강화하는 것이 치료의 일차적 목표임에도 불구하고 집단방법들과 다른 상호작용을 더욱 촉진하는 형태의 치료는 금기시될 수 있다. 만일 치료자가 환자의 사회적 기술 수준과 사회적 관여에 대한 열망을 결정하는 데 조심하

지 않다면 다른 사람들과 상호작용하는 성급한 압력은 불편함을 야기할 수 있고, 이것
은 다시 그 사람이 혼자서 고립되는 것이 더 낫다는 기존의 신념을 강화시키는 것으로
돌아갈 수 있다.

제 3 장

수줍음/회피성 성격 패턴의 개인화 치료

은둔/분열성과 수줍음/회피성 성격 패턴은 겉보기에는 오히려 비슷할 수 있지만 불안과 우울감정을 포함한 여러 주요한 방식에서 다르다. 두 성격 패턴은 철회, 감정둔마, 의사소통과 사회적 기술의 부족으로 나타난다. 그러나 회피성 정서의 둔마는 기저에 있는 감정적인 긴장과 부조화에 대한 전형적인 방어책략이다. 마찬가지로 회피성의 외관상 분리와 대인관계 철회는 친밀감에 대한 두려움과 거절과 조소에 대한 예민함에서 발전한다. 정서와 수용에 대한 강한 욕망이 이들에게 있지만 타인들에 대한 염려와 공포스러운 불신에 의해 거부되거나 억제된다. 종종 수줍음/회피성은 조소와 비하의 신호에 대한 예리한 민감성과 기민성에서 야기된 고통스러운 사회적 비난을 경험한다(Dimic, Tosevski, & Jankovic, 2004; Zimmerman, Rothschild, & Chelminski, 2005). 이러한 과민함과 경계는 종종 무해한 사회적 논평이나 사건을 비판하는 거절로 오인하는 결과가 된다(Millon, 1981, 1996b; Shea et al., 2004).

대부분의 경우 수줍음/회피성은 스스로 구속하는 고립과 사회적 철회에 몰두한다. 그러나 만일 비판 없는 수용을 강하게 보장받는다면 제한적으로 사람과 관계를 맺을 것이다(J. G. Johnson, Cohen, Chen et al., 2006; King, Terrance, & Cramer, 2006; Warner et al., 2004). 회피성은 자신의 삶을 받아주는 한두 사람에게 매우 의존한다. 그러나 그 파트너의 진실성에 대한 교묘한 시험을 빈번히 하면서 관계를 지속적으로 의심하는 경향이 있다.

수줍음/회피성은 일반적으로 사람들이 비난하고 배반하고 비판적이라고 보면서 자신은 외로움과 소외감의 고통스러운 감정으로 주변의 사회적 역할에 불안스러워한다. 회피성은 사회적 부조리에 대해 비난하고 매우 지나치게 자기 비판적이다(Huprich, 2005). 결과적으로 타인들에게서뿐 아니라 자신에게서도 소외되고 자신이 경험하는 정서적 고통과 만성적인 대인관계의 양가감정을 다루기 위해 극단적인 방어적 대처 전략에 의존하는 경향이 있다(J. G. Johnson, Cohen, Kasen, & Brook, 2006; Meyer, Ajchenbrenner, & Bowles, 2005). 위협적인 사회적 상황에서는 철회와 회피행동에 덧붙여서, 문제가 되는 인지를 차단하고 저지하는데 이는 결과적으로 사회적으로 부적절하고 정서적으로 혼란스런 모습과 더불어 사고의 단절과 일관성 없는 의사소통을 야기한다(Battle et al., 2004; Farmer, Nash, & Dance, 2004; Haller & Miles, 2004).

수줍음/회피성 유형은 정신 장애에서 가장 취약한 성격 패턴 중 하나이다. 아마도 가장 흔하게 회피성은 반추적인 걱정과 불안감정을 겪을 것이다. 또한 분열성처럼 자기와 타인으로부터 길게 지속된 소외가 다양한 해리 장애를 유발할 수 있다. 수줍음/회피성은 또한 상당히 깊은 슬픔, 공허, 외로움의 경향이 있다. 자기비하와 결부된 애정과 승인 갈망의 좌절은 추함과 무효능감을 경험하는 만성적인 우울한 분위기로 나타난다. 회피성에서는 정서의 둔마와 전형적인 느린 말투와 행동이 특징으로 우울을 감지하기 어려울 수 있다(Skodol, Pagano, et al., 2005; Stein, Onto, Tajima, & Muller, 2004). 수줍음/회피성은 나약함과 고통에 대한 공공연한 표현이 사회적 조소, 굴욕, 거절로 더욱 취약하게 하므로 공포에 대한 내적인 절망감을 감추고 억누르려고 한다(Bienvenu & Brandes, 2005; Li-ying, Yunping, & Tao, 2004; Ralevski et al., 2005; Taylor, Laposa, & Alden, 2004; Tillfors, Furmark, Ekselius, & Fredrikson, 2004). 이러한 개인들 사이에서 주된 우울 삽화들이 우울한 정신분열 환자의 증상 표현과 유사할 수 있지만(예 : 정신운동 지체, 극단적인 사회적 철회, 냉담) 회피성은 우울과 함께 강박적인 반추나 불안을 경험할 수 있다(J. G. Johnson, Cohen, Kasen, & Brook, 2005; Skodol, Oldham et al., 2005).

수줍음/회피성의 민감성은 인지행동 틀로 설명된다(Arntz, Dreessen, Schouten, & Weertman, 2004; Jovev & Jackson, 2004). 첫째로 회피성은 사물을 비관적으

로 보는 경향이 있다. 즉 자신에게는 경멸이, 다른 사람들에게는 두려움과 의심, 그리고 미래에 대해 절망적이다. 그다음으로 수줍음/회피성은 사건을 강화하는 경험의 기회가 제한된다. 특징으로는 완고함으로 인해 자신의 잠재적인 경험을 작은 범주 내에서 강화한다(Grilo, 2004). 그들은 기쁨을 경험할 수 있는 타고난 능력을 소유하고 있음에도 대인관계의 불안 때문에 다른 사람들로부터 얻는 만족을 거부하고 칭찬이나 보상, 다른 사회적 강화들을 폄하한다(Grant et al., 2005). 마찬가지로 무능하고 매력이 없다고 자기를 왜곡하는 시각은 쾌락의 가능성을 차단시킨다.

수줍음/회피성 성격은 상대적으로 정신병리 분류학에서 새로운 개념이지만(Millon, 1969) 이 패턴의 특징은 종종 우울증에 대한 문헌에서 인용되어 왔다(Skodol et al., 2005). Arieti와 Bemporad(1980)는 우울 성격의 세 가지 전조증상에 관한 제안에서, 우울한 성격 구조는 애초에 만족감에 대한 억제, 잠복해 있는 지속적인 우울 감정의 배경에 의해 특성화된다고 기술한다(Grilo et al., 2005; Nagata et al., 2004). 나머지 형태는 만성적인 구조의 특징으로 다음과 같다.

> 일상 활동에 관여의 결여로 야기된 만성적인 무용감과 희망감 상실···. 착취나 거부 받는 것에 대한 두려움으로 깊은 관계를 발전시키지 못하는 이유로 공허감···. 타인들과 그들 자신을 향한 가혹하고 비판적인 태도이다(Arieti & Bemporad, 1980, p. 1362).

그들이 존재 양식을 재평가하도록 강요받거나 메마름과 의미 없는 삶에 직면하게 될 때 임상우울의 삽화를 경험한다.

〈그림 3.1〉에서 극성의 이론적인 모델을 사용한 회피성 성격 원형의 특색을 검토할 수 있다. 우리는 극성 모델을 선천적인 소인과 초기학습을 기초로 한 일상의 환경과 관계하는 양식을 나타내는 생태학적인 적응의 틀로서 가장 잘 인식할 수 있다. '장애'라고 칭해진 성격은 병리적인 것뿐 아니라 병원성인자(pathogenic)이기도 한 생태학으로 기능하는 양상인 다른 부적응 형태이다. 우리는 타고난 고통에 대한 민감성을 수줍음/회피성과 같은 경우에서 발견할 수 있다. 다시 말하면 생리학에 기초한 극단적 두려움으로, 상대적으로 쾌적한 환경에서 잠재적이거나 실질적인 육체적 또는 정신적 스트레스에 접하지 않았더라면 정상이었을 젊은이들이 붕괴될까 봐 불안해하는 경향이다. 거부하는 적대적인 부모들에 의해서 아이가 양육되는 것과 같이 아이가 생명을

위협하는 환경에 반복적으로 노출되어 왔을 때 우리는 두려워하는 반응을 발견할 수 있다. 결과적으로 생활을 향상시키고 증진하기 위한 수단이 되는 삶의 기쁨, 즐거움, 보상을 경험할 수 있는 능력이 결여될 수 있다(Hans, Auerbach, Styr, & Marcus, 2004). 바꿔 말해 생존을 위한 활동으로 과잉염려와 집착을 볼 수 있는데, 이는 일반적인 정동 반응으로 정신적 고통에 대한 슬픔과 불안을 피하기 위한 것이다. 여기서 중심적인 것은 삶이 좋아지기보다는 나빠질 가능성이 있다는 지나친 경계이다. 한편으로는 자신을 보존하는 데 초점을 맞추고, 다른 한편으로는 삶을 더욱 만족스럽고 기쁘게 할 수 있는 경험에 부주의한 초점을 맞춘다. 극성들의 두 번째 짝에서, 우리는 적응의 능동적인 양상을 지나치게 활용하는 것을 볼 수 있다(개인의 생태학적인 안식처의 수정). 해석하자면 이것은 생존에 필요한 요소이다. 즉 과각성의 인지와 회피하는 일은 거절과 모욕감, 굴욕감과 실패에 대한 경고이다. 세 번째 극성 수준에서, 자기와 타인 사이의 역할은 최소한의 결과이다. 이는 회피생활의 동향과 동기를 부여하는 유일한 배경요소이다. 효과적으로 수줍음/회피성 성격의 중심적 특성은 정신적 고통의

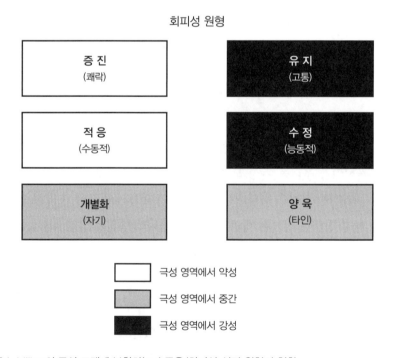

회피성 원형

증 진 (쾌락)	유 지 (고통)
적 응 (수동적)	수 정 (능동적)
개별화 (자기)	양 육 (타인)

□ 극성 영역에서 약성
▨ 극성 영역에서 중간
■ 극성 영역에서 강성

◁)) **그림 3.1** Millon의 극성 모델에 부합하는 수줍음/회피성 성격 원형의 현황

가능성에 대한 지나친 경계와 반응에서 가장 분명하게 보인다.

임상 양상

이 부분은 수줍음/회피성 성격 원형의 변이를 진단하는 데 유용한 정보를 제공하는 주요한 영역들의 윤곽을 그린다(그림 3.2 참조).

　수줍음/회피성 성격은 사회적 비하와 굴욕에 극도로 민감하다. 그들은 외롭고 고립된 존재를 깊이 느끼고, 고통스러움에서 '벗어나기'를 경험해야 하고, 수용되고 싶은 욕망을 종종 억압함에도 강해야 한다. 사회생활에 관여하고 능동적인 참여자가 되고자 열망함에도 불구하고 그들의 안녕이 타인의 지배하에 있을까 봐 두려워한다. 따라서 그들의 사회적 고립은 분열성 성격에서처럼 욕동과 민감성의 결여에서 나오는 것이 아니라 능동성과 자기보호적인 구속에서 유래한 것이다. 만연되어 있는 소외감과 고독을 경험하지만 자신이 예상하는 패배와 굴욕감을 노출시키려고 하지 않는다. 감정을 명백하게 표현하지 못하기 때문에 종종 내적 세계 속에서 환상과 상상으로 축적

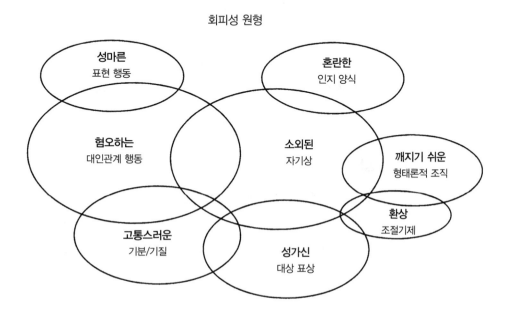

◁》 **그림 3.2** 수줍음/회피성 원형의 주요 영역

되고 향하게 된다. 애정과 친밀감에 대한 욕구는 지적인 추구에 종속되거나 예술적인 행위를 통해 구체화되어 민감하게 표현할 수 있는 시정(poetry)으로 발산할 수 있다.

불행하게도 고립과 보호적인 철회는 회피성의 어려움을 더욱 가중하는 부가적인 결과를 야기한다. 분명한 긴장과 두려움의 품행은 종종 타인들로부터 조롱과 비하를 초래한다. 자기의심의 표현과 불안 억제는 감히 보복할 수 없고 경시하고 비웃음으로 만족을 얻는 사람들에게 보인다. 따라서 추가적으로 경험하는 비하감은 타인들에 대한 불신을 확인할 뿐 아니라 과거의 상처를 재활성화시킨다.

이러한 개요를 염두에 두고 수줍음/회피성 유형을 진단하는 데 도움을 주는 임상적 자료의 영역이 다음에서 구체화된다(표 3.1 참조).

성마른 표현 행동

회피성에서는 만연된 불안정과 불안감을 가장 잘 관찰할 수 있다. 이들은 여러 상황을 타인들의 조롱과 거부의 표시로 불안하게 판단하면서, 무해한 경험에 과잉행동하고 문제되는 사건에 관계하기를 주저하며, 지속적으로 소외되고 불만스러운 상태를 분명하게 밝힌다. 회피/분열성 환자들의 말투는 일반적으로 느리고 어색하다. 그들은 흔한 망설임을 나타내고, 왜곡되거나 빈곤한 사고와 이따금씩 혼란되고 부적절한 일탈을 보인다. 일정 시간의 불안과 빠른 단음의 행동 특성을 보이고 육체적 행동들은 상당히 통제되어 있거나 소극적이다. 뚜렷한 감정 표현은 전형적으로 계속 억제하지만 이러한 무반응성은 깊은 긴장과 부조화를 나타낸다. 그들은 불안통제뿐 아니라 혼란된 감정의 통제와 분노의 증대를 가라앉히는 데 있어서도 상당한 억압을 행사한다.

대인기피 행동

회피성 환자들은 가까운 대인관계의 상황으로부터 거리를 두고, 확실히 사랑받고 완전하게 수용될 것 같지 않으면 친근해지기를 강하게 거부한다. 수치스러움과 창피함을 피하기 위해 사람들과 거리를 유지하고 사생활을 선호하는 긴 병력이 있다. 그들의 광범위한 거부 내력은 타인에 대한 일반적인 불신과 사회적 범 불안에 있다. 수줍고 근심하는 특성은 수줍음/회피성의 특성이다. 사회적 상황에 겁을 먹고 불편해할 뿐 아니라 상호적으로 주고받는 대인관계에 적극적으로 움츠리고, 종종 직접 마주 대하는

■ **표 3.1** 수줍음/회피성 성격 원형의 임상 영역

행동 수준

    (F) 표현적으로 성마른(예 : 개인적으로 불편과 불안, 주저, 반항적인 상태를 전한다. 무해한 사건들에 대해 과잉행동하고 그것들을 불안스럽게 우스꽝스럽고 비판적이고 비난하는 것으로 판단한다.)

    (F) 대인관계에서 기피하는(예 : 친근한 개인적 관계들에 속하는 행동으로부터 거리를 두고 사회적 범불안과 불신을 연장하는 기록을 보고한다. 수용을 추구하지만 수치당하고 조롱당하는 것을 피하기 위해서 거리와 사생활을 유지하는 것이 확실치 않으면 소속되려 하지 않는다.)

현상학적 수준

    (F) 인지적으로 산란한(예 : 잠재적인 위협에 대해서 걱정스럽게 완벽히 스캔하고, 침입하고 파괴적인 간헐적인 사고와 관찰에 의해서 마음이 빼앗겨 있다. 사고의 지속을 붕괴시키고 사회적 소통과 정확한 사정을 방해하는 부적절한 관념 속에 거주한다.)

    (S) 소외된 자기상(예 : 자기를 사회적으로 무용하고, 부적절하고, 열등한 것으로 본다. 따라서 다른 사람들로부터의 고립과 거부를 정당화한다. 개인적으로 매력적이지 않다고 느끼며, 자기 성취를 과소평가하고 지속하는 고독과 공허감을 보고한다.)

    (S) 성가신 대상(예 : 내재화된 표상들이 즉시 활성화되고, 강력하고 문제되었던 초기의 관계들과 갈등을 일으켰던 기억들로 구성되어 있다. 만족을 경험하고 회상하는 데 제한된 수단이 있고, 욕구를 분출하고 충동을 완화하고 갈등을 해소하고 외부적인 스트레스원을 감소시키는 기제가 거의 없다.)

정신내적 수준

(F) 공상기제(예 : 욕구 충족, 자신감 형성, 갈등 해소를 달성하기 위한 지나친 상상에 의존한다. 분노충동과 좌절된 애정을 안전하게 이행하기 위한 수단으로 몽상으로 철회)

(F) 깨지기 쉬운 조직(예 : 뒤틀린 정서의 불확실한 복잡성이 그것의 해법과 이행을 위한 단일한 양상에 거의 배타적으로 의존한다. 회피성의 그것은 회피와 망상이다. 따라서 개인적인 위험, 새로운 기회 또는 예기치 않은 스트레스에 직면하게 되면 퇴행적인 보상작용 상실의 이유로, 전개하는 데 사용할 수 있는 형태적 기간이 거의 없고, 돌이킬 수 있는 역류하는 위치가 거의 없다.)

생물물리학 수준

(F) 고통스러운 기분(예 : 긴장을 지속하고 혼란시키는 저류로 기술한다. 정동에 대한 욕망, 거절, 당황, 감정의 둔마에 대한 두려움 사이에서 머뭇거린다.)

주 : F = 기능적 영역   S = 구조적 영역

상호작용에서 긴장을 보인다. 불편과 불신은 종종 세밀한 점검 과정, 즉 사람들의 친근한 제안이 진실한지 아니면 안전에 실망을 주는 위협적인 것인지에 대해 확인하고자 하는 경계된 책략의 형식을 거친다. 회피성 성격과 피상적으로 접근하는 대부분의

사람들은 분열성 성격의 전통상과 비슷하게 소심하고 철회하고 또는 아마도 차갑고 낮설게 보지만 더욱 가까이에서 관계하는 사람들은 그들의 민감한 감수성, 도피성과 불신하는 성질을 빠르게 습득한다.

대인관계에서 수줍음/회피성의 성격은 적극적으로 분리된다. 이들은 사람들과 거리를 두는데 이는 과거의 치욕을 재활성화하거나 반복되는 관여를 최소화하기 위해서다. 더 이상의 비난을 초래하지 않는 사생활을 추구하고 많은 사회적 책무들을 가능한 피한다. 무비판적인 수용이라는 확신이 없다면 타인과의 개인적인 관계를 수반하는 일들은 이들에게 안정성이 깨지기 쉬운 잠재적인 위협의 구성요소가 된다. 상실과 실망의 고통을 겪지 않기 위해서 아주 단순한 소유조차 그들은 거부한다. 타인들의 원하는 바를 따르는 노력은 자신의 주장은커녕 보람이 없는 환멸감을 드러내는 것이라고 여긴다. 이러한 타협은 그들이 여전히 느끼고 있는 굴욕과 경멸감으로 이어지는 개인의 성실성의 상실을 초래할 수 있다. 그들은 부끄러움과 굴욕을 줄이는 데 성공하는 유일한 과정은 물러나는 것, 즉 그들 자신 속으로 들어가는 것이고 고독하지 않도록 하는 것이다.

종합적으로 이러한 성격은 잠재적인 위협을 경계하고 조금도 방심하지 않고 거리를 둠에 따라 사회적 관계에 대한 고통을 피한다. 이러한 능동적으로 분리된 대처방식은 지속적으로 환경에 예민하지 않은 수동적으로 고립된 분열성의 전략과는 특징적인 대조를 이룬다. 회피성 환자들은 자극세계에서 과도하게 신경을 쓰며 변화와 세심함을 알아차린다. 사회적 거부와 비하를 피하는 가장 효과적인 수단은 이러한 일의 발생을 경보하는 신호에 극심하게 예민해야 한다고 과거에 습득했다. 그들은 대인관계의 횟수를 줄이고 중요성을 감소시킴으로써 두려워하는 위험 요소를 최소화할 수 있다.

혼란한 인지 양식

수줍음/회피성은 환경의 잠재적인 위협을 세밀히 살핀다는 것이 특징이다. 또한 문제가 되는 것은 정신적으로 통제하려는 노력이 가득 차 있으면서 내적으로 침습적이고 파괴적인 생각에 사로잡혀 있다. 무작위로 보이는 부적절한 느낌과 솟구치는 생각은 종종 사고의 지속성을 전복시키고 사회적인 의사소통을 방해한다. 회피성 성격은 다

른 사람의 가장 세밀한 느낌과 의도에 예민하다. 이들은 접촉하는 사람의 일거수일투
족을 세밀히 살피고 평가하는 예리한 통찰력 있는 관찰자이며 '민감자'이다. 그들의
예민함은 잠재적 위험으로부터 보호하는 기능을 하지만 범람하는 자극은 그들을 매몰
시키고, 자신의 상황과 관련된 양상임에도 일반적인 다수의 자극에 집중할 수가 없다.

　부적절한 상황 내역들의 범람은 수줍음/회피성 환자들에게 침투해 관심을 돌리고
내적 정서의 부조화에 의해서 사고 과정을 더 복잡하게 방해한다. 외부의 지각과 결합
된 감정의 침투는 인지 과정을 전복시키고 대부분의 일상적인 과업들에 효과적으로
대처하는 능력을 감소시킨다. 이러한 인지적 방해는 특별히 사회적 상황에서 현저한
데 여기서 회피성 지각의 각성과 정서적 혼동이 가장 첨예하다.

소외된 자기상

대부분 수줍음/회피성 환자들은 자신을 사회적으로 부적절하고 열등하게 본다. 자기
평가는 개인적으로 어필하지 못하고 대인관계는 부적절한 것으로 판단하고, 자신이
획득한 어떠한 성취도 과소평가한다. 가장 기본적으로 고립되고 거부되고 공허한 상
태에서 타당한 정당성을 발견한다. 회피성은 전형적으로 불편하고 불안하며 슬프다고
기술한다. 외로움과 버려지고 고립되었다는 느낌은 종종 다른 사람들에 대한 불안과
불신으로 표현되며, 비판적이고 속이고 굴욕을 주는 것으로 본다. 괴로움이 가득한 만
큼 회피성은 대인관계의 혐오로 특성화되는 사회적 행동을 경험한다.

　부조화스러운 정서와 공허, 이인화의 느낌은 특별히 주목할 가치가 있다. 수줍음/회
피성 성격은 지나치게 내부 관조적이고, 종종 자신들을 타인과 다르다고 인지하고, 정
체성과 자기가치에 대해 확신하지 못하는 경향이 있다. 따라서 타인들로부터의 소외
감은 자신으로부터의 소외감과 평행을 이룬다. 그들은 자신이 이끄는 삶에 관해서 하
찮음을 드러내고 낮은 자기상을 가지고 있으며, 종종 다른 사람들로부터 들었던 것보
다 더욱 심한 경멸과 조소의 태도로 자신을 언급한다.

성가신 대상 표상

회피성의 본래 마음속에 있는 과거의 내면화된 잔여물들은 초기 관계에서 갈등 문제
로 고통 받는 기억과 긴장으로 구성되어 있다. 이는 최소한의 자극에도 쉽사리 재활성

화된다. 게다가 회피성 환자들은 세계를 낙관적으로 인지하거나 더 많은 보상을 회상하는 여유가 없다. 이러한 다루기 힘든 고통스런 기억 때문에 충동을 제한하고 갈등을 해결하고 외부 스트레스 요인을 피할 수 있는 효과적이고 만족할 만한 수단을 개발시킬 기회가 거의 없다. 수줍음/회피성 환자들은 자신을 둘러싸고 있는 고통과 본래 자신 안에 있는 공허감과 정신적 상처 둘 다 피하고자 하는 가장 힘든 두 세계에 갇혀 있다. 이는 작은 평화와 안락을 가져오는 환경으로부터 등을 돌린다는 사실을 의미하기 때문에 이 후자는 특히 회피성을 이해하는 데 있어서 중요하다. 수줍음/회피성은 자신에게서 어떠한 위안과 자유도 찾을 수 없다. 초기 삶에서 노출되었던 자기경멸과 자기비하의 치명적인 태도를 내면화했기 때문에 자신의 사고와 성취에서 보상을 거의 경험하지 못할 뿐 아니라 대신 부끄러움, 가치 저하, 비애를 발견한다. 사실상 이는 타인으로부터 도망가고 싶은 고뇌로부터 나오는 것이다. 그들은 무시된 자기에서 나오는 것이 더욱 고통스럽다고 느낄 수 있다. 자신으로부터 물리적으로 벗어날 수 없고, 즉 도망치거나 달아나거나 자신이 존재 속으로 숨을 수 없기 때문에 자신의 사고와 감정 속으로 잠수하는 것은 더욱 어려운 경험이다. 그들은 가치감과 자존감을 박탈당해 자신의 동정적인 상태, 불행, 자기의 존재가 무익하다는 고통스러운 사고를 지속적으로 겪는다. 외부 세계에 적응하기보다 경계하는 노력은 그들에게서 솟구치는 고통스러운 생각과 느낌을 막는 것에 들여야 한다. 이러한 기피하는 표식들은 회피성 구성의 모든 기능에 만연되어 있기 때문에 특히 괴로운 것이다. 이는 평가 절하된 자기조소의 판단에서 벗어날 수 없게 하는 전적인 존재이다.

환상기제

전적은 아니라도 수줍음/회피성의 우선적인 의지는 그들이 매여 있는 여러 고통스러운 사고와 정서를 소실시키거나 약하게 하거나 억압하는 것이다. 이러한 성격은 정상적 사고와 의사소통을 다르게 설정하고 중요치 않은 의미로 차단함으로써 자기몰입을 피하려고 애쓴다. 요컨대 다양한 정신내적 작업을 통해 그들은 자신의 인지를 적극적으로 조정하려고 한다. 마찬가지로 그들 안에서 요동치는 불안, 욕망, 충동은 억누르거나 부정하고 방향이 틀어지고 변형되고 왜곡하여 억눌려 있음이 틀림없다. 따라서 그들은 일반적이기보다는 불일치하고 부조화된 정서적 생활을 해나가며 감정 또한 갈피를 못잡는다. 회피성 환자들에게는 자신의 첨예한 고통과 괴로움보다는 혼란의 부조화를 경험하는 것이 더 낫다. 내적인 통제를 위한 노력에도 불구하고 고통스럽고 위협적인 사고와 감정이 정기적으로 분출되어 더욱 안정적인 인지적 과정을 혼란시켜 그들이 분발할 수 있는 어떠한 정서적인 평정도 전복시키고 만다.

내적 인지를 해치는 것과 별도로 수줍음/회피성 환자들은 인정 욕구를 성취하기 위해, 자신의 가치가 거의 없는 확신감을 일으켜 세우기 위해 환상과 허구에 지나치게 의존한다. 회피성 환자들은 후회스럽고 화가 나는 자극에서 벗어나고 좌절된 애정의 욕구를 다루기 위한 수단으로 그들의 감정을 깊이 경험함에 있어서 백일몽과 몽상을 사용해야 한다. 그러나 그들이 욕구와 객관적 실제 사이가 강하게 대조되므로 결국 몽상도 고통스러운 것으로 밝혀진다. 오로지 모든 감정 억압이 유일한 수단인 까닭에 수줍은/회피성 환자들의 메마르고 무관심한 표정 없는 초기의 모습이 진정으로 경험하는 이들의 여러 내면의 혼란과 강렬한 정서를 외형으로 속이게 되는 것이다.

깨지기 쉬운 조직

회피성의 정신내적 구조는 혼란된 뒤틀린 정서의 불확실한 복잡성으로 구성되어 있으며, 각각의 정신적 통제들이 망가질 수 있으며 재활성화될 수 있다. 포함된 구조는 과도한 회피, 도피, 환상에 의존이다. 개인적인 위험과 예기치 않았던 스트레스에 직면되었을 때 수줍음/회피성 환자들은 여러 어려움을 다루는 형태론적 구조나 역동기제는 거의 지니고 있지 않다. 마찬가지로 회피성 환자들이 보상작용 상실을 복귀하기 위해 여러 방향을 돌려 되돌아갈 수 있는 자리가 거의 없다. 자신들을 현실과 가상적인 정신적 고통에서부터 보호하는 것이 이러한 성격의 주요 목적이다. 개인적인 비하와 사회적 거절로 귀결될 수 있는 상황을 회피하는 것은 대인관계의 기저에 있는 추동력이다. 수줍음/회피성은 공격적 충동과 애정 충동도 똑같은 위협이다. 자신의 행동들이 다른 사람들로부터 거부를 유발하고, 힐난할 수 있다는 두려움 때문에 특별한 번민이 있다. 많은 정신내적 에너지가 이러한 내적 충동을 부인하고 속박하는 기제들에 전념한다.

수줍음/회피성 성격은 여러 개의 두드러진 갈등들로 둘러싸여 있다. 애정과 불신 사이의 투쟁이 중심인 그들은 친근해지기를 원해서 애정을 보이고 타인들에 대해서 따뜻하다. 그러나 그러한 행동들이 고통과 환멸로 귀결될 것이라는 신념을 스스로 떨쳐 버릴 수 없다. 자신의 능력에 강한 불신이 있어서 사회에 더욱 경쟁적으로 과감하게 뛰어드는 것에 관해 깊은 우려를 가지고 있다. 자신감의 결여는 그들의 창의를 단축시키고, 자율과 독립을 위한 노력은 난시 실패해서 굴욕으로 귀결될 것이라는 두려움으로 이끈다. 만족을 향한 모든 길은 갈등으로 막혀 있다. 특징적인 자기의심 때문에 그들은 자기 의지대로 행동할 수 없다. 다른 한편 그들은 사람들을 불신하므로 다른 사람들에게 의존할 수 없다. 안전과 보상은 자신으로부터도 타인들로부터도 획득할 수 없기 때문에 모두가 고통과 불편을 제공한다.

고통스러운 기분

회피성의 정서적 상태는 긴장과 슬픔, 분노가 지속적이고 혼란스러운 저류로 기술된다. 그들은 애정에 대한 일방적인 욕구와 좌절과 당황에 대한 만연된 두려움 사이에서 갈팡질팡하면서 모든 방향에서 고통스럽게 느낀다. 종종 경험하는 혼란과 기분부전은 일반적인 둔마 상태로 이끈다. 주지하다시피 수줍음/회피성 성격은 타인에게 깊은 불신을 가지고 있고 자신의 가치에 대해 위축된 상을 지니고 있다. 그들은 고통스러운 경험을 통해서 세계는 우호적이지 않고 차갑고 굴욕을 준다고 믿고, 그들의 삶이 쾌락과 편안함을 경험하기 위한 사회적 기술이나 개인적 속성들을 거의 소유하지 않도록 배워왔다. 어디에서든지 마주치는 자신이 무시당하고 품위를 손상당하므로 예상되는 조롱과 경멸에 대해서 신중하고 경계해야 한다는 것을 배웠다.

　그들은 아마도 가장 고통스럽다. 비난과 조소의 표식에 대해 섬세하고 민감하고 예민해야 한다. 그리고 아마도 이 중에서 가장 고통스러운 것은 내면에서 보면 다른 사람에게 경탄했던 속성이 자신에게는 어느 것도 없어 위로받지 못한다는 것이다. 따라서 그들의 외관은 부정적이다. 고통을 피하고, 어떤 것도 필요로 하지 않고, 누구에게도 의존하지 않고 어떠한 욕망도 부성하려고 한다. 또한 그들은 사신으로부터도 동떨어져 있다. 그들의 사랑스럽지 않음과 매력 없음에 대한 인식으로부터 그리고 내적 갈등과 부조화로부터 달아나려 한다. 그들에게 있어 삶은 무에서부터 나와서 무로 돌아가는 부정적인 경험이다.

　회피성 환자들의 지나친 각성은 생물물리학적인 감각기관의 과민성이나 또는 더욱 중심부에 관여된 신체의 불균형이나 역기능을 반영할 수 있다. 생물물리학적 고찰들을 다른 언어 개념상으로는 체질적으로 근거를 둔 두려운 또는 불안한 기질, 즉 위협에 대한 민감함의 가능성을 지닐 수 있다고 추측할 수 있다. 여기서 제시한 추측은 단지 같은 주제에 대한 다른 개념의 접근일 수도 있다. 예를 들어 두려워하는 기질적인 성향은 단순히 생물물리학적인 대뇌 변연계의 불균형을 나타내는 행동주의의 용어일 수 있다.

해부학적이고 생화학적인 특성에 대한 관점을 정리할 수 있다. 예를 들어 수줍음/회피성 성격은 그들이 대뇌 변연계의 자극 부위에 특별히 조밀하고 풍부하게 가지가 난 신경물질들을 가지고 있어 다른 사람보다 기피하는 자극들을 더욱 강렬하고 자주 경험할 수 있다. Millon(1996a)이 '생물학적 요인 가설'이라는 장에서 아주 상세히 기술했듯이 그들의 회피적 성향에 대한 또 다른 그럴듯한 관점은 교감신경계의 기능적 우세의 가능성이다. 많은 수의 자율아드레날린 축이나 뇌하수체 아드레날린 축의 역기능으로 인한 과잉 아드레날린이 그 성격의 예민하고 흥분하기 쉬운 특징을 야기시킨다. 이러한 종류의 불균형은 또한 이러한 성격 사이에서 발견되는 정서의 부조화와 인지적 중재를 이끈다. 어떤 뇌 신경호르몬의 초과나 과잉이 빠른 시냅스의 전달을 촉진해 신경 자극의 범람과 분산을 야기할 수 있다. 그러한 개인들은 지나치게 경계하고 과잉행동할 뿐 아니라 수줍은/회피성의 특징적인 인지 간섭과 일반화된 정서적 불쾌감을 경험한다.

자기지속 과정

회피성 성격의 대처양식은 선택의 문제가 아니다. 타인들에 의해 고통스럽고 굴욕적인 경험을 효과적으로 받아넘기는 방법을 찾는 것이 원칙이다. 사회적 소외로 인한 불편함은 다른 사람에 대한 괴로움보다는 덜 고통스러운 것으로 좌절하거나 조소를 받는 것이다. 거리감은 안전을 보장하는 조치이고 신뢰는 단지 허상일 뿐이다.

수줍음/회피성의 대처책략은 자기패배로 나타난다. 행동의 중심은 겁먹는 것이다. 회피성 환자들은 불안과 공포감을 가지고 선택행동을 탐색해야 하므로 유연하지 못하게 적응한다. 다른 성격과 대조적으로 수줍음/회피성의 대처양식은 본질적으로 부정

■ **표 3.2** 자기지속 과정 : 수줍음/회피성 성격

적극적인 사회적 이탈
방어적인 편협성이 교정적인 경험들을 배제시킨다.
선입관이 고통스러운 과거를 재생한다.
사회적인 소외를 강화한다.

의심하고 두려워하는 행동
상호적인 불만을 일으킨다.
약점이 모욕자들을 끌어들인다.
거절이 혐오감을 강화한다.

정서적-인지적 과민성
손상시키는 사건들에 대한 민감하다.
위협을 공포로 끌어올리는 스캐닝
책임감을 심화시키는 데 민감하다.

인지적 방해
관입하는 공포가 사고를 파편화하고 탈선시킨다.
기능에 대한 감소된 능력
사회적 소통이 벗어나 있고 부적절하다.

적이다. 지니고 있는 소질로 무언가 표현하거나 그려 내려고 감행하기보다는 오히려 방어적으로 물러서고 상황에서 점점 더 동떨어져서 잠재적으로 근본적인 발달을 차단한다. 보호적인 철회의 결과로 회피성 환자들은 내부 혼란, 갈등, 자기고뇌에 홀로 남겨져 있다. 이는 외부의 위험을 최소화하는 데 성공했지만 자신을 동등하게 파멸시키는 상황에 간혀 있다. 수줍음/회피성 환자들의 어려움을 일으키고 강화하는 여러 행동들이 다음에 기록된다(표 3.2 참조).

적극적인 사회적 이탈

회피성 성격은 초기 삶에서 노출되었던 경험이 영원히 지속될 것이라고 가정한다. 방어적으로 자신이 참여하는 행동 범위를 축소시킨다. 삶을 첨예하게 경계를 그어서 모든 것은 잃은 것이 아니며, 그들을 비방하지도 않고 모욕하지도 않는 친절한 사람들이 있다는 것을 알게 하는 수정 경험의 가능성을 차단한다.

자신을 다른 사람들로부터 분리시키는 더 추가적인 결과는 자신만의 사고와 충동에

사로잡혀 있는 것이다. 자극이 내적 세계에 제한되어 모든 불편함을 가져온 과거에 대해 회상하고 반추한다. 대부분의 경험들이 과거 사건들에 대한 생각으로 제한되기 때문에 삶은 일련의 복제물이 된다. 결과적으로 수줍음/회피성 환자들은 겉모습과 느낌을 바꿀 수 있는 새로운 다른 사건들에 노출되기보다는 초기의 고통스러운 경험들을 재생해 내는 것이다. 게다가 자기편견은 단지 자신과 타인과의 불화를 확대한다. 점점 더 내부로 방향을 돌리면 돌릴수록 주위에 있는 사람들의 생각과 일반적인 관심 분야의 접촉을 상실하게 되고 환경으로부터 점진적으로 소원해지며, 사회적 접촉과 의사소통에 의해서 제공되는 비합리적인 사고에 대한 견제와 현실에서 점차로 동떨어지게 된다. 일상적인 인간의 상호작용의 영향을 통제하고 안정화하는 것과는 멀리 떨어져 종종 당황해하고, 기묘하고 비현실적이고 '미쳤다'고 느끼면서 균형감각을 상실하기 시작한다.

의심하고 두려워하는 행동

이탈되고 불신하는 행동들은 타인들과 거리감을 줄 뿐 아니라 거절과 불평하는 상호관계 반응을 일으킨다. 나약하고 자기소실과 두려움으로 소통하는 태도는 불가피하게 다른 사람들을 비하하고 조롱하는 것을 즐기는 사람들을 끌어들인다. 따라서 회피성의 주저하는 자세, 의심하는 표정, 자기비하하는 태도는 비하, 경멸, 비난의 연장된 경험, 과거의 반복적인 대인관계의 반응을 일으키는 경향이 있다. 뚜렷한 예민성에서 두드러진 두려움으로 거절을 못하는 유형은 동료들로부터의 조롱을 연상하는 경향이 있으며, 이런 경험은 기피 성격의 경향이 강조되고 강화될 것이다.

감정적인-지각의 과민성

수줍음/회피성 성격은 고통스럽게 기만, 굴욕, 가치절하의 징표를 경계한다. 다음의 설명을 주목하면, 이러한 환자들은 매 순간 가장 사소한 타인들의 무관심과 성가심의 단서들을 간파해서 이를 산더미 같은 조소와 비난, 경멸로 옮겨간다. 그들은 흔한 행동들을 조소와 거부로 확대 해석하는 일에 믿을 수 없을 정도로 민감한 계기를 만든다. 이러한 과민성은 자기보호 편의에 부합하지만 자신이 곤경에 심하게 처하도록 조장한다. 환경에 대한 광범위한 스캐닝의 결과로 회피성 환자들은 가장 피하고 싶은 여러 가지 자극을 정확하게 마주칠 가능성을 높인다. 이 정교한 안테나는 대부분의 사람들이 간과하는 것을 선택해서 변형시킨다. 결국 과민성은 다시금 의식에서 그들이 피하기를 바라는 반복되는 그 고통의 시간을 가져오는 계기가 되는 잘못된 결과를 초래한다. 따라서 방어적인 경계는 고통을 줄이기보다는 오히려 강렬하게 한다.

의도적인 인지 방해

수줍음/회피성은 정서와 지각적 민감성으로 깊이 새기고 있는 위협적인 자극의 범람을 감소시켜야 한다. 다소간 개인적 평온을 보장하기 위해서 지속적으로 문제를 비껴가는 인지적 재해석에 몰두한다. 그들이 아는 바 지각 속성의 의미, 반응에 의한 감정관계를 분리하고자 적극적으로 사고를 차단시키고 파괴시키고 단편화시킬 수 있다. 그런 다음 이들은 방어적으로 부적절한 왜곡과 탈선과 불일치한 정서를 끼워 넣음으로써 의도적으로 사고의 명료성을 파괴한다. 이러한 대처책략은 그 대가가 정확하다. 회피성은 완만하고 논리적인 패턴의 인지 과정을 뒤엎음으로써 사건을 효과적이고 합리적으로 다룰 수 있는 능력을 감소시킨다. 더 이상 그들은 환경의 현저한 특징에 경청할 수 없고, 사고에 초점을 맞추거나 사건에 합리적인 반응을 할 수도 없다. 게다가 생각하는 것이 어지럽고 흩어져 있어 어려움을 다루고 해결하는 새로운 방식을 습득할 수 없다. 사회적 의사소통 또한 벗어나서 부적절하거나 변덕스럽고 망설이는 방식으로 이야기하고 행동한다. 종합적으로 불안한 생각을 줄이려는 시도는 원래의 어려움과 긴장감을 더욱 악화시키는 대처방식으로 다른 사람으로부터 소외감을 가중시킨다.

개입 목표

수줍음/회피성 성격 장애는 치료자가 만나는 가장 흔한 장애 중 하나이다. 앞서 논의했듯이 회피성 성격의 증상은 종종 너무 조악하다. 모든 성격 패턴이 그런 것처럼 개인의 만연된 태도와 습관이 스며들어 있으며, 삶의 양식을 변경하기 위한 지지와 격려가 거의 제공되지 않는 환경 여건에 처해 있다. 수줍음/회피성 내담자와 함께 치료자는 지속적으로 치료를 받도록 하는 것뿐 아니라 내담자가 안 좋게 생각하기 때문에 치

■ **표 3.3** 수줍음/회피성 성격 원형을 위한 치료 전략과 전술

전략적 목표

  극성 균형
    고통에 대한 예측 감소시키기
    쾌락/증진 증가시키기

  지속성 감소
    사회적 이탈 역전시키기
    의심하고 두려워하는 행동 약화시키기
    민감성을 완화하기
    의도적 인지 방해를 무효화하기

  전술적 양상
    소외된 자기상 조절하기
    혐오하는 대인관계의 행동 교정하기
    성가신 대상 제거하기

료자가 참고 있는 것이라고 여기는 생각을 환자들이 하지 않도록 하는 것에서도 도전을 받게 될 것이다. 그러나 만약 치료자가 내담자의 신뢰를 얻는 데 성공한다면 강한 유대가 형성되어 진보가 이루어지고, 충분히 시간적으로 인내하면서 양심적으로 개입할 수 있다.

회피성 환자들과의 치료적 개입은 쾌락-고통과 능동-수동의 극성 안에서 균형을 재설정하는 데 그 궁극적인 목적을 가진다. 여러 영역의 불균형의 초점으로 위협 상황에 지나친 능동적 회피가 임상장면의 특징이 된다. 정신적 증진(쾌락)을 위한 능동적 탐색은 현저하게 결여되어 있다. 치료 전략은 사회적인 철회 패턴을 지속하는 환자의 성향을 중화하는 것에 목표를 둘 필요가 있다(인지적 지나친 경계, 의도적인 인지적 방해). 영역 역기능에서 가장 주요 부분에 조준을 하는 임상 작업은 소외된 자기상, 기피하는 대인 행동, 빈약한 대상 표상, 환자의 번민하는 정신 상태 특징을 개조하도록 돕는다(표 3.3 참조).

극성 균형의 재설정

분열성처럼 수줍음/회피성 환자들은 쾌락을 경험하는 데 어려움을 표시했다. 그러나 낮은 쾌락과 정서적인 고통을 경험하는 분열성과는 다르게 회피성은 불안을 일으키는

자극에 민감하게 반응한다. 대인관계의 경험에서 굴욕을 피하는 일차 목표는 그들이 갈망하는 정서가 상호작용으로 노출되지 않도록 하는 것이다. 그들이 상처를 입을까 두려워하는 상황에서의 적극적인 철회는 더구나 회피성 환자들이 친밀하지 않은 관계에서는 그들의 바람을 거의 표현하지 못할 것이다. 이는 외로움뿐 아니라 일반적으로 목표에 대한 좌절을 이끈다. 좌절과 고통을 피하기 위해서 수줍음/회피성 환자들은 개인적인 만족을 야기시키는 상호작용 행동 목록을 제외시킨다. 따라서 주요한 치료 목표는 이러한 환자들이 즐거운 자극에 능동적으로 초점을 맞추는 것을 증가시키고, 잠재적인 고통스러운 자극에 대한 능동적인 회피를 감소시키는 것이다.

지속 경향의 감소

수줍음/회피성 환자들의 거절과 비판 경험에 대한 방어인 적극적인 사회적 이탈로 인해 그들은 비관적인 예상의 부당함을 증명할 수 있는 어떠한 사회적 상호작용도 경험할 수 없다. 수줍음/회피성 환자들이 정상반응을 하기 위해서는 자신이 두려워하는 반응을 타인의 행동에서 끄집어내고 있다는 것을 알게 되면 자신이 의심하고 무서워하는 행동을 통제할 필요성을 인정하므로 도움이 된다. 사회적 접촉의 증가는 그들의 극단적 스키마들을 재조직하는 데 도움을 주어 비위협적으로 받아들이도록 이끌 수 있다. 치료 개입은 환자들에게 보상적 상호작용에 도달하려는 그들의 날갯짓이 성공하도록 확신을 주고, 불안 증세를 조종하거나 통제하는 수단으로 자기이해, 사회적 기술을 제공한다.

불행하게도 철회와 의심 행동에 불을 지피는 것은 수줍음/회피성 환자들이 고통스러운 상호작용에 대한 방어로 발전시키는 바로 그 정서적 · 인지적 민감성이다 (Hyman & Schneider, 2004). 그들의 민감성이 높아지는 만큼 확실하다고 하는 모든 것은 정말 확실한 것으로 보인다. 회피성 환자들은 개인적 주장은 있을 수 없다고 여기고 회피하는 데 많은 시간과 정서적 에너지를 소모하기 때문에 그들의 주관적인 인식의 위협이 급격히 증가한다. 인간 행동에 대한 '정상적인' 이해와 현실적 · 우발적 · 가상적 위협을 구분하는 능력은 더욱 정상적인 삶을 이끌 수 있다. 종종 사람들의 예측할 수 없는 비이성적인 반응에 좌우된다고 느끼지 않도록 하기 위해서 그들의 행동을 판단할 수 있는 내적 준거점을 세울 필요가 있다.

수줍음/회피성 환자들의 과도한 민감성이 줄어들기만 하면 타인들의 반응에 관해서 고통스러운 결과에 대항하는 방어로, 인지적 방해를 의도적으로 줄이기 시작한다. 더 현실적인 사고 과정이 환경을 더욱 효과적으로 다루어 주변으로부터 배우고, 더욱 적합하게 의사소통한다. 긍정적인 사회적 상호작용을 통해 그들은 집착했던 사고와 자극으로부터 점차 벗어날 수 있다. 더 이상 내면세계가 충동으로 제한되어 있지 않다면 그들은 생각에 빠져 있는 과거의 고통과는 달라질 수 있고, 다른 사람들과 의사소통하고 그들을 덜 '이상하게' 느낄 수 있는 삶으로 향하는 정상적이고 적응적인 태도를 계발할 수 있다.

역기능 영역의 확인

수줍음/회피성의 임상 양상으로 소인과 병력은 자기상, 대인관계 행동, 대상 표상, 기분/기질에 일차적인 교란이 있다. 자신은 사회적으로는 부적절하고 자기성취는 가치절하로 인식되었다. 사회적 고립과 거부에서 생기는 정서적인 고통은 부적절감을 가진 개인으로서 정당한 자연적인 결과로 보이며 외로움, 심지어 이인화가 종종 있다. 증가된 사회적 접촉, 주장 훈련, 개선된 사회 기술, 탐구적인 인간 중심 치료는 회피성이 모두 개선된 자기상으로 향하게 할 수 있다.

수줍음/회피성의 사적으로 희망하는 사회적 거리를 두는 회피적인 상호관계는 예상되는 굴욕감과 폄하로부터 보호될 것이다. 인지치료와 대인관계, 다른 탐구적 치료들은 회피성이 기피하는 스키마를 개정하도록 돕는다. 행동수정 프로그램이 수줍음/회피성 환자들에게 필요한 사회적 기술과 초기의 자기확신감을 제공해 준다. 이러한 개입은 인간관계에 대한 더욱 현실적이고 낙관적인 정신적 스키마를 만들어 정신적인 틀을 특징으로 대상 표상의 곤란에 대처할 수 있도록 돕는다. 약리적 치료는 또한 개인적 성장을 방해하는 불안을 경감시킬 수 있고, 회피성 환자들이 자신의 삶과 관련하여 솔선해서 그 한계치를 효과적으로 낮추도록 할 수 있다.

수줍음/회피성 환자들은 가치 있는 관계를 위해 더욱 편안해지고 신뢰할 수 있는 행동으로 초조한 표현 행동을 통제하는 것을 배울 필요가 있다. 왜곡된 인지 양식은 유창한 사고와 자발적인 의사소통을 방해한다. 정신내적 수준에서 회피성은 환경적인 스트레스에 대처하기 위해 조절기제인 환상에 너무 심하게 의존한다. 어떠한 백일몽과 고립도 적응의 문제를 해소시키거나 그들의 대처 체계가 취약한 형태론상 조직을 강화하도록 도울 수 없다.

치료방식 선택

수줍음/회피성 내담자를 다루는 치료자가 명심할 만큼 중요한 것은 거부에 대한 두려움 때문에 회피성이 치료자와 수치심이나 부적절감을 나누는 것을 주저할 것이라는 사실이다. 그러한 환자의 우려를 중화시키는 최고의 방법은 대범한 공감과 지지를 하는 것이다. 많은 수줍음/회피성 환자들은 가족에 대해 어떤 부정적인 감정을 가지고 있을 뿐 아니라 어린 시절 가족에게서의 부당한 대우에 관해 논의하는 것이 특별이 어렵다는 것을 Benjamin(1993)은 지적했다(Bender, 2005; Bender et al., 2006). 이는 많은 회피성 환자들이 가족과 그 구성원에게 충성해야 한다고 느끼는 압력과 외부인들이 위험하고 신뢰할 수 없다는 전이된 신념에서 야기되었다. 치료자들의 지속적인 지지와 이해는 이렇게 심한 저항에 대한 유일한 수단이다. 보호적인 은신처와 같은 치료적 환경은 수줍음/회피성 환자들이 껍질 밖으로 나오게 하는 유일한 것이 된다.

행동 기법

회피성 환자들은 대인관계 기피행동과 초초한 행동을 나타낸다. 행동수정은 이전에 위협 상황에 대한 두려운 반응을 줄이도록 배우는 방법이 유용하다. 일반적으로 사회불안증상에는 강한 노출이 탈감화보다 더 효과적이다. 행동치료는 불안 조절, 자기주장과 사회 기술 훈련, 각각 따로 설정된 자신감과 대인관계 기술을 상승시키기 위한 다양한 모델링 기회와 같은 다양한 직접적인 기법에 의해서 상당히 촉진된다. 그러나 실제로 수줍음/회피성 환자에게는 일부 사람이나 사회적 상황을 피하는 성향의 하나로 철회 행동에 대한 자기감시와 같은 예비적인 인지적 과업이 부과된 다음에 사회적 상호작용에 몰두하는 훈련을 한다. 그들은 또한 생리적인 각성과 자기비하적인 진술을 할 필요가 있다. 불안 다루기 훈련이 상당히 도움이 된다. 만일 과거 회피적 행동이 중요한 사회적 기술의 실패로 귀결되었다면 행동시연으로 자기주장과 유동적인 행동을 개선한다. 이러한 과업이 한번 달성되기만 하면 잠재적으로 불안을 야기하는 측면에서 사회적 과업을 계층적으로 분류하는 것이(우편배달부와 이야기해야 하는지 아니면 그 사람의 상사와 이야기해야 하는지) 과제를 단계별로 조직하는 데 도움이 된다. 이런 단계를 통해서 환자가 서두르지 않도록 하는 것이 중요하다. 초기의 성공은 대인관계의 기쁨을 획득하고, 혐오하는 대인관계를 교정하는 측면에서 더욱 적극적인 자세로 균형을 잡기 위해서 중요하다.

대인관계 기법

방금 언급된 기법들은 단기 부속치료에서 특히 유용하다. 그러나 더 변화를 지속하기 위해 추가적인 기법이 필요하다. 치료자와 함께 '정서경험의 교정'으로 치료 방향을 연장하는 노력과 환자들이 치료 기회를 통해 성공할 수 있다는 것을 배울 때 대인관계 치료는 치료 시간 밖에 있는 맥락들을 일반화하는 것이 이상적이다. 이러한 측면에서 주지할 만하게 도움이 되는 것은 대부분의 수줍음/회피성 환자들이 선택한 일부의 사람과 편안할 수 있는 것과 연관이 있을 수 있다. 임상가들은 환자의 개인적인 수치심과 죄책감, 부적절감도 마찬가지로 공감과 따뜻한 지지로 삶의 친근감을 함께 나누도록 격려가 필요한 '외부인'을 모델로 할 수 있다. 치료는 장기간의 비적응 방식의 상황 회피나 과잉민감성을 노출하는 행동을 탐색하는 것으로 시작하는데, 여기에 환자의 합리적인 가능성은 자기수용성을 높이게 될 것이다(Herbert et al., 2005). Benjamin (1993)의 윤곽이 잡힌 대인관계적 접근은 우리가 임상적으로 효과가 있다고 인정한 전략적 개입에 대한 일반적 순서를 제안한다.

　지지적인 안심과 보호를 통해 환자의 신뢰를 한번 얻은 치료자는 회피에 대한 지지를 거부하고 주장 행동을 격려함으로써 환자가 더욱 기능적으로 행동하도록 움직일 수 있다. 자신에게 영향을 주는 행동을 조사하는 것은 회피성 환자들이 더욱 '위험한' 행동을 통해서 경험을 증진하고 성취 가능하도록 문제되는 패턴을 안전하게 함으로써 희생적인 회피성 환자들을 도울 수 있다. 가령 편안한 곳이 없는 한 개인에게 속수무책으로 자신의 마음을 터놓아 자기도 모르게 삼각관계를 포기하는 것과 같다. 예컨대 배우자가 화가 나거나 철회할 때 편안함을 제공하고 보호해 주는 비밀 애인이 있다면 배우자와의 관계를 개선을 위해서 포기하도록 할 수 있다.

　가족 또는 부부치료는 수줍음/회피성의 행동을 뜻하지 않게 지지하는 사회 환경에 있는 환자에게 매우 도움이 될 수 있다(Carson, 1982; Kiesler, 1982). 치료자가 회기 동안 의사소통이라는 명칭을 '객담'으로 하지 않고 신중히 한다면 이러한 기법은 환자들을 위한 치료 과정에 속도를 높이는 데 도움을 준다(Benjamin, 1993). 대부분의 집단치료에서 집단 접근은 수용적인 분위기에서 타인들에게 노출을 허용하고, 환자의 고통스러운 사회적 당혹감을 극복하도록 도와준다. 환자는 상호작용하도록 강요되는 것이 아니라 오히려 그들이 노출을 감행하려고 느낄 때까지 옆에서 관찰하도록 허락되어야 한다. 또한 행동 접근을 강조하는 집단에서 환자들은 행동 기술과 사회적 기술을 획득하고 연습할 기회를 갖는다.

인지 기법

회피성 환자들은 잘못된 태도와 왜곡된 사회적 기대감을 바로하기 위해 설계된 인지방법이 도움이 된다. 수줍음/회피성 행동의 기저에 있는 역기능적인 스키마를 변화시키기 위한 노력으로 인지치료는 대부분이 환자와 치료관계에 있는 사고 패턴을 분명히 하는 데 초점을 둔다(Clark et al., 2006; Strauss et al., 2006). 이는 환자들이 기분 부전과 자기패배 행동으로 일상생활을 보내면서 저지르는 사고의 오류를 발견하도록 돕는다. 이들은 특별히 비판에 대한 지나친 민감성으로 인한 두려움과 부끄러움을 피하기 위한 전략으로 치료에 몰두하기가 아주 힘들다. 그들은 불쾌하고 위협적인 경험을 피할 뿐 아니라 그러한 것을 생각하지 않으려고 최선을 다한다. 이러한 측면에서 유용한 단계는 그들이 감정적으로 당황하는 사건이나 관계 형성을 통해서 인내를 키우는 것이다. 이는 여러 어려움은 가깝고 친근한 관계 속에서 더욱 분명하게 나타난다. 행동 표현의 노력은 환자가 사소한 정도의 반대나 거절을 참을 수 있도록 배우는데 활용되어야 한다. 중요한 목표는 친근한 관계 속에 있는 어려움이 파멸과 포기로 귀결되지 않는다는 것을 알아차리게 하는 것이다. 치료자에 대한 환자의 감정 그리고 관계 측면에서의 두려움에 대한 정직한 논의는 우선적인 수단이다. 환자의 노출에도 불구하고 치료자(다른 관계에서 거울로 기여하는)가 거부하고 포기하거나 그들을 모욕하지 않는다는 것을 알아차리면 그들은 자동적인 사고 양상을 재구성하고 성격 구조의 균형을 재설정하기 시작한다. 이러한 목표를 향한 작업에서 Beck과 Freeman (1990a, 1990b)은 환자들과 치료자와의 피드백을 0%에서 100% 척도의 범위로 평가할 수 있다고 제안한다(1990a, 1990b). 그리고 이에 따라 제공되는 피드백뿐 아니라 치료자에 대한 자신의 신뢰도 모니터할 수 있다. Beck과 Freeman(1990a, 1990b)은 환자들과 치료자들이 왜곡된 인지적 스키마와 자동적 사고의 타당성을 평가하는 실험에 몰두해야 한다고 제언한다. 예를 들어 치료자는 환자에게 '환자가 노출할 수 없는 어떤 것이 있는지' 물을 수 있다. 흔히 환자는 검토를 망설이고 치료자의 거부에 대한 불안에 직면한다. 그러면 부정적이고 거부하는 치료자 반응에 대한 환자의 공상을 논의하고 더욱 현실적인 가능성을 탐색한다.

자기상 기법

기법의 형식적인 관점에서 치료를 고려해 보면 주요 접근은 자기가치감을 증진하는 기회를 촉진함으로써 환자를 더욱 가치 있는 환경에 놓이도록 보조하는 것이다. 수줍음/회피성 환자들이 겪을 수 있는 초기의 이러한 양상의 자기증진 치료 접근은 그들이 더욱 고통스러운 느낌을 편안하게 다룰 수 있는 능력이 생길 때까지 지속한다. 초기의 자기 활성화가 필요하지만 치료의 변화를 일으키는 데 충분치 않다. 신뢰 요소는 자기가치감을 지속적으로 증가시키는 데 중심이 된다. Rogers(1961)의 내담자 중심/인본주의적 접근이 상당히 효과가 있을 수 있지만 자존감과 자기가치의 성장이 치료자의 라포 형성 기법을 통해서 조성되어야 한다. 어떤 환경이 유도하는 심지어 가장 세밀한 느낌에 대해서조차 환자가 알아차리도록 돕는 역할을 하는 경험적인 방법은 어느 정도 가치가 있다. 이러한 방법으로 환자가 고통스러운 감정과 쾌락의 감정을 유발했던 사건과 관계가 드러나는 것이 가능하게 된다. 그들이 인지 방법에 대항해서 이러한 분명한 반응을 보여줌으로써 궁극적인 개선에서 부차적이 아닌 진정한 치료적 신뢰를 경험하도록 하는 것이 가능하다.

정신내적 기법

정신 역동 이론에서 회피 행동은 개인의 자아이상에 부합하지 못하고, 약하고 결여되어 있고 혐오스럽기까지 한 부끄러움에 의한 추동으로 분류한다. 치료는 일상적인 생활을 노출시킴으로써 환자의 굴욕과 당황의 경험에 대한 강한 공감으로 이해해야 함을 강조한다. 장애의 뿌리들을 명료화하기 위해서 어린 시절의 기억을 분석하고, 부끄러움과 거절당했던 기저에 있는 과거의 요인들을 탐색하기 위해 노력한다. 치료는 환자가 이러한 기분 문제의 원천에 직면하도록 촉진한다. 대부분의 환자들, 특히 수줍음/회피성 환자들은 현재의 불편한 깊은 원천을 전달하는 데 어려움이 있다(Schut et al., 2005). 그들이 자유연상과 의사소통의 전이로 자신의 상상을 탐색하는 것은 유용하다(Bradley, Heim, & Westen, 2005). 심지어 아주 경미한 공포와 수줍음의 경험조차도 어떻게 환자가 실제로 생각하고 느끼는가를 탐색한다. 이러한 방법으로 그들의 기분부전 감정을 불러일으키는 사건을 더욱 정밀하게 깨닫게 된다. 특히 치료자로 향하는 전이감정의 맥락에서, 두려워진 상황에 대한 직면은 불안을 유발하는 환상을 더욱 세심하게 탐색해야 한다. 이러한 정신내적 치료의 더 깊고 탐구적인 절차들은 환자 행동의 모든 측면과 문제를 강화시키는 소통양식의 모든 측면에 스며들어 있는 무의식적인 기제를 재구성하는 데 유용하다.

약리적 기법

극심한 사회적 민감성, 거부와 모욕감에 대한 두려움으로 환자가 극단적인 행동 철회나 치료의 종결 위험이 높다면 정신약물요법 개입이 평가되어야 한다. 회피성 환자들은 새로운 경험에 대한 습관적인 반감 때문에 종종 약물치료로부터 달아나려고 한다는 것이 또한 주지되어야 한다. 이따금씩 부작용이 있음에도 불구하고 사회불안이 약물에 잘 반응한다는 증거가 있다(Scott, 2006; Seedat & Stein, 2004). 예를 들어 모노아민 산화억제제(monoamine oxidase inhibitors, MAOIs)는 행동주의 방법과 다른 형태의 심리처방 방법으로 간주된다. 이러한 약물 처방은 때때로 행동 개입 기법과 연결되었을 때 사회공포 증후군을 통제하는 데 때때로 효과적이라는 것이 알려졌고 환자가 초기 치료 성공을 경험하도록 할 수 있다. 베타 차단제는 어떤 직접적인 정신 활동의 영향 없이 땀을 흘리고 떨고 수줍어하고 자동흥분의 증상을 통제하는 데 효과적임이 증명되었다(Marchesi, Cantoni, Fonto, Giannelli, & Maggini, 2005). 공황에 대한 짧은 삽화는 벤조디아제핀 불안완화제로 다스릴 수 있다. 선택적 세로토닌 재흡수억제제 항우울 약물은 이러한 입장에서는 특별히 효과적일 수 있다. 특별히 사회불안 증상이 최고조에 있을 때 그러하다. 여러 약리학적 약제는 상당히 일반화된 특성을 다루는 것이 가능할 때 탐색되어야 한다. 이러한 측면에서 많은 연구가들이 알프라

졸람과 같은 벤조디아제판의 사용을 제안한다. 많은 회피성 환자들이 정신병 같은 공포 그리고 위축으로 퇴행한다. 이러한 환경 속에서 항정신성 약품의 사용을 고려하는 것이 효과적일 수 있다.

상승효과 합의

치료적 상호작용이 시작하는 단계에서 우선적으로 지지하지 않고 신뢰를 키우는 데 목표를 두지 않으면 치료자에 의해 선택된 어떤 치료 개입 계획도 실패할 위험이 있다. 신뢰가 세워짐으로써 치료자는 환자가 가치 있는 환경에 들어서도록 돕고 자기가치를 증진할 기회를 찾도록 촉진할 수 있다. 지속적인 치료로 치료자는 인지적, 대인관계적, 정신 역동적 또는 행동 개입의 틀 속에 점차 직면하는 양상으로 기울인다. 환자가 그들의 역기능적인 양상의 뿌리를 이해하도록 돕는 과정에서, 종종 단기 행동 기법을 동반하여 사용한다. 이에 따라 더욱 철회된 환자들이 희망을 얻고 최초의 사회적 성공 경험을 위해 치료에서 더욱 고통스러운 측면을 참아내는 동기를 기를 수 있는 필요한 기술을 획득할 수 있다. 환자가 새로운 태도와 기술을 배울 준비가 되었다고 치료자가 간주할 때 집단치료는 수줍음/회피성 환자들에게 일상적으로 마주치는 것보다 더욱 온화하고 수용적인 사회적 포럼이 고려된다. 불안약물 복용은 또한 상당한 증상이 있는 환자들이 새로운 상황과 더욱 진취적인 사회적 행동에 견딜 수 있도록 한다. 특별히 초기 단계에서 선택한 치료 개입이 그전에 그들이 생각하지 못했던 방식으로 사회적 상호작용을 함으로써 얻어지는 긍정적인 보상을 하고, 압도적인 불안에 의해서 야기된 실패−유도 장애 없이 자기와 타인에 대한 새로운 스키마를 형성한다.

　행동치료와 대인관계 치료 또는 인지치료로 초기의 성공 이후에도 어떤 환자들은 가족치료나 부부치료로 도움을 얻는다. 이러한 치료 과정은 환자의 회피 행동에 부지불식간 도움을 주는 사회적 맥락에서 구체화되도록 제시되고, 치료는 더욱 지지적인 환경에 의해서 촉진된다. Beck과 Freeman(1990a, 1990b)이 제시한 것처럼 치료자는 재발을 막기 위해서 고안된 프로그램에서 환자와 함께 작업해야 한다. 진행 중인 행동 목표들은 우정을 세우는 것과 개선하는 것, 다른 사회적 맥락에서 적당하게 주장하는 방식으로 행동하는 것, 새로운 경험을 시도하는 것을 포함한다. 이러한 것은 동

■ **표 3.4** 수줍음/회피성 성격 장애의 하위 유형

과민한 : 강렬하게 걱정하고 의심한다. 대안적으로 공황 상태이고, 겁에 질려 있고, 날을 세우고, 소심하고, 부끄러워하고, 상당히 긴장되어 있고, 성마르고, 과민한 상태가 번갈아 나온다.(혼합된 회피성/편집성 하위 유형)

자기유기의 : 자기지각의 차단 또는 분열. 고통스러운 상과 기억을 폐기한다. 궁극적으로 자기를 버린다(자살하는).(혼합된 회피성/우울성 하위 유형)

공포의 : 일방적인 이해가 회피할 수 있는 실체적인 경솔함으로 대치된다. 불안한 마음과 거슬리고 동요됨, 세심한 무서운 대상과 환경에 의해 상징화된(혼합된 회피성/의존성 하위 유형)

갈등하는 : 내적인 불일치와 반대. 독립과 의존을 두려워한다. 정착하지 못한다. 자신 안에서 불일치된다. 주저하고, 혼란스럽고, 고뇌에 차고, 발작적이고, 비참하고, 미해결된 분노가 있다.(혼합된 회피성/부정성 하위 유형)

기를 유지시키고 환자에게 자신의 행동을 감시할 수 있는 기회를 제공한다. 환자들은 불안을 사용하도록 지시받을 수 있다. 즉 이는 만일 모든 것이 실패하면 추가 회기를 치료자에게 요청하기 위해서 그리고 어려운 상황을 미리 헤쳐나기기 위한 전략을 계획하기 위해서 비합리적인 신념에 근거가 되는 불신과 회피를 유발하는 사고의 경과를 기록하고, 부적응적인 자동사고를 확인하기 위해서이다.

예시 사례

수줍음/회피성 환자들은 종종 타인들로부터 비판받고 지지받지 못한 경험으로 사회적인 철회를 시작하는 특징을 지닌다. MCMI-III(Millon, Millon, Davis, & Grossman, 2006)에서는 회피성 원형이 가장 자주 분열성, 의존성, 우울성, 부정적, 분열형, 편집성이 공유하고 있음을 보여준다. 이러한 관련된 성격 양상이 드러나기 시작하면 환자들은 원래의 특질과는 다른 기분과 행동을 나타낼 것이다. 모르는 사이에 진행하는 양상들은 회피성과 결합되고 그들은 다음에서 논의될 많은 하위 유형들로 나타낸다(표 3.4 참조).

사례 3.1 샤론 B., 31세

수줍음/회피성 성격 : 갈등 유형(부정적 특질을 가진 회피성)

현재 양상

샤론의 아버지는 사무실에 전화를 해서 "샤론이 너무 침묵하고 정말로 '철면피' 같다."며 간절한 부탁을 하였고, 미생물 대학원 졸업반인 샤론은 치료에 왔다. 그녀를 호의적으로 좋아했던 나이 든 교수 덕택에 그녀는 그의 실험실에서 일할 수 있었고 그녀는 프로그램 중 하나로 가르치는 책임을 간신히 벗어날 수 있었다. 그러나 그 교수는 새 학기 전에 예기치 않게 생을 마감했다. 그의 죽음과 함께 샤론의 은신처는 갑자기 사라졌다. 조언자의 죽음으로 그녀는 불안하고 무기력하게 되었다. 그녀는 수업시간의 대부분을 사람들이 알지 못하는 고도의 지식을 칠판에 판서하는 데 낭비하고 있었다는 것을 회상했다. 그녀는 "그들이 질문해야만 내가 대답했어요."라고 말을 띄웠다. 그러나 그러고 나서 덧붙이기를 "그러나 나는 그들이 항상 질문거리를 가지고 있었다는 것을 알아."라고 말했다. 과거에 샤론은 설명이 요구되었을 때 철저히 의기가 꺾여서 교실에서 벗어나 가까운 화장실로 가서 문을 잠그고 싶은 충동과 싸우는 경험을 하곤 했다. 거절에 대한 극심한 공포로, 함께 연구하는 동료와의 관계를 상당히 어려워했다. 몇몇은 '잘 아는 사이'였지만 친구라고 생각하기를 그만두었다. "그들이 정말 나에 대해 알게 된다면 나를 좋아하지 않을 것이다. 나는 좋아할 만하지 않다."고 그녀는 소회했다. 초기 인터뷰에서 샤론은 어떤 취약성도 가능한 보이지 않도록 중심 주제에 반복적으로 직면했다. 모든 사람은 그녀의 모든 부적절함과 자율성의 결여를 발견하였는데 이는 그녀가 행하는 모든 판단은 그녀 세계에서 설정하는 것으로 보였다.

임상 평가

평범한 수줍음/회피성 유형보다 더 심한 **회피 갈등**인 샤론은 끊임없이 위로받고자 하는 욕망과 다른 사람으로부터 독립적이어야 한다는 것, 조종과 거부당함에 직면해 있는 불안 사이에서 내면적 갈등과 끊임없이 마주쳤다. 수줍음/회피성에서 예상할 수 있는 것으로, 섬세하게 민감한 고통을 숨기며 부정적 성격의 다소 전형적인 불안감을 조장하는 자기-타인 간의 갈등을 경험했다. 그러나 그녀의 투쟁이 다른 점은 대부분 동기의 기저에 분개심이 있음에도 이 갈등의 기반이 불공정한 적대감보다는 오히려 두려움으로 연출되었다는 것이다. 그녀는 친밀감으로 정서를 드러내고 싶었지만 끊임없이 강렬한 고통과 환멸의 경험을 예감했다. 친밀 관계에 대한 복잡한 염려는 주목할 만하게 위축된 자존감이었다. 따라서 독립적인 노력은 실패해서 부끄러움으로 귀결할 수 있다는 두려움에 속박되어 있었다. 그녀가 지지하는 사람들과 관행에 의지하는 것 외에 다른 대안이 없었지만 이러한 행동은 뿌리 깊은 분노를 은폐하고 있었다. 타인들이 자율성을 이루기 위한 그녀의 노력을 인정하지 않거나 그녀를 싫어한다고 느꼈다. 이것은 흔한 성마름과 부정적인 반응을 일으켰고, 이따금씩 그녀는 애정과 돌봄의 욕구를 알아차리지 못하는 타인들에게 공격하고 싶어 했다. 그녀가 갈망하는 의존적인 안정성은 이러한 환경에서는 심각하게 위험한 것이었다. 갈등 감정과 분노를 가라앉히고 그녀는 당연히 다른 사람들로부터 굴욕적인 반응을 불러일으켰던 굴욕과 상실에 대해 이를 보호하기 위해서 끊임없는 만연된 기분부전의 기분과 함께 위축되고 불안을 보였고, 이에 따라 자기보호적인 위축을 강화하는 데 주력했다. 실망을 예상하는 그녀는 종종 방해자와 부정적인 행동을 통해서 환멸을 예상했다. 샤론은 결손을 극복하기 위한 자원과 타인으로부터의 지지받는 것이 불가능하기 때문에 자신을 싫어하고 무가치함과 무능감을 나타내면서 불행스럽게 그리고 혼란스럽게 남겨졌고, 하찮게 되고 품위가 손상되었다고 여겨서 예상했던 경멸과 조롱에 주시하고 경계를 터득해 왔다. 그녀가 다른 사람으로부터 높이 평가받을 만한 특성이 없음을 알았기 때문에 내적인 조망은 자신에게 어떠한 위로도 주지 못했다. 샤론의 지속 성향은 부적절감에 대한 두려움뿐 아니라 지속적으로 거절 신호를 찾는 과민한 각성을 포함했다(**자기－타인** 극성에서 그녀의 갈등). 이러한 경향으로 지속적으로 실망을 기대하고 인식했던 정서적 결함을 '벗어던지는' 일을 피했다. 이러한 틀 속에서 이미 버렸던 결점으로 이미지가 그녀에게 손상될 가능성을 방지하기 위해 주목할 만하게 **적극적**인 감시자로 에너지의 대부분을 소비하고 있다.

이 지나친 경계심을 줄이고 적극적으로 정서를 개선하기 위해서 자신감을 북돋우면서 가능한 한 안전하고 **공감**하는 치료 환경을 세우는 것이 중요했다. 또한 이는 그녀에게 더욱 호감을 주었고 환경에 대한 그녀의 인상을 조절할 수 있었다. 신뢰가 발전하면서 더 순조로운 건강한 상호작용을 선호하는 대신에 그녀의 패배적 신념에 의문을 제기하고 적대감을 극복하도록 돕는 것이 가능했다.

영역 분석

자기보호와 갈등하는 긍정적/부정적 인상으로 채색된 그녀의 수정 목록이 제시된 것처럼 너무 많이 노출하는 것이 두렵기는 하지만 샤론은 심리검사에 응했다. MG－PDC와 MCMI－III Grossman 다축척도로 평가된 그녀의 영역 분석 결과는 다음과 같았다.

> **소외된 자기상** : 샤론은 자신이 고갈되었고, 열등하고, 조롱과 실의에 빠져 있었다. 멸시당할 것으로 기대했다. 이러한 자기반영은 역설적이게 때때로 타인들로부터 그러한 반응을 일으켰다.
>
> **비통하는 성질** : 기저에 어지럽게 하는 샤론의 어려움은 스며드는 분노의 저류로 동요하는 긴장과 둔마에 의해서 더욱 복잡해진 불쾌한 기분의 지속이었다.
>
> **대인관계에서 모순적인** : 더욱 쉽고 간단한 긍정적인 관계와 가까워지고 싶은 욕구에도 불구하고 샤론은 일상적으로 묵인하지만 때때로 은밀하게 그리고 예민하게 공격적이고 다른 사람들로부터 비난을 더욱 자극하고, 다른 사람에게 예기치 않고 혼란스러운 행동을 하였다.

치료 단계

초기에 샤론의 주요점은 완전히 부풀어 오른 불안 또는 우울 장애로 발전하는 보상작용 상실로 좌절하는 것이었다. 동시에 각성은 성급한 행동화(자살 시도처럼)를 감지하는 데 필요했다. 상당히 **동요된** 상태로 그녀가 치료에 들어왔기 때문에 그녀의 불안과 죄책감을 줄이는 것이 단기 치료의 초기 목표였다. 이는 번민하고 변동하는 기분을 안정시켜 주고 후퇴보다는 점진적으로 요구하고 목표에 더욱 반응하도록 도와주기 때문이다. **약리학적 약물투약**(광범위한 사회적 긴장기분부전 교란에 도움이 되는, paroxetine)이 유용했다. 샤론은 실패에 대한 상당한 두려움이 있었고, 그녀가 일상적으로 압도당하고 죄책감이 있고 우울하다고 느끼는 경향이 있었기 때문에 직접적인 목표 설정은 이러한 초기 단계에서 사려 깊게 다루어졌다. 막연한 목표 설정이 보상작용 상실의 반응을 유발할 수 있었기 때문에 가장 중요한 것은 목표에 대한 적합성에 부지런히 초점을 맞추는 것이었다. 만일 그녀가 개입의 요구를 참아낼 수 없다고 느끼면 결과적으로 치료를 철회하여 재발 가능성이 예측될 수 있다.

   샤론은 불안을 유발하는 상황을 이상적으로 피하려 했지만 이는 조교 일과 직접적으로 관련되어 있어서 그럴 가능성이 없었다. 그러나 이러한 압력에서 그녀를 돕는 데 **지지적 치료**가 성공적으로 사용되었다. 혼란과 **소외된 자기상** 때문에 샤론은 신뢰의 문제, 특히 치료자와의 관계에서 어려움이 있었다. 재확신이 필요했지만 대인관계의 위험에 대한 두려움으로 치료관계에서 풍부한 양의 온정과 관심이 필요했다. 이러한 방식의 치료를 착수하여 치료자의 동기를 검증할 필요가 거의 없었다. 그녀가 일단 치료자와 동맹을 맺게 되면 협력해서 우선 스트레스를 줄이고, 신뢰 형성을 구축하는 노력과 함께 그녀의 자아관을 확장시키는 것에 초점을 맞추는 것이었다. 이러한 **인본주의적** 접근과 앞에서 언급한 약리학적 치료와의 조합은 샤론이 자신감을 획득할 수 있고 더욱 빨리 이행할 수 있도록 지시적인 척도들을 구체화하는 치료 환경을 만들었다.

   샤론과의 작업은 배어 있는 **편협한 대인관계**에 대해 사고하기, 기대하기, 반응하기 패턴을 집요하게 끌어낸 여러 영역을 목표로 둔 전반적인 측정과 점진적으로 더 많은 도전으로 혼합하는 것이었다. 알려진 **행동수정** 기법은 빠르게 늘릴 수 있는 사회화 기술에 초점을 두기 위해 유용했다. **인지 기법**(Beck, Ellis)은 그녀의 잘 녹아든 비우호적이고 불리한 사고와 기대를 직면시켰다. 그녀의 관계 기술은 많은 수의 **대인관계 대처기법**(예 : Klerman, Benjamin)으로 지지되었고, 특징적인 개선이 그녀의 동료들과 학생들에게 주지되었다. 가족기법도 또한 필수적이었고, 다행스럽게 그녀의 아버지를 비롯한 가족 구성원은 일반적으로 협조적이었다. 샤론에게서 가장 두드러진 좌절은 고통스러운 감정에 직면하기 전에 치료에서 처음부터 물러서려고 하는 것이었다. 이는 자동적으로 거부될 것이라는 그녀의 믿음을 누그러뜨린 치료자의 양육과 공감적 태도에 의해 극복되었다. 그렇지 않았으면 이러한 신념은 그녀를 잠재적으로 만족스럽게 하는 경험을 억압하고 물러서도록 이끌 수도 있었을 것이다. 후자의 인지적 재정립 접근은 그녀에게 더 긍정적으로 자극사건을 경험하는 기회를 예비적으로 물리치는 경향을 짧은 순환으로 접근했다.

사례 3.2 맬컴 S, 25세

수줍음/회피성 성격 : 과민성 유형(편집성 특질을 가진 회피성)

현재 양상

아마도 맬컴이 상담을 하게 된 것은 교수가 초대한 파티에서 사교적이지 못한 것에 대한 고통스러운 자각 때문이었다. 컴퓨터 공학 대학원의 첫 학기 학생인 맬컴은 침묵으로 고생했지만, 그는 모임에서 다른 새로운 학생들과 친하게 사귀기를 원했다. 그는 새로운 동료들과 합세하기를 간절히 원했다. 그러나 그가 이에 대해 "나는 누군가와 어떻게 이야기해야 하는지에 대해서 완전히 당황했어요."라고 기술했다. 그가 말했던 세상에서 가장 좋은 느낌은 거기서 빠져나오는 것이었다. 그는 그다음 월요일 아침 첫 번째 강의 전 대학 상담소에 와서 설명하기를, 그는 이 집단에서 역할을 할 수 있어야 할 것 같다고 알고 있지만 아침에 첫 번째 강의를 경험하기 전에 '내가 겪었던 가장 무서운 걱정'으로 경험했다고 했다. 전에는 컴퓨터실에서 대부분의 시간을 전공과목으로 새로운 프로그램을 작업하면서 혼자 있었고 '어느 누구도 나를 무시하거나 판단하지 않았기' 때문에 예전부터 가장 즐겼던 곳이다. 이와는 대조적으로 지금 가장 심각한 당황스러움은 조교 책무로 많은 청중들 앞에서 그가 바보처럼 보이게 되는 위험을 지속해야 한다는 것이다.

그전에 즐겼던 개인적인 관계에 대해 질문받았을 때 맬컴은 **어떠한** 상호작용도 좌절과 걱정의 근원이었다고 인정했다. 집에서 대학교로 떠난 그 순간부터 그는 혼자였고, 일들에 혼자서 참가했었고 어떤 누구와 대화를 하지 않았다는 것이 드러났다.

초기 인상

과민한 회피성(Millon, 1996a)이라고 칭할 수 있듯이 기본적인 회피성 성격의 핵심 특징인 더욱 경직된 형태가 강조된 양상을 볼 수 있다. 맬컴의 행동은 극도로 긴장되고 신경질적으로 쉽사리 발끈하는 식이며, 거절과 학대에 대한 과민함, 환경에 대해 짜증을 잘 내고 경계하는 태도로 지나친 근심이 특징이다. 이를테면 그는 수줍음/회피성의 **능동적-고통**인 기본 특징에 더욱 중심적인 편집성 성격 특색이 삼투된 혼재를 보여주었는데, 특히 만연한 불변성의 경직된 성격 구조상에서 그러하다. 사람이 거부될 수 있고 경시될 수 있다는 기대는 어떤 때는 우울을 심화시켰고, 다른 때에는 비합리적인 부정을 심화시켰다. 관계하고 수용하고 싶음에도 정서적 균형이 흐트러짐에 대한 위험을 보호하기 위해 철회하고 모든 정서적 관계로부터 거리를 두고 안정을 유지했다. 물러섬으로 방어하여 그는 다른 사람의 지지에서부터 동떨어지게 되었다. 그는 지지받지 못했고 비판받고 승인받지 못했다고 느꼈던 여러 사람에 대한 분개를 가라앉히는 것이 어렵다는 것을 알았다. 그러나 상관없이 염려와 좌절의 진실한 감정을 축 쳐진 무감동한 표정의 가면으로 감정을 세척할 수 있었다. 맬컴은 종종 비웃음을 주의하고 언제나 비난과 조소의 표시로 알리고 감시하도록 배워왔다. 그는 다른 사람들이 표현하는 가장 사소한 성가심에도 자극으로 감지하고 사소한 문제를 크게 만들어 고통과 경멸의 정점으로 조금씩 나아갔다. 그는 좋은 것은 지속하지 않는다는 것, 감정은 변덕스럽게 끝나고 실망과 거부가 뒤따를 것이라고 터득했다.

그의 기민한 지각으로 다른 사람들(고통 민감성)의 경멸하는 관점을 인식하여 **능동적**으로 회피함으로 인해서 신뢰를 쌓는 것은 의심 많고 매우 민감한 사람에게는 더욱더 가장 중요했다. 또한 이는 가급적이면 즉각적인 맥락에서 불편한 압력에 적응하기 위해 방책을 취하는 데 가장 신중했다. 치료에서 안전한 안식처를 만들어 놓은 다음에 다른 사람의 행동을 과잉 해석하는 그의 성향을 탐색하기 시작하는 것은 가능했다. 이는 구조상으로 약하고 되돌릴 수 없는 결함과 전반적인 부적절함으로 왜곡된 **자기관**을 점차적으로 알아내도록 이끌 것이다. 이러한 이해가 진화함에 따라 자기상을 갖는 동안 지속적으로 공감적 입장을 표현하고 지지를 유지하는 것은 중요한 것이다. 힘이 미치지 않는 관념보다도 분명히 실재하는 **쾌락**을 확신하므로 사회적 상황의 실천과 경험에서 더욱 사교적이고 외향적인 성격을 격려하는 것은 자연적인 진보가 될 수 있었다.

영역 분석

맬컴의 MCMI-III Grossman 다축척도와 MG-PDC는 그의 영역 분석에서 다음과 같은 주요한 경향을 나타냈다.

인지적으로 왜곡된/의심하는 : 대부분의 수줍음/회피성 환자들 이상으로 맬컴의 사고 과정은 빠르게 채널을 바꾸고 지속적으로 압도적인 불안을 일깨우는 자극들이 간헐적으로 침투하는 불협화음이었다. 이러한 사고의 유일한 흐름은 타인들이 의심이 많고 맬컴을 해하고 비난하는 음모를 꾸민다는 것이었다.

바꿀 수 없는 대상 : 초기 인상으로부터 겉보기에는 다른 사람에게 적대적이고 깎아내리고 소심한 악의적인 것처럼 보이듯이 맬컴의 부정적 자기인식이 다른 사람들에 대한 문제되는 인식에서 나온 것이다.

대인관계에서 혐오하는 : 맬컴은 가능할 때마다 대인관계의 근원적 불안으로부터 자신을 멀리 이동시켜 안락하게 상호작용할 수 있기를 간절하게 바랐다. 그러나 그는 우롱당하고 조소당하고 때로는 음해당할 것이라고 일상적으로 느꼈다.

치료 단계

이 시나리오에서 단기 기법은 맬컴이 안전을 느끼도록 하는 것이다. 맬컴이 신뢰를 구축하고 개선이 가능한 것처럼 느낄 수 있도록 주목할 만한 결실들이 어느 정도 빨리 일어나야 했다. 그러나 그녀가 받아들일 수 있도록 다소간의 편안함과 잠정적으로 덜 까다로운 목표들로 섬세하게 균형을 이룰 필요가 있었다. **약리학적인** 약물들이 이 과정을 보강하기 위해 시도되었지만 맬컴은 이러한 제안을 편안하게 느끼지 않았다. 그의 불안과 낙담을 증대시켰던 집과 학교 환경에서의 스트레스원을 줄이기 위한 노력이 시도되었다. **지지적인 치료**는 피할 수 없었던 여러 원천들로부터 불안을 진정시키기 위해서 이루어졌다. 추가적으로 **동기면담** 기법은 그가 더욱 지시적이지만 여전히 지지적인 인본주의적 환경요법을 확인하고 목표를 설정하는 과정에 참여하는 데 효과적으로 활용되었다. 이 과정은 그의 표상 속에 스며들어 있는 **고착된** 표상에 주의를 기울일 수 있도록 하는 것이다. 단순 자각이 이 시점에서 열쇠였다. 당장은 아닐지라도 치료의 후반 시점에 신념이 더욱 작동하게 되었다고 그가 호소할 수 있을 정도로 여러 대상들을 있는 그대로 인식하고 머무르도록 하는 것은 이점이 있다. 퇴행을 줄이기 위한 목표로 치료자는 목표를 높게 세워 변화를 너무 독려하는 것을 피했다. 초기 노력은 치료관계와 과정에서 우선적으로 맬컴의 신뢰 형성에 맞추어져 있었다. 단기 과정이 그의 주의를 긍정적으로 향하게 하고, 자신감과 자존감이 상당히 생산적이고 가치 있다는 것을 강화하기 위해서 고안되었다. 게다가 분명한 목표 설정 치료 단계가 이차적으로 더욱 적절히 진행되었다.

제한된 **행동수정** 방법은 상대적으로 짧은 기간에 강화될 수 있는 사회적 성과에 초점을 맞추기 위해서 탐색되었다. 그의 관계는 최고로 중요한 다른 사람과의 관계이고, 그다음은 사회적 동료들과의 관계인데 이들은 점차적으로 여러 **대인관계** 치료 기법(예 : Klerman, Benjamin)을 사용함으로써 강화되었다. 그러나 맬컴은 자주 실패했고 과도한 죄책감에 고통 받고 우울하고 심지어는 자살하려는 감정이 예측되었기 때문에 그러한 접근들은 조심스럽게 다루어져야 했다. 안심과 보살핌에 대한 그의 욕망과 모르는 사람을 신뢰하는 것에 대한 두려움 사이에서의 강렬한 양가감정 때문에 맬컴은 **대인관계의 혐오**와 싸우기 위한 소임을 위해 치료자의 좀 더 따뜻하고 세심한 태도를 요구했다. 특히 Beck과 Ellis의 **인지 기법**에 의한 일차적인 대인관계/행동 단계가 그를 **산만한** 스타일과 의심스러운 믿음과 기대들의 자기 파멸적인 특징에 직면하도록 강조하는 것이 전반적으로 소개되었다. 가족과 함께 하는 작업이 이상적이기는 하지만 협조적이지 않았다. 따라서 후퇴의 가능성을 줄이기 위해 치료는 맬컴이 이를 다룰 수 있는 정도에 따라 점진적으로 더 강한 강도로 요구했다. 보살핌과 동정적 태도로 치료자는 거짓 바람과 실망을 재경험하는 환자의 두려움을 극복할 수 있었다. 치료자의 온정과 이해는 다른 사람들이 거부하고 싶어 한다는 맬컴의 예상을 누그러뜨렸다. 그렇게 함으로써 물러서기로 이어진 경험의 중단은 그들이 만족할 수 있었던 즐거움으로 확인될 수도 있을 것이다. 그를 자기충족적인 예언으로 이끌고 갈 수 있었던 상실에 대한 그의 기대를 줄이는 것이 중요했다. 중점적인 집중이 없었다면 그는 변화와 성장을 촉진할 수 있었던 사건들을 경험하는 기회를 박탈당할 수 있었다. 인지적 재적응 치료 접근이 성공적으로 방해받을 수 있는 것은 바로 이 패턴이다.

사례 3.3 아리안 A., 45세

수줍음/회피성 성격 : 공포 유형(의존성 특질을 가진 회피성)

현재 양상

아리안은 지속적인 목표 성취나 행복 추구가 사소한 안면 홍조증으로 좌절되었다. 그녀는 낡은 좌석의 택시에서부터 길거리를 지나가는 동안 스치고 지나가는 낯선 사람에 이르기까지 자신을 감싸고 있는 알지 못하는 사소한 일들에 관해 언급했다. 필요한 기능이나 계획된 행동을 제한하는 근거가 되는 불편함의 원천은 어떤 사람이나 어떤 것이든지 그녀를 놀라게 하거나 특이하게 해석되기 때문이다. 물론 치료자의 사무실에 도착하기 위해서는 예외 없이 '더러운 지하철'에 올라타야 한다. 그러나 아리안은 상당한 노력 끝에 도착했다. 그녀는 항상 이렇다고 불평했다. 그러나 이는 지난 10년보다 훨씬 나빠진 것이었다. 그녀에게는 가장 단순한 과업에서부터 정말로 원했던 것까지 삶의 거의 모든 면에서 성취가 불가능하도록 만들었다. 가장 주목할 만한 일은 거의 2년간 사랑의 관심을 가지고 접근하기를 방해받은 것이다. 그녀가 그에게 접근하려고 용기를 냈을 때는 이사 가기 한 달 전이었을 뿐 아니라 그가 그녀에게 밀고 당기기를 반복적으로 강요하곤 했던 양상들을 찾아낸 것이다. 그녀는 지속적으로 그를 인정하고 존중하면서 상당한 불편을 야기시킨 사소한 불완전함을 밝혀내는 데 사로잡혀 있었다.

임상 평가

많은 다양한 성격 유형에서 보이는 공포 증상은 외상적 반응에서 대상치환에 이르기까지 광범위하게 다른 방식으로 나타나고, 동요에서 공황에 이르기까지 광범위하게 여러 병리 증후군으로 나타난다. **공포/회피성**인 아리안은 좀처럼 범 불안 상태로부터 자유롭지 못했다. 그녀는 근본적으로 정신적 고통을 막기 위한 노력에서, 비록 수적으로는 적지만 거의 변함없이 압도된 방어와 정신적 통제가 무력화되어 상당히 세부적인 갑작스러운 공포로 노출되는 경향이 있었다. 공포 대상에 마주하게 될 때 아리안은 그녀 내부로부터 나오는 강렬하고 두려운 무서움과 좌절감으로 무력감을 경험했다. 이러한 고통은 지속적으로 증가해서 커져가는 긴장과 무능력에 대한 자각으로 괴롭기 시작했다. **공포/회피성**은 보통은 의존적인 성격과 회피적 성격의 혼합이다. 이들 양쪽의 성격은 가까운 대인관계를 상당히 열망하지만 수줍음/회피성 환자들은 다른 사람들을 두려워하고 신뢰하지 않는다. 의존성 환자들은 친근한 관계를 열망할 뿐 아니라 필요로 하고 상실을 무서워한다. 그러한 상실 가능성에 직면할 때 의존성의 불안은 강렬하고 심지어 압도되어서 일상적으로 삶을 회피한다. 아리안과 같은 혼합된 회피/의존성은 두려움이 촉발되지 않도록 두려움의 표출을 망설였다. 그녀는 관심을 욕망과 상실 사이에 사로잡힌 감정 대신에 불안을 대체하고 소진시킬 수 있는 대상인 상징적인 대체물을 찾는 데 두었다. 여러 공포 대상은 의식화한 것도 아니고 똑바르게 다루는 것도 아니지만, 두려움을 재설정하고 가능한 벗어나는 것이었다. 더욱이 사소한 공포치환으로부터 거리를 둠으로써 그녀는 간절하게 간직하기를 원했던 대체물로 주어진 상징물의 상실을 견딜 수 있었다. 이러한 방식으로 그녀는 더 깊이 감추어진 정신내적인 근원의 불안을 의식적인 인식으로 차단시켰다.

이러한 기제가 많은 다른 사람들에게도 효과적이지만 아리안에게서는 단지 부분적으로만 성공적이었다. 그녀가 치환한 대상과 사건들은 분명한 상징적 의미를 가졌다. 대부분 환자들의 불안의 경험을 외재화가 대처하지만 아리안은 상징적인 대상이 더욱 만연된 불안의 원천들을 직접적으로 표출했을 때 제한적으로 성공했기 때문에 그렇게 했다. 따라서 그녀는 특별히 공개적인 장소에 노출되는 것과 굴욕당하는 것에 대한 두려움인 사회적 공포를 경험하는 성향이 있었다. 우리가 알다시피 수줍음/회피성 불안의 일차적 원천은 개인적인 거부와 경멸에 대한 그들의 예측과 불안이다. 이렇게 사회적 환멸에 대해 무서워하면서 그녀는 공포를 감추고 개인화하기 위해서 종종 이탈해 있었고, 무해한 외부 대상들을 찾아다녔다. 그럼에도 불구하고 두려움 때문에 무언가 얻는 데 제한된 것이 많았다. 그녀가 어느 정도 은밀하게 공포를 덮어씌우기를 바랐음에도 불구하고 더 이상 조롱받지 않도록 지지적인 사람들 간에 정서적으로 보호와 안전을 취하기 위해서 부분적으로 가능한 고통을 활용하는 시도를 했다. 이러한 방법으로 아리안은 성공적으로 자신의 불안을 유발하는 상황과 거리를 두는 반면, 타인들에게서 어느 정도 관용을 가지게 되었다. 그녀는 사회적 경멸의 상당한 공포로 두려움과 수치감과 함께 타인들에 대한 불신 대신 사랑과 관심에 대한 강한 욕구를 살펴볼 필요가 있으나, 이러한 어려움들에 맞서 보호벽을 쌓았다.

치료에서 공감적인 환경을 만들기 위해 그 이상의 진전된 기법에 필요하지만 그것은 변화를 지속하기 위해서 충분한 것이 아니었다. 신뢰가 발전함에 따라 아리안의 영속화(불안한 행동과 정서적인 민감성)는 도전받을 수 있었다. 반면에 이런 방법들은 자율성과 유능감을 지니도록 할 수 있었다(**수동-능동** 극성을 대립시킬 뿐 아니라 **자기**와 **타인**의 차이점의 균형 잡기). 계속적인 치료방식은 거부와 비방에 대해 경계하고 두려워하는 성향이 완화되었고 **쾌락** 지향의 개선을 위한 기반을 형성했다.

영역 분석

사회적인 두려움에도 불구하고 아리안은 특이하지 않게 변형한 지시나 응답검사 양식으로 측정하는 성격 평가에 대부분 동의했다. 그녀의 영역 분석에서 드러났던 특징은 다음과 같다.

표현적으로 초조한 : 그녀는 불안한 행동을 감추려고 했지만, 결코 편하게 공감하지 않고 사소한 자극에도 일반적으로 과잉반응을 하면서 대부분의 시간을 불안과 걱정으로 보낸다.

대인관계에서 순종적인/혐오하는 : 아리안의 공포는 대인관계에 상당히 확장되었다. 삶에서 중요한 사람과의 의존적이고 종속적인 동기로 역할 추구의 갈등이 뚜렷했고 수치와 조소당하는 것에 대한 두려움으로부터 벗어나기 위해 방어막을 쳤다.

성가신 대상 : 아리안의 영역에서 중요 인물들에 관한 인식은 동일하게 문제 있고, 갈등이 내재되어

있고, 외부 스트레스를 방어할 만한 건강한 기제가 부족했다. 이러한 영역은 우선적인 공포대상 대체 문제를 야기한다.

치료 과정

아리안 치료의 주된 목표는 그녀의 사회적 관심과 능력을 고양시키는 것이었다. 그녀는 인내할 수 있는 한계를 넘어서 떠밀리지 않았고 오히려 사려 깊고 잘 정돈된 **인지적 방법**(예 : Beck, Meichenbaum)으로 더욱 정밀하고 초점이 맞추어진 사고 양식의 발전이 있었다. 다른 사람의 태도에 대한 거짓된 신념을 제거하기 위한 작업에 추가해서, 치료자는 환자가 긍정적인 정서를 소유하도록 한 삶의 궤적을 개조했다. **대인관계 방법** 그리고 **행동 기술 개발** 기법을 통해 아리안은 이러한 경향성과 일치하는 행동을 하도록 격려되었다. 이러한 영역을 주요 과정으로 치료를 시작했다. 아리안이 인지행동 개입에 대해 매우 수용적이었기 때문에 보다 더 신중하고 유연성 있는 인지 양식에 초점을 두었고, 일편의 확신은 더욱 숙련된 자신감으로 **초조한** 행동을 조절하기 위해 앞서 언급한 **행동/대인관계** 방법을 시도했으며, 마찬가지로 끌고 당기는(순종-반감의 영역 속에서 시연되는) 갈등하는 **대인관계**의 충동을 알아내기 시작했다. 신뢰를 가지면서 그녀는 중요한 사람에 대한 불안을 줄일 뿐 아니라 상호작용 속에서 굴종적인 역할을 할 필요가 줄어듦을 느꼈다.

성공적인 단기 방법이 낙관적인 예측을 제공해 왔음에도 아리안이 초기에 수용하기에는 더구나 발전된 과정이 빠를 수 있으므로 오해의 소지가 있는 지각을 창출할 수도 있다. 초기 치료는 자신이 취약한 입장에 있다는 두려움과 사회적 수용을 원하고 있는 사이에 양가감정이 다시 수면 위로 떠오르도록 하는 것을 막기 위한 배려가 주어졌다. 그녀가 오랜 기대에 대한 실망으로 포기함으로써 초기 단기 치료에 추가 회기가 필요했다. 특히 **지지적인 접근**은 또 다시 사회적 실망감을 초래하여 그녀가 오랫동안 노력을 지속할 수 없다는 두려움을 완화하기 위해 제공되었다. 이것은 그녀가 건설적인 사회적 태도를 획득하도록 고무하고 촉진하는 데 유용한, **역동적인 집단** 양상으로 균형이 유지되도록 하는 것이었다. 탐구적인 분위기에서 그녀는 더욱 효과적인 대인관계 방식으로 사회적 상을 더 변경하고 동기와 기술을 개발할 뿐 아니라 **성가신 대상**의 근원에 대한 통찰을 얻기 시작했다.

치료 내내 일이나 그녀의 가족책무로 인해 요구되는 여러 행동들에만 몰두하는 경향성 때문에 아리안의 사회적 체계를 확장시키기 위한 에너지가 투여되었다. 그녀의 대인관계 책략이 움츠러듦에 따라서 그녀는 새로운 경험에 노출되는 것을 차단했다. 물론 이것은 그녀의 선호였다. 그러나 그러한 행동은 단지 고립되고 철회하는 상태를 조장할 뿐이었다. 그러한 후퇴와 재발을 막기 위해서 치료자는 모든 건설적인 사회적 행동과 가능성 있는 새로운 행동을 반드시 지속하도록 했다. 그렇지 않았으면 그녀는 점점 더 비사교적이고 공상적인 선입관에서 길을 잃었을지 모른다. 그러나 이 분야에서 한계가 있다기보다는 아리안의 인내하는 능력이 있었기 때문에 과도한 사회적 압력을 피할 수 있었다. 초기에 단기 치료에 초점을 둔기법은 그녀가 이 분야에서 더 많은 기술을 개발하도록 도왔다.

사례 3.4 마리알레나 P., 26세

수줍음/회피성 성격 : 자기유기 유형(우울성 특질을 가진 회피성)

현재 양상

마리알레나는 지역사회 도서관 사서였다. 그녀가 너무 고통스럽게 수줍어해서 그녀의 감독관이 어느 날 그녀를 따로 불러서 상담을 받아보라고 설득했다. 그녀의 거의 모든 책무가 고객을 돕는 것보다는 도서를 정리하는 것에 관여되어 있었지만, 그녀가 받았었던 몇몇 고객정보 요구에 그녀가 침묵했고 습관적으로 중얼거리기 때문에 그녀의 지위는 위태로워졌다. 회기에서 치료자는 그녀가 즐겼던 행동의 종류가 무엇인지를 질문했다. 그녀는 "나는 카페를 좋아했고 사람 구경을 좋아했어요. 그러나 나는 단지 너무 자의식이 강해서 이제 어디로도 가지 않아요."라고 대답했다. 마리알레나는 다른 사람과 이야기하고 관계하는 것이 더 좋을 수 있을 것이라고 설명했지만, 도서관에서 대화에 무신경하므로 그녀의 기대를 넘어서는 것이었다. 그러한 공공장소에 있는 사람은 '성취적인' 삶으로 살아가지만 마리알레나는 그렇게 할 수 없었다. 그녀는 여러 성취하는 삶을 상상하곤 했는데, 왜냐하면 그것을 추구하는 것보다 그러한 것이 어떨지를 공상하는 것이 더 쉽기 때문이었다. 초기 회기에서 그녀는 초등학교 도서관에서 최근까지 일했지만 자신은 그러한 상황에서 '벗어날 수 없다' 는 것을 알았다. 그녀는 아이들의 꼬치꼬치 캐묻는 특성뿐 아니라 그러한 장면에서 '자신이 벗어날' 수 없다는 생각에 의해서도 방해받는다고 느꼈다.

초기 인상

이 유형의 다른 성격에서와 마찬가지로 **자기유기** **회피성**인 마리알레나는 다른 사람들과의 관계에 대한 불편함을 피하기 위한 수단으로 그 자신에게로 철저히 들어갔다. 그렇게 행동하는 동안에 그녀는 내적 세계의 심리적 내용을 점점 더 많이 인식하게 됨을 알았다. 초기에 그녀의 생활은 더욱 참는 수단으로써 공상을 해왔지만, 공상은 멈출 수 없을 것 같았다. 그녀는 내부로 향하는 것이 삶의 불행과 과거의 경험에 대한 고통과 번민의 중심으로 들어가게 할 뿐이라는 것을 알기 시작했다. 여전히 잘못 감지한 선택으로 이러한 방식을 지속했다. 어려운 공적인 노출과 개인적인 굴욕에 관대해져 있지만 그녀는 내적 슬픔과 고통을 피할 수는 없었다. 물론 그녀의 공상이 이미지와 갈망을 충족하는 순간이 있었지만 이들은 점점 더 시간이 지남에 따라 희박해졌다. 점점 혼란이 증가함으로써 마리알레나는 친밀감과 따뜻한 관계가 부족할 뿐 아니라 가치가 없는 사람으로 우울한 외부인 같이 느꼈다. 우리가 이 과정에서 보았던 것은 사회적 혐오와 가치비하가 융합된 우울한 성격 양상과 통합한 수줍음/회피성이 보호적인 철회 (능동의 방향)를 계속할지 아니면 어쩔 수 없이 고통스러움 받아들여야할지의 갈등이다. 그녀가 현실에 보호 장벽을 쳤음에도 불구하고 그녀가 철회한 내적 세계에서는 문제 있고 폐쇄적인 것임이 드러났다. 무엇보다도 전반적으로 내재화되어 있어서 그녀가 우선적으로 해왔던 자신으로부터 더 이상 벗어날 수 없었다. 점점 더 그녀는 자신에 대해 참을 수 없는 만큼 더욱 더 자신의 자각의식을 되살리려고 애썼다.

어떤 것도 이해할 수 없다고 확증하면서 마리알레나는 외부세계와 거리를 유지하고 점점 더 자신만의 사고와 감정으로 의식을 차단시켰다. 그녀는 이제 자포자기 상태가 되어서 자기의 존재를 점증적으로 무시하고, 의식 과정과 육체적 안녕을 폐기하면서 점차 무능해지고 자신을 최소한으로 발휘하고, 궁극적으로 가장 적나라한 자신을 돌보는 행동까지 실패했다. 어떤 **자기유기 회피성**은 절망에 사로잡혀 자기 안에 있는 분노와 공포를 제거하기 위해 자신을 유기하는 자살로 몰아간다. 마리알레나와 같은 다른 자기유기 회피성 환자들은 자신으로부터 완전히 이탈하는 정서적 둔마의 정서 상태로 퇴행한다. 이러한 이탈과 자기유기는 그녀의 외부와 내부의 현실로부터 도피 상태의 습관적인 삶의 방식으로 성장했다.

마리알레나의 타인에 대한 불안한 자세뿐만 아니라 크게 감소된 **자기상**은 기껏해야 모호하게 형성된 자신감과 신뢰로 구성되어 있으므로 안전하고 보살피는 환경에 있도록 하고 치료관계에 참여하여 자신감을 되찾게 할 필요가 있다. 치료의 목표가 관념적이 않고 구체화되어서 작업은 마리알레나의 **고통**에 대한 기대를 줄이고, 궁극적으로 후기 단계에서 **쾌락**을 증가시키게 되었다. 치료 초기 단계에서부터 경멸에 대한 그녀의 구조적인 민감성 때문에 상황에 상당히 거리를 두는 지속적인 경향성을 취소하는 것, 그다음 순간에는 고갈된 방어를 단순히 포기하는 것이 필수적이었다(능동 – 수동 경향성의 충돌).

영역 분석

다음의 영역들은 마리알레나의 MCMI–III Grossman 다축척도에 가장 현저한 부분으로 MG–PDC가 뒷받침한 것이다.

> **공상기제** : 모든 것이 문제되는 자극들로 현실에서 벗어나기를 원하는 마리알레나는 몇 년간 공상적 허구와 투사의 세계에서 자신을 능력 있고 얌전한 여성으로 만듦으로써 자기만족으로 단련하고 그 허상에 의존했다. 그러나 최근에 평소 통상적인 방어 없이 자신을 방기했기 때문에 이러한 공상은 실패하기 시작했다.

> **소외된/무가치한 자기상** : 마리알레나는 자신을 사회적으로 무능하고 주목을 끌지 못하고 추방당한 사람으로 간주했다. 아주 최근에 그녀는 자신을 가치의 상실로 뭉뚱그려서 개념화했고, 자신의 존재에 대해 스스로 사과하고 죄책감에 사로잡혀 있다는 것을 알게 되었다.

인지적으로 운명론적인 : 비관주의를 넘어서서 어떠한 것도 개선할 수 없다는 이해로 미래에 대해 절망하면서 마리알레나는 사고를 가장 어두운 형태로 표현하고 있다. 그녀는 전반적으로 자신의 책무를 운명론적인 스키마에 잠식시켜 놓고, 자신이 받아들일 수밖에 선택의 여지가 없다는 생각에 빠져 있다.

치료 단계

마리알레나의 치료에 첫 번째 목표는 치료에 대한 잠재적인 획득이 참이라는 것과 억제하는 데 기여하기보다는 오히려 그녀가 동기화되도록 하는 것을 보여주는 것이었다. 그녀는 거짓 기대라고 간주한 것을 치료에서 다시 일깨우게 할 것이라고 불안해했다. 즉 그녀가 다른 사람들에게 신뢰를 제공했지만, 보상이 거부로 돌아왔을 때 경험한 환멸을 상기시키게 되는 것이다. 치료자가 이러한 두려움을 **비시지적**으로 깨닫게 해 주었기 때문에 마리알레나는 점차 치료자와의 거리를 두지 않고도 적당한 수준의 안락함을 찾을 수 있었고, 과거보다 더 나은 적응을 유지하며 두려움을 효과적으로 다루는 것을 터득했다. 이러한 인간 중심적인 접근은 모든 기대를 상실할 필요가 없다는 생각을 알려주었고(그녀의 **인지적 운명주의**에 호소하는), 사회적 망설임, 불안한 행동, 자기경시 행위, 태도, 행동뿐 아니라 그녀의 관심이 주제에 적절하도록 방향을 정하는 **인지행동** 접근을 수용하도록 도와주었다. 그녀는 이러한 변경들로 과거에 경험한 경멸과 손상을 일깨우지 않을 수 있다는 것을 터득했다. 그녀의 두려움과 비주장적인 행동인 거절과 민감성의 기반을 다시 짜는 인지적 노력으로(예 : Beck, Ellis) 만성적이고 비관적인 경향뿐 아니라 재발과 후퇴에 대한 경향성을 최소화하고 줄이는 것이었다.

좀 더 면밀한 국한된 치료 절차가 그녀의 행동의 많은 측면에서 만연되어 있는, **소외감**과 **평가절하**하는 자기인식에 직면하는 데 유용했다. **가족** 기법이 **자기상**의 문제를 도왔고, 파괴적인 의사소통 패턴에도 마찬가지로 사용되었다. **대인관계** 기법(예 : Benjamin)은 그녀가 사회적 장면에 통상적으로 마주치기보다 더 우호적이고 수용적인 새로운 자기태도와 능력 기술을 터득하도록 조력했다. 전반적으로 마리알레나에게는 자신의 무가치함의 직면에 대한 두려움과 그에 대한 대처방식이 취약했기 때문에 치료 내내 따뜻하고 공감적인 태도가 필수적이었다. 임상가는 마리알레나의 강점(예 : 독창적인 창의성, **공상** 집착을 **대처기제** 형성에 사용하는 것)은 그녀가 어떠한 실제 소득이 이루어지기 전에 치료를 철회하지 않도록 하는 것이라고 했다. **실존적인** 틀과 함께 단기 역동적인 통찰의 과정은 그녀의 감정과 태도의 모순을 탐색하여 그녀의 이전에 공상 집착을 해제하도록 하였다(예 : 능력 있는 사람이라는 자기관점). 퇴행에 따른 적당한 대안적인 틀이 없었기 때문에 진보의 기간에 시소게임이 있었다. 참된 단기 소득은 오직 면밀한 작업을 통한 신뢰 형성과 마리알레나의 자기가치감을 상승시킴으로써 가능했다.

또 다른 단기 개입 범위의 가치는 마리알레나의 환경에 대한 면밀한 스캐닝과 연관되어 있다. 이렇게 함으로써 그녀는 피하고자 한 자극과 마주치게 될 것이라는 예감을 증가시켰다. 그녀의 민감한 안테나는 대부분의 사람이 간과하는 것을 잡아서 변형시켰다. 다시금 적합한 인지방법을 사용함으로써 마리알레나의 민감성은 피하고자 했던 바로 그 고통에 대한 지각을 지속적으로 깨닫게 하는 역효과로 인하여 금지했다. 특징적인 부정적 해석 중심의 습관에서 자아를 증진하고 낙관적인 것으로 재정립함으로써 그녀는 자기를 손상시키는 사고방식을 줄였고, 긍정적인 경험들을 강렬하게 했고, 고통을 감소시켰다.

저항과 위험

기본적으로 타인을 불신하기 때문에 수줍음/회피성 환자들은 치료관계를 맺거나 지속하는 데 동기화되기는 쉽지 않다. 그들이 치료에 동의하기 위해서 치료자의 진실과 성실한 감정과 동기를 검증하기 시작할 것이다. 흔히 대부분은 치료로 개선되기 훨씬 전에 치료를 종결하려고 한다. 치료를 철회하려는 경향은 치료자의 통합성에 대한 그들의 의심과 회의와 사회적 거부에 대한 두려움, 치료자에 의한 비난, 고통스러운 기억과 느낌을 직면하는 데 관여된 굴욕과 고통과 마주하기 싫은 감정에서 비롯된다. 그들의 무가치감을 직접 직면하기에는 방어가 다소 약하고 엷어서 그들의 억압된 좌절과 충동에 압도될 것이며, 참을 수 없는 불안으로 몰고 가서 심지어는 '미치게 할 것' 같기 때문이다.

이러한 두려움에 추가해서 잠재적 치료 성과는 회피가 동기화되지 못할 뿐 아니라 실제로 그들이 다른 사람에게 애정을 주었지만 거절당하던 경험으로 굴욕을 상기시켜서 '잘못된 믿음'의 관점을 지녔기 때문에 재각성하는 데 방해물이 될 수 있다. 그들 스스로 다른 사람들과 분리함으로써 적당한 편안함을 찾아 익숙해졌으므로 간신히 항해하는 것을 배웠던 배가 좌초되지 않도록 하는 조절의 수준을 유지한다.

수줍음/회피성이 치료관계에 들어갈 때 치료자는 상당한 고통을 너무 빠르게 너무 무리하게 해결하려고 서두르지 말아야 한다. 여러 가지 중에서 환자는 오로지 현실에서 취약성을 지니고 있는 자신을 느낄 수 있다. 치료자는 사려 깊고 조심스럽게 진정한 신뢰를 세우도록 강구해야 한다. 점차로 방향을 바꾸어 자신감 형성과 자기가치감을 증진함으로써 환자의 긍정적인 속성들로 관심을 돌릴 수 있다. 치료는 오랫동안 견뎌 온 불안과 후회를 재작업하고, 의식을 불신의 깊은 근원에까지 가져가서 환자가 감정을 가능한 더욱 객관적으로 평가할 수 있는 느리고 열정적인 과정이 되기 쉽다. 다른 한편 빈틈없는 치료자들은 또한 환자가 그 자체로 목표가 되는 것에 매우 만족하는 결과를 가져오지 않도록 살펴야 하고 오히려 치료적 관계의 따뜻한 공감적인 행동이 다른 관계에서 학습하고 모험하는 데 기반이 되어야 한다. 치료자들은 치료 과정을 통해 환자의 지적인 이해로는 문제해결에 충분하지 않다는 것을 상기시켜야 한다. 행동 과정이 소홀히 되어서는 안 된다(Benjamin, 1993).

제 4 장

비관/우울성 성격 패턴의 개인화 치료

성격의 특질/장애와 기분 장애에 대한 병리 해석은 이론상이나 임상적으로 중요하다. 주요 우울증은 일반인이 정신적인 도움과 입원을 고려하게 하는 가장 주요한 이유이다. 성격과 우울 증상의 상호관계에 대한 설명은 정신치료와 정신약물치료 개입에서 중요한 함의를 가진다. 이 관계를 좀 더 이해하기 위해서는 잡다한 우울 증상의 특성을 명료화하고, 여러 증후군과 성격 장애의 상호작용과 변화방식을 더 잘 기술하는 것이 도움이 된다(Klein, Shankman, & Rose, 2006; Laptook, Klein, & Dougherty, 2006).

우울 성격 장애의 구성은 DSM-IV 성격 군집에 명시되어 있다. 우울 성격은 상대적으로 일찍 발병하여 오랜 과정이 비교적 안정적으로 다양한 상황에 걸쳐 많은 임상 특성을 보이는 심리 장애 유형이다(Kendler, Gardner, & Prescott, 2006; Melartin et al., 2004).

앞의 *DSM* 간행본에서, 우울성 성격 변이의 개념은 그전에는 우울 신경증이라고 불렀던 **기분부전** 장애로 구성을 소개하면서 개념화되었다. 그러나 기분부전의 구성은 초기와 후기에 발병하는 하위 유형뿐 아니라 일차적·이차적 구분을 요하는 이질적인 것을 알게 되었다(Vuorilehto, Melartin, & Isometsa, 2005). 게다가 기분부전에서 사용하는 기준은 다양한 양상의 성격 특징보다는 오히려 기분 증상론이 강조된다(Stanghellini, Bertelli, & Raballo, 2006). 더욱이 기분부전의 범주에서 정교한 증상들은 본질적으로 인지나 대인관계보다는 주로 신체화 또는 자율신경계의 특성을 지니고 있다(Ryder, Schuller, & Bagby, 2006). 기분부전을 진단에 포함해 비교하자면 덜 심한 우울 중심의 장애로 특성상 더욱 사회적이며 평생은 아니지만 오래도록 지속된다(Christensen & Kessing, 2006; Francis-Raniere, Alloy, & Abramson, 2006; Huprich, 2005; Markowitz, Skodol, et al., 2005). **자학/피학성** 장애는 주로 *DSM-III-R*에서 소개되었으며 초기에는 거론되지 않았으나 개인의 징벌적인 거부반응의 특징을 강조하기 위해 비관/우울 증상론에 포함했다(Huprich, Porcerelli, Binienda, & Karana, 2005). 마찬가지로 이를 중심으로 해서 잠정적으로 **우울 성격 장애**의 '더욱 순수한' 또는 원형적인 변이들을 나타내기 위한 기준이 소개되어야 한다(H. S. Akiskal et al., 2006). 우리가 이 책에서 비관/우울성 원형을 포함하고자 선택한 것은 원저자가 지난 수 세기 동안 이론상으로 임상적 관찰, 그리고 광범위한 저술들과 부합되는 이 장애를 상술하기 위한 것이었다(Millon, 2004).

Millon(1996b)은 이 극성 스키마의 입장에서 장애의 몇몇 주요 특징을 개괄했다. 이들의 임상적 도출이 이 장에 중요한 기초가 된다(〈그림 4.1〉은 극성 모델이다). 이 장은 임상 영역 면에서 장애 요소를 기반으로 한 치료 개입이다. 다음에서 극성 모델의 양상을 논의하고 그 장애에 대한 임상 특징에 대해 짧게 개괄한다.

> 특성으로는 둔마, 비관, 즐거움의 결핍, 쾌락 경험에 대한 무능력, 운동성 지체가 포함된다. 의미의 상실, 포기의 감정, 희망의 상실과 즐거움이 박탈되어 있다. 고통, 미래에 관한 절망, 낙담하고 수심에 찬 모습, 있을 수 있었던 사건들이 더 이상 가능하지 않다는 돌이킬 수 없고 만회할 수 없는 상태가 주목할 만하다.
>
> 이 성격은 더 이상 쾌락은 가능하지 않으며 고통은 영구적인 것으로 경험한다. 어떤 경험이나 화학성분이 이를 지속시키거나 만연된 슬픔에 원인을 나타내는가? 분명히 고려해야 하는 생리학적인 소인이 있다. 체질적인 소인을 선호하는 증거는 대부분이 유전적인 요소에 상당히 기울어져 있기 때문이다. 역치는 쾌락을 인정하고 슬픔의 변화를 감지할 정도의 민감성이 역치이다. 개인 중에는 비관과 실망을 예측하는 경향이 있다. 마찬가지로 절망을 적응으로 경험할 수 있다. 중대한 상실, 슬픔에 잠긴 가족, 무미건조한 환경, 희망 없는 전망들은 모두 우울 특성의 양식을 형성한다(Millon, p. 11).

〈그림 4.1〉에서 예시했듯이 만일 우리가 이론적으로 산출된 극성 모델을 검토한다면 극성의 극심한 정도의 **유지**와 **적응** 유형 조정 간의 강한 표상을 주지해야 한다(K.

비관 원형

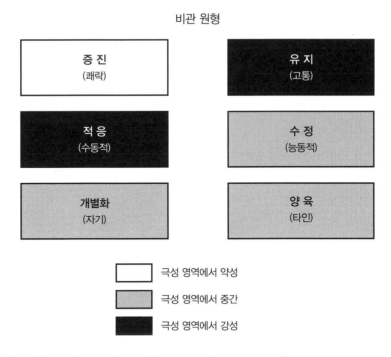

| 증 진 (쾌락) | | 유 지 (고통) |

(위 그림 설명)
- 증 진 (쾌락)
- 유 지 (고통)
- 적 응 (수동적)
- 수 정 (능동적)
- 개별화 (자기)
- 양 육 (타인)

□ 극성 영역에서 약성
▨ 극성 영역에서 중간
■ 극성 영역에서 강성

◈ **그림 4.1** Millon의 극성 모델에 부합하는 비관/우울성 성격 원형의 현황

K. Akiskal & Akiskal, 2005). 이것은 고통과 번민에 대한 지나친 관여를 의미한다. 이차적으로 이러한 요인들은 불가피하게 지속적으로 고통과 불행에 압도됨으로써 '포기했다'는 것을 암시한다. 본질적으로 유사함에도 불구하고 비관/우울성 원형은 회피성 성격에서 나타나는 도식과는 의미상으로 대조된다(Huprich, 2005; Huprich et al., 2005). 양쪽 모두 성격 장애에서는 유지와 고통 감소가 중심을 이루고 있고, 마찬가지로 두 장애에서 삶의 질을 높이는 기쁨과 만족감에는 방심한다. 회피성의 핵심구분은 결과적으로는 가능한 회피하거나 거리를 둠으로써 고통을 최소화하는 데 적극적인 것에 있다. 이와는 대조적으로 비관/우울성 성격은 삶의 연민과 절망을 더 이상 피하려고 시도하지 않으며, 오히려 이를 필수 불가결하고 극복할 수 없는 것으로 받아들인다. 이러한 개인들은 더 이상 고통을 부정하기보다는 그것에 빠져 있으면서 그들이 견디어 왔던 고통스러운 현실을 체념한 채 수동적인 상태로 있다.

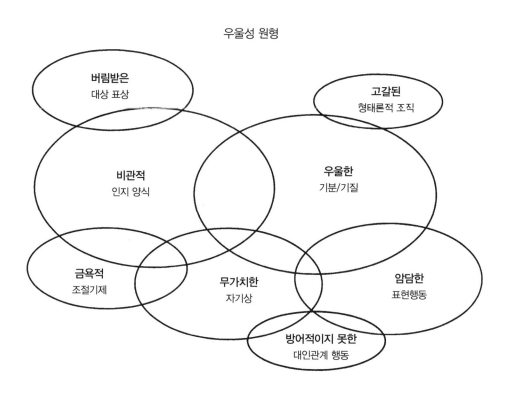

우울성 원형

버림받은
대상 표상

고갈된
형태론적 조직

비관적
인지 양식

우울한
기분/기질

금욕적
조절기제

무가치한
자기상

암담한
표현행동

방어적이지 못한
대인관계 행동

◀》 **그림 4.2** 비관/우울성 원형의 주요 영역

임상 양상

예비진단 목표를 위해 유용하게 구분할 수 있는 비관/우울성 성격의 여러 양상이 있다. 이 평가 과정의 첫 단계는 우울성의 임상 특징을 분리해서 분석할 수 있는 8개의 원형 영역의 윤곽을 잡는 것이다(그림 4.2 참조).

이 책의 모든 장에서와 같이 우리는 장애 각각의 성격 특질과 특성의 다양한 구성요소를 개인의 두드러진 전반적인 행동에서부터 근본적으로 숨겨진 양상을 추론하여 분별하고 생리학적인 평가까지의 관찰로 여덟 가지 영역으로 분류했다(표 4.1 참조).

암담한 표현 행동

비관/우울성은 외모로 수심에 찬 특징을 알아차리기란 어렵지 않다. 그들의 자태는 심하게 버림받고 무거운 마음을 전달한다. 말투는 흐릿하고 표현은 수심에 잠겨 슬픔에

■ **표 4.1** 비관/우울성 성격 원형의 임상 영역

행동 수준

    (F) 표현적으로 암담한(예 : 외모와 자세가 슬픔에 잠긴 정도는 아닐지라도 제거할 수 없도록 버려지고, 흐릿하고, 마음이 무겁고, 수심에 차 있다. 돌이킬 수 없게 낙담되어 있고, 좌절되어서 지속하는 기대 상실과 초라함의 느낌을 그려낸다.)

    (F) 대인관계에서 방어적이지 못한(예 : 취약하고, 약점이 있고, 방어적이지 못하다고 느끼기 때문에 다른 사람들에게 보호받기를 간절히 탄원한다. 포기되고 유기되는 것에 대한 두려움으로 위험이 초래되는 방식으로 행동할 뿐 아니라 요구 정도는 아닐지라도 애정, 안정, 헌신에 대한 공적인 확신을 추구한다.)

현상학적 수준

    (F) 인지적으로 비관적인(예 : 거의 모든 문제에 대해 패배주의자와 운명론적인 태도를 가지고 있다. 사물들의 가장 어두운 면을 보고, 고정적으로 가장 안 좋은 기대를 한다. 축 늘어져 있고, 낙심되어 암담하게 느끼면서, 사실들이 미래에 결코 개선되리라고 기대되지 않으리라고 믿으면서 현재의 사건들에 가장 우울한 해석을 한다.)

    (S) 무가치한 자기상(예 : 내재화된 과거의 표상들이 버려져 있다. 삶의 초기 경험들이 고갈되었거나 약화되어서 그들이 중요함과 즐거운 요소들이 소모되었거나 또는 기억으로부터 철회되었다. 버려지거나 남겨져 있고 폐기되었다.)

    (S) 버림받은 대상(예 : 대상(표상) 생애의 초기 경험들이 고갈되고 또는 활력을 잃고, 그들의 풍요로움과 즐거운 요소들이 배출되거나 기억으로부터 철회되어 있어서 그 사람이 포기되고, 상실되고, 버려진, 유기되고, 사라진 것으로 느낀다.)

정신내적 수준

    (F) 금욕적 기제(예 : 자기부정, 자기처벌, 자기고통의 행동에 몰두한다. 우리는 참회에 노출되어야 하고 삶의 보상이 박탈당해야 한다고 믿으면서 자기부정, 자기처벌, 자기고통의 행동에 몰두한다. 쾌락의 거부가 있을 뿐 아니라 자기파괴적 행동뿐 아니라 성급한 자기판단이 있다.)

    (S) 고갈된 조직(예 : 형태론적 또는 구조의 발판이 특징적으로 약화되어 있어서 대처방법이 약화되거나 그들의 활력과 초점이 공허하거나 없어져서 방어적인 전략이 빈궁해져서 그들의 행동을 시작하고 정동, 충동, 갈등을 조절하는 능력이 소진되지는 않았더라도 감소된 결과로 나타난다.)

생물물리학 수준

    (S) 우울한 기분(예 : 전형적으로 두려워하고, 우울하고, 눈물이 많고, 기쁨이 없고, 침울해 있다. 특징적으로 걱정이 많고 생각에 빠져 있다. 낮은 기운과 불쾌한 상태가 거의 누그러지지 않는다.)

주 : F = 기능적 영역   S = 구조적 영역

차 있다. 목소리의 음색은 돌이킬 수 없게 기가 죽어 있고 낙담되어 있다. 그들은 해결할 수 없는 희망 상실과 초라함의 시적인 시상을 그려낸다.

우울성이 솔선하거나 자발적이지 못하다는 데는 의심의 여지가 없다. 면담 과정에서 제기된 질문에 대답은 하지만 거의 다양하게 말하지 않는다. 대부분 말투는 끊어지고 불분명하다. 우울한 표현 행동은 모든 측면에서 느리고 질질 끄는 요소들이 있다. 대답과 움직임이 시간이 걸리고, 심지어 동요하거나 민감한 사이에서도 제안하거나 의도적인 행동의 두드러진 감소가 있다. 그들 행동의 대부분이 느린 행동의 발현으로 나타난다.

방어적이지 못한 대인관계 행동

우울 성격은 지속적으로 보호받지 못하고 취약한 감정의 상태를 나타낸다. 그들은 방어적이지 못하고 보호받지 못하는 듯이 행동하며 타인들에게 보호받고 보살핌을 갈구한다. 항상 포기되고 버림받는 것에 대한 두려움으로 대인관계 행동은 한두 가지 기본 변이가 있다. 즉 타인들로부터 보호받지 못하고 피동적인 위축으로 부적절감을 가지거나 또는 타인들로부터 애정과 확고부동한 확신을 제공받기를 갈구하고 요구하는 것이다.

우선적으로 가장 중요한 비관/우울성 환자들의 기분과 불평은 타인들의 부양책임을 불러일으키게끔 고안되었다(Benazzi & Akiskal, 2005). 그들은 가족과 친구 모두로부터 호감도와 가치감을 반복적으로 확인받고자 하고, 타인들의 신뢰와 헌신에 대한 확증을 구하려고 한다. 많은 다른 성격 유형들과 장애에서처럼 우울성 증상은 환영받지 못하는 책임감을 피하기 위한 도구일 수 있다. 그들은 공개적으로 무가치함을 인정하고, 모두가 보는 무력감을 전반적으로 나타내기 때문에 이는 이러한 성격들에 특히 효과적이다. 이러한 측면에서 그들은 부적절한 우유부단함과 실패를 합리화한다. 그러나 적대감의 지나친 표현은 좀처럼 표현되지 않는다. 과도한 적대감의 표현을 좀처럼 하지 않는 이유는 그런 표현을 하면 자신이 공격적임을 시인하는 것이 되어서 타인이 그들을 비난하고 거절할 것이라는 공포가 있기 때문이다. 결과적으로 분노와 분개는 과장된 무력감에 의해서 희미하고 간접적으로 표현한다. 그들이 외관상 환자로서 정당한 요구로 보살핌받기를 시도함으로써 타인에게 죄책감을 일으킬 뿐 아니라 불만족감이 없게 한다.

비관/우울성 환자들은 다른 사람의 사랑과 지지를 열망하지만 긍정적인 관계를 강화하는 방식은 실패한다. 우울성의 집착 행동 또는 자기몰입, 에두른 대처책략은 궁극적으로 타인들로부터 불쾌감과 격노를 일깨운다. 이러한 상황에서 비관/우울성 환자들은 필사적으로 필요한 공감을 끈질기게 간청한다. 이러한 점에서 실패한다면 그들은 쓰라린 침묵과 자책의 죄책감으로 내부로 향한다. 죄책감과 자기비난의 저항은 전면에 나타날 뿐 아니라 단조롭고 만연되어 있을 수 있다.

비관적 인지 양식

비관/우울성은 삶을 가장 어두운 형태로 조망하고 이에 따라 예외 없이 가장 나쁜 일이 일어나리라 기대한다(Bos et al., 2005). 사건들이 앞날에도 결코 개선되지 않을 것이라고 낙담하면서 가장 우울하게 사건을 해석한다. 그들은 축 늘어져 있고, 낙담되어서 풀 죽어 있고, 거의 모든 문제에 대해 비관적이고, 패배자이며 운명론자적인 태도를 가지고 있다. 더욱 나쁜 것은 우울성 환자들은 전적으로 자신과 자신의 책임에 대한 집착에 사로잡혀 있어 강박적으로 과거와 현재의 불행에 대해서 걱정한다는 것이다(Grilo et al., 2005).

비관/우울성은 부적절하다고 느꼈던 후회로 채워져 있을 뿐 아니라 이따금씩 어떤 마술적 사건이나 전능한 힘에 의해서 환상적으로 그들의 어려움을 해결하는 상상을 한다. 그러나 마음의 중심에서는 어떠한 해결책이 발견되리라는 기대가 거의 없다. 타인들과의 의사소통은 진부하고 어둡다. 의식적으로 다양한 생각과 집착으로 우울한 기분을 제거하기 위해서 우울한 감정과 사고에 대해서 저항하도록 노력할 수 있다. 대부분의 경우 이러한 새로운 반추는 똑같이 문제시되어 대체됨으로써 과거의 사소한 사건을 재연하고 마음 앓이 하는 경향이 있다. 비관/우울성의 집착 부분이 아닌 사고와 감정도 그만큼 임상적으로 의미가 있다. 회고적인 반증이 흔하다. 과거의 즐거웠던 것은 거의 기억하지 못하고 고통스럽고 괴로운 사건들은 통렬하게 소환된다. 유사하게 새로운 사건들은 소급해서 부담지워지고, 미래는 불가피한 파멸의 전조들로 잠재되어 있다.

우울성 환자들은 그들의 현재 상태가 역전될 수 없다고 믿는다. 오늘날 문제되는 사건들은 미래에서도 정확하게 관련이 있다고 본다. 비관주의나 우울 이외의 태도는 단지 허상이다. '무기력하고, 절망적인'이라는 말로 칭해지듯 이러한 환자들은 스스로를 도울 수 없고 또한 외부적인 어떤 힘에 의해서도 도움을 받지 못할 것 같다고 추정한다(Engel, 1968). 대부분의 성격은 희망을 믿는 한 놀라운 불행을 참아낼 수 있다. 비관/우울성에서 사고를 반복적으로 구성하는 비관적 도식들은 더 나은 상태들을 상상하거나 계획할 수 없게 절망감의 수준을 증가시킨다. 우울성에 있어 삶은 실존이 뒤틀린 사실인 절망감이라는 깊은 우물을 파는 것과 같다.

무가치한 자기상

의존성 환자들은 어떠한 칭찬할 만한 특성이나 성과가 없음에 대한 죄책감을 느끼는 경향이 있다. 그들은 타인들과 비교해서 자신을 가치 없는 것으로, 의미 있는 삶의 모든 열망에서 부적절하고 성공하지 못한 사람으로 간주한다(Skodol, Gunderson, et al., 2005). 자신을 메마르고 기력이 없고 어떤 결실을 맺을 가치도 없는 사람으로 간주할 뿐 아니라 경멸할 만할 정도는 아니라도 가치가 떨어지고 비난받아야 할 사람으로 비난할 만하다고 자기 자신을 판단한다.

대부분의 사소한 실패가 불행한 비관/우울성 환자들을 더욱 심각한 수심에 찬 상태로 몰아넣을 수 있다. 그러한 사건은 단지 자신의 무가치한 상태를 더욱 확증할 뿐이다. 마찬가지로 오히려 해를 끼치지 않는 주요 덕목은 무가치감을 강화시키는 강박적인 걱정과 마음 앓이로 발전할 수 있다. 심지어 일이 잘 진행될 때조차도 평판이 좋고 지성적이고 신체적인 매력과 같은 매력적인 성질에 결핍감으로 깊은 부적절감에 사로잡혀 있다. 반대의 사건이 일어난다고 해도 자신이 추정한 결점을 비난하면서 그 원인을 자신 속에 있는 어떤 부족으로 돌린다. 주도적인 의사결정을 하지 못한다고 믿고 그들이 잘못 선택하거나 다른 사람에게 부적절감이 드러날 것이라는 두려움이 있다.

많은 우울성 성격들은 자신을 가엾게 여기기 시작하는 깊숙한 자기모멸 수준에 도달해 있다. 희망 상실과 자기연민의 느낌이 적을 때 건설적인 결과가 나올 가능성이 있다. 어떤 경우 비관/우울성 환자들은 삶의 밑바닥에서 대가를 치러야 한다고 느낄 수 있다. 이제 내적인 구원이 가치 있게 추구되어야 하는 갱신의 시기가 되었다. 다른 한편 가공할 만한 자기파멸의 위험이 이러한 시기에 엄습해 있다.

버림받은 대상 표상

우리는 '대상관계'라는 용어를 일반적인 생활에서뿐 아니라 타인의 중요한 특성에 관한 내면을 가정하는 일련의 암묵적인 표현으로 쓴다. 이는 일상생활의 순간적인 사건들을 해석하는 방법을 제시해 주는 무의식적인 전제와 관련 있다. 반복적으로 잘못 왜곡하는 것도 마찬가지로 분명치 않은 규칙과 추론을 정확하게 관찰하는 것을 포함한 개인적인 가정과 예상을 의미 있는 경험으로 통합하고 선택적으로 해석하도록 명확하게 구성한다.

'스키마'와 같은 용어로 언급된 현상학적 인지방식은 주로 의식적으로 사건들이 어떻게 걸러지고 분화되고 해석되는가에 관계한다. 그러나 경험을 선택적으로 범주화하고 평가할 뿐 아니라 또한 의식 수준 하에 있는 중요한 정신내적 구조를 언급하는 무의식적 스키마의 매트릭스가 있다. 이러한 본보기들은 잠시 동안 고정된 채로 남겨질 수 있지만 적절한 현실 경험으로 자극되면 활성화되고 우세하게 된다. 우리가 '대상 표상'이라고 말할 때 언급하는 후자의 도식은 초기의 삶을 형성해 주는 특성인 내적 본보기의 선상에서 지각과 인지를 형성하는 무의식적인 성향이다. 이는 실제적으로 현실에서 무의식적인 본보기가 기대감과 가정에 알맞게 변형한다. 이러한 우울한 상태에서 이러한 본보기는 진행 중인 경험과 사고를 비관적이고 부정적인 톤으로 스며들게 한다.

우울성의 내적 세계는 활기가 없고 유기되고 고갈되어 그 풍요로움과 즐거운 요소들이 전반적으로 메말라 있다. 과거에 일어났던 좋았던 행복한 기억과 성취를 경험해 왔지만 남아 있는 비관/우울성으로 끔찍하고 복잡한 삶에 직면해 포기되고 마음이 빼앗겨 버리고 유기된 채 기억으로부터 철회되어 왔던 것으로 나타난다. 이러한 버려진 대상은 더 많은 상실을 중심으로 기능한다.

금욕적 조절기제

우울성의 정신내적 세계의 역동적 과정은 우선적인 목표로 "우리는 인생의 보상을 박탈당할 수 있는 고행을 경험해야 한다."는 신념을 가지고 있다. 비관/우울성의 내적 세계 책략은 금욕적 기제를 통해서 자기부정, 자기처벌, 자기고뇌를 획득하는 것이다.

즐거운 기억을 축소하거나 부정할 뿐 아니라 필요하다면 성급한 자기사정과 반대되는 자기파괴의 행동들로 변형된다.

우울성 환자들은 자기에 대한 처벌적인 태도와 더불어 가능하면 자신들에게 최소한의 쾌락만을 허용하고, 자신이 그럴 만한 가치가 있는 것보다 더 많은 기쁨과 만족을 얻어 왔는지 아닌지를 검증하기 위해서 자신의 행동을 지속적으로 평가한다. 적음이라고 하기보다는 오히려 가치가 있다는 느낌으로 힘을 얻어 '강요됨'으로 자신을 완전히 포기하면 모든 삶을 저버릴 수도 있다. 어떤 의미로 보면 생존 수단으로 죽은 체하는 기제를 채택했다. 삶으로부터 자포자기와 모든 체념은 그 순간 자기유기의 행위에 놓이거나 자살에 의해서 완전히 소멸되는 것을 피할 수 있는 정신내적인 책략이 된다.

고갈된 형태론적 조직

비관/우울성의 전반적인 정신내적 구조의 골격이 약화되어서 보상작용 상실 없이 많은 스트레스를 참아낼 수 없다. 대처방식은 무기력하고 역동적인 전략들은 피폐해졌다. 정신적인 응집력을 유지하는 여러 힘들이 텅 비어 있거나 초점이나 활력이 없다. 결과적으로 우울성 환자들은 소진되지는 않았지만 외적인 행동을 시행하는 능력이나 내적인 정서와 자극과 갈등을 조절하는 데 약화된 능력을 보여준다.

비관/우울성은 내적으로 무능력을 보호하기 위해서 여러 감정을 의식에서 제외해 버리고 현재의 사실과 근원을 무시하고 고통스러운 감정을 가능한 한 없애기 위해 정신내적인 싸움을 한다. 이러한 방식으로 내적 세계를 구조화함으로써 정신적 고통의 경험을 최소화할 수 있다. 게다가 감정의 기저를 경험하지 않고 유일하게 명백한 외형으로 우울을 호소하는 정도로 정서를 격려하는 데 성공한다. 더욱더 완곡한 방식으로 우리는 최근에 환자가 여러 번 자기파괴와 자살에 기우는 것을 종종 발견한다. 감정과 생활이 메말라 있어 이러한 우울성 환자들은 삶의 의미가 없고 더 이상 삶을 통제하거나 유지하지 못한다고 결론짓는다. 아마도 그들이 능력과 자율 감정을 다시 얻을 수 있는 것은 자살할 때뿐이다. 이러한 방어적인 책략으로 자살하기 전에 이따금 개선된 기분이 관찰되는 현상이 있다. 전술한 문장을 정도에서 벗어나 설명한다면 더욱 빈번한 자살은 이러한 환자들이 고통스럽거나 굴욕적인 생활환경에서 벗어나고자 할 때 발생함을 알게 한다.

우울한 기분

비관/우울성은 특징적으로 우울하고 침울하고 눈물이 많다. 얼이 빠지고 두렵고 기쁘지 않은 기분으로, 필연적으로 두려운 감정을 곰곰이 생각하고 느끼면서, 만연한 불쾌감 상태는 드문 경우를 제외하고는 심각도의 중간 수준으로 지속될 수 있다(Bos et al., 2005). 그들의 자기폄하와 습관적인 우울은 매우 깊게 새겨져 있어서 성격 구조의 내재적 부분이 되었다. 어떤 하위 유형은 슬픈 감정, 분노, 조바심, 죄책, 공허, 갈망과 같은 우울 증후군의 하나 또는 다른 측면을 강조할 수 있지만 이러한 환자들은 삶에 대한 협소한 관심을 가지고 있고 기쁨과 친밀에 대한 욕구가 거의 없으며, 그들의 관계는 식사, 성교 심지어 놀이를 통해서 경험하지만 거의 열정이 없다는 것은 분명하다. 그들의 성질상 무기력과 슬픔의 기반은 생애에서 해악에 대해서 웃고, 기쁨에 대해 즐길 수 있는 어떤 능력의 기반도 헐어버릴 수 있다(H. S. Akiscal, 2005).

　게다가 이러한 일시적인 성향을 생리학적 신념에서 더욱 강화하는 것은 상당히 낮아진 신진대사율과 느려진 위장 기능에서 더 나타나는 다양한 자율신경계 기능들이다(Chiaroni, Hantouche, Gouvernet, Azorin, & Akiskal, 2005). 가장 흔한 불평은 수면 곤란, 새벽에 일어나기 힘든 것을 포함하여 피로, 감소된 성욕과 의욕 그리고 다양하게 온몸이 쑤시고 아프다. 경우에 따라서 기분 호르몬 물질의 조절 장애가 그러한 증상에 있을 수 있기 때문에 단기간 동안에 거의 경조증의 발단과 겹치는 시점에 행복감의 도취와 사회적 욕동이 있다. 그러나 일반적으로 더욱 우울한 기질이나 기분부전이 쉽게 지속적으로 관찰된다.

자기지속 과정

만성적 우울 기분은 종종 주로 장기의 신경생리학적인 결손이나 결함에 의해 불행과 슬픔이 지속된 내적 기분조절 장애를 반영한다는 것이 다시 언급되어야 한다. 생리적 힘들이 심리적 영향과 혼조되지 않고 분명할 뿐만 아니라 생체의 역기능이 주목할 만하게 지속적으로 침투하면 심리적 요인은 다른 요인들보다 역할이 적어질 것이다. 우리의 현재 지식으로는 지금의 생물학적인 성분이 더 강하거나 덜 강한지를 분간할 수

■ **표 4.2** 자기지속 과정 : 비관/우울성 성격

고통의 재구성
 불만은 취소할 수 없는 불행이 된다.
 분노가 부양을 제거한다.
 자기가 전적인 공허로 빠져 있다.

자기비난
 자기가치에 대한 수인
 발화된 격노가 후회를 하게 한다.
 속죄하는 자기처벌이 자살로 이끈다.

무력감의 강화
 무력감은 실패를 지속하도록 이끈다.
 더 잘하려는 노력을 차단한다.
 희망의 상실은 자기의 상실로 이끈다.

없다(표 4.2 참조).

고통 경험의 재구성

비관적이고 자기가치를 평가절하하는 스키마들은 비관/우울성의 정보처리 관계에 영향을 미친다. 회고적인 회상과 미래의 기대는 모두 불행한 상태를 더욱 강화하는 인지왜곡과 기대들로 채색된다. 앞에서 지적했다시피 우울은 종종 지지와 양육을 늘린다. 우울은 비판과 죄책감을 비껴 가게 하고, 다른 사람들로부터 거리를 유지시키고, 양가적이거나 부정적으로 느끼는 사람에 관해서 책임감을 피하는 수단으로 기여한다. 자학성의 경우에서처럼 많은 우울 환자들은 고통을 원하는데, 이는 아마도 그들이 획득하고자 하는 목적보다 훨씬 많은 고통을 겪어야 될지도 모른다.

이를 가능하도록 하는 전략이 얼마나 외고집의 일인가? 비관/우울성 환자들은 그들의 불행을 과장하고 자신을 무기력, 불행, 가치 없음에 종속시킨다. 이렇게 자기에게 부과된 상처들을 불행의 나락으로 심화시킨다는 사실에 우리는 충격을 받지 않을 수 없다. 여러 번 반복해서 우울성 환자들은 최소한의 미세한 단점과 실패를 돌이킬 수 없는 굴욕으로 확대한다. 자기 생성적인 절망의 행동 결과, 비관/우울성은 기쁨과 만족한 삶을 경험하는 능력이 상당히 약화되어 있다. 이에 타인들이 욕구를 보살펴 주고

삶을 책임져 주기를 바라면서 그들은 무기력감으로 가라앉는다. 그들이 낙담과 무방비 상태에서 편의를 얻고자 함에도 불구하고 심지어는 이미 문제 있는 상황을 더욱 힘들게 만든다. 시간이 지남에 따라 얻어질 수 있는 우울의 편의는 점점 더 작아진다. 주위에 감동받는 사람이 없어지고, 어떠한 동정도 나타나지 않고 자신의 의지로 주장하는 즐거움은 없다. 삶은 허무한 상태로 약해지고 그 현실의 단편들을 잃어버린다. 우울성 환자들은 자신의 과장된 요구로 사람들을 멀리 하도록 주도했다. 점점 더 불행과 무가치함에 대한 감정은 현실성을 잃기 시작한다. 심지어 우울한 고통의 자극이 점차적으로 공허감으로 침잠하고 마취된다.

자기비난 태도

비관/우울성 환자들은 더 나아가 타인들의 비난을 비켜 가기 위해 회한과 죄책감을 뚜렷하게 표현하지만 이러한 태도는 자신의 무가치와 비열한 감정을 강화한다. 우울성 환자들이 자신의 가치를 없애버리는 자기비난 행동들은 가장 나쁜 적이 되는 자기손상 행위이다. 따라서 비관/우울성 환자들은 다른 사람이 가하는 고통을 피하기 위한 노력에서 마음속으로 안도와 속죄의 수단으로 비하해야 함을 정확히 알고 있는 영리한 억압자로서, 비난하고 의심하는 스스로 박해자가 되는 것이다.

어떤 수준에서 그것이 실재이든 가상적인 것이든 우울성 환자들은 반전된 분노가 있지만 이는 겉치레임을 잘 알고 있다. 자신 스스로를 심하게 처벌해야 한다는 주장은 겉으로 나타나는 회계하는 행위뿐 아니라 또다시 하는 실패는 마땅하고 합당하기 때문이다. 즉 그들이 믿는 것은 자신 스스로가 고수하는 것이다. 이와 같이 그들은 더 깊이 자신을 처벌하고 더 심각하게 자신을 공격해야 한다. 그들은 자신의 실망과 부모를 향해 묻혀 있는 분노를 다루는 데 다시 실패했다. 양심의 가책은 일생 동안 깊이 뿌리박힌 무기력과 무가치감의 비웃음으로 인식되고 있다. 자기분노의 요소는 식사 거부에서 그리고 성행위의 무능력과 일반적으로 즐거움에 대한 무능함에서 보인다. 그들은 오로지 극기의 한 형태로 자기처벌 속죄(자살)가 남아 있을 수 있다.

무력감의 강화

궁극적으로 관심을 가지거나 정서를 끌어내지 못해서 나타나는 단순한 무력감을 지닌 행동은 장래의 지속되는 실패를 의미할 뿐 아니라 자신으로부터 점점 더 사람들을 멀리하는 자기충족 과정의 하나이다. 그들은 자신의 운명에 능동적인 주인이 될 수 없을 것이라고 결론을 내림으로써 자신에 대한 신뢰를 잃고 유리함을 추구하기 위해 사태를 더 좋게 만들려는 노력을 포기한다. 따라서 그들은 키에르케고르의 '심령의 죽음'과 유사한 상태에 빠진다. 악순환은 계속되고 그들은 무엇이 있겠지 하는 바람을 상실했을 뿐 아니라 자아의 바른 분별력도 상실했다.

개입 목표

대부분의 비관/우울성 장애자들은 만성적인 불쾌감과 무력감을 필연적인 삶의 조건으로 받아들이고, 무언가 조치가 필요하다고 주장하는 사람이 대두된 후에만 치료에 온다. 때때로 그들이 강제로 치료에 오는 것은 삶의 주요한 상처가 되기도 한다. 치료자는 처음에는 나타나는 증상에 우선 초점을 맞추고 환자가 아동기나 청소년기부터 이러한 방식으로 느꼈다는 것을 깨닫게 됨으로써 심한 우울을 오랜 기간 겪고 있다는 결론을 내린다. 환자는 그러한 감정을 삶의 환경 또는 개인적인 실패에 의한 것으로 당연시하고 궁극적으로 더 나은 희망감을 거부할 수도 있다. 몇 년 동안의 경험은 우울성에게 사물이 상대적으로 밝게 보일 때조차도 절망감이 잠복해 있어서 쉽게 밀려온다고 가르쳐 왔다.

다행스럽게도 비관/우울성 성격 장애를 가진 많은 개인들은 정신약리적 처방에 반응한다. 치료자는 환자의 고통을 우선적으로 완화시키는 첫 번째 처치로 항우울제를 고려하는 것이 바람직할 수 있다. 새로 발견한 개선된 약물의 내구성에 관해서 회의론이 지속됨에도 불구하고 많은 환자들은 이전에 짧은 기간의 편안함을 경험했기 때문에 약물에 응한다. 건강을 증진시키고 공고히 하기 위해서 치료자는 환자의 만성적 우울에서 야기된 부적응 성격 특징과 행동 패턴을 극복하도록 도울 필요가 있다. 적당한 약물 처방은 축 늘어진 기분과 자율신경계의 반응을 포함해 전반적인 우울 증상을 제거함에도 불구하고 더욱 은밀한 성격 요인에 미치는 영향은 적을 수 있다. 과거의 우울한 경험에 의해서 형성되어 왔던 대인관계 행동, 자아개념, 인지적 스키마, 기대들은 환자의 최적 기능을 고무하고 정서와 에너지 기반을 약화시키는 것을 피하기 위해서 더욱 적응적인 변이들로 대체될 필요가 있다.

　불행하게도 일부 환자들은 약물 투약에 반응하지 않으며, 따라서 회복의 길로 들어서기 더욱 어렵다. 이런 경우에 환자와 치료자는 환자의 성격의 재구성뿐 아니라 영향을 개선하고 즐거움을 향상시키기 위해 행동적, 인지적, 대인관계 및 또는 기타 중재에 직접적으로 관여해야 한다.

　비관/우울성 환자에 대한 치료 개입과 과정은 여러 병렬로 서로 뒤얽힌 목표 성취에 목적을 두어야 한다. 우울성의 특징인 수동성은 환경과의 더욱 적극적인 상호작용으로 대체되고, 고통에 대한 정서와 인지상의 강조는 즐거움에 대한 초점으로 이동해야 한다. 잠재적으로 고통을 주는 상황을 적극적으로 철회하는 회피성과는 달리 비관/우울성 환자들은 정지된 무력감으로 회피할 수 없이 고통을 받아들인다. 더 나은 즐거움의 기대는 우울성 환자들이 환경을 좀 더 진취적으로 바라볼 수 있도록 용기를 주는 데 도움이 될 수 있다. 성공의 후속 경험들은 우울성의 비관적 인지 양식, 기대감, 우울한 기분을 바꾸는 데 도움이 될 수 있다. 이러한 영역의 역기능을 직접적으로 공략하는 인지 개입은 환경에 새로운 경험으로 성격 변화를 가져오고 이에 따라 궁극적으로 환자의 자존감을 상당히 회복하도록 도울 수 있다(표 4.3 참조).

■ **표 4.3** 비관/우울성 성격 원형을 위한 치료 전략과 전술

전략적 목표

　극성 균형
　　희망의 상실과 고통 줄이기
　　쾌락과 양육을 증가시키기
　　능동적 수정을 자극하기

　지속성 감소
　　비관적 기대들을 취소하기
　　자기가치감을 소생하기
　　정신적인 기분 고양하기

　전술적 양상
　　기분 항우울제 사용하기
　　유기된 대상들을 소생하기
　　낙관적인 인지적 변환 증진하기

극성 균형의 재설정

비관/우울성 성격의 징표는 삶의 질 개선에 관련된 정신적 고통과 무력감이다. 환자가 환경과 적응 방식으로 상호작용하도록 격려하는 인지행동 개입은 성공과 즐거움의 경험을 환자가 느끼기 쉽도록 도와 고통−쾌락 극성상 균형을 증진시킨다. 무력감은 덜 느끼고 보상 동기를 더 강화하는 것은 또한 간접적으로 더욱 적극적인 대처 전략을 불러일으킨다. 이러한 것은 환자가 우울 인자인 수동적인 방향으로부터 나와서 능동적−수동적 차원으로 변경하게 한다.

지속 경향의 감소

우울성의 비관적인 기대, 자기가치감의 결여, 우울한 기분은 모두 환경 조건이 감정, 사고, 행동상의 일상적인 패턴을 지속적으로 강화할 것이다.

비관/우울성 환자들이 미래를 평가할 때 비관적 기대가 성공과 만족에 대한 기대보다 훨씬 중대하다. 자신들이 헛되이 진력을 하기보다는 더 쇄도하는 실패와 실망의 가능성을 열어둠으로써 수동적으로 그들의 운명의 짐을 짊어지도록 스스로 내던진다. 자신을 많이 향상시킬 수 있는 기회는 반신반의하고, 그들의 희망 상실과 자기질책에 에워싸여 있다. 그러한 환경에서는 성공의 경험은 쉽지 않다. 이러한 공허하고 차가운 세계를 빠져나오는 길이 있다 하더라도 낮은 자존감과 패배를 자초하는 우울성 환자들이 장애물 주위를 빠져나올 능력이 없을 것이다. 그들 스스로 개선할 능력이 부족하다고 믿기 때문에 다른 사람들을 희망의 구원으로 설정할 수 있다. 나머지는 초기에는 우울하거나 방어적이지 못한 행동으로 반응할 수 있지만 조만간에 종종 우울로 좌절감을 방지하기 위해 철수한다. 그들은 우울증이 다른 사람에게 미치는 영향에 대해 알고 있으나 여전히 더 많은 정력과 낙관적인 방식으로 행동하지 못한다고 느끼면서 자신의 비관적인 기대를 충족시키며 궁핍한 자기상을 강화시킨다. 사람들은 우울한 기분이 미치는 영향을 깨닫고 더욱 정력적이고 최적의 방식으로 행동할 수 없다고 느끼고 있으나 비관/우울성 환자들은 비관적 기대가 충족되고 그들의 강화된 궁핍한 자기상을 발견한다. 그들은 더 이상 고통을 피하기 위해 더 강하게 스스로를 지킬 것을 항상 맹세한다.

우울성의 비관적 기대에 의해서 불붙은 악순환은 비관론에 대해 직접적인 직면이나 도전적인 인지적 개입, 행동 경험의 개입에 의해 중단될 수 있다. 보다 쉽게 항우울제의 도움으로 마무리될 수 있지만 약간의 동기가 있으면 우울한 대인관계 습성을 특히 사회적 기술과 주장 훈련을 통해 변경할 수 있다. 이는 환자가 과업을 달성하기 쉽게 작은 단계들로 나눠 성공에 노출되도록 한다. 자기효능감은 자기상을 강화하고 보조적인 항우울제는 그들의 우울한 감정을 추가로 더 뽑아내는 데 도움을 준다. 인지기법들은 이러한 환자들이 감정적인 추론에만 의존하기보다는 환경에서 대상적인 피드백을 탐색하도록 돕는다. 문제 해법 기술은 그들이 진정한 실망이나 실패 때문에 무감각한 절망에 다시 가라앉는 것을 방지하기 위해 대체 계획을 세운다.

역기능 영역의 확인

비관/우울성 성격 역기능의 핵심은 비관적 인지 양식과 깊게 정착된 우울한 기분의 상호작용에 있다. 오랜 세월에 걸쳐 증명된 환경이나 기분을 조종하는 노력이 무익하다는 확신에서, 우울성 환자들은 변화를 계획하기 위한 노력이 효과가 없을 것이라고 믿는다. 심지어 자신이 일부 보상을 확보하기 위한 시도로 부적절과 상실감을 극복했을 경우에도 저항하는 우울 기분과 부정적인 해석의 편향은 삶의 단순한 기쁨과 작은 승리의 즐거움마저도 방해한다.

정신약리학적인 개입은 종종 비관/우울성의 문제에 첫 번째로 유용하다. 대부분의 우울성 환자들은 에너지의 상승과 낙관적인 암시를 첫 번째 제공하는 약물에 적당하게 잘 반응한다. 새로워진 희망을 가지고 환자들은 그들의 비관/우울성 패턴에서 태도와 행동의 변화를 향해 노력하고 탐색을 시작한다. 이러한 환자들의 무기력한 대인관계의 행동은 사람들을 가학적이고 착취적인 경향을 가진 사람들로 여기게 되거나 가장 좋은 의미도 멀리하고 심지어 그러한 것이 '정상적인' 일반인들의 경향이라고 배운다. 사회적 기술 훈련은 환자에게 슬픔에 잠긴 표현 행동과 방어적이지 못한 대인관계 행동을 더 주장적이고 흥미를 끄는 대안들로 대체하도록 가르친다. 이들을 다룰 수 있을 만한 작은 단계들로 나눈 과업인 계획 설정은 또한 우울성들에게 사회적 상호작용 개선에 알맞은 성공을 제공하고, 자기효능감을 증가시키고 자기상을 떠받치는 데 도움을 준다.

이러한 후자 영역들의 개선은 비관/우울성이 버려진 대상 표상을 재주장하도록 고무하고 실망과 실패보다는 더 나은 기대를 하도록 한다. 즐거움을 증진시킨 주관적인 경험은 또한 형태학 조직이 고갈된 성격에 원기를 회복하도록 하고 대처기제들을 그 전보다 더욱 생생하고 생산적이 되도록 돕는다. 우울성이 현존하는 자기부정 패턴에서만 안락하다고 믿는 것에서 벗어나기 시작하는 동안에 사실상 희망이 그들 레퍼토리의 한 부분이 되자마자 효과적인 대처가 일어나기 시작한다.

치료방식 선택

비관/우울성 환자와의 관계 형성에서 치료자는 무기력을 좌절시키는 동시에 환자의 의존적인 욕구를 만족시키는 지지적인 위치를 조심스럽게 균형 잡아야 할 필요가 있다. 대부분의 우울성 환자들은 어떤 것도 기대하지 않고 미래는 더욱 불행할 것이라고 주장한다. 그렇지만 사실은 많은 환자들이 불행과 무능감을 종식시킬 마술적인 해법을 치료자가 가지고 있다고 믿는 비밀스러운 기대에 차 있다. 비관/우울성 장애를 가진 환자는 아마도 자신의 대부분의 삶은 어떠한 대가가 없는 소모전이며, 삶의 과정에서 문제는 실망과 처벌을 주는 것이라고 믿고 평가하면서 보낸다. 이러한 환자들은 모든 동료로부터 삶은 그렇게 안개가 드리워져 있는 것이 아니라는 사실을 깨닫게 되고, 그들은 잠재의식으로 종종 치료자가 즐거움과 생명력의 비밀을 보유하고 있기를 바란다. 우울성 환자들은 감히 위험을 무릅쓰지 않고도 그러한 바람이 실현될 수 있을 거라고 추측함에도 불구하고 또 다른 통렬한 두려움으로 환자의 교묘하고 좀 더 명시적인 방식의 의존 욕구에 대한 단서를 치료자는 종종 받게 될 것이다. 치료자는 환자의 고통과 아픔을 경감시키는 데 압력을 느끼게 되겠지만 도와줄 때 매우 전능한 체하는 것은 충고할 만한 것이 못 된다. 그러나 치료자가 환자의 정서기능의 개선 가능성에 대한 희망과 낙관론을 알리는 것은 본질적인 것이다. 그것은 환자가 현실 가능한 해결책에 도달하기 위해 심리치료자와 많은 협동작업을 해야 함을 분명히 해야 한다. 환자는 잘 살펴주는 마술적인 도우미를 원할 수 있지만 치료자는 자기효능감과 문제해결 능력의 향상을 강조해야 한다.

　치료 단계를 시작하는 데 있어 환자의 의존 욕구를 너무 조금 만족시켜 주는 것은 치료자가 관심이나 보호가 부족하다고 느끼게 한다. 이것은 우울성 환자들에게 이롭

지 않은 느낌을 줄 수 있다. 아주 우울한 환자와 치료자는 회기를 계속 하면서 상시보
다 더 많은 작업을 한다는 것을 알 수 있다. 그러면 환자들의 상당수는 당혹해하고, 무
능력, 죄책감, 그리고 오해를 하고, 또한 자신을 표현하는 데 자신감과 활력이 결여될
수 있다. 너무 빨리 환자들을 다그치거나 격려하려는 것은 그들의 비관/우울정동이 환
자로 하여금 견딜 만한 것이 못 된다고 느끼게 함으로써 수치심에 치료를 종결할 수도
있다. 진정한 치료관계의 핵심은 환자가 자신에 대한 돌봄을 배우면서 자신의 능력에
대한 자신감을 전달하는 동안에 치료자가 공감적 지지를 하는 것이다.

무슨 치료 프로그램이 중심이 되어야 하는가?

행동 기법

우울성 환자에게 유용한 행동 기법을 디자인하는 것은 환자와 환경과의 상호작용을 조
심스럽게 분석하여 시작한다. 쾌적함과 불쾌한 사건은 행동의 문제 유형으로 식별해야
한다. 일상적 사건들과 기분을 기록함으로써 환자는 우울 인자의 활동을 변화시키기
위한 개입을 고안하는 치료자와 함께 작업할 수 있다. 일단 목표가 합의되면 계획된 과
제가 성공적으로 수행되었을 때 보상받을 수 있는 특정 강화 요인을 환자들이 선택할
수 있다. 개입은 보통은 세 가지 범주 중 하나이다. 환경을 변화시키기(예 : 일을 바꾸
고 영화관에 가는 것), 새로운 대인관계 기술 학습하기(예 : 주장하는 훈련, 모델링), 쾌
락과 관련된 행동을 증가시키기(예 : 안도와 쾌락훈련)가 그것이다. 환자는 즐기는 활
동, 특히 긍정적인 기분을 활성화시키는 활동에 몰두하도록 격려되고, 보상 행동을 위
해서 따로 시간을 정해 놓도록 교육된다. 어떤 행동 개입 프로그램은 의사소통을 격려
하고 사회적 상호작용을 촉진하도록 한다.

대인관계 기법

대인관계 접근방법은 증상 유지와 발달에서 사회적 환경을 강조한다. 치료 단계는 증
상을 검토하고 그들의 일상적인 과정을 기술함으로써 시작한다. 그런 다음에 치료의
윤곽이 잡히고 치료자는 환자의 '질병'을 치료할 수 있다. 대인관계 문제는 치료 과정
에서 해결된다. 긍정적인 관계의 개발은 환자에게 지지와 기쁨과 희망을 제공함으로
써 우울 증상을 완화시킬 수 있다.

비관/우울성 증상은 4개의 일반적인 역기능 분야 중 1개 또는 그 이상의 문제와 연관된다. 슬픔의 과도한 반응, 대인관계의 논쟁, 역할 전이, 대인관계 결핍이 그것이다(Cyranowsky et al., 2004: Markowitz, Kocsis, Bleiberg, Christos, & Sacks, 2005). 슬픔의 과도한 반응이나 일반화된 박탈감의 문제라면 치료는 지연된 애도 과성을 촉진하고 오랫동안 실종되거나 상실되었던 사람들에 대해 새로운 관계와 관심으로 환자가 대체하도록 초점이 맞추어져야 한다. 대인관계의 부재가 문제가 된다면 행동에 대한 계획과 효과적인 의사소통이 강조되어야 한다. 새로운 역할에 적응하는 환자들을 위해 적극적 역할과 새로운 능력에 효과적으로 기능하는 데 필요한 기술 연마에 중점을 둔다. 대인관계가 결여된 환자들은 미래를 기지로 삼아 과거의 긍정적인 관계를 확인하는 기법을 연습하고, 새로운 상황과 사람에 대한 조망을 탐색할 필요가 있다.

비관/우울성 장애의 치료를 위한 집단 접근과 연관된 많은 장점이 Luby와 Yalom(1992)에 의해서 지적되었다. 집단치료에서 우울증 환자들은 다른 사람들도 유사한 문제를 경험하고 있고 자신의 취약성이 나만이 아니라는 점을 깨닫게 된다. 이러한 현실 인식 그 자체로 치료될 수 있다. 따라서 참가자들은 쇠약해진 자기가치 및 대인관계 능력을 강화하도록 돕고, 어려움을 해결하고 문제를 극복하고 서로 격려할 수 있다. 동료 집단원의 견해에서 개선점을 목격하면 환자들이 향상된 기능을 가질 수 있도록 미약한 희망을 보강하고 적응을 위한 동기를 구축하여 도울 수 있다. 집단체제는 또한 역할 놀이와 다양한 참가자의 토론 및 행동 개입을 한다. 사회 기술이 부족한 환자들은 부적응 행동을 피드백으로 교정한다. 지지집단에서 긍정적인 강화는 집단 구성원들과 연습을 한 후에 자신감이 생겨 치료 밖에서도 새로운 행동과 경험을 할 수 있다.

비관/우울성의 대인관계와 기능 장애 치료의 가족과 부부치료 접근은 여러 영역의 역기능에 초점을 맞춘다. 환자의 우울 경향에 따른 다른 가족 구성원들과 환자의 배우자와의 반응이 환자의 전반적인 기능을 개선하기 위해서 탐색된다. 가족 구성원들은 증상 행동에 도움이 되는 유용한 방식을 배운다. 인지적 패턴은 환자의 가족 구성원이든 아니면 다른 가족 구성원이든 비관/우울성의 병리에 기여할 수 있다. 자신과 배우자의 기대감에 대한 문제 정의에서 행동에 대한 속성과 변화에 대한 믿음에서의 왜곡을 밝히고 변경할 수 있다. 행동 개입은 환자의 사회적 기술을 높이고 더욱 적응적인 상호작용 전략의 이점을 위해서 배우자와 다른 가족 구성원들과 함께 시행할 수 있고 적대적 상호작용도 줄어들 수 있다. 종종 배우자와의 친밀성 부족으로 환자의 증상은 촉진되거나 가속화되고 유지된다. 지지적이고 편안한 방식으로 부부가 상호작용하도록 가르치는 것은 심각한 증상을 완화시키고 비관/우울성 환자가 더 나은 태도와 대처 기제로 부적응적인 도식을 대체하도록 도울 수 있다.

인지 기법

우울성 성격 장애 치료를 위한 인지 기법은 행동 전략과 함께 많이 사용된다. 두 가지 방법을 결합하는 것은 환자의 행동과 환경의 결과를 변화시키고 우울성 태도를 변경하는 강력한 매체이다. 인지적 접근은 논리적 추론을 통해서 환경 데이터뿐 아니라 환자의 우울성에 직접적으로 도전하기를 강조한다. 사건, 사고, 기분의 궤적을 추적함으로써 비관/우울성 환자들은 기분부전이 연이은 부정적 혼잣말뿐 아니라 자신과 환경 평가가 얼마나 직접적으로 관련되는지를 습득한다(M. M. Lee & Overholser, 2004; Vittengl, Clark, & Jarrett, 2004).

한 번 부정적인 자동적 사고가 확인되고 나면 이를 수정·평가한다. 환자가 우울성 인자의 사고를 가질 때 "그렇게 생각하는 이유는 무엇인가?", "그것을 보는 다른 방법이 있는가?", "어떻게 대안적인 설명들로 검증하는가?", "나는 그것에 대해서 무엇을 해야 하는가?", "그것을 개선하기 위해서 나는 무엇을 할 수 있는가?"라고 질문하는 것을 배운다. 자동적 사고가 의지하고 있는 전략적 신념에도 일어날 수 있는 지속적인 변화가 확인되고 변경될 필요가 있고, 부정적인 사고가 새로운 형식으로 다시 수면 위에 뜨지 않도록 할 필요가 있다. 이러한 과잉일반화, 독단적인 추론, 정서적인 추론, 이분법적인 사고와 같은 역기능적인 인지 습관은 환자가 논리적으로 잘못된 사고 과정으로 야기된 사고와 비적응 행동을 직면하여 변경하게끔 한다. 기본 전략은 환자가 그들의 사고가 사실이 아니라 모든 것에 대한 추론이라는 것을 깨닫도록 도와주는 것이다. 이에 따라 그들의 수용성을 검증하기 위해서 고안되고 예견된 실험들이 타당성을 검증하기 위해서 설계된다.

행동 훈련은 인지적 변화 기법의 연장으로 주로 사용된다. 예를 들어 상황들에 대한 낙관적인 평가는 정당화시켜 획득한다. 환자에게 긍정적인 경험을 제공하기 위해서 행동은 가설 검증으로 계획된다. 인지적 시연 기법은 환자가 장애와 갈등의 예측 단계를 상상함으로써 그것을 극복하는 방법들을 이해하고 목표를 성취하도록 돕는다.

자기상 기법

모든 성격 장애처럼 비관/우울성에 대한 초기 접근은 치료자가 환자 중심의 지지적 태도를 기꺼이 채택하는 것이다. 아동기나 청소년기부터 줄곧 우울 증상을 가지고 있었고 받아들여 왔기 때문에 환자는 보통 위기의 순간이나 또는 환자의 우울한 외모와 행동이 위협 상태로 보일 때 치료에 임한다. 첫 번째 목표는 환자의 고통을 완화하고 견고하고 현실적인 치료적 동맹을 맺는 것이다. MacKinnon과 Michels(1971)는 치료자가 환자의 과도한 고통을 보호하기 위한 방어들을 강화하도록 권한다. 만일 환자들이 최근의 대인관계 상실로 고통스러워했다면 치료자는 환자에게 어떤 동기와 기대를 다시 얻기에 충분히 안정될 때까지 상실된 모습을 대역할 수 있다.

치료의 두 번째 자기실현 치료의 목표는 자기손상 환자를 보호하는 것이다. 치료자는 비합리적인 자기파괴적인 의사결정의 결과를 명확히 하도록 주의해야 한다. 치료자가 직접 환자에게 의사결정을 해 주지 못할지라도 환자의 관심과 개선이 예상되는 태도를 알려 '더 좋은 기분을 느낄 때까지 기다리도록' 격려한다. 환자가 자기신뢰와 자기효능감이 훼손되지 않기 위해 치료자들은 충고는 단지 한시적으로 하고 '환자 역할'을 강조해야 한다. 비관/우울성 환자들은 종종 과도한 수치심으로 고생한다. 우울성 환자가 수치심의 중압감과 고통을 충분히 겪음을 확신해서 치료자가 인정하는 것은 환자에게 용서가 가능하고 자신이 마침내 더 좋은 삶을 살 수 있을 만한 가치가 있다는 것을 믿을 수 있게 하는 것이다. 어떤 환자들은 직장이나 혹은 다른 역할에서 적당한 기능을 못함으로써 가족에게 짐이 된다는 죄책감에 시달린다. 다른 사람들에 대한 분노는 단지 증상을 악화시키고 관계를 방해하는 데 기여하는 죄책감 때문에 거부될 수 있다. 분노를 인정하고 노력하도록 환자를 격려하는 것은 도움이 된다. 환자와 치료자가 일단 동맹을 단단히 하면, 환자가 변화를 위한 노력에서의 이점에 관해 현실적인 기대를 갖고 다른 개입을 시작할 수 있다.

정신내적 기법

단기 치료를 포함한 **정신 역동** 접근은 일반적으로 한두 가지 전제를 기반으로 한다. 첫 번째는 우울이 대부분 손상된 대인관계에 의해서 야기되었다는 것이다. 아동기의 중요한 다른 사람들과의 실망 경험으로 개인은 우울 인자 패턴이 반복되는 경향이 있다. 두 번째 전제는 비관/우울성 패턴이 부적절한 자존감과 관련된 적응 기능에서의 어려움을 반영한다는 것이다. 열망과 현실 사이의 또는 과거에 경험했던 것과 지금의 상실 사이의 인식된 모순은 우울 증상을 야기한다.

　역동치료의 핵심은 치료자에 대한 환자의 전이를 분석하고 부적응 정서, 인지 왜곡의 근원에서 환자의 발달상의 대인관계 병리를 분석한다(Leichsenring, 2005). Bemporad(1999)는 여러 단계로 과정을 구분한다. 첫째, 치료자와 환자는 그들 관계에서 나타나는 아동기 대인관계 역기능의 격세유전적인 잔여를 조사한다. 둘째, 환자가 방어, 신념, 동일시 패턴을 철회하여 더욱 현실적이고 기능적인 행동 양식으로 대체하게 한다. 꿈, 관계, 감정에서 근원을 모두 분석하고 추정한다. 셋째, 환자의 병력과 맥락에 대한 새롭고 성숙한 평가가 지속적인 비관/우울 증상으로 부터 보호될 수 있다. 치료는 지지적인 공감, 직접적인 충고(적절한 경우에), 치료자의 긍정적인 관계 경험에 의해서 증진될 수 있다.

약리적 기법

정신약리학적 기법은 비관/우울성의 우울 증상을 제거함으로써 정상적인 삶을 살 수 있도록 도울 수 있다. 항우울제가 환자 성격의 근본적인 특성을 재구성하지는 않지만 확실히 환자가 새로운 행동 경험에 대한 위험을 감수해내기에 충분한 에너지를 제공하며 더욱 낙관적으로 느끼는 데 도움이 된다(Kool et al., 2005; Schatzberg et al., 2005). 시중에서 사용하는 많은 항우울제들은 다른 부작용이나 금기 프로파일을 가지고 있다. 환자의 병력과 민감성에 대한 신중한 평가는 어떤 것이 적당한지를 결정하는 데 도움이 된다. 2~6주 지연기간 동안 환자에게 지장을 주는 것을 막기 위해 환자에게 약물 투여의 시작과 효력 사이의 지연이 있다는 것을 강조하는 것이 중요하다(Markowitz, Kocsis et al., 2005).

상승효과 합의

비관/우울성 성격 장애자의 치료 전략을 계획할 때 고려되는 첫 번째 단계는 보통 항우울제 약리하적 개입이다. 모든 환자가 기꺼이 약물을 복용하는 것은 아니지만 여러 다른 약물들이 적당하다고 한 후에 처방될 필요가 있음에도 불구하고 상당히 많은 환자들은 효과적인 약을 복용하면서 일단은 구름이 걷히는 것처럼 느낀다고 보고한다.

약물 복용을 하는 환자들을 위해서(약물을 복용하지 않는 환자들을 위해서도) 유용한 초기 접근은 지지적인 것이다. 환자의 고통을 경감시키거나, 공감적인 이해를 제공하고, 잘못된 결정으로부터 보호하는 것은 환자의 기대와 동기를 상당히 고무시킬 수 있다.

행동 개입은 인지적이든 대인관계든 역동적 기법뿐 아니라 성격 개선 기법과 결합해서 그다음에 사용하게 된다. 행동 변화는 새로운 경험을 받아들일 수 있고 더 적응 패턴을 강화하는 데 도움이 된다. 환자의 삶과 어려움에 대한 더욱 전반적인 분석이 우울 인자의 태도와 행동에 대한 뼈대를 바꿀 수 있다면 이것은 스트레스 시기 동안에 환자가 재발하지 않도록 하는 면역기능을 갖게 한다.

치료자가 환자의 부속 가족이나 부부치료가 적당할 것이라고 판단한다면 환자와 치료자가 준비되었다고 느끼자마자 시작할 수 있다. 마찬가지로 비관/우울성 환자들이 그들을 위한 지지집단에 참여하는 것은 여러 가지 이유에서 이점이 있다. 치료자가 직업적인 책무에서 지지하는 중에 우상화되거나 의심될 수 있는 반면에 집단 구성원들은 일반적으로 동료로 간주된다. 이는 환자의 정서가 덜 고립되게 하고, 비슷한 상황에 처해 있는 다른 사람에게 진정으로 기분과 삶이 개선되기를 희망하도록 하는 결과를 야기할 수 있다.

비관/우울성 환자들에 대한 성공적인 개입의 중요한 측면은 주요한 삽화와 재발 방지에 초점을 맞추는 것이다. 환자들은 대부분의 사람이 강렬한 기분 장애의 기간을 재경험하는 것이 흔하다고 알려야 하고, 또한 더 나은 기분을 느끼고 이를 적극적으로 유지하도록 하는 전략이 학습되어야 한다. 추가 회기는 환자들이 최적 수준에서 기능할 때 추천될 수 있다. 약물치료 중인 환자들은 규칙적으로 모니터될 필요가 있다.

예시 사례

DSM 분류가 최신의 것임에도 비관/우울성 증상의 병력은 길고 많으며, 이에 대한 여러 요소들이 다음과 같은 성격 제시로 설명될 수 있다. 어떤 사람들은 극적인 몸짓과 탄원하는 말을 하면서 우울한 기분을 표현하고, 사람들에게 요구적이고 신경과민을 보이고 변덕스럽다. 어떤 사람은 수동적이고 모호하고 추상적인 철학적 용어로 생각들을 언어화하는가 하면 또 다른 사람들은 여전히 의롭고 조용하고 의기소침해서 엄숙하고 침울하고 비관적이다. 그러나 모든 이의 공통점은 무감동, 낙담과 무력감을 지닌 자기비하적인 존재이다. 그들의 행동과 불평등은 보통 다른 사람들로부터 동정과 지지를 일깨울 수 있다. 그러나 이러한 재확신은 일반적인 낙담에서 한시적인 안도감을 제공할 뿐이다(표 4.4 참조).

사례 4.1 나디아 M., 35세

- -

비관/우울성 성격 : 기분이 언짢은 유형(부정성 특질을 가진 우울성)

현재 양상

나디아는 정확하게 3년을 지속적으로 오락가락하며 상사와의 복잡하고도 상처를 주는 관계 때문에 치

■ **표 4.4** 비관/우울성 성격 장애의 하위 유형

고집이 센 : 절망해서 초조해한다. 동요되고, 성이 나고, 당황하고, 혼란스럽고, 쉼이 없고, 안정되지 않았다. 정서와 외관의 동요가 있다. 불가피한 고통을 피하기 위한 자살(혼합된 우울/회피성 하위 유형)

자기훼손하는 : 약점과 단점으로 자기를 손상시킨다. 자기조소하고, 신용하지 않고, 책망하고, 불명예스럽고, 밉살스럽고, 비열한(혼합된 우울/의존성 하위 유형)

변덕스러운 : 귀족적으로 보이는 것에 고통스러워한다. 불행이 사회적 각성을 일으키는 대중적이고 유행을 따르는 모드로 간주된다. 개인적 우울이 자기영광과 우월감으로 간주된다.(혼합된 우울/연극성-자기애성 하위 유형)

기분이 언짢은 : 기분이 언짢고, 심술궂고, 짜증 내고, 불만족해서 불평한다. 죄의식에서 자기비난하고, 자기연민하고, 건강염려증이 있다.(혼합된 우울/부정성 하위 유형)

병적인 : 깊은 낙담과 우울이 있다. 초췌한, 침울한, 애처로운, 소름 끼치는, 고갈된, 억압된, 강렬하게 자제한다.(혼합된 우울/피학성 하위 유형)

료에 오게 되었다. 그러나 그녀가 현재 사무실에 근무하면서 어떻게 느꼈는지에 대한 질문에 "나는 그를 성적 학대로 고소하려고 생각했지만, 아마도 항상 그랬던 것처럼 아무것도 못하고 그냥 견뎠어요." 라고 대답했다. 초기 면담에서 나디아는 필연적으로 상당한 고통을 야기한 상황으로부터 자신을 보호할 필요가 있음을 분명히 느끼면서 경계하고 안절부절 못하고 있었다. 그녀는 "어느 누구도 나를 주시하지 않거나 심지어 돌볼 것 같지 않아요. 이건 분명해요."라고 설명했다. 그녀는 최근에도 역시 마찬가지로 심한 두통이 있음을 알리기 시작했다. 그러면서도 강조하기를 "이것은 바로 최근이에요. 나는 항상 뭔가 잘못되고 있던 거예요."라고 하면서 더 나아가 그녀가 경험했던 과거에 불면증과 고통의 확산과 소화불량을 나타내고 있다. 그녀의 어머니가 자주 이사를 했기 때문에 나디아는 초기의 삶을 유목생활로 설명했다. 유년기 내내 그녀는 자신이 어머니의 남자친구보다 덜 중요한, 즉 어머니의 눈에는 '두 번째 고려' 순위였다고 했다. 자신이 최근에 관계하고 있는 감독자에 대해 "접근하거나 친해질 수 없어요. 그는 다만 그 자신의 관심 분야를 제외하고 다른 사람에게 관심을 갖지 않고, 어떤 것도 감정을 일으키는 것 같지 않았어요. 그는 마치 자동화기기 같아요."라고 특징적으로 기술했다. 그러나 그녀의 표현에서 감추어진 적개심에서부터 분개하는 비통함에 이르기까지 장벽을 쳐 놓음이 확실해 보였다.

초기 인상

Kraepelin과 Schneider(1950)에 의해서 잘 기술된 것처럼 나디아와 같은 경우에 우리는 건강염려의 집착과 주기적으로 죄책감과 자기비난이 혼조되어 있는 불평을 지속하는 불만을 보았다. 그녀의 갈등과 양가감정이 더 뚜렷해지는 나디아의 습관적인 양상은 한편으로는 분개와 괴로움을 다른 한편으로는 처벌적인 자기비하 사이에서 극단적인 동요를 야기하면서 더욱 빈번해졌다. 그녀는 자기연민과 신체화된 불안을 나타냈는데 이것이 다른 우울 유형과 구별시키는 기반이 되었다. 경험적이고 임상적인 연구는 **기분이 언짢음**의 하위 유형인 나디아의 비관/우울성 원형의 특성이 부정성 성격 사이에서 가장 흔하게 보이는 특색과 혼조되어 있음이 보였다. 항상 우울한 것은 아니지만 나디아의 웅얼거리는 부정성은 다른 사람들에 대한 집요함과 불만스러움이라기보다는 자신에 대한 **기분 나쁜** 성향으로 향하면서 어떤 것에서도 쾌락과 만족스러움을 가지지 못했다. 다른 사람들이 그녀의 문제와 불평을 듣고 있다는 주장에 자기 스스로를 일종의 꾸짖는 태도로 괴롭히는 특성이 있었다. Kretschmer(1925)의 기술과 일치하게 그녀는 차갑고 이기적이고 사람들의 실패를 즐거워하고 사람들의 삶에 보상이나 성취를 전혀 예상하지 않는 것처럼 보였다. 때때로 그녀는 우울한 적대적인 불평과 요구를 했고 싸울 듯이 과민 반응을 보였는데 그녀는 자신의 딱한 처지와 다양한 육체적 질병, 고통, 무능에 대한 절박한 관심의 필요 때문에 비탄에 빠져 있었다.

　나디아의 불균형한 극성을 설명하면 강한 **고통**과 아주 약한 **쾌락** 지향이다. 이는 그녀가 치료를 연장시키는 고통스러운 기분과 과민성을 줄이는 것과 그녀의 지속적인 운명론적이고 냉소적인 성향을 취소하는 데 초점을 둘 필요가 있다. 그녀의 성격상 무가치감과 함께 타인들을 악의가 있다고 보는 관점으로 인해 사람들의 행동을 믿지 않으므로 신뢰가 가장 중요했다. 책임감을 빨리 바꾸는 것이 그녀의 죄책의 성향을 약화시킬 수 있다는 것을 알았기 때문에 치료 전반에 걸쳐 자기와 타인 모두에 대한 타협된 느낌 간의 갈등을 매우 조심스럽게 재작업하는 것이 필요했다. 또한 나디아는 종종 이상한 욕망과 빈번한 결단력 없는 행동을 보다 더 건강한 기능으로 습득할 필요가 있었다. 나디아가 더욱 기능적인 습관을 터득함으로써 그녀 주위에 있는 여러 사람들과의 관계를 강화하고 회복하는 데 도움이 되는 것과 마찬가지로 나다니아의 지속적인 죄책감에 대한 자멸감을 효과적으로 취소할 수 있다.

영역 분석

검사 과정에서 그녀는 길고 힘들고 불편했지만 그로부터 유효한 결과를 산출했다. MG-PDC와 MCMI-III Grossman 다축척도에서 측정된 특징 영역들은 다음과 같은 것을 포함한다.

기질적으로 성마른 : 사소한 곤혹에 의해서 나디아는 쉽게 좌절되고, 기분이 상하고, 또 종종 낙담과 만족 사이에서 지속적인 불규칙 상태로 기분을 자주 바꾼다. 어느 때는 절망과 만족 사이에서 변덕스럽게 동요했다.

가치 없는 자기상 : 나디아의 성마름과 불만족의 욕동은 그녀가 회복할 수 없는 특성을 가지고 있다는 고정된 느낌이었다. 그녀의 주변에서 자기비하와 죄책감의 자아관을 인정하는 증거를 쉽게 찾을 수 있었기 때문에 많은 행동이 이 영역에 잘 부합되었다.

대인관계에서 무방어적 : 악의에 찬 세계 한가운데로 난파할 것 같은 느낌에 나디아는 즉시 타인들의 보호와 보살핌을 찾을 뿐만 아니라 사람들이 그녀의 노력에는 상관없이 그녀의 결핍과 취약성으로 떠나버릴까 봐 그녀 방식대로 해온 좋은 관계를 취소하는 경향이 있었다.

치료 단계

중요한 치료 개입은 나디아를 돕는 데 유용했다. 첫째, 그녀는 불안과 낙담을 심화시켰던 환경적인 압력을 피하도록 했다. 단기 **지지치료**는 처음에는 불안의 원천으로부터 안도감을 갖게 했다. 재발 또는 퇴보를 감소시키기 위해 치료자는 목표를 너무 늦게 세우거나 또는 너무 빨리 변화되기를 주문하지 않았다. 초기의 노력은 나디아의 신뢰 형성에 있었다. 단기 과정은 그녀의 긍정적인 특성에 두고, 신뢰와 자존감 상승에 가장 유용하도록 고안되었다. 게다가 **인지 기법**은 자기신념과 기대를 방해하는 자기파괴적 특성에 직면하기 위해서 사용되었다. 지지적 책략과 인지적인 직면이 조심스럽게 적용된 초기의 회기들은 그녀의 **무가치한 자기상**을 무력하게 하는 데 효과적인 짝으로, **약물**(특히 항우울성 약, Lexapro)이 치료가 시작된 다음 짧게 사용되었다. 치료 초기 단계의 누적된 효과는 자존감의 개선뿐 아니라 그녀의 과민성과 **기질적인 신경과민**을 완화시키는 것이기도 했다.

모르는 사람을 믿어야 하는 두려움과 보살핌 받고 안심하기를 갈망하는 그녀의 강렬한 양가감정 때문에 치료자는 초기에 따뜻하고 주의력 있는 태도를 가졌다. 그녀는 일찍이 몰두했으므로 치료자의 성실성과 동기를 검증하는 반복적인 책략은 쓰지 않았고, 그녀의 노력으로 가정생활에 스트레스 요인을 줄이는 것이었다. 여기서는 가족 구성원의 역할이 유익하지만 가족들의 동기가 부족했다. 이러한 상황에서 더욱 퇴행의 가능성을 줄이기 위해 가능한 기법을 찾도록 촉진했나. 이와 같이 앞의 이유들 때문에 치료 개선을 위해 의미 있는 조치를 취할 수 있도록 치료가 더 급속하게 진행되었다. 중요한 사람과의 관계는 여러 **대인관계**(예 : Klerman, Benjamin) 치료기법들로 강화되었다. 치료자의 보살핌과 감정이입의 태도는 나디아가 잘못된 기대와 실망의 재경험에 대한 불안을 이겨낼 수 있고 **방어적이지 못한** 감정과 싸우게 하는 새로운 기술을 개발하도록 도울 수 있었다. 자기충족적인 예언(타인이 바라보는 이미지에 자신을 맞춤)에 고무되어 나타날 수 있는 그녀의 상실에 대한 기대를 줄이는 것이 바람직했다. 그녀는 중점이 되는 관심이 없어서 변화와 성장을 촉진할 수 있는 경험의 기회가 좌절될 수 있었다. 추가로 상대적으로 **짧은** 기간에 강화될 수 있는 사회적 행동에 초점을 맞추어 그 이상의 대인관계의 신뢰를 얻을 수 있도록, 후에 제한된 **행동수정** 방법들이 소개되었다. 이는 나디아가 실패자로 느껴 과도하게 죄책감에 사로잡히게 되거나, 우울하거나 심지어 자살 가능성을 줄이기 위해서 조심스럽게 다루어져야 했다. 그녀를 안정시키고 기분과 행동에서의 동요를 스스로 통제하도록 돕는 것은 유익한 것이었다. 이러한 방식으로 치료자는 그녀의 후퇴와 악화의 가능성을 줄였다.

사례 4.2 제프리 S., 26세

비관/우울성 성격 : 변덕스러운 유형(연극성과 자기애성 특질을 가진 우울성)

현재 양상

제프리는 세상을 '허위와 비열'로 기술했던 창의적인 작가였지만, 단순히 이것은 '있는 그대로 현실을 보는 것'의 아주 정확한 반영으로 보았다. 그는 불신하기 시작한 친구들에게서 무시되고 조롱받고 편안함을 찾을 수 없다는 기분에 의해 낙담한 상태로 치료를 요구했지만 그러나 "정말 아무것도 도움이 되는 것이 없다고 생각한다."라고 직접적으로 진술했다. 그가 인식했던 사회가 필연적으로 소용돌이로 빠져들고, 추한 자리다툼이 판을 치고, 자신은 이러한 재앙에 직면한 불행한 극소수 사람 중 한 사람이라고 보았다. "사람은 행복하게 살아남기 위해서 협잡꾼이 되어야 한다. 단지 이는 내 길이 아니다."라고 주장했던 것처럼 제프리의 저술은 자기선언적 형태의 작품이었으나 그는 "사람들이 이러한 파괴적인 길을 중단하기를 원하면 모든 사람이 들어야 할 필요가 있는 진실이다."라고 설명하면서, 그 자신의 저술은 누구든지 알아둘 필요가 없다는 상반된 주장 사이에서 오락가락 했다. 제프리에 따르면 이러한 행동 때문에 가족들이 그를 멀리했다고 한다. 가족 역동에 관한 그의 설명에서 확실히 분명했던 것은 그의 가족이 방문상담을 독려했고 그에게 다소간 요구하기도 했다는 것이었다.

초기 인상

Schneider(1950)와 Kraepelin(1913)은 무상함과 덧없음을 드러내는 우울성 성향에 주목했다. 제프리에게서 인내는 엘리트는 아닐지라도 그를 특별하게 느끼도록 하는 거룩한 어떤 것으로 보였다. 이에 따라 그는 '삶의 괴로움'을 음미할 수 있는 철학적 은신처를 획득했다. 많은 **일시적인 우울성**처럼 제프리는 불행한 기분을 들게 했던 의상이나 주거방식에 대한 심미적인 집착에 사로잡혀 있었다. 우리 모두가 이러한 대중사회 속에서 나누는 '실존적인 슬픔'과 소외에 대해서 그는 사색했다. 이렇게 주목을 끄는 언어의 사용이 그를 다른 사람과 연결시키도록 했다. 그가 간절하게 추구했던 애착으로부터 가장 고립되었을 시간 동안에도 이것은 그에게 소속감을 주었다. 이런 식으로 제프리는 산만한 주의집중과 과장된 자기진술 속에서 경조성과 자기애성의 성격을 보였다. 게다가 최근의 문제에 대한 그의 개똥철학은 그에게 개인적 공허와 혼란을 합리화할 뿐 아니라 그가 '흥미 있는' 사람이라는 시각으로 어필하게 하는 것이기도 했다. 인기를 얻기 위한 방식을 각성함으로써 그는 여러 집단의 구성원으로 자신을 소개했고 관심을 끌려고 했다. 그러나 애착욕구 충족에 실패하면 그는 빨리 철회되어서 이런 것들을 영적인 죄책과 절망감을 선언함으로써 대체했다. 제프리의 어려움들의 지속은 대부분 불균형의 사회적 양식에서 나타났는데(**타인** 지향), 그의 공허한 내적 자각으로부터 유리되어 외부특색에 초점을 두고 거기서 다른 사람의 관심을 끌었다. 게다가 그는 만성적인 낙담(**고통** 지향)에 대한 경험이 그를 희생자로 평가했다.

이러한 갈등의 비효율적인 적응으로 구성된 이 모든 것에, 치료자는 제프리가 진정한 관계 형성과 더욱 효과적인 사회적 기술을 형성하도록 요구하면서, 개인적인 중요성이 적은 타고난 감각을 영속시켰던 여러 신념을 논박했다. 오히려 모호한 자기상에 대한 논쟁은 똑같이 중요하게 치료 내내 중심적인 주제로 남아 있었다.

영역 분석

다음에 나오는 의미 있는 영역들은 MG−PDC에 의해 측정된 것으로 제프리의 면담 목표에 맞는 것을 확인했다.

> **대인관계에서 관심 추구** : 제프리는 예술적인 표현을 여러 사회적 행동 수단으로서 그리고 깊게 자리
> 잡은 부적절감을 방어하는 방패로 사용하면서 사람들로부터 찬성과 관심을 분명하게 구했다. 그는
> 원하는 것(좀 더 많은 인정)을 얻기 위해 신랄한 말과 조롱을 감내해야 했다.
> **인지적으로 비관적/과장** : 자기애성과 우울성의 두 특성의 혼합인 제프리는 더 어렵게 자기감정에 장
> 벽을 사용하여 이념으로 발전시켰고, 그의 노력에도 개의치 않는 재앙을 종식시킬 투사로 스스로에

게 특별한 신분을 부여했다.

가치 없는 자기상 : 그는 인정하기 싫었지만 자신에 대한 어느 정도 상당한 모욕감을 지니고 있었고, 이런 불리한 존재에도 불구하고 다른 사람들을 문책하기 위해서 감정을 표출했다. 이런 방법으로 그는 그가 불가피하게 느꼈던 어떤 실패도 저항하여 보호했나.

치료 단계

제프리 치료의 일차적 목표는 그의 강렬한 양가감정과 늘어나는 분개심을 줄이는 것이었다. 공감을 중점으로 생산적인 치료관계를 유지하는 것이 가능했다. 치료자는 진정한 보호와 확신을 전달했고, 이것으로 치료자의 진실성과 동기를 검증하기 위한 계략을 사용하는 제프리의 성향을 극복할 수 있었다. 그는 화난 사람으로 보이는 것이 싫어서 그의 분개를 천천히 나타냈고 그것은 마침내 개방적으로 친절하고 이해할 수 있는 방식으로 다루어졌다. 그는 양가감정에 마주하는 것을 내키지 않아 했지만 혼합된 감정과 태도는 치료의 주요한 초점이 되었다. 개선되고 재발이 예방되기 전에 치료 종결을 시도하는 것을 미리 막기 위해서 치료자는 제프리의 효능감이 없고, 죄책감과 **무가치함**을 지속하는 **자기상**을 철회하기 위해 직접적이고 인간적인 접근으로 **동기면담** 기법을 사용했다. 약리처방은 이러한 초기 치료단계에서 또한 고려되었지만 제프리가 단호하게 '나는 내가 경험하는 모든 것을 느껴야 한다' 라고 여겼기 때문에 궁극적으로 거부되었다. 이러한 치료 거부가 초기 진전을 느리게 할 수 있었지만 더 어려운 경험들과의 연결은 치료 과정에서 투자를 늘렸고, 그것은 역설적이게도 지속적으로 중점적인 치료의 촉매가 되었다.

치료자와의 관계에서는 제프리에 의해 촉발된 **관심 추구** 과정에서 제한적 **대인관계** 접근(예 : Benjamin, Kiesler)이 사용되었다. 마찬가지로 그는 치료자의 애착을 유도하면서도 애착이 표현되면 치료자의 감정에 대한 진실성을 의심하는 목소리를 내면서 이를 거부했다. 이러한 모순에 초점을 두는 것이 중요했다. 그렇지 않으면 제프리는 치료자의 수용을 문자 그대로 인정하기는 하지만 그의 태도는 바뀌지 않았을 것이다. 과거의 경험들과 병행하여 재구성한 환멸 경험에 무의식적인 반복강박을 포함해서, 제프리는 예상을 인식해야 했을 뿐 아니라 대인관계에서 그들의 행동을 다루는 것을 배워야 했다. 서로 대립된 욕구와 신념을 분리시키기 위해 치료자는 **인지적** 직면과 재구성을 사용하기 시작했다. 제프리의 각성은 주로 사회적 영역에서는 낮아 있었지만 잘못된 행동방식(**인지적 확장**)은 파국과 종말(**비관주의**)이 아닌 것처럼 스스로를 진작시켰다. 이러한 방식으로 그는 '모든 것에 초연할 수' 있었다. 예를 들어 자신이 의지했던 사람들에게 사랑을 원했지만 그것이 협잡이고 부정직하다는 이유로 거절했다. 그의 양가감정에도 불구하고 목가적인 상태가 획득될 수 있을 것처럼 치료에서 새로운 관계로 들어갔다. 과거에 식구들과 친구들에게 그가 경험했던 것처럼 더 이상 누군가가 그를 기만하지 않을 것이라는 일치와 사랑의 진정한 원천을 추구하는 행동을 그는 경험했다. 과거의 복종과 실망을 염두에 두면서 사람들이 충성스럽고 믿음직한지 알기 위한 새로운 관계를 점검하기 시작했다. 대비되는 방식으로 과거에 사람들이 해왔던 것처럼 그가 그렇게 변덕이 심하고 실속이 없는지의 입증 여부를 확인하기 위해 치료자를 자극하고 좌절시키려고 했다. 여기서 치료자의 따뜻한 지지가 제프리의 광대한 기대의 재구성과 관계 행동에서 일치를 보이도록 중요한 역할을 했다. 치료 과정에서 상황적인 그리고 환경적인 관심과 더불어 더 큰 사회적 기대에서도 이것이 일반화되었다.

사례 4.3 트래비스 R., 39세

비관/우울성 성격 : 병적인 유형(피학적 특질을 지닌 우울성)

현재 양상

39세의 숙련된 엔지니어 트래비스는 "내가 나오는 것은 매번 거부될 뿐이지요."라고 표현했듯이, 그는 공포스럽고 자기유도의 고립 상태에서 지난 8개월을 보냈기 때문에 직장에서 퇴출당했다. 그는 희망 없는 낙담의 안개 속에서 완전히 길을 잃었다고 보고했고, 그러한 상태는 신체언어에서부터 언어 표현에 이르기까지 그의 전 존재에 침투해 있는 것처럼 보였다. 그는 어디로 가야 하는지에 대한 생각이 없고, 어떤 수용할 만한 삶의 기대도 없다는 것에 비탄했다. "나는 가엾다."는 말을 자주 했고, 자기처벌의 악담을 했고, 스스로 들어섰던 인생길을 책망했다. "나는 나를 보호할 어떠한 것도 없다는 것을 알았을 때는 여생에서 결코 편안하고 충분한 자기만족을 할 수 없을 것 같았어요. 지금과는 다른 어떤 것을 할 수 있는 진정한 기술도 없고, 어떤 것을 유용하게 배울 수 있다는 기대도 없고, 나는 단지 가엾은 혹일 뿐이죠." 고용되어 평소처럼 일하러 갈 때조차도 그가 분발할 수 있었던 가장 집중적인 노력도 이러한 절망의 표피를 깨뜨리지 못했다. 그는 또한 20대 후반의 짧은 결혼 생활을 "그것은 사랑이 없는 것이었고 우리는 궁극적으로 서로를 미치게 하는 단지 2명의 부족한 사람이었어요."라고 말했다. 다방면에서 나타나는 우울증에 대처하기 위해 트래비스는 가능한 한 많이 자려고 했고, 계속해서 텔레비전을 보았고, 다른 사람들과의 상호작용을 피했다.

초기 인상

비관/우울성의 특성을 동반하는 트래비스의 합병증적인 우울 성격양상은 축 I의 임상적 우울과 섞여 있었다. 그의 우울과 깊은 낙담은 분명히 그의 손안에 뭔가 무거운 물체를 쥐고 머리는 땅으로 향하고 있는 것처럼 사람들을 응시하지 않았다. 다양한 신체적 징후와 증상은 트래비스를 다른 우울 성격 하위 유형과 다르게 구별할 수 있었다. 그는 살이 빠졌고 초췌하고 고갈되어 보였다. 완전한 고립과 포기를 두려워하면서 휴식을 취할 수 없고, 2시간이나 3시간의 수면 후에 깨는 특징적인 패턴이 반복되었다. 여전히 새날에 대한 점증하는 공포를 경험하는 것은 누군가에 의해 도전받기 때문이었다. 재난이 출몰하고 철저한 무력감, 과거의 실패에 대한 죄책감, 희망 없는 운명의 체념이 있었지만 주목할 만한 것은 그의 표현이었다. 의존적인 성격의 특색이 트래비스의 정신조직에 퍼져 있었다. 그가 대처할 수 없나고 느끼고 있던 것은 깊은 혐오적인 개인적 무능감이었다. 이 습관적인 양상은 그의 낙담과 합병증을 심화하는 결과를 낳아 현재의 문제를 다루려는 기대조차 못했다. 대조적으로 비관/우울성과 공변하는 다른 성격은 능력에 대한 충족감과 궁극적으로 어려움을 대처할 수 있다고 믿는 자기가치를 가지고 있었다. 우울의 심한 단계가 아닐 때 트래비스는 기죽이는 자기경멸을 분명히 나타냈다. 그는 그가 했던 경험 중에서 가장 나쁜 것만을 보면서 그 자신에 대한 모든 것을 비천하게 했다. 그는 강박적인 비관론과 어떤 나아질 수 있는 것은 아무것도 없는 것 같다는 냉혹한 부정적인 태도에 사로잡혀 있었고, 스스로 지속적으로 혼란되고 무가치하다고 느끼는 것처럼 다른 사람들이 자기를 경멸할 것이라고 '알았다.'

트래비스의 기분은 의기소침과 무력감 중 하나였다. 상태는 임상적인 우울 증상을 경험하는 다른 성격과 유사했다. 그러나 트래비스에게서 절망은 지속되는 냉혹한 상태였고, 이것이 심리조직의 모든 구조에 만연해 있을 정도였다. **능동적** 자극이 트래비스에게 가장 중요했는데 사실상 그것은 그가 무력증과 우울에서 단순히 왜곡된 만족을 발견하고 무기력한 상태로 머물러 있고, **수동적인** 경향의 한 지점에 도달해 있었기 때문이다. 그가 기면상태(lethargic)와 결핍된 성향으로부터 벗어나 고양되기 위해 환경 요인을 수정하는 것은 조심스러운 것이었다. 비관적인 환상 속에서 잃어버린 자신의 상태를 영속적으로 저해시키는 동안 자율성 기술을 증가시키는 작업이 조심스럽게 가능했다. 그는 **타인**이 그에게 책임감을 가질 수 없다는 것과 더 건강한 감정은 **자기**에 대한 고양된 이해에 있다는 것을 배울 필요가 있었고, 그것은 더 많은 독립성과 능력의 이해로 촉진될 수 있었다.

영역 분석

희망이 없는 것 같은 감정에도 불구하고 트래비스는 평가에 상당히 순응하고 자신을 이해하는 가정에 약간의 관심을 보여주었다. 그를 더 잘 이해하기 위해 사용할 수 있는 방법들이 다른 식으로는 없어 보였기 때문에 이것 자체가 그에게 치료적으로 보였다. MG-PDC와 MCMI-III Grossman 다축척도에 의해서 평가된 것처럼 트래비스의 가장 현저한 영역은 다음과 같다.

가치 없는/부적절한 자기상 : 우울성과 의존성 특성의 혼합으로 트래비스는 상당히 고갈된 자존감과 좌절과 무가치함으로 궁극적으로 실패할 것이라는 기대로 채워져 있었다. 심지어 가장 기본적인 생활기능에서조차 그는 좋아질 수 없을 것이라는 생각으로 깊이 몰두해 있었다.

기질적으로 우울한 : 우울과 의존성의 트래비스는 자기도피 상태에 안주하고 외부세계와 단절한 채 대부분의 시간을 걱정과 고민으로 보냈다. 복합 자율신경계통이 임상적 우울 징후를 보이는 그는 기분 장애였고 행동은 기면 상태였다.

인지적으로 운명론적인 : 그의 신념에서 모든 문제에 비관주의와 패배주의가 있었기 때문에 트래비스는 사건을 가장 어두운 형태에서 보고 어떤 행동이 잠재적으로 일어날 수 있는지와 상관없이 확고한 신념을 지니고 있고, 한심한 상황을 벗어나기 위해 싸울 수 없었고, 어떤 것도 개선될 수 있으리라는 미래에 대한 낙관도 기대할 수 없었다.

치료 단계

트래비스에 대한 능동적인 단기 기법들은 성장을 극대화하고 지속된 의존을 최소화하고, 향상되는 경험을 제공해 주는 환경 변화를 소개하는 장점을 가지고 있었다. 초기에 **정신약리학적 처방**은 트래비스가 독립적이고 신뢰 형성의 노력을 연기하게 했던 피로, 기면증, 낙담, **우울**한 상태를 철회하고 각성과 활력을 증진하는 데 유용했다. 치료자와의 관계는 그의 최근 병력을 특징짓는 지배-복종의 패턴을 극복하기 위해서 탐색되었다. 치료 노력은 의존적인 태도를 철회하는 방향으로 정했다. 일차적인 치료과업은 트래비스가 치료실에서 얻게 되는 지지적 환경에 점점 더 의존하여 비효능적인 상태로 끌려가지 않도록 미리 막는 것이었다. 그는 불안하고 침울했기 때문에 능력의 결여를 진정으로 인식했을 뿐 아니라 자신의 장점과 재능을 경시했다. 그 자신의 설득에 갇혀 무익함의 신념을 강화함에 따라 부적절성을 점점 더 극복하려 하지 않았다. 이를 위해 초기의 치료 양식은 특성상 거의 **인본적**이지만 구조상 목표설정을 강조했다. 이러한 방식으로 트래비스는 자신이 내재적으로 **가치 없거나 무능하지만** 더욱 자기결정적이 되기 위해 용기와 권능을 인지하는 방식이 주어졌다. 트래비스의 특징 전략은 증가된 무기력, 우울, 의존의 악순환을 신장시켰고, 성장 기회에 스스로 접근하지 못하도록 함으로써 더 이상의 성숙을 배재시켰고, 더욱 슬퍼졌고 다른 사람들에게 의존했다. **인지적 방법**(예 : Beck, 1976; Ellis, 1970)은 활동 능력의 통합과 주장 행동과 태도의 획득을 보장하기 위해 점차 **운명론적**인 거대한 신념과 그 자신에 대한 가정 그리고 다른 사람들이 믿었던 신념을 재구성하도록 해석되었다.

효과적인 단기 치료는 진보가 빠른 보폭으로 진행될 것이라는 잘못된 인상을 만들어 낼 수 있었다. 초기에 견고한 진행을 암시함에도 불구하고 트래비스는 여전히 훨씬 더 미래를 위한 많은 자율성을 확보하는 노력에 저항했다. 그가 습관을 단념하도록 설득하는 것은 극적인 것으로 느리고 어려운 일이었지만 이러한 단계들은 앞으로 나가게 하기 위해서 받아들여져야 했다. 특별히 문제되는 것은 다른 사람에 대한 기대가 충족되지 않음에 따라 실망으로 귀결될 수 있다는 느낌이었다. 그가 능력과 자존감의 이미지를 형성하도록 돕는 노력은 후에 이전에 나쁜 행동으로 돌아가는 것을 미연에 방지하기 위해서 필수적이었다. 그의 특성을 강화하고 다른 사람에게 기대 습관을 격퇴시킨 프로그램은 아주 가치 있었다. **집단 치료**는 마침내 자발적인 기법을 학습하는 수단으로 그리고 사회적 신뢰의 성장을 위한 보조로 결실 있게 추구되었다. 트래비스가 수동적인 무능으로 전환하는 것을 미리 막기 위해 여러 다른 양상이 연습 수단으로 그리고 능력 향상을 불어넣기 위해서 소개되었다. Benjamin(2005)과 Kiesler(1986)의 기법과 같은 **대인관계** 기법과 함께 여러 개의 **행동수정** 기법이 이러한 점에서 유용했다. 그러나 이러한 분야에서 그의 능력이 매우 제한되어 있었기 때문에 동기와 자율성의 증가는 점진적이었다.

사례 4. 4 라나 P., 25세

비관/우울성 성격 : 고집이 센 유형(회피성 특질을 가진 우울성)

현재 양상

교육 실습생인 라나는 그녀를 감독하는 교장의 제안으로 상담에 오도록 종용되었다. "내 생각에는 그가 단지 멋있게 보이려고 노력해요. 실제로 그는 그렇지 않고 관심이 없어요. 단지 좋은 교장만 되려고 할 뿐이에요." 그녀는 전반적으로 '괜찮다' 고 느낀다고 주장했지만 신체언어와 행동으로 표현할 수 없는 많은 양의 고통과 불안을 숨긴 것이 겉보기에 뚜렷했다. 그녀는 일상적으로 가라앉은 기분보다 좀 더 명쾌하고 더 밝은 정서로 말했지만 심지어 그때조차 다양한 즐거운 활동을 계획하고 참여였던 사람들 사이에 자신은 수동적인 관찰자임을 드러냈다. "나는 결코 지도자였던 적이 없어요. 사실 나는 심지어 참여자인 적도 없다고 생각하게 되었어요. 평상시에는 거기에 끼어들지 않았지만 나는 때때로 행복했어요." 마침내 라나는 고통이 사라지지 않을 것이라고 불안해하면서 특히 혼자였을 때 슬프고 공포에 떤다고 시인했다. 그녀는 이러한 가장 최근의 상태에서 무엇을 해야 할지 몰랐지만 그것이 어디서 기인했는지에 관한 생각을 하고 있는 것 같았다. 그럼에도 불구하고 그녀는 그 이유를 비밀에 붙일 것을 당부하면서 그것은 아주 오래전 일이었고, "나는 여전히 이에 대해서 슬퍼하면 안 되는데." 라고 했다. 치료자가 회기가 끝났다고 알렸을 때 "나의 여동생은 몇 년 전에 죽었어요. 여동생은 나를 돌봐 주었는데." 라고 비밀을 언급했다. 그리고 그녀는 10년 정도 세월에 뒤따라 일어나는 상실을 경험한 것에 대해 계속 이야기했다.

초기 인상

라나와 같은 양쪽의 특성을 반영하는 성격 패턴으로 **집조성 우울** 성격들은 회피성 성격과 종종 공존한다. 전형적으로 고통스럽고 동요되어 있는 라나는 초조, 혼란, 기분부전과 곤두선 절망을 나타냈다. 다른 사람들의 분노가 그녀 때문이라는 생각에 혼란된 불만족을 드러냈고, 그녀가 느꼈던 불쾌감과 화냄은 거의 드러내지 못하고 있다. 이러한 동요하는 태도의 변화는 긴장을 감소시켰고, 깊은 불행과 후회를 경감시켰고, 신경질적이며 초조하고 산만한 라나는 과민한 기분의 연속, 순간적인 격앙이 궁극적으로 점차 자기파괴적 정동과 태도로 보여주었다. 삶의 어떤 것이 다시 보상될 수 없다고 실망했기 때문에 모든 자신의 생애에서 깊이 비관적인 입장으로 표현한다고 느꼈을 것이다. 더 긍정적인 실존에 참여하여도 되돌리는 방법이 없다고 받아들였기 때문에 라나는 피할 수 없던 고통을 자신에게 부과해야 한다고 결론짓는 길에 들어섰음이 분명했다. 라나와 같은 과묵한 비관/우울성의 자살행동은 자신에게 주의를 가져오는 수단이 될 뿐 아니라 지속되는 고통스러운 실존의 모든 것을 한꺼번에 제거해 버릴 수 있는 방법이고 그녀가 접했던 지금 나타나는 문제에 대한 최종적인 해결이었다. 이러한 자기파괴 행동은 충분히 돌아보지 못했기 때문에 타인들에게 보복하는 방식일 수 있고, 그 행동 후에 지나친 적대감으로 죄책감 없이 타인들에 대해 고통을 가하는 보복의 형태일 수 있다.

그녀가 위협이 될 만한 어떤 것도 민감하게 피했기 때문에 라나의 **고통**에 대한 과민성이 침식해 들어옴을 발견하는 것이 더욱 어렵게 되었고 여전히 불행을 경험했다. 여기서 물론 **쾌락**은 아주 낯선 개념이고 결과적으로 언젠가는 재자극되어야 할 필요가 있었다. 조심스럽고도 위협하지 않는 중재는 과민성의 지속 경향을 감소하도록 도왔고 더욱 전형적인 우울 가정을 줄일 뿐 아니라 아마도 더욱 즐거운 경험에 대한 그녀의 수용기를 열어 놓도록 도왔다. 환경에 도전하는 반응을 발견하고 불만을 야기했던 과거의 행동을 살펴보기 위해 갈등하는 **능동적**이자 **수동적** 극성을 제시하는 것은 또한 중요했다. 몇몇 역량을 성취함으로써 관계 형성의 불안을 원상태로 돌리는 것과 마찬가지로 다른 사람을 향한 초기의 분개를 해결함으로써 그녀의 사회적 이탈 경향을 역전시키는 것이 적합했다. 내내 치료적 자세를 유지하면서 더 많은 만족을 신장하고 감정이입을 유지하도록 모니터하고 격려하는 것이 중요했다.

영역 분석

노출에 대한 정도가 낮았음에도 불구하고 라나는 영역 평가에 동의했고 이 분석 결과는 효과적이고 실용적인 치료 목표를 찾는 데 부합하는 것으로 확인되었다. 그녀의 가장 두드러진 영역들은 MG-PDC에 의해서 측정된 것으로 다음과 같았다.

대인관계에서 방어적이지 못한 : 라나는 자신이 인지했던 세계가 상당히 많은 위협과 대인관계에 비난 가능성이 있다고 상당히 두렵게 느꼈다. 고독감 없는 대인관계의 능력을 효과적으로 발전시키지 못한 그녀는 다른 사람들로부터 보호와 안심하기를 열망했다.

소외된 자기상 : 그녀는 성취나 능력이 부족하고 자신을 부적절하고 매력적이지 못하다고 느꼈기 때문에 생애에서 사람들 사이에 열등하고 불가능하다고 스스로 회상하며 그녀는 위치상 사회교류의 변두리에 있어야 한다고 여겼다.

표현에서 암담한 : 때때로 침울함과 슬픔에 잠긴 태도로 덮여 있는 자신을 정화하려고 했지만 라나는 낙담과 넋이 나간 행동을 했다. 1년 내내 희망이 없고 낙담하면서 때때로 응답을 냉담한 시도로 추진해 보지만 절망적인 곤경으로 받아들이듯이 그녀는 침울한 방식을 바꾸려는 동기가 거의 없음을 보여주었다.

치료 단계

라나는 시작부터 치료의 목표가 완전히 성취될 수 있다는 것과 그녀를 만류하기보다는 오히려 동기화 해야 한다는 것을 이해할 필요가 있었다. 그녀는 거짓 기대라고 보았던 것이 치료에서 다시 각성될까 봐 두려워했다. 즉 과거에 열망했고 거절당했을 때 경험했던 환멸이 회상될 것 같았다. 그녀는 욕망과 거리를 둠으로써 그리고 다른 사람들로부터 철회하여 점차 적당한 정도의 편안함을 찾았다. 문제는 그녀가 익숙하게 조절해 왔던 우울 불안 수준에 머무르게 하지 않는 것이 치료적으로 중요했다. **항우울제의 약리처방**은 라나의 지속되는 낙담과 비관주의를 완화하는 데 효과가 있을 수 있었지만 활용되지는 않았다. **인지적** 수준에서 치료는 우울 인자의 가정, 불안 행동, 자기애원하는 태도, 과거 속에서 각성된 불행, 자기경멸, 손상에 집중되었다. 이러한 기법들은 또한 자기가치를 손상하고 다른 사람들의 학대로 종속시키는 비관/우울성 성향에 집중적으로 초점을 맞추었다. 라나의 주저함을 없애기 위해서 **지지적인 척도**들이 일관성 있는 치료관계를 위해 사용되었다. 치료자는 자신의 진정성을 검토하기 위한 여러 개의 문제들을 볼 것을 예상했다. 라나는 자신의 무가치감에 마주치기 불안해했고, 그녀의 대처방어가 약하다고 느꼈기 때문에 따뜻하고 수용적인 태도가 요구되었다. 정교한 지지적 접근으로 실질적인 이득이 이루어지기 전에 치료를 철회하는 그녀의 성향을 미리 막는 것이 가능했다. 인지적 방법이 특별히 그녀의 감정과 태도의 모순점을 탐색하는 데 유용했다. 이와 같은 기법들의 재구성이 없었다면 퇴행에 의해서 수반되었던 일시적인 진보의 기간 동안 분명히 다람쥐 쳇바퀴 도는 논쟁이 있었을 것이다. Beck, Meichenbaum과 Ellis에 의해서 개발된 여러 단기 기법과 **인지** 중심 기법들은 그녀의 비관/우울한 성향과 혐오를 강화시키기만 했던 좌절과 까다로운 독단적 방식과 두려움에 대한 그녀의 민감성을 줄이도록 도왔다. 이러한 방식으로 **자기소외** 전략은 지지적이지만 직접적인 방식으로 논의하여 무능감과 열등감을 더욱 균형 잡히고 유연한 신념으로 성공적으로 대체하기 시작할 수 있었다.

기술 형성을 지속하고 더 많은 자기효능감을 일깨우고 재발 방지를 언급하지 않기 위해 더욱 중점적인 절차로 라나 행동의 모든 측면에서 만연되어 있는 광대한 신념과 대인관계의 기제를 재구성하였다. Klerman과 Benjamin의 **대인관계** 치료는 특별히 생산적이었다. 같은 선상에서 단기 **집단치료**는 그녀가 일상적으로 접하게 되었던 더욱 쾌적하고 수용하는 사회적 상황 속에서 새로운 태도와 기술을 학습하는 데 보조해서 자신을 적절하게 **방어**할 수 있었고, 동료들과 가족 및 다른 사람들 사이에서 더욱 자율적으로 될 수 있음을 느끼게 되었다. 유사하게 가족 기법은 그녀의 사회적 문제를 강화했던 파괴적인 의사소통 패턴을 완화하기 위한 제한된 방법이 탐색되었다.

진정한 성취가 될 수 있었지만 단지 신뢰 형성과 흔들리는 자기가치감의 증진이 여러 절차에 잘 차용되었다. 집중할 가치가 있던 또 다른 분야는 그녀가 항상 곤궁, 투쟁, 낙담에 직면하는 것처럼 행동하고, 대부분의 경우 **우울한 표현**은 라나의 광범위한 스캐닝과 착오와 관련되어, 그녀는 피하기 바랐던 여러 곤란한 사건들과 마주치는 경향을 증가시켰다. 더구나 그녀의 섬세하고 소극적 지향의 촉각이 강해지고 대부분이 단순하게 넘긴 것을 강화했다. 결과적으로 그녀의 과민성은 맞불이 놓여 그녀가 벗어나고 싶었던 바로 그 고통을 지속적으로 인식하는 수단이 되었던 것이다. 효과적으로 초점이 맞추어진 **행동 수정** 기법은 그녀의 경계를 줄이는 쪽으로 방향이 잡혀 이에 따라 그녀의 고통이 심화되기보다는 감소되었다.

저항과 위험

비관/우울성 성격 장애의 항우울제 치료의 높은 성공률에서 성급하게 치료자들은 어려움들이 빠르게 경감될 것이라고 확신한다. 그러나 약물치료에 실패한 환자들은 압력을 느낄 수 있고, 약리적 치료의 결손을 절망적으로 개인의 실패로 내면화한다. 그들의 운명을 개선하려고 했던 작은 동기는 돌이킬 수 없으며, 잠재적으로 도움이 되는 인지적 행동 또는 대인관계의 개입은 활용 불가능하다고 표현한다. 어떤 환자들은 그들에게 맞는 것을 찾을 때까지 여러 다른 투약을 시도한다. 초기에 낙관론의 실망에서 회의론으로 환자들이 대안적인 처방에 기꺼이 응하지 않게 만든 것을 이해해야 한다.

다른 어려움들은 우울성 환자들이 치료자들의 의지에서 마술적 해결을 찾고자 하는 욕구가 일어날 수 있다. 어떤 환자들은 치료자와의 신뢰를 강력한 구원자의 약속으로 해석할 수 있고, 자기효능감보다는 치료자에게 의존감을 더욱 증가시키면서 그들의 상태 개선을 기술의 지식으로 귀인할 수 있다. 또 다른 사람들은 과거의 어려움을 화학적 불균형으로 귀인하거나 치료자의 낙관적인 관점에 고무되어 몇 년 동안의 대인관계와 인지적인 결손을 보상 없이 새로운 활동과 인간관계로 뛰어든다. 환자들이 책임을 성공적으로 해결하고 더욱 위험한 대인관계 행동에서 결과적으로 필요한 기술을 획득했다는 것이 반드시 개선된 효과를 의미하는 것은 아니라는 사실을 치료자들은 명심할 필요가 있다. 환자들이 너무 대담해져서 이에 따라 곤경에 빠질 수 있다. 새로운 스키마와 패턴을 개발할 시간도 갖기 전에 상당한 정서적인 위험과 실패 경험의 행동에 몰두하는 것은 환자를 삶과 치료 모두에서 갱신한 경솔함과 절망의 위험 속으로 몰아넣을 수 있다.

가장 적합한 높은 열정과 에너지를 사용하도록 환자들을 격려하고 그들을 더욱 사회적으로 보람 있는 기술과 개인적으로 만족된 삶을 개발하도록 돕는 것이 생산적인 목표가 될 것이다. 환자가 개선하기 위해서 오래 인내하는 대인관계 패턴이 제시되고 변화되도록 배려해야 하고, 변화가 지속되기 위해서 오랜 인지적 스키마가 약리학적 개입보다 필요할 것이다. 환자는 최악의 사태와 기분이 불가피하게 다시 올 것이라고 경고받아야 한다. 그리고 그들은 재발을 완전히 예방하기 위해 효과적으로 다룰 준비가 되어 있어야 한다. 어떤 환자들은 그들이 이전의 절망 상태로 빠질까 봐 너무 걱정해 그들의 개선된 정동을 제대로 평가하지 못하고 부정적인 결과에 대한 두려움으로 새로운 행동을 기꺼이 경험하려고 하지 않는 경향이 있을 수 있다. 치료자는 한편으로는 용기와 낙관 사이에 치료적 균형을 유지해야 하고, 다른 한편으로는 회복은 하나의 과정이라고 강조하고 미래의 완전한 행복의 가능성에 대한 비현실적인 약속을 하지 않도록 주의를 촉구해야 한다.

제 5 장

자학/피학성 성격 패턴의 개인화 치료

자기비하의 성향이 임상적으로 수 세기 동안 관찰되어 왔음에도 1987년까지 성격 장애로 공식적인 인증을 얻는 데 실패했다. 정신분석적 구성개념으로 피학성 성격 장애를 포함시키려는 노력은 *DSM-III*의 초기 논의에서 이루어졌다. 매뉴얼 대책위원회의 반대 이론에 따라 원래 잠재적으로 축 II의 장애로 인식되었던 피학적 행동개념은 축 I의 정서집단 증후군에 공식화되었다. 곧 *DSM-III*가 등장한 이후 여러 임상 이론가들이 우울/피학성 성격의 자기학대와 자기취소 특성을 축 II 범주로 편입하기를 지속적으로 강조했다. 이러한 제안은 심각하게 받아들여졌고 빠르게 전문적으로 사회적 논쟁을 일으켰다. 사소한 반대와 소모적인 논쟁을 최소화해서 병명이 피학성에서 **자기패배**로 바뀌었다(Fiester, 1995). 그다음에 일찍이 제안된 기준은 성적 편향을 최소화하기 위해서뿐 아니라 우울 증상을 따로 구분하기 위해서 개정되었다. 예를 들어 여성 피해자들의 학대관계를 목록에서 제외한 것이 표면상의 사실상 학대로 몰아붙여 비난받았다(Widiger, 1995). 자기패배가 '새로운' 장애라는 사실로 그 이상의 임상적이고 경험적인 연구가 요구되는 까닭에 *DSM-III-R*에서 가학성 진단과 함께 자기패배 성격으로 진단하기로 결정되었다(Heisler, Lyons, & Goethe, 1995).

원래의 피학적이라는 병명이 의미상 다소 혼란스러운 나열(예 : 성도착, 도덕성 유형)을 가지고 있더라도 대안으로 자기패배라는 용어 선택은 용법 사용에서 분명하거나 정확하지 않다(Cruz et al., 2000). 더구나 우선 무엇보다도 모든 성격 장애는 일어난 문제에 본질적으로 더 강력하게 반응하고 자기-영속적인 움직임으로 자기패배적이다(Huprich & Fine, 1996). 예를 들어 자기비하, 복종, 비열, 비굴 또는 자기오욕은 얼마든지 더 쉽게 증명하기 쉬웠을 것이라고 우리는 믿는다. *DSM*에서 그 장애가 삭제되었던 병명을 우리가 다시 '피학성 성격 장애'로 칭하여 구성의 의미를 명확히 할 필요성은 *DSM*의 범위를 확장하기를 원하는 사람들에게 주요한 과업이다.

이 책에서 피학성/자기패배의 원형을 기술하는 이유는 임상 범위에 자기-취소와 자기비하 성격 장애를 조리 있게 배열시킴으로써 독자들의 이해의 폭을 확장시키기 위한 것이다(Coolidge & Anderson, 2002). 그러한 지식을 가지면 임상가들은 환자를 더 잘 이해하고 치료할 수 있을 것이다. 모든 병명과 진단이 잠재적으로 오용 가능성이 있다는 것이 사실이다. 그렇지만 이러한 제시된 장애들의 해석이 이따금씩 불합리하고 잘못 될 수 있기 때문에 우리는 연구들을 간과할 수 없다. 모든 유형의 성격 장애들은 생물원 인자, 심인성원 인자, 사회원 인자 요인의 상호작용 결과이다. 그렇게 복잡하게 구성된 병리학이 그들의 잠재적인 사회적·정치적 함의에 의해서 해석되었다는 것이 특히 애석한 일이다. 이러한 경우는 여러 지속적이고 만성적인 널리 만연된 병리의 하나로, 지난 세기 동안 독일과 러시아인에게서 있었던 것처럼 내재적 임상현상보다는 사회적 결여로 보기 때문에 우리는 그러한 모든 해석으로 정신 장애의 요인을 개작하지 않도록 미연에 방지해야 한다.

Horney(1939)의 '피학적 현상'의 공식적 설명은 Abraham(1927)에 의한 성격의 중심이 되는 양가감정이라는 주제를 Reich(1949)가 제기한 지독한 고통(spiteful suffering)이라는 개념과 연결시킨 것이다. 그녀의 관점은 피학성자는 과도한 애착 욕구와 인정받지 못함에 대한 엄청난 두려움이 남아 있는 사람으로 내재적인 약함과 무가치감이 연관된 두려움에 방어수단으로 '고통의 가치성'을 내세운다고 보았다.

후속 저서에서 Horney(1950)는 피학성자는 비난과 책임 회피를 방어 목적으로 고통을 겪는다는 것을 인정했다. 즉 이는 위장된 형태로 비난을 표현하는 방식으로, 어떤 사람들에게는 애착과 보상을 요구하는 방식이며, 또 다른 사람에게서 사랑과 수용의 요구를 정당화하는 덕목이다.

앞 장에서처럼 우리는 *DSM-III-R* 부록에 포함된 피학적/자기패배 패턴의 핵심 요소를 설명하기 위한 틀로서 진화론을 간단히 기술한다. 〈그림 5.1〉은 그 이론의 세 가지 주요 양극 강세에 대한 도표를 제시했다. 보다시피 주요 병리적인 구성요소는 제

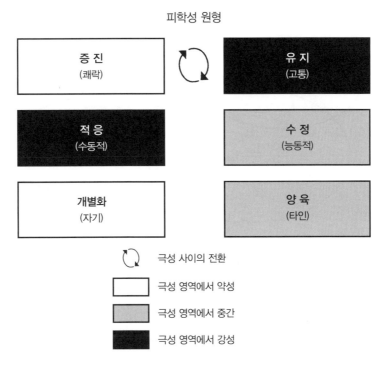

»» 그림 5.1 Millon의 극성 모델에 부합하는 자학/피학성 성격 원형의 현황

1극성의 고통과 쾌락 구획 간의 역치이다. 이것은 개인이 쾌락 경험을 선호하는 방식으로 고통을 경험하고 학습했다는 것을 의미한다(Filippini, 2005). 물론 이러한 선호는 상대적일 수 있다. 즉 개인은 적지만 고통과 굴욕이 상당한 만큼 의미심장한 불편과 학대를 기꺼이 견딘다. 적당하게 비탄과 낙담하는 것은 심하게 고통당하고 사기가 꺾인 것보다 나을 수 있다(Haller & Miles, 2004). 자기패배 장애는 수동적인 적응 측면에서는 우울성 성격과 유사하다(Garyfallos et al., 1999; Huprich & Fine, 1997; Klein & Vocisano, 1999). 구별은 미세하지만 그 의미는 결코 그렇지 않다. 우울성에서 수동성은 상실과 절망감은 정당하고 우울은 피할 수 없는 운명이라고 받아들인다. 게다가 이러한 경험은 결코 극복되지 않으므로 우리는 우울한 상태와 돌이킬 수 없는 행복을 받아들여야 한다. 피학성에서는 개인의 고통과 불편에서 주어지는 통제와 욕구의 평가가 있다. 여기서 적당한 고통의 평가는 선호하는 상황이다. 즉 이는 그가 이용할 수 있는 모든 가능한 대안 중에 최선의 것이다. 따라서 고통의 수용을 실망의 최

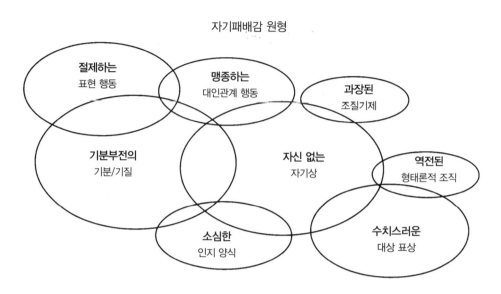

·)) **그림 5.2** 자학/피학성 원형의 주요 영역

종적이고 불가항력적인 상태가 아니라 개인의 피할 수 없는 선택으로 주어진 현실적
인 대안으로 나타낸다.

임상 양상

이 장은 자학/피학성 성격 원형에 대한 주요 특징을 예시하기 위한 여러 입장을 포괄
한다(그림 5. 2 참조).
　앞의 장에서 활용된 임상분석에서 주요 영역에 일치한 여러 특색을 세분화함으로써
이 장은 자학/피학성 원형(자기패배)의 주요 특색을 기술한다(표 5.1 참조).

절제하는 표현 행동

대체적으로 자학/피학성 성격은 자기소실과 주제넘지 않는 방식으로 행동하는 경향이
있다. 일반 대중들에게 쾌락의 경험을 추구하기를 주저하고 인생을 즐기기를 삼가면
서 열등하거나 천한 위치에 자신을 세운다. 어떤 사람들은 부끄럽게 대중들에게 나타
난다. 그들의 옷은 빈곤하거나 일상적인 매력에 대한 무관심을 상징하게끔 디자인되

■ **표 5.1** 자학/피학성 성격 원형의 임상 영역

행동 수준

    (F) 표현적으로 절제하는(예 : 자신을 엄격하고, 알뜰하고, 고상하게 나타내고 즐거운 삶의 표식을 내는 것을 삼가면서 쾌락의 경험들을 추구하는 것에 저항한다. 자신의 열등한 측면을 부각하면서 겸손하게 자기를 소실시키는 방식으로 행동한다.)

    (F) 대인관계에서 맹종하는(예 : 격려가 아니더라도 부당한 비난과 불공정한 비판을 수용하면서, 다른 사람들과 자기희생적이고 굴욕적이고 아첨하는 방식으로 관계하면서, 지속적으로 지지적인 사람들과는 거리를 둔다. 도와주려는 다른 사람들의 시도가 효과적이지 않다고 주장하고, 과분한 비난을 수용하고 부당한 비판을 유발함으로써 비난을 간청한다.)

현상학적 수준

    (F) 인지적으로 소심한(예 : 관찰 대상을 긍정적으로 해석하기를 주저한다. 그렇게 할 경우 그들이 문제되고 자기경멸하는 결과를 초래할 수 있기 때문이다. 결과적으로 반복해서 표현하는 태도의 습관과 선호하는 신념과 느낌에 대부되는 성향이 있다.)

    (S) 자신 없는 자기상(예 : 가장 나쁜 개인적 특색에 초점을 맞추고 부끄러움 초라함, 비하의 자신의 가치를 주장하면서 자기비하한다. 다른 사람들의 기대를 만족시키지 못하는 것은 고통스러운 결과에 기여한다.)

    (S) 수치스러운 대상(예 : 대상 표상이 실패한 과거 관계들과 손상된 개인적 성취들로 이루어져 있다. 긍정적인 감정과 애정적 욕동은 그들의 가장 덜 매력적인 반대의 것으로 전이되어서 의도적으로 무덤덤하고 우울한 외모를 나타낸다. 종종 다른 사람에 대해서 죄책감과 불편함을 야기시킨다.)

정신내적 수준

    (F) 과장기제(예 : 반복적으로 과거의 침해를 회상하고 미래의 실망을 항상성 수준으로 고통을 끌어올리는 수단으로 예견한다. 개인적 장점을 부식시키고 좋은 자산들을 선호된 인내와 고통을 높이고 유지하기 위한 것으로 잘못 사용한다.)

    (S) 역전된 조직(예 : 고통-쾌락 극성의 의미 있는 역치 덕택에 내적 표상들이 비방적인 과거 기억 그리고 불명예의 성취, 그것들의 거의 매력이 없는 반대들로 전이되어 있는 긍정적인 느낌과 애정의 욕동, 의도적으로 악화된 내적 갈등, 불편을 강렬하게 하는 과정에 의해 파괴된 불안 감소의 기제들로 이루어져 있다.)

생물물리학 수준

    (S) 기분부전의 기분(예 : 정서에 대한 복잡한 혼합을 경험한다. 때로는 불안하게 염려하고, 다른 때는 절망적이고 비탄에 잠겨 있고, 분노에 차 있고 괴로워한다. 의도적으로 평온하고 생각에 잠긴 듯한 외모를 보이나, 흔히 다른 사람들에게 죄책감과 불편함을 유도한다.)

주 : F = 기능적 영역   S = 구조적 영역

었다. 또 어떤 사람들은 단식과 식욕부진 같은 방식으로 그들의 몸을 실질적으로 학대한다. 대부분은 단지 옷을 갖춰 입기에 실패할 뿐 아니라 주어진 적절한 사회경제적

지위를 나타나는 데도 실패한다.

여러 절제 행동에서 우리가 보는 것은 능동적인 자기훼손의 표현, 개인적인 선택과 자존심을 좌절시키는 행동이다. 향유와 자기증진은 대부분에서 금기가 있다. 결과적으로 그들은 스스로 쾌락이나 만족을 바라지 않고, 좋은 것들은 그들에게 좋은 것이 아니며, 어떠한 형태의 자기관용도 가장 금기시하고 부정한다고 말한다. 사회적인 관련과 이타주의 형태의 여러 자기금기가 주어진다. 그들에게 사회적 양심과 책임감의 표식으로 자기부정은 부당하게 물질적인 소득을 얻은 것은 타인과 동등하게 공유하지 않은 것에 있다. 가장 극단적인 상태에서 매력적인 특징이나 물질적인 소유를 포기하는 데 실패했음을 깨달았다면 결정적으로 자신을 거부하는 공황의 감정을 생성할 수 있다.

맹종하는 대인관계 행동

대인관계를 선호하는 이들 성격은 태도에 있어서 자기희생적이고 심지어는 비굴하고 아부한다. 일반적으로 공손한 자세를 지니는 경향이 주목할 만하다. 다른 사람들이 착취하거나 학대하거나 심지어 이익을 취하는 것을 허용하는 경우도 별반 다르지 않게 흔하다. 문제는 지지하고 도움을 주는 사람들로부터 거리를 두는 경향이 있다. 때때로 그들은 다른 사람들이 친절하게 도움을 주려고 애써도 무관심하게 표현한다. 대부분의 병리는 자신의 수행 행동에 관하여 부당한 비판을 자초할 뿐 아니라 다른 사람들로부터 비난을 간청하고 지나친 책망을 수용하는 성향이다.

피학성은 자기희생으로 다른 사람에게서 죄책감을 일으키는 데 목표를 두고, 이 밖에 당혹스러운 관계를 자기훼손으로 설명한다. 이러한 반복적인 자책의 패턴이 상처를 준 상대가 죄책감이나 후회의 어떠한 징표가 없을 때조차도 지속한다는 사실은 차라리 당황스럽다. 그 대신 피학성 환자들은 훼손하는 상대자 앞에서 굴욕감을 지닌다. 궁극적으로 자기멸시를 강화함으로써 부도덕한 상대자의 치욕과 착취 행동을 인정할 뿐 아니라 회한과 사랑을 느끼게 하려는 희망을 품는다. 이것은 실질적으로 다른 사람들로부터 사랑받고 보호받기 위해서는 스스로 복종해야 하고 훼손해야 한다는 신념을 나타낸다.

피학성 환자들의 자기경멸은 다른 사람들의 열등하고 하잘것없는 역할을 불가피하게 떠맡아야 한다고 느낀다. 따라서 피학성 환자들은 적당한 요구를 할 때조차도 다른 사람의 과도한 이익을 자신이 취한다고 느낀다. 그들은 요구를 억제하거나 또는 매우 미안해하거나 공손하게 행동한다. 이러한 선상에서 이익을 취하려고 괴롭힐 준비가 된 사람들에 대해 방어적이지 못하고 착취당하기 쉬운 행동을 한다.

Horney(1939, 1950)가 제시했다시피 성공과 내면적인 안전 사이는 반비례한다. 관계나 직업에서의 피학성 환자들의 성취는 더욱 안전하게 하는 것이 아니라 더욱 불안하게 한다. 가치 있는 이득을 얻을 가망성이 전혀 없어지더라도 보복에 대한 두려움 때문에 정당한 보상을 옹호할 수 없으며, 직접적인 어떤 분노와 분개의 표현으로 대항할 수도 없다. 낙심은 단지 가장한 부정적인 형태로만 표현될 수 있다. 오직 특유한 상황에서 다른 사람들을 견책하고 책망하며, 심지어 농담이나 풍자적인 방식으로 비난한다. 물론 자기를 내세우지 않고 성공과 자기주장을 억누르고 억제하는 것은 삶의 많은 부분에서 성취하지 못하는 이유가 된다. 이에 따라 피학성 환자들은 자기유도(self-induced)의 결함과 실패 때문에 자신의 마음속에서 그리고 다른 사람의 이목에서 체면을 세울 수 있다.

소심한 인지 양식

피학성 환자들은 자신을 확신하지 못하고 관점을 주장하기를 꺼리고, 자기를 내세우지 않고 생활 사건들의 해석에 얽매여 있는 경향이 있다. 사건을 골치 아픈 문제로 해석하는 경향 때문에 낙관은 궁극적으로 자기인격 훼손을 야기할 것이라는 불안으로 삶을 긍정적으로 보기를 주저한다. 결과적으로 피학성 환자들은 호의적인 결과에 대비되는 비관적인 방향으로 관점을 예측하는 습관으로 해석하는 성향이 있다. 그들은 비관적이고 부정적인 정서를 나타낼 뿐 아니라 일어날 수 있는 어떤 긍정적인 태도에 진지한 열정 없이 표현하기 쉽다.

우리는 어떻게 이러한 유별나게 힘든 사고방식이 그 무거운 짐으로 압도되거나 붕괴되지 않고 유지될 수 있는가에 궁금해할 수 있다. 놀라운 것은 피학성 환자들은 끊임없이 변명하고 자기비하의 태도를 보인다. 일정 기간 동안의 관찰에서 쉽게 나타나는 자기비난태도는 대부분 인위적으로 강요되고 가장된 의사소통을 나타내는 과도한 행위다. 대부분의 피학성 환자들의 대중적인 부적절한 자세와 표현의 결함과 사기저하는 그들이 믿는 사람이 공격하거나 비하하는 것을(무의식적으로 그렇게 하는) 물리치거나 비껴가기 위함이다. 손쉬운 비유를 하자면 싸움의 결말이 그의 패배를 야기할 것이라고 결론을 내린 야생 늑대가 그의 가장 약한 연결부위인 경정맥을 드러내서 적에게 더 이상 위협이 되지 않는다는 것을 보여줌으로써 효과적으로 적을 방해하는 것과 같다. 유사하게 그들은 약점과 무력함을 지나치게 과장함으로써 다른 사람들의 공격에서 벗어난다.

자신 없는 자기상

피학성 환자들은 과도하게 자기비하를 하며 공공연히 최악의 피학적 양상에 초점을 맞춘다. 보다시피 그들이 반복적인 자기희생으로 노력함에도 불구하고 다른 사람들의 기대에 맞추어서 사는 것에 실패했다(Blizard, 2001). 따라서 그들은 고통스러운 결과를 얻어야 하고 수치와 초라함과 비천함을 느껴야 한다. 어떤 피학성 환자들은 이러한 자기소실과 분에 넘치는 상이 너무 극단적이어서 개인적인 성취나 능력은 어떤 것이든지 행운이거나 다른 사람들의 공헌이라고 결론 내린다. 강한 개인적인 확신이나 의견은 잠재적으로 위태로운 것이며, 피학성 환자들은 반대되는 관점이나 해석에 접하게 되면 빨리 포기하게 될 것이다. 일에 대한 공공연한 칭찬은 그들의 핵심적인 결함과 부적절함을 알아차리지 못해 잘못된 관찰로 보통 판단된다. 피학성 환자들은 가지고 있는 것보다 더 노력하거나 추구하려고 하지 않는데, 그렇게 하면 운명에 도전하는 것이고 그들을 잠재적인 굴욕과 훼손에 노출시키는 것이기 때문이다. 어떤 것도 단지 자신을 위한 것이어서는 안 된다. 그들은 조롱과 경시를 최소한으로 유지할 수 있는 작고 보호적인 껍질 안에서 거의 신경을 쓰지 않도록 하면서 자신을 지킨다.

앞에서 인지적 방식으로 기술한 부분처럼 우리는 좀 더 면밀한 고찰에서 많은 자기희생과 비주장적인 피학성 환자들이 다른 사람들의 복지가 아닌 그들이 고통과 분개에 사로잡혀 있다는 것을 알 수 있을 것이다. 표면적으로 동정적인 자기희생적 태도는 진정한 공감의 부족과 다른 사람들에 대한 불신을 은폐한다.

수치스러운 대상 표상

피학성 환자들이 과거 경험, 특히 기억을 변환하면서 회상할 때 대상이나 사건들에 대한 형판의 중심부는 두드러지게 부정적인 논조를 띠게 된다. 그들의 과거 대인관계는 문제 중심인 실패의 뜻으로 나타내기 위해 재구성하고, 자신의 개인적인 성취는 폄하한다. 과거에 애정 있고 성욕을 자극하는 느낌은 반대로 가장 적은 매력으로 바뀌어졌다. 추가적으로 변환한 과거 사실에 대한 모욕은 내부적으로 수정되지 않은 내면적인 갈등으로 가중된다. 비슷한 의미에서 불쾌감을 감소시키는 기제는 피학성의 불편한 회상을 강화하는 과정에 의해서 전복되었다.

피학성 환자들의 초기 인생 경험으로 모든 가까운 관계는 근본적으로 잠재적인 새로운 좌절과 비하를 포함한다고 가정하기 쉽다. 주로 그들은 정신내적 세계 속에 남아 있는 과거의 좌절과 비참함을 재생하기 위해서 현재의 일상적인 경험을 변형시킨다. 어떤 피학성 환자들은 진정으로 보호해 주는 사람들이 있다는 것을 인정하지만 이는 자신과 관련 있는 사람은 아니며 자신은 인생에서 저주받은 변함없이 불행한 사람이라고 판단한다.

정신내적 불일치의 일환으로 피학성 환자들은 스스로 괴롭히는 자신과는 무고하게 학대받는 희생자라는 내면적인 상들 사이에서 싸운다. 따라서 그들의 내적 세계의 자기-타인 대상은 반대요소로 분리되어 한 요소는 다른 사람들이 그들을 파괴시키고, 다른 요소는 그들 스스로가 다른 사람들이 파괴시키기를 원한다고 확신한다. 이 불일치를 해결할 힘은 없고 진정으로 긍정적인 태도를 제공해야 하므로 피학성은 반동형성을 시도하여 모든 해법은 비양가적으로 의지하고 항상 상대에게 희생하는 최선의 노력을 한다.

과장된 조절기제

조절기제가 실제 객관적으로 정신적 고통을 해소하고 완화하기 위해서 고안된 내면의 역동 과정인 까닭에 피학성의 이러한 과정은 적어도 대중에게로 역전된다. 그들은 일반적인 불편을 줄이기보다 고통에 대한 명백한 경험이 눈에 띄게 하기 위해서 과거의 부당함을 회상하고 과장하며, 고통에 대한 기대를 부정적으로 일치시키는 수단으로 미래의 실망을 예상하고 확대하기 위해 몰두한다. 그들은 익숙해진 인내와 고통을 유지하거나 증가시키기 위해 종종 계획을 부식시키고 자신의 행운을 방해한다.

Shapiro(1981)에 의해 주지되었듯이 이러한 환자들은 공개된 목표를 위해서뿐 아니라 개인적인 불편과 사적인 고통을 꾸려나가기 위해서 불행을 곰곰이 생각한다. 그들이 과거의 부수적인 불평을 신파극처럼 공개된 방식으로 과장하지만, 과장은 비통의 원천으로 재구성하고 조절이 가능한 방어 책략으로 사용한다. 그들은 마음속에 있는 초기 굴욕과 부당함을 반복적으로 즐김으로써 그들이 겪은 실질적 고통을 줄일 수 있다. 내파 치료 기법으로 고통과 위협 자극에 대한 과잉노출은 궁극적으로 그들의 충격과 에너지를 감소시킬 수 있다. 또한 과장은 역시 자기보호와 고통 감소가 전도된 형태로 그들은 과장을 통해서 고통을 줄여왔다. 그들은 이제 이를 통제하고 분류할 수 있고 마음대로 직면시키고 변형하고 완화할 수 있다. 다시 말해서 사실상 이제는 그들이 과거의 불편을 정신내적 욕구로 경험해 왔던 것보다 덜 고통스럽게 되도록 조정할 수 있다.

역전된 조직

피학성 환자들 같은 정신내적으로 양가적이거나 불일치한 전형적인 성격의 형태론적 구조는 대비와 이중적 성질을 소유한다. 내적 세계의 한 단편은 다소 편의적인 방식으로 구성되어 있고, 다른 단편은 반대 또는 모순적인 요소로 되어 있다. 따라서 피학성 환자들은 고통을 느끼는 것이 적절할 때 쾌락을 경험하고, 쾌락을 느끼는 것이 적절할 때 고통을 느끼는 고통-쾌락 극성의 역치를 보인다. 결과적으로 그들은 의지와 정동의 반복적인 취소를 나타낸다. 욕구 충족 통로의 잦은 전환은 좌절을 야기한다. 가장 문제는 그들의 전도된 구조적 조직과 역동적인 과정은 자기취소는 아니라 할지라도 결과적으로 복잡하고 종종 모순적인 결과를 산출하는 행동을 야기한다(Parker et al., 1999).

대부분의 복잡한 현상에서처럼 성격의 구조는 많은 기능들을 마음의 질서로 뒷받침한다. 마음의 성분들은 편리하게 구조화되어서 본능적인 욕동을 만족하는 데 기여하고, 사회적 제약을 정신적인 속죄와 처벌의 수단으로 부과하고, 실제적인 삶을 채택하는 방법을 제공한다. 우울성, 강박성, 부정성의 경우에서처럼 피학성은 선천적으로 반대인 정신내적 구조를 소유한다. 예를 들어 구조적인 기본적 극성의 전도는 피학성 환자들이 가장 많이 고통을 받을 때 그들이 가장 사랑받는다는 가정하에서 결과를 내려서 그들이 사랑을 갈망할 때 그들이 먼저 고통을 추구해야 한다는 확신을 산출한다. 직접적인 방식으로 애정을 추구하기보다는 중요한 다른 사람들로부터 거부나 꾸지람의 반응을 유도하기를 바라면서 '장난기 있는' 형태의 행동에 참여할 수 있다. 그들이 진 척시키는 가정은 금지된 행동이 궁극적인 보상으로 사랑을 자아낼 것이라는 신념이다.

일반적으로 간단하고 자연스러운 방향으로 역치를 따라가는 것은 종종 매우 당황스 럽고 복잡하다. 스스로를 패배시킴으로써 피학성 환자들은 패배하고 경멸받는 것을 피할 뿐 아니라 양육과 정서를 유도한다. 직접적인 쾌락 추구는 불안과 죄의식의 경험 을 환기하게 됨으로써 그들을 위협한다. 내면화된 나쁜 대상으로부터 이러한 과정이 유래했는지 아닌지 하는 것은 문제를 명료화하는 흥미로운 방식이다. 이것은 그 사람 이 정상적인 정동의 요구가 추구될 때 수행되어야 하는 처벌체계를 내면화했다는 것 을 의미한다. 사람은 사랑을 받고 괴로워해야 한다.

기분부전의 기분

피학성 환자들은 상쇄하는 복잡한 정서를 경험한다. 어떤 때에는 불안하게 염려하고, 다른 때에는 절망적이고 음울하다. 많은 피학성 환자들이 정신적·육체적으로 고통을 느끼는 경향이 있다. 이들은 다른 때에는 사회적으로 유쾌하고 몰입할 수 있다. 어떤 피학성 환자들은 의도적으로 다른 사람들에 대해 불편과 죄책감을 유발하도록 고안된 것 같은 아쉬워하고 애처로운 외모와 특성을 드러낸다.

피학성 환자들 사이의 고통은 항상 다른 사람들을 감명주기 위해서가 아니라 스스 로를 고상하게 하기 위한 것이다. 한 번 고통 상황이 설정되면 피학성 환자들은 타인 들을 비난하고 스스로를 변명한다. 그들은 다른 사람들의 정신뿐 아니라 자신의 정신 도 낙담시키는 가능한 한 모든 방식을 추구한다. 그러나 고통이 깊을 때는 일상생활의 공포를 벗어나기 위해 자신에게 강요한 자기희생 요구로서 믿음직한 사랑을 지속하기 위한 희망 없는 투쟁을 포기하고 단순히 내버려두기를 강력히 호소한다. 이러한 모든 감정은 영원히 피하기 위한 방법에서 모든 것이 될 것 같은 느낌이 되고 궁극적인 승리 의 느낌을 만들어낼 수 있다. 피학성 환자들에게서 보이는 정서에서 광범위한 기분장 애의 합병증은 고통에 대한 기본적인 숭고함의 명백성을 제시하면서 궁극적인 불행한 상태를 미화한다.

자기지속 과정

피학성 성격에서 분명하게 나타난 일시적인 병명으로 이는 '자기패배'이다. 즉 자신의 어려움은 점점 더 강화되고 전도유망한 어떤 진보적인 생활도 취소시킨다. 따라서 자기영속적인 개념이 자학/피학성 구조의 원리대로 있지만 이 성격이 그들의 건강한 발전을 침식한다는 것을 좀 더 분명한 방식으로 상술하는 것은 유용하다(표 5.2 참조).

자기비하

피학성 환자들은 자신을 패배시키고 손상시키고 축소시키고 조소하고 경멸하는 데 전문가들이다. 피학성 환자들 간에 이러한 폄하 과정을 깨닫는 정도에 따라 상당한 차이가 있지만 이는 진지하게 해왔던 모든 능력을 감소시키기 위해 일조한다. 다른 사람들은 이들의 중요한 의견과 태도를 판단할 때 경악하지는 않을지라도 놀란다. 이들은 재능과 성취를 평가하지 못할 뿐 아니라 앞에서 언급했듯 부수적으로 자신에게 놓인 어떠한 행운도 취소하려고 한다.

결과적으로 자신의 가치를 떨어뜨려 상당히 손상시키고, 어떠한 형태의 자발적인 자기주장의 행동도 배제하고, 어려움을 과장하고, 실질적으로 자신을 만연된 무기력

■ **표 5.2** 자기지속 과정 : 자학/피학성 성격

자기비하
  행운을 취소한다.
  자신을 심각하게 아무것도 아닌 것으로 간주한다.
  비효율적이고 희망 없는 상태를 지속시킨다.

타인에 대한 의존
  자기가치가 다른 사람들의 판단에 의해서 결정된다
  지지가 불확실할 때 포기를 두려워한다.
  포기에 대한 불안으로 학대를 참아낸다.

강화된 학대
  경멸을 받을 만하다고 믿는다.
  다른 사람의 대우에 대해 점점 더 비난적이 된다.
  지속되는 잘못에 대해 의롭게 분개하게 된다.

과 무력감에 침잠한다. 이러한 행동은 능력과 자존감을 부식시킬 뿐 아니라 삶의 경험에서 정당화했던 환경에 전적으로 조화되지 않는 평생의 처참한 나락으로 빠져들게 한다. 따라서 자기만의 행동과 과장된 표현을 통해 거의 돌이킬 수 없는 수치와 경멸을 반복적으로 유지한다.

타인에 대한 의존

의존적 성격과 유사한 방식으로 피학성 환자들은 오직 다른 사람들만이 자신의 가치를 판단할 수 있는 사람이라고 할 정도로 스스로를 가치절하한다. 정신 상태는 다른 사람들이 그들에 대해서 가지는 태도와 함께 상승하거나 하락한다. 자기희생적인 행동이 타인들의 욕구를 충족하는 데 적합하다고 판단하면 완전히 타인들에게 의존하여 스스로의 가치를 절하시킨다. 자기 최소화는 다른 사람들에게 안전감뿐 아니라 구원 의식을 제공한다.

자기폄하와 자기비하하는 행동은 인정받기가 어렵기 때문에 공감을 얻기 위해 극도로 흥분된 양상을 대신해서 시작할 수 있고 더욱더 자존감을 감소시키게 된다. 피학성 환자들의 포기와 고립에 대한 공포는 타인의 안목에서 자신의 중요한 가치를 확신하지 못할 때 뚜렷해진다. 그들은 삶의 기류에서부터 차단당하고 거절당하는 상실감이 시간이 지나감에 따라 혼자 있을 수 없다. 이러한 불안정한 두려움은 사람들과 어떻게 통하느냐에 따라 극복할 수 있다. 즉 견딜 수 있는 극단적인 한계까지 학대가 용인될 수 있다. 피학성 환자들이 필요로 하고 통할 수 있는 한에서는 얼마나 자주 학대를 받느냐에 상관없이 완전한 포기로 이름 없는 공포를 느끼지 않을 것이다. 따라서 그들이 겪는 모욕과 실추됨에 상관없이 그들은 어떤 대가를 치르더라도 귀속되어야 한다. 혼자 남는다는 것은 원치 않는 거절을 당했을 뿐 아니라 폄하되고 유기되었다는 궁극적인 증거이다.

자기와 타인의 강화된 학대

피학성 환자들이 의심할 수 없는 초기 인간관계 문제를 경험했음에도 불구하고 우리는 또한 그들이 새로운 일상생활의 사건들을 과거 사건에 순응하기 위해서 변형한다는 것을 안다. 이러한 왜곡 과정은 일련의 비현실을 만들어낸다. 그들은 생활의 모든 결함과 실패로 정신적 고통, 수치, 죄책감을 느낄 뿐 아니라 행하고 관찰하는 모든 것이 조롱되고 비난받을 만하다는 생각으로 자신의 행동과 환경을 과도하게 살핀다(Lebe, 1997). 그들은 '부당한 수집가'로, 자기희생적인 행동을 고마워하지 않는 사람이 비난하지 않는지 불공정함을 살핀다.

여기서 일어날 수 있는 문제는 자신을 경멸해온 것으로 알고 있는 사람들에 대해서 느꼈던 분노가 지속되는 것이다. 자기부정을 더욱 개방적으로 다른 사람을 향한 부정적인 태도와 비난으로 전환하는 것은 그들의 자유로운 이상화된 자기상과 양심의 욕구를 반영하는 것이다. 자신이 매우 가치가 없다고 판단하나, 과도한 짐을 지고 자기희생을 고집함에도 불구하고 기꺼이 학대를 지속적으로 축적해야 한다고 생각하지는 않는다. 행동 특징의 전환이 강화됨에 따라 피학성 환자들은 생애 전반을 통해서 지속해 왔다고 느낀 상처를 다른 사람들이 채워 주기를 원했던 혼란되고 환멸을 느낀 상태인 감정적 특권을 주장하여 불행을 내보내기 시작한다.

더 이상 피학성 환자들은 불공정하게 대우받았다고 느끼는 자기동정적인 사람이 아니라 오히려 애처로운 의분 형태로 나타낸다. 피학성 환자들이 다른 사람들의 행동을 비난과 학대적으로 더 많이 왜곡하면 할수록 광적으로 자신의 잘못들을 더 많이 과장하고 과실을 보상해야 한다고 더 깊게 느낄 수 있다. 그들의 보복적인 분노가 의식화된다면 자기희생적이고 모든 것을 용납하는 내적인 상을 침해하고 덕이 있고 관대하다고 이상화했던 상이 훼손될 것이다. 따라서 그전에 억압된 분개는 상당한 규모의 방해요소가 된다. 내적인 혼란에 추가해서 피학성 환자들은 희생자이면서 가해자인 다른 사람들이 그들을 더욱 거부하도록 자극해서 두 배로 무시당하게 된다.

개입 목표

자학/피학성 환자의 자기패배 행동이 기능의 모든 측면(개인적·사회적·직업적)에 만연되어 있지만 자기파괴 성향은 우선적으로 대인관계에서 나타난다. 삶의 어떤 영역에서는 상대적으로 적합한 적응을 함에도 불구하고 종종 학대를 유도하는 자신의 역할에 관한 이해 부족과 결합된 학대 관계의 긴 개인력이 있다. 환자들이 부당한 희생과 고통으로 몇 년을 비탄에 빠져 있음에도 그들은 종종 착취 관계의 역동을 건설적으로 변경을 시도하지 못하고 지나치게 공손하고 자기비하하는 행동을 지속한다 (Grand, 1998). 환자가 가능한 긍정적인 상호작용을 파괴하고, 배려하고 보살핌을 개입하는 기회를 거절하고, 다른 사람에게 싫증나거나 아니면 부적절한 동료라고 멀리할 때 치료자는 놀란다.

피학성 환자는 대인관계에서 적합한 자기존중 태도의 행동으로 보상을 받았던 경험이 부족하고, 희생하기보다도 일관성 있는 개인의 정체감을 가지지 못하기 때문에 그가 늘 하는 관계를 포기하는 것은 자기상실의 위기로 느낀다. 고통은 피학성 환자들에게 정체감, 가치감, 예측 가능한 상호작용을 제공한다. 피학성을 다루는 치료자는 환자에게 더욱 건강한 자기개념의 기반을 제공하기 위한 많은 작업이 이루어져야 한다는 것을 명심해야 한다. 피학성 환자들이 알았던 유일한 정체성을 위협하는 자세를 취하기보다는 자기존중 행동을 의미 있게 구체화하도록 함으로써 새로운 양상의 상호작용을 채택해야 하는 데 대한 저항이 감소될 수 있다. 치료자는 희생을 영속시키는 환자의 성향을 강조할 뿐 아니라 다른 사람들로부터 적대적인 반응을 자극하는 행동을 지적해야 한다. 환자를 변화에 더욱 순응하게 함으로써 마침내 치료자의 공감과 긍정적인 존중을 환자가 내면화할 수 있다.

대부분의 피학성 환자들의 어려움은 자신에게 고통을 야기하는 상황과 사람들에게서 비롯되는 고통-쾌락의 불일치에 의거한다. 이러한 극성의 균형을 재설정하여 환자들이 더욱 행동에 적응하도록 도울 수 있다. 또한 능동-수동 차원의 변경이 자기패배의 태도와 행동을 더욱 건설적으로 이끌 수 있다.

피학성의 역기능 영역 개입은 앞선 대상들과 서로 연관되어 있다. 피학성의 발달사에서 장애들을 탐색해 환자의 인지 양식에 변화를 주는 인지적 개입과 자기주장과 사회 기술을 가르치는 행동 개입으로 피학성 환자들에게 대인관계에서 습관적인 맹종을 존중과 육성 관계로 대체한다. 통찰 증가와 행동에 대한 전략적인 계획은 타인들이 학대하도록 허용하는 자신의 경향성을 스스로 줄이도록 도울 수 있다(표 5.3 참조).

극성 균형의 재설정

피학성의 병적인 성격을 재구성하는 목표를 달성하기 위해 고통-쾌락과 능동-수동 극성에서 균형이 세워질 필요가 있다. 피학성 환자들의 주요 문제는 왜곡되고 전도된 삶

■ **표 5.3** 자학/피하성 성격 원형을 위한 치료 전략과 전술

전략적 목표

극성 균형
고통−쾌락의 불일치 바로잡기
능동적 자기초점 강화하기

지속성 감소
학대받으려는 의지 중단시키기
자기손상하는 경험을 피하기
긍정적인 사건을 취소하지 않기

전술적 양상
기분부전 완화하기
무가치한 자기상 철회하기
대인관계에서의 복종을 재학습하기

의 경험이다. 불쾌한 상황을 지속하는 성향은 피학성의 정체성이 인내와 희생자 역할과 뒤얽혀 있다는 사실에 있다. 이 장의 전반에서 기술되었듯이 많은 피학성 환자들은 아동기 때 학대를 사랑으로 잘못 받아들였다. 자기파괴와 학대를 지속하는 행동을 수정하기 위해서 그들은 우선 사랑과 학대 행동의 차이, 즉 쾌락과 고통을 분명히 하고 내면화할 필요가 있다. 작업은 그들이 더욱 적응적이고 긍정적인 자기상을 개발하도록 돕는 것이다. 인지적 재정립으로 목표가 설정된 개입은 이러한 경우에 효과적일 수 있다.

이러한 환자들이 일단 희생적인 자기상과 자기에게 부과하는 고통을 인식하고 극복하기 시작하면 기꺼이 자기패배의 수동성을 극복할 준비를 한다. 주장과 사회적 훈련을 포함한 행동 개입은 환자들이 더욱 동등한 양육방식으로 다른 사람들과 관계하도록 준비시킨다. 환자들은 즐거운 활동에 종사하기 위해 매일 일정한 시간을 가지도록 교육받고 상술한 방식의 적당한 상호작용으로 자신에게 보상할 수 있다.

지속 경향의 감소

자학/피학성 성격에 대한 치료자의 작업은 환자가 문제를 지속하는 행동을 알아차리고 변화에 집중하도록 초점이 맞추어져야 한다. 여기서 목표는 학대받으려 하고 자기패배의 경험에 휘말리고 긍정적인 사건을 취소해 자기파괴로 몰두하는 성향을 감소시

키는 것이다.

인지적 개입과 추가 치료는 환자가 희생하지 않고도 잘될 수 있다는 상대적인 경험을 품고, 더욱 충만한 범위에서 인간관계의 이해를 확장하도록 도울 수 있다. 어떤 피학성 환자들은 타인들이 적대적일 때 자신이 중요하다고 느끼거나 인정받는다고 터득했다. 피학성 환자들은 고통을 당하고 있을 때 불행의 정도에 따라 자신의 가치가 비례해 증가한다고 결론지음으로써 중요시 여긴 사람의 잔인성을 수긍하도록 터득했다. 이러한 과정에 대한 이해를 높임으로써 환자들에게 새로운 태도와 대인관계의 양식을 채택하도록 촉진한다. 만일 그들이 변화된 더욱 긍정적인 자기상과 일치되지 않는다면 환자의 자존감의 강화는 회피되기 쉬운 자기패배 경험을 더욱 증가시킬 것이다.

어떤 환자들은 이원 치료의 보조물인 약리적 치료처방으로 도움을 받을 수 있다. 항우울제는 자존감의 개선을 강화하고 죄책감을 줄일 수 있다. 자기 자신과 환경에 대한 새로운 방식의 사고와 함께, 죄책감의 감소는 자신의 정체감을 유지시키는 것과 마찬가지로 실패에 대해 자기처벌을 했던 과거의 긍정적 사건의 취소를 막아 환자를 도울 수 있다.

역기능 영역의 확인

자학/피학성 중심 성격의 특징적인 장애 부분은 비하된 자기상과 기분부전이 있다. 그들은 타인들의 기대를 충족하는 데 실패했다고 확신하기 때문에 정말로 수치를 당하고 처벌을 받을 만하다고 믿는다. 고통은 실패의 인식에 대한 죄책감을 완화시키기 때문에 적극적으로 추구된다. 이러한 자기상과 일관되게 피학성 환자들은 기분부전, 불안, 심한 괴로움을 겪는다. 몇 년 동안을 스스로가 부족하고 희생당해야 한다고 믿으면서 피학성 환자들은 극단적인 자기부정과 공손한 대인관계의 행동을 보인다. 대인관계와 관련된 자기표현 양상들은 전의식의 목적을 충족시킨다. 개인의 열등감인 고통은 내적으로 예측할 수 있고 외적으로 자기표현을 일관성 있게 유지하도록 돕는다. 자기를 내세우지 않는 겸손한 방식으로 행동함으로써 유쾌한 활동에 참여하기를 거절하고 기쁨의 경험을 부정함으로써 피학성 환자들은 무능함을 속죄하고 나무랄 데 없는 자신을 버린다.

쾌락과 재미는 받을 만한 자격이 없고 사실상 자신의 능력 밖이라고 확신하면서 피학성 환자들은 고통이 죄책을 경감할 뿐 아니라 내적으로 예상되는 무가치감보다 더 나은 유일한 감정으로 안다. 이러한 환자들은 기분을 더 좋게 할 자격이 없다고 느낄 뿐 아니라 고통의 감내와 무기력이 명백한 정체감과 사회적 역할을 제공하는 데 기여한다고 느낀다. 환자의 기분부전에서 우울의 역할은 조심스럽게 평가되어야 한다. 항우울제의 정신약리학적 개입은 어떤 환자들에게는 바람직할 수 있다. 개선된 효능감과 자존감은 더욱 내구성 있는 구조적 성격 변화를 위한 작업을 지속하도록 동기화하는 데 도움을 줄 수 있다.

심지어 착취를 불러들이고 당치않은 비난을 수용하는 일부 피학성 환자들의 자기희생의 성향은 다른 자기희생 기능을 가진다. 유아기에 어른으로부터의 처벌 경험은 학대를 사랑과 같다고 해서 강력하고 억압적인 사람들을 찾아서 애착 요구를 만족시키는 보상을 받는다. 피학성의 고통이 가장 분명할 때 다른 피학성 환자들은 처벌적인 부모가 사실은 가장 사랑이 많고 또는 적어도 덜 잔인하다고 터득했다. 피학성 환자들의 병기고에 있는 유일한 무기로서 성인기의 뚜렷한 고통의 표현은 자신의 욕구를 충족시키지 못한 것에서 죄책감을 느끼게 하고 자신을 처벌하기 위하여 이와 같이 중요한 사람들의 환심을 사는 것이다.

자학/피학성 성격을 다루는 치료자는 환자의 빈약한 자기개념을 변경하는 데 대한 많은 저항을 경감하려고 한다. 인지적 재정립의 과업은 환자들의 자신 없는 인지 방식이 어려움을 지속시킨다는 것을 파악하도록 돕는다. 자기소실과 자신에 대한 불확신으로 낙관론자들을 골치 아프고 문제가 있는 것으로 해석한다. 더욱 적응적인 사고방식은 이러한 피학성의 행동이 구축된 기반을 변경시키도록 한다. 때때로 환자는 과거의 부당함을 반복적으로 회상하기를 멈추고 미래의 실망을 예상하고 개인적인 목적과 행운을 부식시키고 익숙해진 인내와 고통을 유지한다.

통찰 지향적 치료는 피학성의 불명예스러운 대상관계의 발달 원인을 확인한다. 환자는 부모에게 혼란스러운 사랑과 학대를 습득할 수 있지만 모든 사람이 다 그러는 것은 아니다. 행동 개입은 환자에게 새로운 상호작용 양상을 제공해 주는 주장적 사회 기술을 가르친다. 성공적인 치료적 개입은 환자의 구성이 더 이상 전도되지 않도록 환자의 성격 구조를 재조직하도록 도와야 한다. 고통-쾌락 극성이 한번 재균형을 잡고 나면 욕구 충족과 좌절의 통로는 더 이상 교차되어 있지 않게 된다. 이러한 적응은 더 적응의 행동으로 귀결하면서 환자가 고통보다는 보상을 갈구하도록 할 수 있다.

치료방식 선택

자학/피학성 환자들은 치료자들로부터 많은 수의 역전이 반응을 유도해내는 경향이 있다. 그러나 일치하고 따뜻하고 공감하는 동맹은 피학성이 자기패배의 성향을 극복하는 작업을 장기간 내면화하도록 유도할 수 있다.

행동 기법

행동 개입은 피학성 환자들이 관계에서 희생당하는 성향을 변화시키도록 돕는다. 사회적 기술훈련은 그들의 상호작용 레퍼토리를 전형적인 학대-유인과 자기비하하는 비굴함으로 확장시킬 수 있다. 주장 훈련은 환자들이 학대를 막는 개인적인 한계를 어떻게 강화시키는지 배우도록 돕는다. 욕구 표현에 대한 학습은 고난과 고통의 표현을 과시하는 것과 마찬가지로 피학성 환자들이 욕구를 직접적으로 충족하도록 허락하고 수동 공격적인 행동에 대한 욕구를 제거시킨다. 환자가 개인적인 자기패배 행동을 극복하도록 돕는 것은 환자의 상호작용에 대한 세심한 분석으로 시작한다. 환경이 어떻게 이를 유발시켰는지 자학/피학성의 행동이 확인될 필요가 있다. 즐겁고 자존감을 세우는 사건과 행동 또한 주지되어야 한다. 일상적인 사건, 행동, 기분을 기록함으로써 자기파괴 성향의 변화에 도움을 줄 수 있는 개입이 고안될 수 있다. 환자의 기분부전이 또한 표적이 된다. 물질적인 강화물과 함께 자존감 형성 활동은 더욱 적응적으로 행동하고 과업을 성공적으로 수행하는 보상으로 사용될 수 있다.

대인관계 기법

어떤 행동 개입 프로그램은 환자가 중요시하는 사람들을 포함하는데, 이들은 지지적인 상호작용과 소통을 촉진하는 데 필요한 사람이다. 이로써 대인관계 접근은 자기패배를 유지하고 있는 자신의 행동 역할을 조명한다. 환자의 행동을 해석하는 데 있어 치료자는 많은 피학성 환자들이 자기학대에 기여해 왔다는 점과 반복적으로 희생자의 역할로 행동했다는 점을 피학성 환자들이 완전히 인지하지 못하고 있음을 알아차릴 필요가 있다. 학대하는 상대자를 구하고 악의 없는 사람들이 그들을 폄하하도록 자극하는 과정은 거의 무의식적이다. 환자들이 부모의 처벌적인 태도를 자기비난의 형태로 내면화했다는 것을 치료자가 지적하는 것은 중요하지만, 부모에 대한 치료자의 솔직한 비닌은 치료 과정을 방해할 수 있는 환자의 지힝을 민들 수 있다. 이상화된 부모에 대해 분노했던 죄책감은 어떤 환자들에게는 감당하기 너무 벅찰 수 있다. 치료자는 환자에게 현재의 관계 속에서 희생자 역할을 지적할 수 있다. 학대를 피하고 멈추는 개인의 권리와 학습 기술을 주장할 만한 가치가 있음을 강조할 필요가 있다. 더욱 적응적인 대인관계 양식이 탐색되어야 한다.

자학/피학성 환자를 포함한 치료 집단에서는 환자에게 지지와 주장적인 역할 모델을 제공하는 것이 도움이 된다. 그러나 집단치료자는 다른 구성원들의 이익을 위해서 환자의 희생자 역할이 무심코 강화될 수 있다는 가능성을 경계해야 한다. 몇 시간을 피학성 환자들의 어려움에 대한 해법을 찾고 명백한 지지를 제공한 후에 피학성이 상황에 대안으로 희망이 없고 그 자신도 또한 희망이 없다는 것을 지속적으로 제기할 때 집단 구성원들이 좌절될 수 있다. 유쾌하지 못한 피드백은 새롭게 급성장하는 자기감에 파괴적일 수 있다.

부부 개입은 파트너가 기꺼이 도우려고 한다면 도움이 되겠지만 우리는 피학성 환자들이 종종 학대하는 유형의 범위에 속하는 사람과 짝을 이루고 있음을 안다. 만일 파트너가 원한다면 역할 시연과 역할 재연이 부부에게 그들의 상호작용의 역동과 어떻게 그것이 자기패배의 성향을 지속하는지를 이해하도록 도울 수 있다.

인지 기법

자학/피학성 성격의 치료에서 인지적 접근은 우울 증후군의 감소를 위해서 사용되는 것과 유사한 논리적인 추론을 통해서 직접적으로 환자의 자기파괴 가정에 도전하는 것을 강조한다(Bernstein, 2002; Neziroglu, McKay, Todaro, & Yayura-Tobias, 1996). 사건에 이어지는 사고와 기분에 따른 피학성 환자들의 고통이 환경과 자신에 대한 평가에 얼마나 직접적으로 관련되는지 그리고 자기파괴 행동과 태도가 어느 정도인지를 습득할 수 있다.

부정적인 자동사고가 일단 확인되고 나면 환자들에게 "증거가 무엇입니까?", "그것을 이해하는 다른 방식이 있습니까?", "어떻게 대안적인 설명으로 검증할 수 있겠습니까?", "이로써 내가 무엇을 할 수 있겠습니까?"라고 스스로 물어보도록 가르침으로써 자신이 평가하고 수정할 수 있다(Beck & Haaga, 1992). 변화가 지속적으로 일어나고 부정적 사고가 새로운 형태로 부상하지 않도록 하기 위해서 자동사고가 의존하는 전술적 신념이 또한 확인되고 변경될 필요가 있다. 환자의 빈약한 자기상을 유도했던 과거의 경험이 논의되어서 과잉일반화, 독단적 추론, 정서적 추론, 이분법적 사고를 직접적으로 직면한다. 기본적인 전략은 환자들에게 사고가 비약되었고 자신과 세상에 대한 현실이 아니었음을 알도록 돕는 것이다. 예측은 타당성 검증으로 고안된 검사가 만들어진 다음에 할 수 있다.

자기상 기법

모든 성격 장애에서처럼 피학성에 대한 유용한 초기 접근은 지지적 성향의 채택이다. 대부분의 자학/피학성 환자들은 치료자에 의해서 거부나 수치감을 예상할 것이고 스스로 성취 기대감을 일으킬 것이다(Noyes et al., 2001). 환자가 타인들로부터 부정적인 반응을 유도하여 자신을 처벌하는 것에 대해 치료자가 공감을 표현하는 치료적인 동맹을 형성하는 것은 환자가 자기개념을 거슬리지 않게 채택하는 데 도움이 된다. 이는 이러한 환자들에게 그들이 고통을 참을 이유가 없다는 것을 이해시키고 더욱 긍정적인 정체감을 형성하도록 하는 데 도움을 주어야 한다.

우울성 환자와 상당히 유사하게 피학성 환자들은 종종 지나친 수줍음으로 고생한다. 환자가 충분히 고생했다는 치료자의 동정적인 확인은 환자가 더욱 적응적이고 더욱 만족한 생활방식을 수행하도록 할 수 있다. 또한 의존성 환자들처럼 피학성 환자들은 타인들에 대한 그들의 분개를 거부하거나 억압해서 적대감과 처벌의 요구가 죄책을 유발하고 개인적인 번뇌를 야기하는 악순환을 활성화한다는 것을 인식하지 못할 수 있다. 환자들이 그들의 분개를 깨닫고 좀 더 직접적으로 이를 표현하도록 돕는 것은 그들의 희생자 역할과 불일치한 자기개념을 쉽게 발견하도록 할 수 있다. 자기파괴적인 성향에 대한 치료자의 지지적인 공감이 학대하는 조소로 전이되지 않을 것이라는 점을 환자가 일단 신뢰하기만 하면 다른 개입에서 환자가 이득을 취할 수 있는 가능성이 상당히 증가된다.

정신내적 기법

자학/피학성 성격치료에 대한 **정신분석적** 접근은 환자의 행동을 유년기의 억압적이고 잔인한 부모의 행동으로부터 개념화하는 경향이 있다(Lebe, 1997). 아동은 부모의 행동에 일조하기 위해 노력했던 자기비난과 패배된 지위를 당연한 것으로 여김으로써 (부모로부터 포기되는 것에 대한) 가장 큰 두려움을 방어했다(Gladstone et al., 2004). 대부분의 다른 접근에서와 마찬가지로 환자-치료자와 관계의 중요성이 강조되었다(Slote, 2000). 고전적인 정신분석 치료자의 자세는 중립적이고 유보적이지만 피학성 환자에게 이러한 접근은 자학/피학성 전이반응이 너무 전도성이 있어서 부모-아동 관계를 연상시키는 불평등의 분위기를 만들 수 있는 것이 지적되어 왔다 (Glickauf-Hughes & Wells, 1995). 그 대신 불완전한 인간으로서 치료자의 의식적인 자가진단은 환자가 포기되는 것을 피하기 위해서 무의식적으로 바라는 복종행동을 미리 막는데 도움을 줄 수 있다(Magnavita, 1997).

치료자의 민감성에 상관없이 자학/피학성 환자들은 자신을 도울 수 있는 것은 아무 것도 없다는 주장에 의해서 치료자에게 도전하려고 할 뿐 아니라 치료에 대한 부정적 반응으로 치료자의 노력을 좌절시키기 쉽다(종종 그들을 더욱 악화시켰다고 치료자를 비난하기도 한다). Brenner(1959)는 피학적 성향을 네 가지 분리된 기능으로 보았다. 아동기의 갈등에 대한 환자의 재현반응, 상실이나 무기력한 방어, 속죄 그리고 무의식적인 만족이다. 객관적인 진술이 환자의 감정을 비판적이고 무가치하게 만들 것 같아서 환자의 자기패배 태도에 대한 동정적인 해석이 추천된다. 현실적으로 지적할 필요가 있는 매력이 적은 환자의 경향성은 환자가 치료자의 해석을 모욕으로 내면화하는 것을 피하기 위해서 따뜻하고 상대적으로 자기노출하는 치료적 자세에 의해서 균형 잡혀야 한다. Berliner(1947)는 치료자는 외부 관계에 대한 검토를 통해서 환자의 자기패배 행동을 의식하기 시작한다고 했다. 모든 환자의 비난과 불평이 자신이 사랑하고 돌보는 개인들과 연관되어 있다는 것을 지적하면 지나친 행동화를 이끌 수 있는 강도 높은 전이반응을 치료자가 피할 수 있다. 일단 환자가 자학/피학성 패턴에 대한 통찰을 얻으면 치료의 맥락에 발생하는 여러 가지 행동화는 더욱 쉽게 해석된다.

그리고 나서 Berliner(1947)는 환자와 치료자가 억압자에 대한 환자의 확인을 통한 작업 절차를 밟을 수 있다고 주장한다(Berman & McCann, 1995). 환자는 이에 따라 얼마만큼의 자기비난이 외적인 강요에 의한 것인지를 이해하게 되고, 그런 다음 사랑과 잔인함을 분화할 수 있다. Eisenbud(1967)는 피학성 감정의 부적절함과 효능감의 요구에 초점이 맞추어진 치료의 성공을 유도하는 또 다른 방법을 제시했다.

약리적 기법

자기패배 성격은 자학/피학성 성향을 유지하는 데 기여했던 몇 년 동안의 학대와 자기파괴는 후에 우울을 종종 발전시킨다. 환자에 대한 **정신약리적 처방**의 적절성 평가는 기분 조절하기 유용한 첫 번째 단계이다. 환자가 중도에 포기하는 것을 경계하기 위해서 치료자는 항우울제 약물 처방과 정신 활성 작용 사이의 지체가 있다는 것을 강조하는 것이 중요하다.

상승효과 합의

우리가 이러한 어려운 환자들에게 할 수 있었던 개인 영역 지향적 기법의 효능을 극대화하기 위해서 어떠한 배열이 계획되어야 하는가?

치료자가 초기에 라포를 세우기 위해 지지적인 자세로 하는 치료방식에 자학/피학성 환자들은 부정적인 반응으로 변화에 저항하는 경향이 있다. 환자의 도발에도 불구하고 인내와 일관성은 치료자가 환자의 '우월한' 관계에서의 지위를 남용하지 않을 것이라는 피학성의 신뢰를 공고히 하는 데 도움을 줄 수 있다. 만일 환자에 관한 세심한 진단에서 동반우울을 겪고 있다고 판단되면 적당한 항우울제 투약이 환자들에게 더욱 불안을 자극하여 예비적이고 인지적 작업을 이끌어가는 동기를 제공하는 데 도움을 줄 수 있다.

환자의 파트너가 부부치료를 받아들인다면 상호작용 패턴으로 환자에게 지지적인 가정환경과 통찰을 제공할 수 있다. 부부 행동 개입은 부부에게 더욱 적응 관계의 방식을 가르칠 수 있다. 집단치료는 환자의 사회적 적절한 적응과 주장 기술을 증가시키도록 도울 수 있는 또 다른 가능성 있는 부속물이다. 만약 그것이 선호할 만하다고 생각되면 행동 개입이 우선적으로 부부치료에 통합될 수 있다.

예시 사례

앞서 주지했다시피 피학적 성격 또는 자기패배 성격 장애 개념에 관련한 중대한 논쟁이 있었다. *DSM-IV*상 분류에서 이 성격 원형을 삭제하기로 한 결정은 이해하기 힘든 불행한 것이었다. 20세기 초 정신분석학자들에 의해서 구체적이고 편협한 방식으로 해석되었던 원래의 처방도 또한 다행스러운 것이 못 된다. 그러나 공식적인 분류로부터 그 장애를 빠트리는 것을 선호하는 한 해법은 우리의 예상에는 그렇게 현명한 것이 못 되었다. 더 나은 해법은 개인들이 '자기패배'라고 했던 것으로 나아가는 많은 근거를 명시적으로 예증하는 것이었을 텐데, 이는 분석학자들에 의해서 제안되었던 발달적 논거를 반영하는 것으로 끝나고 말았다.

대부분의 성격 장애는 이미 구축된 병리를 촉진하는 자기영속적 패턴을 가지고 있다는 의미에서 자기패배적이다. 따라서 우리는 또한 이러한 성격 유형에 할당된 독창적인 용어인 '피학성(masochistic)'이라는 말이 2개의 호칭 중에서 더 나은 선택이었다고 논증해 왔다. 우리가 강조해 왔듯이 본래의 분석개념은 피학적 행동의 여러 유형 중 유일하게 하나를 기술한다. 발달적인 역동은 다양하고 하위 유형이 드러내는 기술적 양상에서뿐 아니라 임상적인 상태를 이끄는 발달적 과정에서도 다르기 때문에 많은 성격 하위 유형을 예증하기 위해 여러 예시들을 수반한다(표 5.4 참조).

사례 5.1 랜디 P., 30세

자학/피학성 성격 : 자기취소 유형(의존적 회피성 특질을 가진 피학성)

현재 양상

랜디는 다른 사람들의 이익과 안녕을 위해서는 탁월했지만, 일반적으로 자신에게서 잘못을 찾거나 좋은 이점을 어느 정도 포기하는 전형적인 협력자이다. 그녀는 중요한 프로젝트를 늦게 제출하거나 또는 심지어 해결하지 못해 직원 지원 프로그램을 통해 회부되었다. 그녀와 연관되지 않는 집단 작업에서의 탁월한 업무 능력 덕분에 동료들은 그녀를 높게 평가했지만, 정작 그녀는 일을 완수하는 데 전적으로 완벽하게 할 수 없는 것처럼 보였다. 그녀는 일상에서부터 탁월하게 임무를 확장하여 완벽한 과제수행으로 표창을 받을 수 있었을지도 몰랐다고 설명을 하면서 금방 동요되어 눈물을 글썽이며, 그녀가 반납할 수 없었던 중요한 자료는 "마감 기한이 몹시 촉박했기 때문에 끝낼 수 없었다."고 하였다. 또한 그녀

■ **표 5.4** 자학/피학성 성격 장애의 하위 유형

자기취소 : 성공에 의해 파멸되고, 패배를 통해 성공을 경험한다. 개인적 불행, 실패, 수치, 시련에 만족한다. 최고의 이익을 피하고, 희생되고, 파멸되고, 굴욕당하게 되는 것을 선택한다.(혼합된 피학성/의존성 하위 유형)

억압된 : 진정한 불행, 절망, 어려움, 정신적 고통, 고뇌, 불평이 다른 사람들에게 죄책감을 주곤 한다. 책임감과 부담감을 주는 '억압자들'로부터 배출된 분개(혼합된 피학성/우울성 하위 유형)

고결한 : 거드름 피우며 이기적이고, 자기부정, 자기희생적이다. 다른 사람들이 충성과 신의를 알아주어야 한다. 감사와 평가가 애타주의와 인내로 기대된다.(혼합된 피학성/연극성 하위 유형)

소유욕의 : 시샘하고 과보호적이고 불가결하게 되도록 마법을 걸고 유혹한다. 잘못에 대해 희생적으로 됨으로써 다른 사람들을 함정에 빠트리고, 조종하고, 정복하고, 노예로 삼고 지배한다. 의무적인 의존에 의해 통제한다.(혼합된 피학성/수동 공격성 하위 유형)

의 무질서한 아파트를 거의 완벽하고 깔끔하게 치운 후에는 혼란 상태가 다시 온다거나 하는 어떤 것에서든지 성공하기에는 특별한 불편함이 있다고 했다.

치료가 계속될수록 랜디는 부모님, 특히 그녀의 어머니와 접한 다양한 문제점에 대해 밝혔다. 다양한 언쟁에서 그녀의 어머니는 랜디에게 다른 사람들의 의견을 포함해 신용을 얻는 것에 대한 죄책감을 가지게 할 뿐 아니라 무기력한 행동이나 아픔으로 보상하게 했다. 매력적이고 지적인 그녀는 일상에 대해 불평했고, 그녀의 어머니는 단지 관계가 진행 중인 상황에서 대부분 항상 "얼빠진 짓을 한다."라고 일격을 가하곤 했다.

초기 인상

자학/피학성 행동의 주요 증상 표현은 '성공 노이로제'에서 찾을 수 있다. 여기서 기쁨과 행복보다는 정신적 경험의 더 깊은 층이 강렬한 불안과 죄책을 자극했다. 랜디는 스스로를 자기파멸의 피학성으로 굴욕 또는 처벌적인 행동으로 자신을 망쳐버렸다. 결과적으로 그녀는 객관적으로 최고의 관심거리와는 반대되는 것을 반복적으로 수행했다. 최선을 다해 수행하려고 노력했지만 그녀는 그 과업에 불충분하고 보상을 받을 만하지 않다는 것을 빠르게 판단하여 수행을 멈추었다. 랜디는 성공적이고 행복하게 살아가야 한다는 압력적인 보상보다는 오히려 그녀의 문제와 실패를 공유함으로써 더 많은 안도가 있었다. 그녀는 일종의 회피성 성격이었고, 그러한 회피성 환자들은 그 순간에 일이 잘되고 있는 것처럼 보일지라도 궁극적으로 실패하거나 또는 환멸을 느끼게 될 것이라고 예측했다. 사태가 '필연적'으로 잘 안 될 때 실망하고 타인들에 의해서 취소되는 것보다는 자신이 빠르게 취소하기를 선호했다. 그녀는 보상과 이득을 얻고 인정받아 떳떳하게 행동하는 사람들보다 거의 모든 경우에서 그녀가 자작한 불행

한 환경의 희생자처럼 보였다.

게다가 그녀의 발달 배경에서의 삶은 사태가 그녀에게 잘되고 있을 때보다는 고통을 겪고 있었을 때 더 좋았다. 예컨대 어릴 때 랜디는 아팠을 때 비난하는 엄마가 학대 행동을 멈추는 것을 학습했고 아픈 것이 더 편안한 상태라는 것 또한 터득했다. 그녀는 고통스럽고 불편할 때보다는 사태가 명백히 잘 되고 있을 때 고통이 가장 크다는 만성화된 신념을 획득했다. 따라서 사태가 명백히 문제가 있을 때보다 '좋은' 환경에서 더 많은 고통이 발생할 것이라고 두려워하며 그녀는 삶의 후반기에서 성취와 행복의 기회에 접했을 때 물러섰다.

랜디는 깊게 스며든 대처기제에 대한 빠른 도전을 수용하는 데 어려움을 가지곤 했는데 그것은 무기력과 환멸이 편안한 상태로 놓이게 하는 것이었다. 분명한 목표 설정이 그녀의 기분부전 상태에 대한 총괄적인 치료를 위해서 필요했다. 초기 단계에서 더욱 현실에 초점을 둔 방법들로 그녀가 자기파괴보다도 적절한 반응을 하도록 조심스럽게 활용되었다. 그녀는 안락 수준이 증가함에 따라 자신을 행복할 만한 가치와 자격이 없다는 관점을 유지시켰던 것과 '필연적인' 재앙(성공을 **적극적**으로 가로막는 압력)을 촉진했던 실패에 대한 기대를 전환시키기 시작했다. 후기 단계에서 그녀는 전도된 **고통-쾌락** 연속을 더 교정하는 것과 함께 의혹되는 동화한 대상을 검토하기 시작했다. 동시에 사회적 신뢰관계에서 만족을 촉진하기 위한 기법을 작업할 수 있었다(**자기**와 **타인**의 증진).

영역 분석

랜디는 평가 과정에 기꺼이 동의했고 반응 양식에서 두드러지지 않은 타당한 프로파일을 보여주었다. MG-PDC 분석에서 드러났던 피학성과 회피성 특질의 조합은 다음과 같은 측면들을 포함했다.

절제적 표현 : 랜디는 심지어 그녀의 업적 인증이나 인정과 칭찬받는 것에 '위험을 무릅써야' 했던 마지못한 목표 추구에 따라 쾌락에 대한 공포 회피를 보이는 것 같았다.

인지적으로 소심한 : 랜디는 외부사건에 대한 긍정적인 인상을 피하는 두드러진 성향이 있었다. 그녀는 확실하게 관찰을 해야 한다고 느끼고 공격, 비난 또는 비하에 쉽게 상처 입어 자신의 안녕을 위협에 빠트리곤 했다. 반면에 그녀로서는 안전과 보안으로 보상받게 될 것이라는 부적절한 깊은 신념을 가졌다.

소외된 자기상 : 랜디는 관계와 사건들을 낙관적인 방식으로 검토하는 데 필요한 긍정적인 사회적 경험을 가지지 못했다. 매력적이지 못하다는 느낌과 열등감의 반영은 정기적으로 거부와 경멸을 기대했다. 이러한 분명한 자기관이 자기 지속성을 유지하고 그녀의 인지 영역에 더욱 밀접하게 일치했다.

치료 과정

첫 회기부터 시도되었던 지지적 치료는 랜디가 가장 고통스러운 감정을 다루는 데 편안해질 수 있을 때까지 지속되었다. **정신약리학적** 치료는 그녀의 우울을 감소시켰고 예상된 거부로 인한 불안 발생을 통제하기 위한 수단으로 처음부터 사용되었다. 그녀는 자기비하 태도를 통해서 현실적으로 어려움을 촉진시켰을 뿐 아니라 사실상 어디에서도 존재하지 않는 어려움을 지각하고 예측했다. 그녀는 좋은 것은 지속하지 못하고 지지하는 사람들의 긍정적인 감정과 태도는 거의 변덕스럽게 끝나서 실망과 거부를 가져올 것이라고 믿었다. 그녀의 치료자 입장에서 할 수 없는 이러한 가정은 꾸준히 안심시켜 점차 약화되었다. 감정이 강화되지 않는 동안에 확인되는 그녀의 문제는 효과적으로 대립적인 자기반영의 일부를 명료화하는 것에 목표를 둔 **동기면담** 기법을 통해서 성취되었다. 취소되어야 하는 것은 매번 그녀가 결점을 선포하고 있다는 사실이며 이로써 자신의 성공에 대한 잠재적인 압력으로부터 구원하는 것뿐 아니라 다른 사람들에게도 마찬가지로 자신의 실패를 납득시킴으로써 **소외된 자기상**과 불만족을 심화하는 것이다. 랜디는 자신의 설득에 사로잡혀서 독립적으로 서는 것이 허망하다는 신념을 강화했고, 이에 따라 거의 부적절함을 극복하고 싶지 않았다. 치료 전략으로는 증가된 의기소침과 의존의 악순환을 취소하는 것에 목표를 두었다.

치료자에 대한 신뢰가 발전함에 따라 그녀는 역기능적인 태도와 우울 인자의 사회적 기대를 변경하기 위한 **인지적 재구조화** 방법이 적용되었다(예 : 그녀의 **수줍은 인지 양식**). 특히 Beck과 Meichenbaum에 의해서 제안된 방법이 적당했다. 중요한 자기패배의 신념을 재구조화하는 이러한 인지적 접근이 랜디를 전제로 시도되었다. 치료자는 그녀에게 가장 많이 기대는 그런 사람들의 과장된 여러 행동을 보여 주었다. 이러한 과장과 소외됨은 그녀에게 두려움과 외로움을 증가시키고, 악순환이 일어나서 그녀를 더욱 좌절하게 하고 더욱 힘들게 했다는 것을 깨달았다. 치료 변화는 그녀가 인내로 활력이 생겨 그녀의 역기능적인 신념과 기대를 직면하여 악순환을 끊고 그녀의 행동을 덜 파괴적인 행동으로 지향하게 하는 데 기여했다. 신념을 변화시킴으로써 랜디는 그들의 기대를 수정했을 뿐 아니라 새로운 신념으로 더욱 효과적이고 덜 **기괴한 표현 행동**을 하게 하였다. Benjamin과 Klerman에 의해서 제안된 **대인관계**의 초점과 형식적 **행동수정** 절차는 자발적인 기술과 사회적인 만족의 성장을 학습할 수 있는 수단을 제공했다.

재발 가능성을 줄이기 위해 치료의 후기 단계는 **역동** 중심 방법을 강조하여 변경했고, 그녀의 더욱 문제되는 대상 애착을 재작업해서 더욱 단단한 경쟁력의 기반을 형성하도록 시도했다. 세심한 관심으로 학대는 아닐지라도 의존과 그녀의 의지에 대한 랜디의 양가감정을 변경하도록 하였다. 이러한 것이 만일 이해되지 않았더라면 그녀는 지속적인 치료관계를 유지하는 데 어려움이 있었고 충분히 악화되거나 재발할 위험이 있었을 것이다. 치료자에 대한 의존성을 검사하기 위해 설계된 책략은 종종 그 증거를 드러내었다. 좌절을 막기 위해서 공감하는 동정은 그녀의 무가치감에 대한 직면을 두려워하는 것을 극복하도록 도왔다. 안전이 위험에 처한 수난으로 자기거부라는 상을 유지하는 그녀의 바람을 취소하기 위해 유사한 지지 기법이 필요했다. 그녀는 자기경멸의 기반과 의존적 관계에 대한 양가감정을 알아차리도록 유도될 필요가 있었다. 그녀는 부모의 모든 모습이 습관적으로 학대하고 파괴적인 것은 아니라는 사실을 알도록 도움을 받았다. 그러한 자기파멸적인 신념을 취소하는 노력은 단기에서 중대한 성과를 주었고 더욱 지속 가능한 장기 진전을 가능하게 했다.

사례 5.2 루르드 D., 28

자학/피학성 성격 : 소유 유형(부정성의 특질을 가진 피학성)

현재 양상

루르드는 모든 사람에게 불만족해서 치료를 받았다. "나는 단지 포기했어요. 만일 대부분의 시간을 내가 다른 곳에 있는 것처럼 할 수 있도록 최면을 걸 수 있게 당신이 가르쳐 준다면, 모든 사람들이 내가 하는 것을 계속 좋아하게 하도록 할 거예요. 아니면 내가 그들을 변화시킬 수 있는 방법을 당신이 알고 있다면 나는 귀담아 들을 것입니다." 그녀는 다른 사람들에 대한 혐오적인 불만에 확고하게 익숙해져 있었다. 사실상 자신이 인정하는 바에 의하면 그녀는 삶의 모든 중요한 관계에서 좌절과 고통을 경험했다. 객관적인 평가와 주관적인 보고에 의해서 또한 명백해졌지만, 그녀는 단지 자신의 기대와 행동을 검토하는 데는 주저하면서 주위에 있는 사람들만을 변화시키려고 끈질기게 버티고 있었다. 그러나 대부분 그녀의 불만족은 남편 에루아르도에 관한 것이었고, 그녀는 그를 최근에 '멍한 교수의 화신'으로 표현했을 뿐 아니라 '만년 칠칠치 못한 학생'으로 기술했다. 루르드는 그의 박사과정의 완성을 독자적으로 책임지기를 주장하면서도, 그가 일관성을 갖도록 그녀의 돌봄은 내조자, 개인비서, 가정의 수호자, 유모로서 절대적인 공헌을 아주 확신(그리고 분개)했다. 동시에 그녀는 그에게 영향력을 알리는 데 능숙했고 그 기준으로부터 어떤 탈선도 발생하지 않으리라고 확신하고 있었다. 루르드는 남편이 다른 여성과 가졌던 긴 우정에 대해서 매우 능숙하게 그를 압박했다. 유사한 행동이 또한 결혼생활 외에도 있었다. 주목할 만한 예는 그녀의 취업이 '우둔하고 부주의한' 경영진의 개인비서였다. 그녀의 태도에서 '모든 남자들은 정말 어린아이야'가 슬로건이 되었고, 동시에 그녀의 생활은 무시받는 여비서의 역할로 규정되었다. 그녀가 청소년이었을 때 아버지는 떠났고, 어머니는 여러 어린 동생들의 엄마 역할을 하도록 남겨 두고 가족을 부양하기 위해서 일하러 가야 했기 때문에 그녀는 어린 시절부터 아이들을 돌보는 데 능했다는 것을 자랑했다. 이것이 오랜 세월과 상황을 통해서 반복했었던 그녀의 역할로 느꼈다.

임상 평가

다른 피학성 환자들처럼 루르드는 지속적으로 헌신했고, 이로 인한 부수적인 이득이 그녀에게 얼마나 보상해 주는가에 의해서 강화되었다. 그녀는 애착했던 사람들을 보낼 수 없었다. 그녀의 절대적인 욕구는 매우 강렬한 자기희생적인 것이었기 때문에 그녀를 떠나는 사람들은 무책임하고 포악하고 죄를 지었다고 느꼈다. 루르드는 그런 다음 다른 사람들을 능란하게 포획해 그들을 상호적인 의존으로 끌어들이고, 주의와 깊은 관심으로 마음을 개방하게 했다. 과오에 대해서 희생적이었지만 그녀는 사람들과 서로 필요하다고 느끼며 충족을 느끼게 하는 방법을 알았고, 그들의 욕구를 만족시키는 데 몰두했던 친절과 노동이 없이는 정상적인 기능을 할 수 없을 것 같았다. 사실상 그녀는 의무적인 의존으로 타인들을 통제했다. 더구나 그녀는 사람들이 원하는 모든 면에 자신을 희생함으로써 소유한 그들을 지배하며 필수불가결한 협력자이자 과잉보호로 시기했다. 이런 행동 패턴은 부정성 방식의 가장 일반적인 특성으로 자학/피학성의 구성요소 핵심에서 구성된 혼합된 성격이다. 희생으로 허세를 부리는 루르드는 배우자, 친구, 고용주의 일상 업무를 반복적으로 자신과 빗대어 말했다. 그녀는 항상 중요하고 필요한 참여자와 조언자로 사업을 해냈다. 이 방법으로 그녀는 다른 사람의 영역을 너무 심한 의무감으로 유도하는 방법을 모색해 왔으므로 그들도 완전히 그녀에게 보답하거나 그녀 없이 효율적으로 기능을 발휘할 수 없었다. 이 계략은 효과가 있었다. 즉 정신적인 요구와 개인의 죄책감을 미덕으로 복종하고 항복하도록 사람에게 강요하여 의무적 의존도와 감정을 생성했다. 그녀의 작전 결과로 루르드는 다른 사람을 소유하고 포위하는 것은 당연한 그녀의 독점권이라고 믿었다. 그녀는 친절하고 배려심도 있고 다른 사람의 모든 이익을 위하여 고생도 했다. **피학 집착성**인 그녀가 다른 사람을 위해서라면 무엇이든지 했던 친절함은 그들의 삶을 관리하고 지배하기 위해서라기보다는 좀 더 나은 발전을 위해 의도된 것이었다고 말했다. 외관상으로 그녀는 악의적 동기가 될 수 있었던 행위와는 상반된 것처럼 보였다. 본질적으로 그녀의 사랑을 다른 사람에게서 매수하여 그들을 제어하는 다른 사람에게 주었고 소유욕은 필수적이 되었다.

치료 초기 전략이 루르드가 희생자적인 상태로 해왔으나 책망을 외재화하여 자신에게 초점을 둔다는 생각에서 불편했다고 주장했고, **지지적 접근**이 점차적으로 그녀를 더욱 편안하게 느끼도록 도와줄 수 있었다. 루르드가 개인적인 문제 처리에 열중함에 따라 치료자는 부정적인 자동적 사건을 해석하거나 아니면 그녀가 알았던 방식에 대한 기대를 나열하여 실패할 것(**고통 – 쾌락**의 부조화)이라는 등의 잘못된 인식과 신념에 초점을 맞추었다. 그녀의 행동은 또한 수정되어서 더욱 건강한 반응과 상호작용을 제공할 필요가 있었다. 이러한 기분 특질에서 더 나아가 전형적인 부정성 특질에서 **자기 – 타인**의 갈등은 그녀의 존중관계의 검토를 요구했다.

영역 분석

루르드는 초기에는 자신의 영역 분석 측면에서 의해서 실망했다. 그것은 치료자가 "자신을 이해하는 것은 당신을 돕는 것이고 우리가 다른 사람들에 대한 당신의 기대를 더욱 정학하게 이해하도록 도울 것입니다."라고 주지시킬 때까지 계속되었다. 그녀는 이러한 관점에서 영역 분석을 묵인했다. MCMI – III Grossman 다축척도와 MG – PDC는 다음과 같은 현저한 특징을 드러냈다.

분개의 표현 : 이것이 부정적인 영역이지만 루르드의 표현은 전통적인 방식과는 어느 정도 달랐다. 수동 공격적인 방식으로 다른 사람들의 기대에 저항하는 것 대신에 그녀는 규칙적으로 기대 이상의 요구를 충족했고 인정받지 못하는 분개를 종종 표현했다.

기질적으로 기분부전인 : 루르드의 감정 상태는 다소 예측할 수 없이 불안하게 염려하고 쓰라리게 분노하고 투덜대고, 다소 기계적으로 다른 사람들에게 죄책감을 유도하면서 이러한 감정을 표현했다.

과장기제 : 루르드의 생리적 평형성은 급성의 고통스러운 상태, 특히 대인관계의 실망을 느끼는 가운데 획득되어야 하는 것이었다. 현재의 낙담에 대한 직접적인 반응은 그녀의 불쾌감을 타당한 수준으로 끌어올리기 위한 과거의 부당함의 주술적인 기원을 포함했다.

치료 단계

루르드 치료의 첫 단계는 억제하기보다는 동기화해야 하고 실제적으로 잠재적인 성과를 보여주는 것이었다. 그녀는 치료에서 잘못된 희망으로 보였던 점을 일깨워 줄까 봐 두려웠다. 즉 그녀가 다른 사람들에게 신뢰를 주었지만 거절로 되돌아오는 것을 경험했던 굴욕감이 상기되었다. 치료자가 이 공포를 비지시적으로 일깨워 줌에 따라 루르드는 치료자와 거리감 없이 적절한 편안한 수준을 찾아서, 그녀가 익숙했던 것보다 더 나은 수준의 적응을 하는 동안 두려움을 더욱 효과적으로 다루는 것을 학습했다. **지지적으로** 비지시적인 방식으로 루르드는 의식 못함에도 불구하고 치료자에게서 예상하기 쉬웠던 것은 판단하지 않는 태도로 그녀의 기대감을 이야기할 수 있었다. 이러한 접근은 특히 지속적인 치료관계에서 그녀의 혐오가 뚜렷했고, 그녀가 다른 사람들을 불신하고 자기가치를 떨어트리는 경향에 역점을 두고 다루었다. 이러한 비지시적이고 무조건적으로 수용하는 개인 중심 패러다임의 토대를 세우는 것은 비록 간접적이지만 그녀의 **과장기제**를 지지하는 영속화를 제거하기 시작했다. 제한시간의 역동적 중심 접근은 후기 단계에서 이러한 과업을 지속시킬 것이다. 이 기간 동안에 이러한 지지적 접근은 고통을 차단하는 성분이 들어 있는 항우울제인 심발타의 사용이 논의되었다. 치료의 초점은 아니지만 루르드는 언급된 모호하고 혼란스러운 신체적 고통이 기분 연속 장애와 연관된 약간의 **불쾌**한 감정을 가지고 있었다. 이러한 약리학적 약물은 여러 불평들의 생리학적 **기질** 측면을 다룰 수 있었다.

초기 단계의 양상은 **인지행동** 접근을 시도했고 주의가 **분개의 행동**으로 향해져 지금까지 그녀의 생리적 평형 상태를 지속시키고 강화했던 그녀의 불쾌한 기질과 결합되어 있었다. 사실상 루르드의 불안한 행실과 자기 취소하는 활동과 태도, 행동은 오래전에 여러 경멸하고 훼손된 감정을 차단하는 목표로 이러한 행동을 불러일으키지 않도록 하기 위해서 변경되었다. 거절이나 그녀의 불안한 행동에 대한 민감성의 기반을 재구성하는 인지적 노력(예 : Beck, Ellis)은 그녀의 혐오적인 성향뿐 아니라 재발하고 퇴행하는 성향을 축소시키고 감소시켰다. 단기 개입의 또 다른 영역 가치는 루르드의 환경에 대한 면밀한 검사와 연관되어 있었다. 이렇게 함으로써 그녀는 피하고자 하는 여러 자극을 감소시키는 능력을 증가시켰다. 그녀의 정교한 안테나는 대부분의 사람들이 간과하던 것을 끄집어내서 변형시켰다. 다시 적합한 인지적 방법을 사용함으로써 그녀가 피하고자 했던 바로 그 고통의 인식을 지속적으로 가져오는 그녀의 과민성이 예방되었다. 그녀의 초점과 부정적인 해석 습관을 더욱 자아 증진과 특성상 낙관적인 것으로 재정향하는 것은 그녀의 자기손상의 사고방식을 줄이고 긍정적인 경험을 강화하고 분노를 감소시켰다.

더욱 정교하지만 여전히 우원적이면서 **역동** 중심적인 기법과 절차가 그녀의 불안의 뿌리를 드러나게 하고 행동의 많은 측면에 잠복해 있는 여러 가정과 기대를 직면하는 데 유용했다. 이러한 절차는 진행 중인 인지행동 개입의 초기 이후에 짧게 시작했다. 그전에 언급되었던 여러 것들이 그녀의 **과장기제**에 조금씩 스며드는 대안으로 일차적인 목표일 뿐 아니라 그녀의 현재 어려움의 근간을 살펴보는 데 통찰과 새로운 이해를 제공했다. 그녀의 관계 문제에 기여하고 강화했던 파괴적인 의사소통 패턴을 완화하기 위해서 **부부치료**가 이 단계에서 마찬가지로 사용되었다.

사례 5.3 완다 K., 40세

자학/피학성 성격 : 억압된 유형(우울성 특질을 가진 피학성)

현재 양상

자신이 존재한다는 것으로 억압받는다고 마지막으로 말한 완다는 40번째 생일을 막 보냈다. 그녀는 처벌받아야 하는 것이 단순히 그녀의 운명이고 '그렇게 되는 것이 당연하다'고 여겼는데, 왜냐하면 처벌로부터 달아나는 것은 불가능하며 그녀의 '최후의 마지막 처분도 당연히 받아 마땅하다'는 신념 때문이었다. 무엇인가를 잘하려는 시도가 빈번히 실패함에 따라 지속적으로 좌절되어 사람들이 그녀를 도우는 많은 노력이 그녀를 단지 떠나가는 데 활용되는 단순한 전술이었다고 항상 확신해 왔다. "그들은 나의 생일 저녁식사에 와서는 자선사업을 했다고 모두 느낄 것 같아요. 어느 누구도 이제부터 당분간 완다와 어울리려고 하지 않을 것 같아요." 그녀는 치료자에게 이러한 말로 느낌을 표현했고, 그에게 "당신은 내가 행복하길 바라요. 그러면 당신이 나를 벗어날 수 있으니까요. 그것이 당신이 원하는 거지요."라고 진술했다. 그리고 완다는 매우 밋밋하고 '자동적으로' 치료자란 실제로 그녀가 행복을 추구하도록 돕기를 원한다는 것을 그녀가 안다고 표현했다. 그녀는 남편이 아파트에서의 불행의 이유를 항상 그녀에게 돌리면서 그녀를 비난했던 것 같다고 말했다. 완다에 따르면 남편은 그녀가 아주 형편없는 가정주부이고, 친구 부족의 이유를 "더러운 판잣집에 어떻게 사람들을 대접할 수 있겠는가?"라고 설명했다. 그녀는 가사나 아내로서의 책무 또는 최근 몇 년간 지속해 왔던 다양한 일에서도 자신이 잘하는 것이 없다는 점을 지속적으로 조명했다. 게다가 그녀 자신과 그녀의 능력을 개선하려는 지속적인 노력에도 불구하고 누구도 그녀를 좋아하지 않는 것 같고, 그녀는 모든 책무에 실패하고 고통스러운 것으로 예정되었다고 느꼈다.

임상 평가

완다와 같은 억압된 피학성 환자들은 가족과 친구들이 죄책감을 느끼도록 주도하고 만들기 위해서 모든 종류의 정신적 증상과 신체적 질환을 동원한다. 누구든지 심리적 전략이나 의학적 질병에 반응이 없었던 사람은 그녀가 요컨대 "나의 고통으로 당신이 나에 관해 두 번 생각하지 마세요. 당신이 의지가 있다면 내 고통을 간과하세요. 그리고 당신을 위해 당신이 생각하기에 최선이라고 생각하는 일만 하세요."라고 말하는 죄책감을 유도하는 불평과 신음에 따라서 재빨리 신속하게 협조한다. 궁극적으로 명시적인 희생자인 완다는 그들에게 죄책감을 느끼고 의무감을 갖게 함으로써 희생자로서 효과적으로 승리한다. 분명히 완다는 분노를 감추고 있었을 뿐 아니라 진정한 불운과 절망을 경험하고 고통스럽게 느끼면서 종종 육체적으로 아파했다. 그러나 이러한 슬픔은 부차적이지만 사람들에게 아주 효율적으로 죄책감을 유발시켰고, 그녀는 분개를 완화할 수 있음을 느꼈고 일반적인 책무 수행을 면하게 되었다. 앞에서 추론되었듯이 **억압된** 피학성인 완다는 우울한 성격 장애가 가장 현저하게 보이는 특색과 혼재되어 있는 형태를 나타냈다.

종종 건강 염려적인 조종이 완다의 전면에 있었고, 사랑과 의존을 얻는 방법은 건설적으로 획득되지 못했다. 질환의 증상은 효과적이고 믿을 만한 방식을 통하여 주의와 평가를 하였다. 슬픈 병자가 되는 것은 다른 사람들에게 보호와 보살핌을 강요하는 자작의 고통이었다. 완다는 고통스러운 상태를 실질적으로 즐기지는 않았다. 불편하기는 하지만 작은 편익을 얻기 위한 수단으로 단지 필요할 뿐이었다. 현실적이지만 특히 사소한 불편을 과장함으로써 공개적으로 만들 수 있을 뿐 아니라 효과적으로 고통을 강렬하게 하고 더 확대할 수 있었다. 이는 어느 정도 가치 있는 과정으로 작은 부수적인 소득이었다. 과거에 충분히 보호와 지지를 얻지 못했던 사람들을 향한 그녀의 분개를 해소했고 책임을 완수하는 것에 억눌려진 상태를 벗어나게 했다는 사실은 간과할 수 없다. 다른 사람들의 배은망덕으로 희생되었다고 느끼면서, 그녀는 그들에게 가책을 느끼게 하고 책임감과 보살피는 역할을 모색했다.

완다의 우울 인자 상태는 직접적으로 그녀의 좌절과 우울한 기분을 다루도록 요구했고, 그녀가 나타내는 수동적이고 기면적인 지향으로부터 변화하는 것은 거의 불가능한 것처럼 보였다. 치료자로부터 안전하고 공감적이고 지지적인 자세를 갖는 것은 시작에서부터 치료 과정의 전반 내내 계속되었다. 관계가 발전됨에 따라 완다의 성격 구성상 내재해 있는 더욱 어려운 스키마에 가능한 한 초점을 두어서 내면적인 비난과 자신을 가치 없다고 간주하는 지속적인 성향을 해결할 수 있었는데, 이는 **수동적**으로 불만족(**고통** 지향의 감소, **자기**를 강화)한 것이 더욱 안전하고 더욱 편안하다는 전제와 마찬가지다. 그런 다음 그녀는 더욱 유용한 기술을 배워서 더욱 긍정적인 상호작용을 이끌 수 있는 사회적 기술을 개발할 뿐 아니라 긍정적인 사건들을 음해하는 빈도를 감소시킬 수 있었다.

영역 분석

완다는 소개된 어떠한 평가수단에도 저항하지 않았고 반응 양식에 관해서는 거의 상관하지 않았다. 쉽게 "글쎄요, 의사 선생님. 무엇이 최선인지는 당신이 알아서 하세요."와 같이 말함으로써 오히려 쉽게 이러한 특징을 드러냈다. MG-PDC에서부터 수집된 영역 분석의 특징은 다음과 같다.

> **기질적으로 우울한/기분부전의** : 매우 분명히, 그녀가 기술했다시피 완다의 기분은 '무거운' 것이었다. 대부분의 시간을 감정에서 기쁨이 없고 눈물이 많은 특성을 보이면서, 우울한 포기 양식을 선택했다. 그러나 이따끔씩 이것은 걱정과 염려하는 특성으로 나타나곤 했다.
> **가치 없는 자기상** : 대부분 피학성의 전형적인 '가치 없는' 특성을 넘어서서 완다는 가장 우울하고 염세적으로 자신을 '일회용'이고 무가치하고 심지어 어떤 하나의 장점도 가지고 있지 않은 사람으로 특징지었다.
> **인지적으로 소심한** : 우울한 예감이 보편적으로 부정적인 결과를 낳으므로 그녀가 누군가를 돕거나 돕지 않을 수 있다는 것에도 불구하고 피학적인 그녀의 성격상 최악의 결과를 예측했다.

치료 단계

완전히 비탄에 잠긴 상태로 완다는 거짓 기대로 판단했던 것을 전적으로 치료에서 일깨우게 될 수 있다고 수심에 잠긴 채 두려워했다. 즉 과거에 열망했지만 거절당했을 때 겪었던 환멸을 그녀가 다시 겪을 수 있다는 것이었다. 사실상 이는 성취할 수 있고 동기를 줄 수 있는 치료 목표에 일차적으로 중요하게 설명되는 것이다. 그녀가 다른 사람들로부터 위축되고 자신의 욕망을 멀리함으로써 적어도 이제 안정된 정도의 편안한 수준을 알아냈기 때문에 그녀가 익숙해져 있던 우울-불안 수준에 적응하여 지내지 않게 하는 것은 치료적으로 중요했다. 단기 기법은 자기가치를 손상하고 다른 사람들의 홀대에 자신을 맡기는 그녀의 우울한 성향에 주의를 기울였다. **항우울제 약물 처방**(이러한 환경에서는 SSRI Lexapo)은 지속적인 **불쾌감과 비관**을 완화하기 위해 치료 시작에 도입되었다. 그녀가 치료자의 진실성을 검증하기 위해서 고안된 책략을 분명하게 활용함에 따라 **인본주의적 지시** 방법은(예 : **동기면담**) 완다의 일관성 있는 치료관계를 지속하는 데 대한 주저함을 감소시키기 위해서 실시했다. 이는 심지어 누군가가 "누가 치료자처럼 그녀를 좋아해주겠는가?"라고 말함으로써 그녀의 역부족이었던 공포를 표현하고 상징화하는 것이었다. 완다의 제시된 영역을 진술하자면 그녀는 스스로를 **무가치하게** 느꼈고, 여기서 필요한 단계는 전통적인 인본주의적 접근으로 획득될 수 있는 것보다는 더욱 지시적 중심의 방식으로 여러 양가감정을 더 잘 조명하도록 하는 것이 필요했다. 완다는 무가치감에 직면하기를 두려워했고, 자신의 내적 방어가 약하다는 것을 감지하고 있었기 때문에 따뜻하고 수용적인 태도가 요구되었다. 여러 기술적이고 지지적인 접근으로 어떤 실질적인 성과를 얻기 전에 치료에서 철회하려는 그녀의 성향을 미리 막는 것이 가능했다.

　인지행동 수준에서 치료적 관심은 자기비하, 과거에 대한 폄하의 불행을 불러일으키는 행동이 있었고, 불안한 품행, 자기경멸적인 태도의 **소심한** 가정에 두었다. Beck, Meichenbaum과 Ellis에 의해서 개발된 단기와 **인지적** 기법은 거절에 대한 민감함과 퉁함, 비주장적인 방식, 독특한 관점, 혐오적이고 우울한 성격을 강화시켰던 두려움에 대한 민감성을 줄이는 데 도움이 되었다. 인지적 방식들은 특별히 그녀의 감정과 태도에서 모순을 탐색하는 데 유용했다. 이러한 재구성하는 기법이 없었더라면 시소게임이 되었을 것이고, 일시적인 진전의 기간은 퇴보했을 것이다. 단기 기법에서 진정한 이득을 얻었으며 신뢰 형성과 자기가치에 대한 그녀의 흔들리는 느낌은 개선을 통해서 단기 인지 절차로 잘 수행되었다. 재발을 줄이거나 방지하기 위해서 행동의 모든 측면에 만연되어 있는 대인관계의 기제를 재구성하고, 그녀를 가르쳐서 그전의 무능하고 무기력하게 나타나는 성향을 좀 더 특징적으로 경쟁력 있는 행동으로 대체하도록 목표를 세웠다. 그녀는 집단 행동수정에 참가하여 일반적으로 마주치기보다 사회적 장면에 더 친절하고 수용하는 훈련과 태도를 습득하도록 도왔다.

사례 5.4 헬렌 M., 49세

자학/피학성 성격 : 고결한 유형(자기애성 특질을 가진 피학성)

현재 양상

헬렌은 성인기 동안에 수녀 생활을 해왔다. 그녀는 초기 아동기의 주일학교 시절부터 줄곧 수녀가 되기를 바랐다. 그녀는 정말로 도움이 필요하다고 인정했던 사람들을 '도우려는 욕구'가 늘 있었고 중학교 이후 줄곧 자선에 솔선해 왔다. 그녀는 여기에 요청된 이유를 언급하기를 거부했지만, 헬렌이 예배 시간에 단지 순서대로 남아 있었는데 그녀가 상담을 청할 것을 수도원장과 약속하게 되었다. "의사 선생님, 여기에서조차도 우리가 사생활로 지켜야 할 것이 있어요."라고 그녀는 언급했다. 그녀는 자신의 좋아하는 프로젝트 사업인 무료 급식소를 열었다. 사업에 대한 그녀의 모험담을 들어보면 그것이 매우 호평을 받을 때까지는 조직이 이 프로젝트와는 어떠한 관계도 원치 않는 것처럼 보였다. 그때쯤 해서 헬렌은 수녀들이 그 사업을 인수받아 그들 소유로 만들기를 원하면 이것이 불화의 중심이 될 것 같았다고 주장했다. 거기서부터 또 다시 그녀는 언급하기를 "뭔가 큰일이 발생했지만" 그러나 이것의 세부사항을 논의하지 않겠노라고 다시 언급했다. 그녀는 많은 일의 상당한 서비스를 계속해 왔던 것에 상당한 자부심을 가지고 있었는데, 그녀가 개인적으로 모든 삼시 세 끼를 제공하고, 하루에 24시간 일주일 내내 헌신했는지 치료자에게 호기심을 품게 했다. 그녀는 어떻게 그 가게의 손님들이 그녀가 기대했던 것보다 훨씬 더 잘해왔는지를 계속 설명했다. 그녀는 격렬하게 지적하면서 "내가 외투를 가져다주기 전에 손님들은 외투를 가져갔어요." 단지 주문에 감사했던 것은 "단지 너무 많이 요구한다는 것이지요."라고 헬렌은 말했다. 그녀가 주변 환경의 불화에 관해 계속 기술하면서, 그녀의 분노는 두드러지게 구체화되었다.

임상 평가

헬렌과 같은 피학성 환자들은 **자랑스럽게** 이타적이고 자기희생적이다. 그녀의 자기부정과 이타주의는 고상한 것은 아니라 할지라도 최소한 그녀에게 있어서는 본질적인 장점으로 의미를 부여하는 신성하고도 의로운 활동이었다. 다른 사람들의 안목으로 그녀의 자부심을 경시하고, 이타주의를 부정하기보다 대부분의 전형화된 피학성 환자들의 열등한 상태를 수용하고 자부심 강한 **도덕적인 피학성 환자들**이 주장한 높은 지위의 특별한 느낌과 존경심이 그녀가 보여주어야 하는 것이다. 그녀가 지속적으로 다른 사람들의 안녕에 대한 관심을 드러내고, 스스로 좋은 삶을 포기하고, 다른 사람들의 제단에 그녀를 희생하지 않았느냐? 생활 방식에 따라 방향을 돌리면서 다른 사람들이 얼마나 은혜를 모르고 생각이 없었는지 주장했고, 그들에게 얼마나 진실하고 충직하고 헌신적으로 해왔는지를 마음 써 주어야 한다고 주장했다. 결과적으로 자기를 희생하는 종인 그녀는 주인으로 보여야 했고, 감사와 관심의 지속적인 수혜를 받는 사람이 되어야 했고, 현실적인 것이든 가상적인 것이든 일생 동안 희생에 보답할 만큼 대우받아야 했다. 자기희생의 명백한 표현은 자긍심과 자기중심주의의 표현으로 일시적으로 바뀌었다. 자신을 감추고 다른 사람들에게 절대적으로 필요한 자신으로 칭송했고 자기축하를 하게 되었다. "나는 선하고 장점이 많아요. 나는 특별하고 특별한 대우를 받을 자격이 있어요." 그러나 이러한 자기애성 표현의 깊이는 얕은 것이었다. 그 아래에는 낮은 자존감이 있었고 또한 그녀가 얻게 되었던 어떤 인정도 다른 사람들로부터 진심으로 느껴진 것이라기보다는 조작되고 유도된 것이며, 자기주장에 대한 불확실성도 마찬가지이다. 전술한 것과 일치하는 이유로 헬렌은 종종 자기애성의 특질을 명백하게 나타냈고 이따금씩 의존적인 특성을 드러내는 것처럼 보였다. 따라서 그녀의 자기승인과 자기축하의 음색에도 불구하고 계속해서 자기희생적이었고 다른 사람들이 그녀를 위해서 하기를 바라는 것을 그녀는 다른 사람을 위해서 지속적으로 했다. 더 진정으로 그렇게 했다.

　고갈된 **자기** 지향이 헬렌에게 가장 두드러진 것이었다. 그녀가 의미 있다고 느낄 수 있도록 환경 적응과 동시에 실현을 위한 필사적인 즉각적 지지를 필요로 했다. 헬렌은 오히려 날카로워 보였다. 여전히 그녀의 불안한 태도는 왕성한 것처럼 보였고(**수동적** 자세), 더욱 효과적일 수 있는 새로운 대안을 탐색하는 것은 이점이 있을 것 같았다. 그녀는 학대를 초래하는 성향이 있었고, 여전히 그녀의 곤경에 짓밟혀 주의를 끌었다(전환된 **고통-쾌락** 성향). 지시적인 평가들이 그녀의 보폭에 맞춰 여러 과오를 재조직하고 덜 의존적이고 자발적인 기술을 개발하게 하기 위해서 유용되었다. 변화의 지속을 기대하면서 더욱 현실적이고 성숙한 방식으로 대상들과 내적 구조를 재조직하는 것이 필요할 것이다.

영역 분석

MG‒PDC를 통한 헬렌의 영역 평가는 개입을 위해서 다음의 가장 돌출한 영역을 나타냈다.

자기찬탄하는/자신 없는 자기상 : 헬렌은 '자신 없는' 자기반영으로 더욱 피학적으로 더 순수하게 반향되지만, 자신에 대해서 더욱 취약한 감정을 방어하는 책략으로 일상적으로 자기찬탄의 가면을 썼다는 것은 분명했다.

불신의 대상(정신내적 내용) : 헬렌의 내적 세계는 한때 기대로 가득 찼던 것이 실망으로 채워지고, 긍정성의 결과가 역전된 분노로 채워진 것 같았는데, 이러한 감정은 아동기에 정서적인 유기의 감정으로부터 기인한 것이었다. 그녀는 다른 사람들의 삶을 개선하는 것에 목표를 두고 자신의 개인적인 파괴를 통해 상징적으로 해결하려고 하는 것처럼 보였다.

과장기제(정신내적 기제) : 그녀의 많은 고착된 구조를 지탱하는 것은 더 큰 맥락인 생애에서의 환경적인 환멸과 실망에 매여 있는 헬렌의 영속적 경향성이었다. 이러한 경향은 정기적으로 정당하고 적절한 칭찬을 치켜세웠으나 그녀에게 주의를 끌지 못했다. 그녀는 다음과 같은 반응으로 이어지기를 기대했다. "그녀가 하는 모든 것을 보아라!"

치료 단계

헬렌에게 적용되었던 최초의 전략은 맥락적인 것이었다. 즉 이미지를 증진하는 기회로 그녀를 돕도록 더욱 보상적인 환경을 제공하는 것이었다. 치료관계의 밖에 있는 양상들이 통제 하에 있을 때까지 **지지적 치료**는 모든 그녀의 과잉동요하는 자아감을 견고하게 하는 것이었다. 특별한 주지가 필요하다시피 주의는 **경탄과 무가치함**의 동요로 학대를 초래하는 헬렌의 성향을 변경시키는 쪽으로 방향 잡힐 필요가 있었다. 만일 점검하지 않았더라면 헬렌은 치료에서 아주 비굴한 역할을 했을 것이고, 이것은 결과적으로 그녀를 재발하기 쉽게 했을 것이다. 다른 때에는 그녀가 치료자의 신뢰성을 검사하고자 했을 것이 분명했다. 치료자의 공감적인 자세가 불편한 느낌을 호소하는 그녀가 두려움을 극복하는 데 도움을 주기 위해서 지속적으로 표현되었다. 자신에 대한 안전성을 전적인 순교로 의탁하려는 그녀의 이미지를 취소하기 위해서 유사한 지지가 필요했고, 다른 사람들에 대한 양가감정과 함께 그녀의 전술기반에 주의하게 되었다. 여러 자기파멸의 반영을 취소하려는 노력은 단기와 장기 성장에서 가장 결실이 있었다.

상황이 개선됨에 따라 그녀는 고통스러운 감정을 다루는 데 훨씬 편안하게 되었다. **정신약리학적** 치료가 불안감을 감소하는 수단이 될 수 있었지만 헬렌은 이러한 개입에 반대를 선택했다. 헬렌의 특징적인 수동성을 빠르게 증대시켜 해치는 양상이 없었더라면 그녀의 영역 분석의 현저한 특징에서 발견되는 것보다는 더욱 **기능적인 영역**(예 : 인지, 대인관계의 전이, 행동)에 목표를 둔 일련의 평가가 필요했을 것이다. 그녀가 환경의 스트레스에 대해 덜 기이하게 반응하도록 돕기 위해서 **행동수정**이 사용되었다. 치료적인 관계가 더욱 안전하게 됨에 따라 또한 문제되는 **기이한** 태도와 **색다른** 사회적 기대를 변경하기 위해 Beck과 Meichenbaum에 의해 제안된 **인지적 재구조화**의 방법이 지속되었다. 헬렌의 가장 문제되는 손상 도식들 중에 하나는 직접적인 표현은 안 됐지만, 그녀가 결코 포기할 수 없었기 때문에 항상 다른 사람들을 고소하고 그녀가 인식하고 있는 무능력에 대해서 보상받기를 요구했다는 것이었다. 헬렌의 전반적인 양상에 대한 또 다른 측면은 **대인관계의 표현**이었다. 그녀는 자기파괴적 행동을 통해 현실 문제를 자신의 문제로 가져왔을 뿐 아니라 이 문제들이 존재하지 않을 때조차도 어려움을 감지하고 예측했다. 그녀의 철칙인 "좋은 일은 오래가지 못한다."는 것도 당연할 수 있었다. 다시 말해 그녀의 주위에 있는 긍정적인 감정과 태도는 궁극적으로 느닷없는 거절로 귀결될 덧없는 공상에 지나지 않았다. 이러한 요소들은 그녀의 행동에 의해서 격앙되고 그녀의 두려움과 욕구를 증가시키듯이 이러한 행동들이 다른 사람들을 소외시키는 것으로 어떻게 종결되었는지 보여줌으로써 직면하게 되었다. Benjamin과 Klerman의 **대인관계** 기법은 자발적인 기술과 자신감의 발달을 제공했다. 헬렌은 이렇게 지속하는 순환을 알아차리게 되었고 순환을 분쇄하고 그녀의 행동을 덜 파괴적인 것으로 재정립하기 위한 왕성한 개입에 참여할 수 있게 되었다. 인지적 재구조화와 대인관계 기술 훈련의 결합은 기대를 지속시키고 불편감의 평형화된 상태를 지속시키는 데 기여했던 그녀의 많은 역동적인 반응의 과잉기대를 완화할 수 있었다. 마지막으로 그녀의 태도와 어려움의 원천에 호소하고 후퇴와 같은 것을 줄이기 위해서 **정신역동적** 방법들이 대상 애착을 수정하는 데 초점을 두어 사용되었다.

저항과 위험

대부분의 치료자들은 초기에는 자학성 환자의 낮은 자존감과 수년간의 학대에 대한 불편함을 공감할 수 있다. 그러나 고통을 지속하도록 하는 상황을 만드는 환자의 경향성이 점차적으로 분명하게 됨에 따라 치료자는 환자가 고통을 즐긴다는 의심을 품게 된다. 환자의 애처로운 자기표현과 치료자의 제안에 대한 효과적이지 않은 이행은 거의 가학적 치료양상을 불러일으키기 시작한다. 많은 피학성 환자들은 치료 과정과 치료자를 평가절하함으로써 방어를 촉발한다. 많은 숙달된 치료자는 자학/피학성 환자 역할을 보완하기 위해 약간 징벌적인 언급을 하는 방법으로 유혹할 수 있다.

치료자의 입장에서 방어적인 반응이 이해될 수는 있지만 치료 과정에서 너무 일찍 피학성의 부정적 왜곡에 도전하는 것은 비생산적일 수 있다. 그러한 직면이 환자의 가치 없는 자기상에 너무 위협적이라는 것이 밝혀져 그것이 치료에 포함되어서 매우 좋지 않은 결과를 낳는 대가를 치를 수 있다. 치료자가 자신의 치료가 매우 도움이 되었고 가치 있다는 것을 주장하는 유혹에 저항할 수 있다면 환자는 '우월한' 치료자로부터 실패로 판단될 가능성에 위협받지 않아도 될 것이다. 또한 건설적인 제안에서 환자가 피동적으로 무기력하고 음울한 방어로 압도되고, 고통이 극복될 수 없다는 대답에 부딪치면 역전이 분노를 종종 일으킨다. 치료자가 도움보다는 해가 될 수 있다는 증거로 환자의 부정적인 치료적 반응과 퇴행으로 해석할 수 있는 것은 더욱 심각하다.

이러한 반치료적 상호작용이 발전하는 것을 막기 위해 피학성 환자들의 고통에 대한 분명한 요구가 그들의 쾌락과 고통의 역전에 있는 것이 아니라 오히려 그들이 그렇게 함으로써 그것을 덜 경험할 것이라는 신념에 근거하고 있다는 것을 치료자가 이해하는 것은 중요하다. 방어는 모든 소중한 사람들은 잔인하고 무감각하다는 환자의 예상을 확증하고 지속시킬 뿐이다. 역으로 분명하게 격려가 부족한 상태의 환자들은 그들의 행동을 다시 하거나 또는 스스로를 위해서 더욱 주장하고 확신에 찬 자세를 취한다.

치료자는 또한 이러한 환자들을 너무 빨리 재촉하는 것은 정신적인 보상작용 상실을 가능하도록 야기하여 너무 많은 고통을 촉진할 수 있음을 기억해야 한다.

피학성 환자들이 자기패배의 패턴을 포기하기 전에 느린 과정으로 구축된 새로운 정체감과 새로운 태도가 우선 나타나야 한다. 통합적인 대안의 제공 없이 환자의 문제되는 정체감을 부정하는 것은 더 많은 어려움을 낳을 수 있는 정신적인 공허로 남겨진다. 환자를 동정하는 것과 안전한 환상에 정착하게 하는 것은 환자가 치료자의 기대에 따라 실천하기를 실패했을 때 실망으로 이끌 수 있다. 환자의 저항과 느린 진보에 대한 역전이 반응은 종종 방어와 적대감으로 귀결된다. 환자에 대한 해악은 환자들 자신의 잠재력을 파멸시키려는 경향성에 공감하고, 성공이 그들의 정체감을 위협하고 강한 죄책감을 일으킨다는 것을 명심함으로써 회피할 수 있다. 환자들의 실패는 비난받아서는 안 된다.

제 6 장

기이/분열형 성격 패턴의 개인화 치료

이 장애는 다양한 기이한 행동과 사고, 인지, 말하기 기능에 장애가 있으나 이 중 어떤 것도 정신분열증으로 진단할 정도로 심하지 않은 것이 특징이다. 이러한 증상의 발현은(예 : 간헐적인 마술적 사고, 일시적인 관계사고나 의심, 우발적인 착각, 이인화, 주기적인 과민성불안) 전형적으로 하나의 특징이 아니라 다양하게 나타난다. 기이/분열형은 성격의 역기능이 진전한(고도의 경계성이나 편집성과 유사한) 분열성이나 회피성 패턴보다 더욱 병리적인 변이를 지니고 있음을 볼 수 있다. 이 병리의 골격은 분열형의 특성인 사회적 빈곤함이나 대인관계에 거리감을 두는 경향성이다. 사실상 편집형 사고, 마술적 사고, 딱딱한 말투처럼 행동이나 사고에서 관찰된 기이성은 부분적으로 분열형의 철회와 고립된 존재에서 유래한다(Handest & Parnas, 2005; Pickup, 2006). 빈번한 개인적인 접촉과 사회적 상호작용을 통해 반복적인 온당한 경험과 안정성을 경험하지 않은 이들은 판단력을 잃고 점차적으로 괴상하고 기이한 방식으로 지각하고 사고하는 행동으로 진행하기 시작한다(Siever & Davis, 2004). 그러한 역기능 과정의 진행 단계에서 분열형 환자들은 의미 없고 무력한 존재로 사회생활 주변에 단지 목표 없이 한 활동에서 다른 활동으로 부유한다(Bedwell & Donnelly, 2005).

분열형과 유사한 2개의 주요 독립 패턴(예 : 분열성이나 회피성)은 정서적으로 의기소침하고 게으르고 냉담하거나 또는 과민하고 불안하고 사회적으로 근심이 많을 수 있다(Badcock & Dragovic, 2006). 유사한 방식으로서 다른 증상으로 우울한 분열형 성격의 취약성은 민감성으로 고통 받는 회피성이나 선천적으로 지루하고 무감각한 분열성에서부터 진화되었는지 여부에 따라 어느 정도 달라진다(Fossati, Citterio et al., 2005).

기이/분열형 성격에서 분명한 것은 행동, 사고, 인지에서 다양하게 나타나는 지속적이고 현저한 기이성이다(Ettinger et al., 2005; Raine, 2006). 이러한 특성은 정신분열증의 임상진단(그러나 심각도나 특이성에서는 다소 모자란)의 특징을 반영한다. 원저자(Millon, 1969)의 초기 입장은 '기이한' 분열형 증상이 더욱 근본적이고 심오한 사회적 고립과 자기소외를 가진다는 것이다(Collins et al., 2005). 분열형 증상은 경계성과 편집성 유형과 같은 종류의 고도로 진전된 구조적 병리 형태로 이해되어야 하고, 그것은 또한 병리적으로 덜 심각한 분열성과 회피성 원형보다 더욱 위중한 형태로 이해될 수 있다.

주지하다시피 이러한 세 가지 증상(분열성, 회피성, 분열형)은 자폐적으로 가까운 대인관계에 거리감을 두지만 피해망상적인 인지 기능 장애 패턴은 아니다(Harvey, Reichenberg, Romero, Granholm, & Siever, 2006). 앞의 장에서 언급되었던 것을 부연하자면 이들이 내부로 방향을 더욱 돌리면 돌릴수록 자신의 행동 양식과 사고 양식으로 점점 더 주변과의 접촉을 잃게 된다. 이들은 점차적으로 사회적 환경으로부터 소원해지면서 상호적인 관계에서 비합리적 사고와 행동으로 현실적인 검증과 규칙을 상실한다. 평범한 세상일이지만 통제하고 반복적인 경험으로 안정화에서 점차 이탈되어 타당하고 적당한 행동을 상실하고, 다양한 기이성이 현저하기 때문에 점차적으로 행동과 사고 과정이 비현실적이고 어느 정도의 '미친'으로 되기 시작한다.

DSM-III의 증상 기준은 DSM-III 위원회 협의에서 '불안정성(경계성)'과 '분열형' 성격을 임시로 정하고, 이들 간의 구분을 명확히 하기 위해 Spitzer, Endicott와 Gibbon(1979)의 연구를 기반으로 하였다. 위원회 구성원들에 의해 일찍이 제정된 가이드라인에 따라서 Spitzer와 동료들은 그 분야에서 일하고 있는 다른 이론가들과 연구원들에게 잠재적으로 선별한 두 하위 목록 구성 목표에 대해서 자문했다. 여러 기준에 대한 자료 수집, 분석, 교차 타당성의 절차가 예외적으로 수행되었음에도 불구하고 최종적인 목록은 이질적인 환자 집단에 활용될 때 상당히 높은 상관이 있음이 발견되었다. 그러나 신경증적이고 역기능적인 환자로 선별된 집단에서 경계성과 분열형의

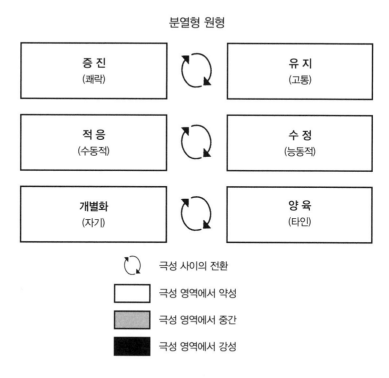

분열형 원형

증 진 (쾌락)	↻	유 지 (고통)
적 응 (수동적)	↻	수 정 (능동적)
개별화 (자기)	↻	양 육 (타인)

↻ 극성 사이의 전환

▢ 극성 영역에서 약성

▦ 극성 영역에서 중간

▮ 극성 영역에서 강성

⫸ **그림 6.1** Millon의 극성 모델에 부합하는 기인/분열형 성격 원형의 현황

하위 목록은 높은 정도의 독립성을 보여주었다.

　최근에 제안한 〈그림 6.1〉에서 제시되는 것처럼 진화론적인 극성 모델에 잠시 주목한다. 도해된 일차적인 주제는 각 6개의 극성 상자 안에 존재하는 약성(무채색)이다. 그러나 주목할 만한 것은 각각의 세 쌍 사이에 있는 전환 표시이다. 본질적으로 이는 기이/분열형이 견고한 바탕을 가진 생존 동기나 목적이 없다는 표시이다. 오히려 분열형 환자들은 그들의 강도와 초점에서 유약하고 일상적인 목적과 목표들이 쉽게 전환되거나 왜곡될 수 있다(Schurhoff, Laguerre, Szoke, Meary, & Leboyer, 2005). 그림은 행동이 무의미하고 기이할 뿐 아니라 상당한 힘없는 존재로 묘사된다. 거의 생기나 욕동이 없기 때문에 행동은 목적 없고, 기묘한 사고와 부적절한 정서로 표현하여 사회적 인습으로부터 점점 더 멀어지게 된다.

　환자를 이해하기 위해서는 이러한 고도의 성격 장애의 병리 양식보다는 우선적으로 구조상의 관점에서 어떤 것이 융합되었는지 중등도의 성격 장애 양식에서 개별적인 병리구조를 알아내는 것이 필요하다. 분열형은 일반적으로 분열성이나 회피성 양식을 나타낸다. 이러한 경도와 중등도의 병리적 양식 분류의 특색은 분열형 특징의 병리구조와 융합되어 있고, 이에 따라 그 환자 특성의 개별적인 윤곽이 산출된다.

임상 양상

여러 군집의 증상들이 기이/분열형에서 공통적으로 발견된다. 즉 이는 두 가지 주요 하위 유형으로 구분할 때에 세부특징을 구별하기 전에 임상영역으로 배열한 것이다. 분열형 양상의 세 가지 특징(일반적 기분과 행동, 비현실적 관념의 인지 과정의 특성, 정신적 삽화를 초래하는 불안의 근원)이 여기와 다음 장에서 기술된다(그림 6.2 참조).

이인화 불안

이들 환자들의 결함과 부조화된 정동은 단조롭고 생기 없는 현상보다는 뭔가 다르게 사건을 경험하거나 사물에 관계하는 능력이 박탈되어 있다. 기이/분열형 환자들은 차갑고 기운이 없는 대상의 세상에서 침울감을 겪는다. 게다가 그들은 살아 있기보다는

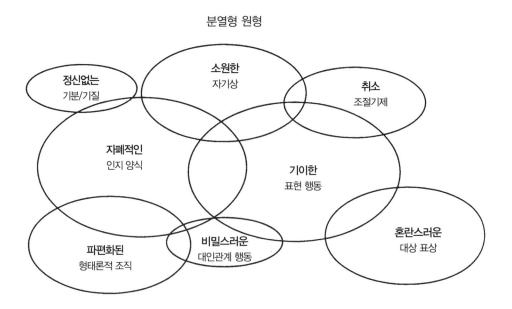

◁》 **그림 6.2** 기이/분열형 원형의 주요 영역

죽은 것같이 더 느끼고 공허하고 낯설고 유리되어 있다. 실존적인 현상학자들이 제시했던 것처럼 분열형 환자들은 '존재하지 않는' 위협을 받는다. 분리되어서 죽음의 장면으로 관찰하는 자로서 이들 환자들은 무관심하고 다른 사람들의 입장에서뿐 아니라 자신들의 입장에 대해서도 관조적이다.

　많은 사람들이 내적인 공허의 순간과 사회적 이탈을 시시때때로 경험할 수 있지만 기이/분열형은 일상 존재에서 소외감과 이인화가 항상 지속적으로 나타나는 특성이 있다. 자기에 대한 지속적인 이탈과 거부는 삶이 비현실적이고 의미 없는 특징으로 차별화하고 놀라운 공허감와 허무감을 일으킬 수 있다. 매우 자주 기이/분열형은 완전한 붕괴의 공포, 내적 파쇄의 공포, 죽음의 공포에 의해서 압도될 수 있다. 이러한 이인화의 고도 발작은 환자가 현실을 재확신하기 위한 노력에서 광적으로 난폭한 정신적인 폭발을 촉발할 수 있다.

인지적 자폐성과 이접성

기이/분열형 환자들의 분리 패턴은 사고과정에서 간섭과 빗나감이 더욱 현저하다. 타인 관계에서 동기화하고 관계를 촉구하게 되면 논리적으로 사고를 못하고, 당면한 주제에 적절치 못한 부적절성과 탈선으로 길을 잃게 된다. 그들은 타인과의 접촉에서 상호적인 사회적 의사소통과 관련된 측면에서 생각을 정리할 수 없다. 이러한 만연된 분리성, 분산되고 폐쇄적인 사고의 특색은 타인들로부터 그들을 더욱 소외시킬 뿐이다.

사회적 행동의 결여와 피폐한 정동

전형적인 기이/분열형의 성취 발달은 그 사람이 지속적으로 정상적인 사회적 공적을 이루는 데 실패했던 일정치 않은 과정을 나타낸다. 이러한 환자들의 지적 능력의 기반인 학력이나 경력은 결손과 불규칙성을 보여준다. 그들은 흔한 중도 포기뿐 아니라 한 고용처에서 다른 곳으로 이동하며 만일 결혼했다면 종종 별거하거나 이혼해 있다. 이러한 사회적 능력과 획득의 결손은 단지 그들을 타인들로부터 더 많이 소외시키는 데 부분적으로 일조할 뿐이다.

　정신분열성에 기반을 둔 기이/분열형에서는 다채로운 성격이 사라진다. 정동의 둔마가 있고 무관심함과 자발성이나 야망, 삶에 대한 관심이 부족하다. 이러한 환자들은

드물게 대화를 시작하나 사회의 요구에 필요 이상으로 참여하지 않고, 일반적으로 즉
각적인 주의를 끄는 단 몇 가지 비교적 확실한 사항에 대해서만 이야기한다. 그들은
행동이나 참여적인 발화가 부족할 뿐 아니라 다른 사람들의 반응과 공감으로부터 자
신을 차단하는 어떤 힘에 강제로 갇혀 있는 것처럼 보인다. 그들은 생활하고 사회의
일원이 되고 타인에게 에너지와 관심을 쏟을 수 없다.

분열형 하위 유형 사이에서 중요한 차이점이 있음에도 불구하고 그들은 많은 특색
을 공유하고 있으며, 이들의 중심 특색은 다음에서 제시된다(표 6.1 참조).

기이한 표현 행동

가장 두드러진 기이/분열형의 성격은 사회적으로 서투르고 괴상한 행동방식과 이상한
행동과 외모를 나타내는 경향성이다(Mittal et al., 2006). 낯설고 이상한 방식의 옷들
로, 종종 '개인 유니폼'의 모습으로 등장하기를 좋아한다. 예를 들어 챙이 달린 야구 모
자를 뒤로 눌러쓰고 예외 없이 항상 카키색 바지 벨트 위에 가로 줄무늬의 티셔츠를 입
는다. 기괴한 옷의 스타일의 성향은 동료들과 차별되고 동떨어진다(Berenbaum et
al., 2006). 그들의 이상한 행동과 외모의 결과로 기이/분열형 환자들은 타인들로부터
정도에서 벗어나 있고, 중뿔나지 않게 기묘하고 별나고 기괴하게 인식된다. 어떤 기이/
분열형 환자들은 거의 쾌락을 경험하지 않고 어떤 불편을 피하려고 하지 않기 때문에
초연하고 고립되어 있고 둔감하고 무표정한 태도로 행동한다. 그들은 행동의 중요성
을 받아들일 이유가 거의 없는 것처럼 보인다(Migo et al., 2006).

다른 기이/분열형 환자들은 굴욕당하고 거부되는 것을 두려워하기 때문에 더욱 적
극적으로 강렬한 정동의 표현을 통제한다. 그들은 보호적인 이유 때문에 표현하지 못
하고 사회적으로 고립되어 있다. 그들의 제한된 대인관계와 정서는 내재화된 정서나
사회적 결손 때문이 아니라 거절 가능성에 대한 보호의 관계와 감정에 매어 있기 때문
에 생겨난다(Sellen, Oaksford, & Gray, 2005).

비밀스러운 대인관계 행동

아마도 특이한 인지적 역기능으로 기이/분열형 환자들은 사생활과 고립을 선호하도록

▣ 표 6.1 기이/분열형 원형의 임상 영역

행동 수준

(F) **표현적으로 기이한**(예 : 사회적으로 세련되지 못하고 기이한 행동박식을 보인다. 다른 사람들에 의해서 기이한 것으로 인지되고, 남의 눈에 띄지 않게 기이하고, 동떨어져 있고, 호기심을 끌고, 또는 기괴한 방식으로 행동한다.)

(F) **대인관계에서 비밀스러운**(예 : 몇 개의 상당히 모호한 애착과 개인적인 책무로 사생활과 고립을 선호한다. 종종 점점 더 주변적인 직업적 역할과 은밀한 사회적 활동으로 빠져들어간다.)

현상학적 수준

(F) **인지적으로 자폐적인**(예 : 다른 사람들의 생각과 감정을 읽는 능력이 특징적으로 역기능적이다. 사회적 의사소통이 개인적 부적절함, 우원적인 언변, 참조적 사고, 은유적인 측면과 혼재해 있다. 종종 반추하고, 자기몰입이 되어 있는 것처럼 보이고, 간헐적인 마술적 사고, 신체적인 착각, 모호한 의심, 기이한 신념, 공상과 현실에 대한 흐릿한 경계로 백일몽 속에서 상실되어 있다.)

(S) **소원한 자기상**(예 : 몰개성화, 현실감 상실, 해리를 경험할 뿐 아니라 반복적인 사회적 혼란과 착각을 보인다. 삶의 공허와 무의미함에 대한 반복적인 사고를 하면서, 자기를 다르다고 이해한다.)

(S) **혼란스러운 대상**(예 : 내면화된 표상이 초기 관계와 정동의 조각난 뒤범벅, 간헐적 욕동과 충동, 그리고 단지 긴장을 감소하고, 욕구를 들어주고, 갈등을 매개하기 위해서만 발작적으로 적합한 조절의 조화되지 않은 통로로 구성되어 있다.)

정신내적 수준

(F) **취소기제**(예 : 기괴한 행동방식 그리고 특유한 사고가 불안, 갈등, 죄책감으로 각성된 그전의 행동과 생각을 하거나 역전시켜서 변형되어 나타난다. 수용된 비행이나 악한 생각을 회개하고 없애는 데 기여하는 주술적 행동이나 '마술적' 행동을 한다.)

(S) **파편화된 조직**(예 : 삼투성 있는 자아 경계를 가진다. 원시적인 사고와 행동이 직접적으로 분출되는 망상적 행동으로 이끌면서 대처와 방어 행동이 현실에 기초한 승화가 거의 없이, 느슨한 형태론적 구조의 접합으로 우연하게 이루어져 있고, 심지어 가장 약한 스트레스에서도 정신적 구조 수준에서의 심각한 정도의 미통합이 있다.)

생물물리적 수준

(S) **정신없는 기분**(예 : 특별히 사회적 기대에 대해서 지나치게 염려하거나 부적응하는 것을 보여준다. 동요되어서 다른 사람에 대해서 불안하게 감시하고, 불신을 일으키고, 점증하는 친근함에도 불구하고 다른 사람들에 대한 불신 그들의 동기에 대한 의심의 지속을 분명히 나타낸다.) 또는 (예 : 단조롭고, 냉담하고, 게으르고, 기쁨이 없고, 멍한 모습을 나타낸다. 표현과 면대면 접촉과 정서적인 표현에서 두드러진 결여를 보여준다.)

주 : F = 기능적 영역　　　　S = 구조적 영역

학습되었을 수 있다. 대인관계에서의 편안함과 적당한 만족을 경험할 수 없으므로 극소수의 모호한 애착에 개인의 책임으로 사회적 관계에서 철회하고 점점 더 자신 속으로 들어가는 것을 학습했을 수 있다(Appels, Sitskoorn, Vollema, & Kahn, 2004; Calkins, Curtis, Grove, & Iacono, 2004). 이러한 제한된 사회적 관계에서 힘들게 경험하기 때문에 특이하고 은밀한 사회적 활동을 추구함으로써 점차적으로 시간이 지남에 따라 직업적 역할이 지엽적으로 밀려났을 수 있다.

전형적인 기이/분열형의 사회적 성취는 대개 정상적인 발달의 실패로 불규칙한 과정을 나타낸다(Hans et al., 2004). 학교와 직장의 이력에서 주목할 만한 결점과 불규칙성을 보인다(Bergida & Lenzenweger, 2006; Kerns, 2005). 그들은 잦은 중도 포기를 할 뿐 아니라 일을 하다가 다른 일로 옮기는 경향이 있고, 결혼을 했다면 자주 별거하거나 이혼한다. 그들의 성취 능력의 결손은 부분적으로 사회적 불안과 무가치감에 있다. 게다가 삶에서 자발성과 야망에 관심이 없거나 부족하다.

기이/분열형 환자들은 단지 보통 직접적인 주의를 끄는 상대적으로 명백한 문제들만 이야기할 수 있다. 대화를 지속한다면 적당하고 적합한 선을 넘어 상당히 사적이고 기괴하거나 은유적인 주제로 대화를 유도한다(Goulding, 2004). 더욱이 대부분의 행동이나 사회적인 참여에 생기가 부족하고, 타인과 반응하고 공감하는 것을 차단시키는 어떤 힘에 의해서 둘러싸여 갇혀 있는 것처럼 보인다. 이 무능력은 실제 현실 사회의 일원이 되고, 타인에게 활력과 관심을 부여할 만한 생활을 지속하는 데 병리현상이 중심에 자리 잡고 있다.

해체된 인지 양식

기이/분열형 병리에서 결정적인 것은 특히 대인관계의 이해와 공감의 영역에서 생각을 조직하는 것이 무능력하다는 것이다. 그들은 사태를 우리들과 다르게 해석한다. 이러한 성격은 무엇이 두드러진 일탈인지를 구분하는 능력이 부족하다(Bates, 2005; Uhlhaas, Silverstein, Phillips, & Lovell, 2004). 근본적으로 사회적 이해력과 논리 부족이 타인들 사이에서 일어난다고 추론하면서, 지엽적이고 부수적인 일이 특별한 의미가 있다고 생각한다. 그들은 인지 능력의 전반적인 결손이 아니라 능력이 지속적으로 뒤틀리고 광범위하게 결여되어 있다(K. Lee, Dixon, Spence, & Woodruff,

2006; Morgan, Bedford, & Rossell, 2006). 다시 말하면 왜곡과 결손은 인지 영역에 대인관계의 측면에 한정되어 나타난다. 결과적으로 인간 상호작용의 잘못된 해석은 타인의 사고, 감정, 행동에 관한 특이한 개념을 구축한다(Barch et al., 2004; Kawasaki et al., 2004). 그들은 인간 행동과 사고의 일상적인 요소를 파악하거나 동조할 수 없다. 일상적인 교류는 대부분의 관찰자들에게는 이상하고 괴상하게 보이는 기괴한 방식으로 변형된다. 요약하자면 타인들의 생각과 감정을 읽는 능력은 현저하게 왜곡되고 일상적인 사회적 의사소통에서 부적절성, 우회적인 화술, 은유적인 방백을 삽입한다. 주고받는 대인관계 교류에 대한 이해 능력의 결여 때문에 점차적으로 그러한 교류에서 철회해 상당히 묵상적이 되고 자기몰두하고 백일몽에 잠긴다. 자신의 문제되는 정보를 수집하고 혼란스럽게 처리하기 때문에 그들의 관념은 마술적 사고, 신체적 착각, 기이한 신념, 괴상한 의심, 공상으로 현실을 침투하는 인지적 혼미로 귀결된다.

어째서 그들은 유달리 미신, 관계적 사고, 착각을 발달시키고 광적인 행동으로 활발하게 대처를 하는가? 본질적으로 기이/분열형 환자들은 공허하고 메말라 있지만 타인들이 기쁨, 슬픔, 흥분을 경험하는 것을 이해할 정도로 삶의 결실에 대한 충분한 인식을 가지고 있다. 자신이 속한 세상에서 좀 더 관련성 있는 감각과 감정을 가지기를 원한다(Linscott & Knight, 2004). 그들이 편안하게 처리할 수 있는 것보다 더 많이 회피하지만 또한 요구하는 것보다 더 작은 것에 상당한 불편을 느낀다. 그들의 정기적인 착각, 마술적 텔레파시적 사고 그리고 관계사고는 모든 삶에 의미의 상실과 가라앉은 감정으로 자신의 공허의 공간을 채우기 위한 대처 노력으로 보일 수 있다.

그들 자신과 타인들로부터 소외됨으로써 그들도 임박한 죽음과 존재하지 않는 자기와 이인화된 불모의 공포를 감지할 수 있다(Gooding & Braum, 2004). 이러한 감정은 실제로 재확인이 가능한 지각, 믿음, 기괴한 행동을 하도록 그들에게 촉진한다. 우리가 관계사고, 투시, 착각 그리고 기이/분열형을 전형화하는 괴상한 관념화를 관찰하는 것은 이러한 이유들 때문이다.

대부분의 기이/분열형 환자들은 불만족한 사회적 · 인지적 역기능 때문에 자기착각, 이인화, 해리뿐 아니라 주기적인 사회적 혼란의 증거를 보인다. 많은 기이/분열형 환자들은 주위의 세계로부터 자신들 삶의 허무와 의미 없음에 대해 반복적으로 반추하는 절망적이고 소원해진 소외된 존재로 본다. 분열형의 결여된 인지와 부조화로운 정동은 경험에서 생기 없고 불가해한 현상보다 다른 무언가로 경험할 수 있는 능력을 박탈하고, 당황스럽고 혼란한 대상의 세계에서 당혹감과 살아 있는 것보다는 더 죽은 것 같은 느낌을 겪는다. 많은 병리적인 성격은 내적인 공허와 사회적 이탈의 시기를 경험하지만 소외감과 이인화는 분열형의 일상적인 실존에서 흔하게 나타나고 지속하는 특성이다(Takahashi et al., 2005).

혼란한 대상

기이/분열형의 내적 세계는 초기 기억, 지각, 감정이 점차로 혼란 속에 놓여 있다. 충동성과 혼란된 사고의 혼합으로 구성된 형판의 중심부가 거의 흔히 있으므로 환자들의 목표와 욕구 및 긴장 조절이 비효과적인 조화되지 않은 틀로 귀결된다. 그들 생애 대부분에서 이러한 내면화된 표상들은 자신의 세계에 적응하고, 충동을 가라앉히고, 대인관계의 어려움을 중재하기 위해 아마도 적당하게 적응되어 왔다(Voglmaier et al., 2005).

타인들과 관계하고 동기화하려고 고무될 때 분열형 환자들은 내적 소인을 논리적 방식으로 방향 짓지 못한다. 즉 앞에서 주지했다시피 적절한 주제 없이 모호한 지엽으로 흐르는 부적절한 일탈로 잃어버리게 된다. 그들은 모호하고 공격적이고 타인과 접촉하지 않고 상호적·사회적 소통에 명확히 관련된 생각을 정하지 못한다. 형판 중심부의 만연된 이접성, 분산되고 우회적이고 자폐적인 사고 요소들은 타인들로부터 더욱 소외시킬 뿐이다(Koenigsberg et al., 2005).

취소기제

기이/분열형의 많은 기괴한 행동방식과 특유한 사고는 이전 행동과 관념의 전환이나 철회에서 나타나기 시작한다. 정신내적으로 이들 조절기제는 갈등 또는 죄책, 불안감에 대응하기 위한 것이다. 이러한 역동적인 과정을 활용함으로써 기이/분열형 환자들은 명시적인 악행이나 '악의'에 대해 후회하거나 없던 것으로 한다. 이러한 취소 과정에서 노출은 그들의 마술적 사고와 의식적(ritualistic) 행동으로 보인다.

기이/분열형의 모호한 자기부정과 결합된 지속적인 취소기제는 삶이 비현실적이고 의미 없는 특징으로 존재하지 않음과 놀라운 공허감이 빈번하게 일어나게 된다. 이미 주지했다시피 분열형 환자들은 미신, 의심, 착각으로 이루어진 특이한 현실로, 독자적으로 만든 새로운 현실 세계를 구축하거나 강요에 의해서 대비되는 비존재감―느낌과 내파, 전적인 붕괴의 공포에 의해서 종종 압도당한다. 이인화의 고도 발작은 현실에서 이러한 환자들이 그들의 공허한 공간을 불합리한 폭발로 채우려고 하는 광적인 추구의 정신병적인 삽화를 촉발할 수 있다.

파편화된 조직

우리가 기이/분열형 정신의 정신내적 조직에 대해 들여다본다면 일상적으로 잘 분리된 정신적 구성요소 사이에 상당히 투과적인 경계를 찾을 수 있다. 형태상 구조의 군집이 느슨하고 되는대로 배열되어 있는 것이다(Gooding, Matts, & Rollmann, 2006; Mohr, Blanke, & Brugger, 2006; Takahashi et al., 2006). 적절치 않게 구성된 방어조직이므로 일차적 사고와 충동이 거의 일관성 없는 행동 질서로 혼란한 방식으로 실행된다. 기이/분열형의 내적 구조상 내재적인 결함의 본질은 생애의 현실에 근거한 승화로서의 성공적인 성취가 거의 없다는 점이다. 이러한 결손으로 심지어 가장 미온적인 스트레스 정도에서도 환자는 더 보상작용 상실로 취약하게 된다.

　기이/분열형 환자들의 내적 구조는 과잉자극에 의해서 압도당한다(Hazneder et al., 2004). 이것은 사회적 요구와 기대가 그들이 선호하는 고립되고 철회된 상태를 강하게 밀어낼 때 일어난다. 그러한 외부적인 부과를 피할 수 없기 때문에 어떤 분열형 환자들은 멍해지거나 다른 세계로 빠지거나 아니면 망상이나 공격적인 충동 반응을 한다. 만족한 세계로 과도하게 빠져들게 되면 곧 사회적인 이탈을 연장하기 때문에 목표 없이 혼란되고 부적절한 정동과 망상적인 사고, 기이하고 우회적이고 은유적인 방식으로 의사소통을 한다. 다른 때에는 외부의 압력이 특히 격심할 때는 원시적인 충동, 망상적 사고, 환각, 기이한 행동이 쏟아져 나와 광범위한 정신병을 나타낼 수 있다. 많은 기이/분열형 환자들은 생애 내내 강렬하게 억압된 불안을 축적해 왔다. 한번 방출되면 이러한 감정은 발작적인 범람을 일으킨다. 의심, 두려움, 악의의 장작이 지펴지고 이제 이것은 광적인 카타르시스식 해결로 분출한다.

정신없는 기분

가변적인 성질에도 불구하고 기이/분열형 환자들은 하나 또는 두 가지 지배적인 정동 상태를 나타내는 경향이 있다. 짧게 논의되겠지만 **분열성 분열형**은 단조롭고 냉담하고 게으르고 기쁨이 없는 모습을 나타낸다. 그들은 드물게는 정서적 표현에서 드러나게 행동하는데 결과적으로 타인들과 직접 대면하는 라포에서 두드러진 결손을 보인다 (Koo et al., 2006). 이러한 결손이 어떤 타고난 기질적인 소양에서 나왔는지 아니면 아동기에 경험한 정서적 애착 부족으로부터 나왔는지는 잘 확인되지 않는다.

대비되는 두드러진 기분은 분열형의 **극소심**으로 병명이 붙여진 환자들 사이에서 보일 수 있다. 적극적으로 분리된 개인들은 역시 회피성 성격의 특색을 많이 드러낸다. 이러한 기이/분열형 환자들은 지나치게 염려하거나 부적응을 보여주고, 특히 사회적 조우에서 더욱 그렇고, 일반적으로 동요되고 불안한 경계를 나타낸다. 많은 분열형 환자들은 타인들에게 불신을 표출하고 동기를 의심하고 점증하는 친근감에도 불구하고 종종 후퇴하는 경향이 있다.

자기지속 과정

기이/분열형의 미래는 아마도 모든 성격 유형 중에서 가장 희망적이지 않다. 이 장에서 요인들을 간단하게 개괄한다(표 6.2 참조).

앞의 논의에서 우리는 기이/분열형 성격에 의해서 사용되는 전략을 여러 가지 언급했다. 이것은 정신병리적 성격에 의해서 활용되는 적응적인 노력이 그 자체로 병리적이라는 것, 즉 그들의 대처 전략의 많은 것들이 자기파멸적이고 새로운 어려움을 일으킨다는 주장이다. 모든 병리적 패턴들은 이러한 점에서 비슷하다. 고도와 중등도, 경도의 원형들 사이의 주요한 구분은 고도나 중등도 집단의 전략이 후자보다 덜 성공적이고 더 자기패배적이라는 사실에 있다. 그것은 그들이 적당하게 학습해 본 적이 없기 때문일 뿐 아니라 영속적이고 누진적인 스트레스에 놓여 있기 때문이기도 하다. 이러한 결함으로 적응이 용이하지 않으므로 이 환자들은 반복적이고 방어적인 노력으로 초점을 맞추는 것이 가장 좋을 것이다. 이같이 이러한 환자들은 전략 자체가 아니라 별로 유용성은 없어도 무너지기 시작할 때 이들 전략을 강화하기 위해 행동하는 것이므로 경도의 상대들과 구별된다.

이전의 효과적인 전략이 흔들림에 따라 기이/분열형은 극단적이고 자주 다양한 극

▣ 표 6.2 자기지속 과정 : 기이/분열형 성격

통제의 흔들림
　잠복한 사고와 충동이 개방된다.
　죽음과 공허를 느낌
　압력과 침해 감지

이인화에 대한 보상
　존재하지 않음의 회피로 혼란된 사고의 비약
　기이한 발작이 자기상실을 감소시킨다.
　임박한 죽음에 두려워한다.

과잉자극 편향
　혼란으로 표류한다.
　연장된 신체적 소멸을 경험한다.
　보호적인 공격을 촉발한다.

적인 행동방식에 몰두될 수 있다. 이러한 것들은 기이한 사고와 행동 증상의 일차적 과정으로, 종종 그전에 지배적이거나 통제적 사고와 충동이 의식으로 녹아들어 가는 단기 정신적 삽화의 형태로 나타나게 된다. 충분한 긴장이 고조되는 동안에 분출되고, 환경의 압력이 적당하게 수그러지면 개인들은 자신의 평정과 평형을 되찾을 수 있다. 그들의 일시적인 장애의 상태는 끝나고 정신병리적 성격 기능이 그전 상태로 돌아간다. 현재의 초점은 기이/분열형의 대처에 목표를 둔다. 즉 이전에 스트레스 대처에 실패했던 그전의 전략에 초점을 둔다.

　앞에서 우리는 기이/분열형을 일시적인 정신병적인 장애로 촉발시켰던 2개의 조건들을 지적했다. 첫째는 소스라치게 놀라는 무서움, 죽음, 이인화, 공허감을 느낄 때, 즉 익숙해져 있는 것보다 훨씬 더 적은 내적 · 외적 자극의 정도가 있을 때 발생한다 (Folleyl & Park, 2005). 둘째는 타인들로부터 침해받고 눌리고 강제된 억압감을 느낄 때, 즉 어느 정도의 외적인 자극이 익숙해졌던 자극보다 훨씬 더 많았을 때 발생한다. 이러한 환자들이 여러 조건을 다루는 데 사용하는 보상방법은 다음에 논의해 보는 것이 좋다.

이인화된 미통합

이인화를 대처하기 위해서 기이/분열형은 흔히 광적인 행동으로 격발하고, 과민하고,

흥분하고, 매우 말이 많게 되고, 혼란스러운 비약적 사고를 발산하고, 참을성이 없고, 대상을 만지작거리고, 한 곳에서 다른 곳으로 바쁘게 뛰어다닌다. 삶을 입증하고 자신의 존재를 재확인하기 위해 공허와 허무에 대한 파국적인 두려움을 피하려고 한다.

무미건조한(분열싱 유형) 분열형은 어떤 긍정적인 강화를 경험하고 어떤 부정적인 강화를 피함으로써 일반적으로 지루하고 냉담한 방식으로 행동한다. 결과적으로 그들은 쓸모 있는 행동을 취득해야 할 이유가 거의 없다. 그렇다면 어째서 그들은 능동적이고 광적이고 열광적으로 행동하고, 생기 있는 대처 노력에 몰두하는가?

무미건조한 분열형 환자들은 타인들이 기쁨, 슬픔, 흥분을 경험한다는 것을 알지만 정작 그들은 공허하고 메마르다는 것을 알게 된다. 그들은 편안하게 다룰 수 있는 것보다 더 많이 회피함으로써 느낌과 감정에서 자신의 최적 수준을 유지하려고 한다. 여전히 감정은 제로에 가깝다. 그리고 그들이 겪는 전 생애 의미의 상실로 남겨져 있는 감정을 감소시키기 위한 대처 노력을 할 때 광적이고 변덕스럽고 기이한 발작이 검토될 수 있다.

극소심한(회피성 유형) 분열형 환자들은 굴욕과 거부를 두려워하기 때문에 정서를 통제하려 한다. 그들은 보호를 이유로 단조로우며 사회적으로 철회되어 있다. 그들의 전반적인 관점은 무미건조한 분열형과 유사한데, 그것은 내재적인 정서의 결손에서뿐 아니라 거절 가능성에 대한 그들 정서에 묶여 있기 때문이다. 그러나 그들의 대처 전략의 결과는 무미건조한 분열형에 의해서 경험되는 것들과 같다. 자신과 타인들로부터 소외됨으로써 그들은 임박한 죽음과 심지어 존재하지 않는 자기와 이인화된 불모의 공포를 감지할 수 있다. 그러한 감정은 현실을 재확인하기 위한 광적인 행동을 야기한다.

과잉자극 편향

무미건조함과 극소심 분열형 모두 다른 극성에서 과잉자극에 직면될 수 있다. 피할 수 없는 외부적 상황에 접하게 될 때 무미건조한 분열형 환자들은 이탈되어서 다른 세계로 들어갈 수 있고 사납고 공격적인 발작을 보인다(Nakamura et al., 2005). 그들은 혼란스럽고 목표 없이 단지 모호하게 회상하는 동안에 일정 기간 사라질 수 있다. 압력이 특별히 극심하면 이러한 압력을 떨치는 수단으로 원시적 충동, 망상, 환각, 기이한 행동의 과도한 유출로 반응할 수 있다.

무미건조한 분열형 환자들과 마찬가지로 외적 압력에 극소심한 분열형 환자에게는 훨씬 강해서 그들의 한계치를 넘어서서 표류하게 하거나 또는 사납고 통제할 수 없도록 만든다. 이러한 발작 동안은 망상, 환각, 기이하고 공격적인 행동 가능성이 분열성 분열형에서 발견되는 것보다 훨씬 더 크다(Chang & Lenzenweger, 2005). 극소심한 분열형은 전 생애 동안 강도 높은 억압된 불안과 적대감을 축적해 왔다. 한번 감정이 발산되면 카타르시스식의 해결로 광적으로 빠르게 쏟아진다.

개입 목표

기이/분열형은 임상가들이 진단하기 쉬운 성격 장애에 속한다. 기이한 말투, 인지적 빗나감, 괴상한 행동방식, 아주 특이한 옷차림은 정확한 성격 진단의 힌트를 준다. 그러나 기이/분열형이 일시적인 정신병적 발작을 경험하는 것과 정신분열병을 구분하는 시도에서 간혹 혼란이 있을 수 있다. 일반적으로 분열형 환자들은 정신분열 형태나 정신분열증 장애에서 보이는 망상, 환각, 그리고 연상의 장애는 보이지 않는다.

치료자들은 다른 환자들보다 분열형 환자들에게 훨씬 더 많은 조언을 해 준다. 치료의 목표가 환자가 스스로를 도울 수 있도록 하는 것이라면, 그들이 하나의 상황을 다른 상황으로 일반화하는 데 어려움을 겪기 때문에 많은 기이/분열형 환자들은 반복된 교육을 필요로 한다. 경도의 장애일 경우를 제외하고는 성격을 재구성할 가능성이 없음에도 불구하고 많은 기이/분열형 환자들은 현실을 왜곡하는 사회적 고립에서 치료적 관계의 한계에서 더 적응적인 기능을 가르치는 혜택을 얻는다.

특별한 환자를 위해서 치료 목표를 분명히 할 때 치료자는 기이/분열형 환자들이 특징적인 사회적 고립과 이탈을 능동적 또는 수동적으로 고려하는 것을 잘 기억해야 할 것이다. 이 장애의 표식인 인지적 역기능과 행동의 기이함은 작게는 병리적 회피성 성격 장애와 분열성 성격 장애로 그려질 수 있다(Shea et al., 2004). 회피성 변이가 임상적으로 더 많이 관찰될 수 있지만 치료자는 치료의 목표와 전략을 극대화하기 위해서 두 유형을 구별할 필요가 있다(표 6.3 참조).

▣ **표 6.3** 기이/분열형 성격 원형을 위한 치료 전략과 전술

전략적 목표

극성 균형

변덕스러운 고통/쾌감을 안정회히기

변덕스러운 자기/타인을 안정화하기

지속성 감소

사회적 고립 막기

과잉의존 철회하기

환상적 선입관 줄이기

전술적 양상

기괴한 행동 바꾸기

자폐적 인지 양상 전환하기

소외된 자기상 재구성하기

극성 균형의 재설정

구조적으로 더욱 심각한 결함 있는 세 가지 성격 장애 중 하나인 기이/분열형 환자들은 여러 극성 영역상의 혼란으로 괴롭다. 앞에서 논의했듯이 여러 혼란의 발현은 2개의 일반적인 패턴으로 능동적–이탈된(회피성/극소심한) 또는 수동적–이탈된(분열성/무미건조함) 변이 중 하나로 구분된다. 수동적 범주에 있는 사람들은 고통이나 쾌락에 의해 동기화되지는 않는 것 같다. 즉 감정에 대한 능력은 두드러지게 감소되는 것처럼 보인다. 한편 적극적으로 이탈된 이들 양상은 사회적 상황에서 위축되고 자기소외를 느끼며 환경에서 일어나는 정신내적으로 일반화된 고통스러운 경험에 상당히 민감하다. 그러나 내적으로 불안과 수치가 끈질기게 지속적으로 간섭한다. 능동적인 하위 유형도 수동적인 하위 유형도 사회적 이탈과 자기 전략의 적응을 균형 잡지 못한다. 백일몽, 마술적 사고, 관계 사고가 극소심한 분열형의 혼란과 불안을 대체하거나 무미건조함(insipid) 변이의 내적인 공허를 채운다.

타인 지향의 적응 초점은 사회적 기술 훈련이나 모델링과 같은 행동 개입에 의해서 획득된다. 하나의 가능한 이점은 사회적으로 제공된 실제 상황의 조절을 통해서 인지적 왜곡을 제한시키는 것이다. 쾌락에 대한 민감성을 증가시킴으로써 삶의 질이 개선될 수 있다. 이러한 목표들이 실현되어야 하는데, 수동적인 하위 유형이 능동–수동의

영역에서 능동적인 방향으로 이행될 가능성과 능동적인 하위 유형의 에너지가 더욱 만족할 만한 목표로 쉽사리 연결되고, 잠재적인 위협(대부분 가상적인)을 피해 더욱 수동적으로 될 수 있다. 극소심한 분열형의 경우에 거부와 모욕에 대한 두려움을 감소시키는 것은 사회적 교류가 일반적인 일상의 상호 간 보상 규칙이라는 것을 깨닫게 됨으로써 획득될 수 있다.

지속 경향의 감소

사회적 고립과 의존성의 책략은 모두 기이/분열형 성격 양상을 지속시킬 뿐 아니라 사실상 인지적 체계와 사회적 기술에서 결함을 강화시킨다. 의존을 촉진하는 환경 조건들은 쉽게 분열형의 가정에서 발달되는데, 거기서 의도적으로 환자를 최상의 안녕을 위해 가족 구성원들이 보호한다고 부주의하게 버릇없이 키우면 그럴 수 있다. 자신의 적극성을 포기하고 타인들에게 너무 많은 의존을 터득한 기이/분열형 환자들은 무동기의 고립된 상태로 더욱 퇴보하게 될 것이다. 오랜 시간 일손이 부족한 병원에 머무르는 환자들 사이에서 유사한 상태를 볼 수 있다. 후자의 경우에 심지어는 기본적인 요구가 제공될 때조차도 직원을 무시하고, 친구나 친척, 동료 환자들, 직원들과 합류하도록 격려하는 데 실패하는 결과를 초래한다. 마침내 많은 기이/분열형 환자들은 자극과 피드백을 제공할 수 있는 사회적 상호작용을 지속적으로 회피함으로써 자신의 몰락에 이른다.

기이/분열형 환자를 다룰 때 주요한 목표는 사회적 기술 훈련, 인지적 재정립, 환경의 관리를 통해서 상대적으로 정상적인 사회적 관계의 발전과 유지에 도움을 주는 것이다. 환자들은 기본적 기술을 배워야 하고 가능한 대부분을 스스로 하도록 격려되어야 한다. 치료자와 접촉은 악화를 막는 데 그 자체로 도움이 된다. 공상을 통한 고립의 보상은 과거의 불행과 부정당성의 선입관을 지니기 전에 짧은 시기 동안 분열형을 견딜 수 있다. 불행을 내부로 향함으로써 회피할 수 없으므로 그들은 자신의 존재를 거부하고, 사고와 감정 사이에 뒤섞여 허무 속으로 가라앉는 것이다.

역기능 영역의 확인

기이/분열형의 가장 두드러진 성격학적인 영역에서 역기능은 인지적 양상과 표현 행동에서 보인다. 해체된 인지적 기능은 거의 모든 다른 영역에 혼란의 기저에 있다. 분열형 환자들은 개인적으로 부적절한 사회적 의사소통을 하고, 환경을 그들의 관계 사고와 은유적인 정신적 분리를 고취하여 인식한다. 비생산적인 백일몽은 종종 마술적인 사고와 비합리적인 의심을 만들어내고 현실과 공상 사이의 경계를 흐릿하게 한다. 그러한 생각은 일탈한 표현 행동의 기반이 된다. 정상적인 대인관계의 상호작용에서 사고와 행동의 피드백 결여와 짝을 이룬 해체는 분열성이 사회적으로 서투른 습관과 기괴한 행동방식을 드러내도록 유도한다. 소외된 자기상은 자기경계가 투과적이고, 사회적 상호작용에 의해서 혼란을 증가시키고, 이인화 비현실감 및 해리의 경험을 증가시킨다. 사생활에서 고립의 선호는 기이/분열형을 은밀하고 주변적인 역할로 몰아가는 경향이 있다. 이러한 비밀스러운 대인관계 행동의 결과는 두드러지지는 않지만 타인들이 분열형의 기이함을 종종 확인할 수 있게 한다.

세상에 대한 지속적인 오인(초기의 학대 경험 가능)의 결과로 기이/분열형의 대상 표상들은 혼란스러운 경향이 있다. 분열형의 주된 스트레스 감소 조절기제는 기이한 행동방식 그리고 갈등과 불안을 일으켰던 이전의 행동과 사고에서 철회나 전환으로 나타내는 특이한 사고이다. 그들의 의식적인 또는 마술적인 사고는 자기와 타인 모두에게 '악한' 사고와 행동을 감소시키기 위해서 의도된 것이다. 모든 이러한 역기능은 분열형 성격의 단편화된 형태론적인 조직에 기여한다. 일차적 사고와 행동에 구속받는 현실을 근거로 한 승화는 거의 없다. 기분에 있어서 능동적 분열형 환자들은 전형적인 흥분으로 정신이 없고 수동적 분열형 환자들은 감각이 없다. 능동적 하위 유형에서 전형적인 것은 불편하고 흥분되고 타인들의 동기를 주시한다. 수동적 하위 유형에서는 단조롭고 냉담하거나 그렇지 않으면 직접 대면하는 라포와 정서적인 표현에서 두드러진 결여가 보인다.

무미건조한 분열형의 경우에서 일차적인 목표는 환자가 긍정적인 성향을 지니게 하기 위해서 여러 삶의 영역을 확인하도록 돕는 것이다. 열광적으로는 아닐지라도 이러한 행동을 증가시키는 것은 기이한 내적인 만족을 줄일 수 있다. 이는 인지적 역기능과 왜곡된 대상 관계를 객관적인 검토로 현실에 근거한 경험의 창을 제공한다. 정신약리학적 처방은 정서와 동기를 함양시키고 적극적인 적응의 기반을 제공해 주는 데 유용할 수 있다. 집단이나 행동 개입은 환자가 사회적으로 다른 기술을 개발하도록 도움으로써 다른 능동적인 행동을 강화하여 사회적 상호작용을 더욱 만족시키도록 유도한다. 타인들과의 현실적인 친밀감이 성취될 것 같지 않다고 할지라도 직업과 관련된 다른 영역들이 증진될 수 있다.

분열형 환자들이 자기가치감을 촉진하고 긍정적인 속성과 능력을 실질적으로 인정하도록 적극적으로 격려하는 개입은 환자들에게 개선된 자기상과 동기를 제공하는 데 도움이 된다. 이전의 회피 전략 방식의 에너지는 이제 사회적 접촉이나 직업적 성취를 위해서 요구되는 안전한 즐거움으로 더욱 생산적으로 방향 잡힐 수 있다. 사회적 기술의 개선과 자존감을 높여 주는 것은 보상작용 상실로 이어지는 어려움과 사회적으로 제공된 현실 점검의 부족으로 야기된 극단적인 고립과 인지적 왜곡을 방지하는 데 도움이 된다.

치료방식 선택

치료자들에 의해서 파악되는 대부분의 기이/분열형 환자들은 능동적 이탈이나 극소심한 양상의 변이이다. 이러한 극단적인 사회적 불안과 흔한 망상환자들은 방어적으로 거리를 두려 하기 때문에 단단한 치료관계를 형성하기 어렵게 한다. 많은 기이/분열형 환자들은 치료자의 행동을 긍정적인 치료적 동맹에 도움이 되지 않는 이상한 방식이라고 해석한다. 분열형 환자들이 텔레파시 수단을 통해서 타인들의 마음을 읽을 수 있거나 또는 영향을 줄 수 있다고 종종 믿기 때문에 치료자는 환자의 인식이 현실을 반영하는지를 확인하기 위해 이전의 치료 경험을 잘 조사해야 할 것이다.

행동 기법

많은 기이/분열형 행동은 **행동** 개입으로 잘 받아들일 수 있다. 말투, 옷차림, 기이한 행동방식의 특징은 모델링, 사회적 기술 훈련, 간단한 충고를 통해 감소될 수 있다. 특히 입원환자인 분열형에게 유용한 것은 혐오 학습 그리고 선택적인 긍정적 강화와 같은 기법이다. 사회적 기술 훈련 과정은 약간 도움이 된다. 여기서 치료자는 환자가 그전보다 더욱 효과적으로 능숙하게 기능을 모방할 수 있도록 한다. 기이한 신념은 행동 또는 인지적으로 다루어진다. 행동 전략에서 노력은 가상적인 또는 실제 상황의 절차를 사용함으로써 극단적이고 비합리적인 불안을 감소시킨다.

대인관계 기법

Benjamin의 분열형 환자에 대한 대인관계 개입의 윤곽은 주로 환자 개인의 취소 역할에 초점을 둔다. 마술적 사고는 어린아이가 실제로 아무도 없을 때 자신이 통제력을 가지고 있다고 믿게 되는 상황에서 발생하는 것으로 보인다. 다른 상황에서 아이가 부당하거나 부적절한 책임이 부여되었을 경우, 이를테면 학대는 목표를 이루지 못했던 특정 행동을 예방할 수 있다는 사실을 믿게 된다. 자신의 삶을 다르게 해석하고 대처하기 전에 환자는 그러한 생각이 과거의 대인관계 역동을 어떻게 반영하는지 이해할 필요가 있다.

치료의 초기 단계에서 **지지적 접근**은 기이/분열형 환자들이 시도할 수 있는 치료에서 유일한 접근이 된다. 다른 접근이 부수적으로 사용될 수 있지만 현실적으로 긍정적 결과는 성격 양식이나 구조를 변화시키기기보다는 생활에서 환자의 즐거움을 증가시키는 것에 있다. 치료자의 수용, 공감적 이해, 유익한 조언이 이러한 목표를 실현하는 데 도움을 준다. 치료자는 오랫동안 환자의 현실 검증에서 보조적인 자아로서의 역할을 한다. 진정한 라포가 형성됨에 따라 기이/분열형 환자들은 자신의 마술적 사고와 의례적 신념을 포기하기 위한 충분한 신뢰를 발전시킬 수 있다.

인지 기법

인지적 접근은 더욱 직접적으로 기이/분열형의 사고 내용을 변경하는 것에 초점을 둔다. 분열형 성격 장애를 위한 Beck과 Freeman(1990a, 1990b)의 인지적 개입의 윤곽은 환자의 역기능적 자동사고를 확인하는 것이다. 그러한 사고의 예는 "그 사람이 나를 쳐다보고 있습니까?", "나는 그녀 안에 악마가 있다고 느낄 수 있습니다.", "나는 존재하지 않습니다."와 같은 것이다. 역기능적 사고는 일반적으로 다음과 같은 네 가지 사고의 범주에 속한다. 관계사고(환자가 연관이 없는 사건을 그나 그녀와 연관이 있다고 생각하는 것이다), 망상적 이상화, 마술적 사고(죽은 사람이 살아 있다고 믿는 것이다), 착각(그 사람의 잔상을 보았다고 하는 것이다)이다. 기이/분열형 환자들에게서 보이는 또 다른 흔한 인지적 왜곡은 정서적 추론이다. 이는 그들이 환경에서 정서를 증거로 채택함으로써 야기되는 것이다. 예를 들어 그들이 기분이 나쁘면 어떤 좋지 않은 일이 반드시 일어날 것이라고 생각하는 것이다. 그리고 그 반대도 성립한다. 분열형 환자들은 개인화에 몰두하고, 사실과 다를 때 외부적인 환경에 책임이 있다고 믿는다.

자신이 언제 현실을 왜곡하는지 깨닫도록 기이/분열형 환자들에게 가르치는 것은 치료관계의 맥락에서 이루진다. 이러한 환자들은 일반적으로 치료자가 전념하는 의사소통에 관하여 비현실적인 환상에 정착해 있기 때문이다. 많은 기이/분열형 환자들은 치료적 동맹 때문에 치료자에게 해악이 있을 것이라고 염려하기도 한다. 환상과 예견이 감소됨에 따라 더 현실적인 사고를 터득할 수 있다. 인지적 기술이 학습되면 환자가 병적인 바람을 포기함으로써 부적응적인 패턴이 변경될 수 있다. '병적인 바람은 초기의 학대자들에게 충성을 유지하는 한 마술적으로 자기와 타인이 보호될 것이라는 신념'이라고 Benjamin(2003)이 요약했다. 이 기저에 있는 바람을 반영하는 자살공상과 같은 병리적 행동을 소개하는 것은 환자가 여러 행동의 기능을 이해하는 데 도움을 줄 수 있다. 그러한 해석에 대한 Benjamin(2003)의 예시는 "글쎄, 이번에는 당신이 당신 자신에 대해서 처벌하는 그러한 행동을 보고 아버지(학대자)가 기뻐할 것 같으시죠? 이것이 당신이 그를 사랑하고 영원히 그와 함께 하기를 원한다는 증거가 될 수 있을 것입니다."이다. 치료자들이 '학대자들에 의해서 이식된 공포와 내면화된 소망을 부정하는 두려움'에 관해 환자들과 지속적으로 공감을 표시하는 한에 있어서(2003), 또한 자신과 다른 사람들이 다르게 생각할 수 있다고 스스로 확신하는 한에서 더욱 이전 패턴을 적응 패턴으로 대체할 수 있게 된다.

중요한 첫 번째 단계는 좋은 치료적 동맹을 맺는 것이다. 군건한 관계의 배경 속에서 환자는 현실 적응에서 사회적 고립으로 해를 당하는 어려움에 덜 처하게 될 것이고 사회적 적응을 개선하기 위한 힌트와 개입에 더욱 수용적이 될 것이다. 적당한 행동과 언변을 포함하는 사회적 기술 훈련은 환자의 사회적 불안과 소심함을 줄이는 데 매우 기여할 수 있다. Beck과 Freeman(1990b)은 집단 장면이 새로운 기술을 학습하고 연습하는 것뿐 아니라 사회적 기능에 대한 자동사고를 확인하고 도전하도록 하는 데 이상적일 수 있다고 제안한다. 그들은 구조화된 회기를 유지하는 것이 환자들에게 도움이 된다고 지적한다. 왜냐하면 인지적 방식으로 장황하게 늘어놓은 것으로는 거의 성취되기 힘들기 때문이다.

환자들이 환경을 통해 자신의 감정보다는 사고를 평가하도록 가르치는 것은 삶의 환경에 대한 정서적인 추론과 부정확한 결론을 이끌어내는 것을 줄이는 데 도움을 줄 수 있다. 역기능적 사고가 사라지지 않으므로 환자가 감정적으로 또는 행동으로 반응하기보다는 오히려 이것들을 무시하는 것을 배우는 것이 중요할 수 있다. 그러한 진술은 다음과 같은 것이 될 수 있다. "또다시 그런 생각이 드는군요. 내가 이런 생각을 또 한다 하더라도 그것이 사실을 의미하지 않을 수 있지요." 특별히 유용한 제안은 환자들이 범위를 예측하고 체계적으로 검사해 보는 것이다. 그런 후에 환자는 그 감정이 환경을 예언하지도 정확히 반영하지도 않았음을 알 수 있다. 환자들이 어째서 특별한 방식이 사용되는지에 대한 이유는 우회성, 이탈 또는 세부적인 것에 고착성 또는 추상성과 같은 의사소통 방식의 문제들을 알면 보통은 감소될 수 있다. 환자가 자신의 생활방식을 개선하기 위한 실질적 방식을 배울 필요가 있다는 것을 또한 추천한다. 이것이 개인적인 위생이든 일자리를 구하는 것이든 또는 대인관계를 시작하는 것이든 상관없다.

자기상 기법

치료의 일차적 초점은 환자의 자기가치를 증진하고 자신의 긍정적인 속성을 알아차리도록 하는 것이다. 자신에 대해 자긍심을 가지고 건설적인 능력에 가치를 부여하는 것은 환자의 동기를 재구성하는 데 필수적이다. 스스로 더 이상 소외하지 않은 채 타인들로부터의 소외를 극복할 수 있는 기반을 가지게 될 것이다. 일단 자기존중감을 가지게 되면 치료자는 이를 긍정적으로 보상하는 사회적 행동을 탐색하도록 이끌 수 있다. 그러한 경험에 입문하는 것은 그렇지 않으면 실망스러운 후퇴로 들어섰을 수 있었던 것을 미리 막는 데 결정적인 것이 될 수 있다.

분열형 환자들은 종종 어떠한 정서 표현 없이 초기 경험의 문제를 이야기하곤 한다. 이는 비슷한 처지에 있는 다른 사람들과 동정하고 공감하여 적당한 정서를 발산하도록 할 뿐 아니라 환자가 자신의 위치를 이해하도록 유도하기 위해 권할 만하다. 이러한 환자들은 또한 치료적으로 기대치에 반대되는 행동을 하는 경향이 있다. 예를 들어 가해자를 확인하고는 죄책감을 경험하는 것 또는 배반했다고 생각한 결과로 처벌의 필요를 느끼거나 학대 상황으로 부추겨 해석하는 것이다. 대안적으로 적으로 간주되는 치료자에게 그 감정이 투사될 수 있다.

　분열형 환자의 특별한 민감성 때문에 좋은 관계라고 날조하는 과정이 치료자에 의해서 부추겨질 수 있다는 것이 제시되어 왔다. 환자를 너무 심하게 너무 빠르게 재촉하지 않는 것은 그들의 고도의 불안과 망상 반응을 경험하는 것을 예방할 수 있다. 기이/분열형의 기이하고 산만한 인지적 양식은 그들이 치료 회기에 집중하는 것을 어렵게 할 수 있다. 잘 구조화된 개입과 회기는 개인들의 집단에 매우 도움이 될 수 있다.

　두드러진 기이한 행동으로 다른 집단 구성원들에게 많은 불편을 끼치지 않는 분열형 환자들에게는 집단치료가 적합하다고 사람들은 추천한다. 마찬가지로 환자가 편집성의 특징을 가지고 있다면 이러한 속성은 바람직하다기보다는 더욱 혼란스러운 것이 될 수 있다. 환자가 집단치료에 적당하다면 그 경험은 지지적 환경을 제공함으로써 그리고 다른 사람들도 비슷한 불안정을 가지고 있다는 것을 이해함으로써 자신의 사회적 불안과 소심함을 극복하도록 도울 수 있다.

정신내적 기법

정신 역동적 접근은 기이/분열형 환자가 다른 사람, 특히 치료자와 건강과 연관된 유대를 내면화하도록 하는 데 초점을 맞춘다. Gabbard(1994)는 치료자는 환자가 침묵과 정서적 거리를 둘 때 친밀감을 높이기 위한 반응을 하도록 기대해야 한다고 제안한다.

　침묵은 그러한 성격 장애에 있어서 당연한 결과로 수용되어야 한다. 환자는 자기의 숨겨진 측면을 드러내서 적응적인 방식으로 통합하기 시작할 수 있다. 그러나 그들 행동에 대한 고전적인 정신 역동적 해석을 하는 것은 이러한 환자들에게 그다지 도움이 될 것 같지는 않다. 대부분의 분열형 환자들은 정신치료를 상당히 가변적이고 스트레스를 주는 것으로 알고 있다. 분석적인 전문가들에 의하면 이러한 환자들에게 매우 인내하고 관용하는 태도를 채택하는 것이 상당히 필요하다고 본다. 그들의 침묵을 저항의 형태로 간주하기보다는 그것은 '연관 없음'의 일반화된 표현 양식으로 이해되어야 한다. 기이/분열형의 의사소통이 혼란스러울 때는 또는 침묵이 길어질 때 치료자들은 그들의 좌절된 감정과 가능성 있는 문제들의 역전이에 대해서 경계해야 한다.

약리적 기법

정신약리학적 개입은 많은 기이/분열형 성격 장애 증상을 통제하는 데 매우 유용함을 증명할 수 있다. 착각, 관계사고, 공포불안, 강박충동적 증상, 정신병들이 모두 심각한 부작용이 없는 클로자핀, 라스페리돈 또는 올란자핀의 적은 용량에 반응하는 것이 드러났다(Goldberg et al., 1986; Joseph, 1997; Serban & Siegel, 1984). 항불안제의 적은 용량은 치료의 초기 단계에서 분명한 불안감을 경험하는 환자에게 도움이 되는 것으로 나타난다(H. S. Akiskal, 1981). 항우울제와 항정신성의 결합인 아목사핀은 우울 증상이 있는 분열형 환자에게 추천된다(Markovitz, 2004). 그러나 어떤 환자들은 지나친 진정작용 때문에 그러한 약물 처방에 안 좋게 반응하는 것으로 나타난다. SSRIs는 재발하는 우울 증상, 대인관계의 민감성, 편집적인 이상화를 감소시킬 뿐 아니라 강박과 충동과 같은 기괴한 이차적 특징도 개선될 수 있다.

Stone(1993)은 상대적으로 양호한 기능을 보이고 경도 장애 징후(인지적 빗나감, 기이한 언변)만을 나타내는 환자들은 치료에서 거의 대부분의 시기에 약리처방이 필요 없거나 아니면 약간만 필요할 것이라고 조언한다(Keshavan, Shad, Soloff, & Schooler, 2004). 필요하다면 입원은 짧아야 한다. 병원은 종종 지나치게 고립되고, 조용한 행동에 보상하고, 기이한 신념과 인지 모델을 제공하는데 이러한 각각의 것은 이탈 증가와 기괴한 선입관을 이끌 수 있다.

상승효과 합의

기이/분열형 환자와 좋은 관계를 맺는 것은 필수적인 일차적 목표이다. 사실상 건강하고 꾸준한 관계를 제공하는 것이 그 자체로 치료적이다. 좋은 동맹은 시작에서부터 독점인 지지적 치료로 귀결될 수 있다. 침묵은 인내할 필요가 있으며, 공감하고 즐거운 활동에 참여하도록 하는 격려가 강조된다. 치료자의 실질적 조언은 환자 생활에 개선을 촉진하는 구조를 제공한다. 환자가 치료자를 신뢰할 때 인지적이고 행동적인 개입은 자신의 왜곡된 해석을 확인하고 관계를 더욱 개선하도록 도울 수 있다. 앞에서 주지했다시피 언어와 행동방식의 기괴함을 보이는 것을 넘어선 정신병적 사고의 증거를 보이는 환자들은 소량의 신경이완제(neuroleptics)의 투약으로 도움을 받을 수 있다.

이것은 무미건조한 분열형 환자보다는 극소심한 분열형 환자에게 더 잘 적용되는 것 같다. 행동의 기이함이 그렇게 심하지 않으면 환자는 집단치료를 통해서 이득을 얻을 수 있다. 특히 주요 진단문제가 사회적 불안과 사회 기술의 부족이면 더욱 그러하다.

　불행하게도 대부분의 기이/분열형 환자들이 성격 구조에 실질적인 변화를 가져오거나 다른 사람들과의 관계에서 친근함을 겪을 가능성이 없다. 성과는 익숙지 않은 상호작용과 현실검증에서, 분열형 환자들이 즐길 수 있는 행동에 참여함으로써 더 잘 획득될 수 있을 것이다.

예시 사례

결함 있는 기이/분열형 성격 장애에서는 2개의 주요 변이가 있다. 첫 번째는 수동-분리 유형의 분열성 성격이고, 두 번째는 능동-분리 유형의 회피성 성격이다. 분열형의 폭넓은 성격 양식에서 각각 여러 개의 성인 하위 유형들이 있음에도 불구하고(예 : 무기력한, 동떨어진) 우리는 결함 있는 분열형 장애에서 2개 영역의 하위 유형으로 제한한다(표 6.4 참조).

사례 6.1 케빈 B., 39세

기이/분열형 성격 : 무미건조한 유형(분열성 특질을 가진 분열형)

현재 양상

케빈은 창고 야간경비 일을 했다. 그는 고등학교 졸업 이후 20년 이상을 창고에서 일해 왔다. 케빈은 자

■ 표 6.4 기이/분열형 성격 장애의 하위 유형

분열성 분열형 : 낯설음과 죽음에 대해 감지한다. 지나치게 단조롭고, 게으르고, 표현적이지 못하다. 내적으로 유약하고, 메마르고, 무관심하고, 민감하지 못하다. 애매하고, 모호하고 빗나간 생각을 한다. 기이한 텔레파시적 힘이 있다.(혼합된 분열형/분열성-우울성-의존성 하위 유형)

회피성 분열형 : 걱정스럽게 근심하고, 조심스럽고, 의심하고, 경계되어 있고, 수축되어 있다. 지나친 민감성 없이 자기와 타인으로부터 소외되어 있다. 자신의 생각을 의도적으로 가로막고, 전환하고, 평가절하한다.(혼합된 분열형/회피성-부정성 하위 유형)

신뿐 아니라 환경에서도 완전히 이탈되어서 우월한 지위에 오르려고 하는 것은 물론이고 어떤 변화를 감행하기 위한 시도도 하지 않았기 때문에 성공한 전문직 종사자인 부모는 몇 년 동안을 근심해 오고 있다. 따라서 그들은 치료를 의뢰했고 케빈은 간단히 동의했다. 그는 그가 하는 일을 좋아했다고 설명하면서 작업장은 멀리 다른 사람과 떨어져 조용한 분위기에서 혼자 있을 수 있는 장소로, "텅 빈 창고는 더 이상 사용하지 않았고, 거기 누구도 있기를 원치 않았어요. 그러나 그곳은 근사했고 집과 같았어요."라고 기술했다. 초기 인터뷰 내내 케빈은 경직되어 상담자를 쳐다보지도 않고 보통 한 단어의 대답 또는 매우 짧은 문장으로 질문에 답했다. 그리고 두 번째 질문을 할 때까지 또는 첫 번째 질문이 반복될 때까지 대답을 기다려야 했다. 그는 이러한 짧고 기이한 대답으로, 생활은 거의 사람과의 연결을 회피했고, 유일한 구체적 접촉은 공휴일 동안에 보았던 형이었다고 설명했다. 혼자 생활하면서 하나의 의미 있는 관계로는 고등학교 때 소녀를 기억할 뿐이었다. 아주 간단하게 그는 "우리는 졸업했고 그러고 나서 그녀를 더 이상 볼 수 없었어요."라고 언급했다. 그러나 그는 어떠한 분명한 외로움을 표현하지 않았고, 어떠한 측면에서는 완전히 감정이 없어 보였다.

초기 인상

감정에 대해 두드러지게 무감각하고 **무미건조한 분열형** 성격인 케빈은 종종 생각과 신체 사이의 분리를 경험하는 것 같다. 그의 떠다니는 의식적인 지각이 이인화되거나 정체감 없이 수행하는 것처럼 죽음이나 부재의 이상한 느낌이 있었고, 행동은 단조롭고 게으르고 표현적이지 못했다. 정서적으로는 뚜렷한 결손이 있었고 무미건조하고 무관심하고 동기화되지 않았고, 외부 세계에 대해 관심이 없었고, 인지 과정은 애매하고 모호하고 빗나가 있었다. 그는 미묘한 대인관계와 정서경험에서 둔감하거나 결여되어 있었고, 사회적 의사소통에 최소한으로 반응했고 부적절한 정동이나 기이한 생각 또는 우원적이거나 혼란스러운 행동방식으로 반응했다. 그의 말은 단조롭고 체계가 없거나 들을 수 없었다. 삶의 주변으로 표류하거나 뒤편에서 자기몰두로 사라져 외부세계를 상실하는 그를 낯설고 이상한 사람으로 대부분의 사람들이 간주했다. 케빈의 성격은 분열성 패턴과 유착되어 파생되었으나 우울이나 의존의 성격 특성과 혼합된 드문 경우였다. 세계에서 이탈되고 자신의 감정에 무감각해져서 케빈은 스스로 상실을 느꼈고, 의미나 목적 없는 무정한 대상이 되었다. 그러한 감정에 압도되어서 그와 관련되는 구체적 허상으로 만들어낸 기괴한 정신적 상태와 그밖에 결핍을 의미하는 자기참조적 사고로 빠져들고 있었다. 현실에서 존재를 확인하기 위한 모든 필사적인 노력에서 기괴한 '텔레파시를 이용한' 힘은 그를 신비롭게 했고 떨어진 사람과 소통하도록 했다. 생명력 없는 무상으로 가라앉으면서 그는 인간됨이 아니라 사물이 된다는 느낌에 의해 스스로를 질타하곤 했다. 그는 자신의 존재를 확인하는 방법으로, 이러한 두려움과 무에 대한 파멸의 느낌은 현실이든 공상이든 무엇이든지 달려들게 했다. 케빈은 또한 간혹 보상작용의 상실을 보였는데 자극에 대해서 너무 작게가 아니라 너무 많이 접하게 될 때 그러했다. 사회적 책무 또는 개인적 친밀감에 고통스럽고 불편해하면서 그는 책무가 한계치를 넘어서서 잠식했다고 느꼈다. 그는 그저 희미해졌고 텅 비었고 의식적 지각을 상실하고 외부세계의 압력에 등을 돌렸다.

케빈이 기이한 고착으로부터 벗어나 지금 여기에서 재정립하는 작업을 하기 위해서는 우선 치료관계가 안전하고 현실적인 구성에서 연결하는 것이 필요했다. 덜 요동하는 **능동적** 적응을 한 다음에 낙담을 인식하고 둔감해진 접근으로(**고통-쾌락** 극성 갈등의 요동) 무분별한 공상을 지속시켰던 신념을 해결하도록 촉진되었다. 그의 전형적인 수동적 본성으로 위축되고 취소하는 성향은 더욱 효과적인 사회적 기술로 감소될 수 있을 것이다. **자기**와 **타인**에 대한 더욱 효과적이고 확고한 방향은 마찬가지로 고무될 수 있다.

영역 분석

케빈은 MCMI-III와 여러 개의 다른 측정도구를 완성했다. 그는 심리검사에 어느 정도의 신기한 초점과 관심을 보이면서 검사문항을 탐색하는 데 거의 빠져 있는 것처럼 보였다. Grossman 다축척도와 MG-PDC의 영역 분석으로 다음과 같이 문제되는 영역을 중점으로 개입했다.

대인관계에서 비밀의/이탈된 : 가족 보고서에 의하면 케빈은 사회적·개인적 관계에서 정신분열증적 이탈을 보여 사회화는 돌볼 겨를이 거의 없었다. 성인기에 그는 비밀과 사생활에 대한 강한 선호를 보이기 시작해 접촉 회피와 사회적 압력과 기대감에 대한 낮은 적대감을 보이기까지 했다.

기질적으로 무감각한 : 품행과 정동에서 둔감하고 기쁨이 없어서 케빈은 비공감적인 행동방식을 나타냈고, 대인관계의 분위기에 상당히 이탈되어 다른 사람들과 거의 연결되지 않고 심지어 가까운 관계에서도 정서적인 애착 능력이 없음을 보여주었다.

인지적으로 피폐한 : 케빈은 주목할 만한 높은 점수의 IQ를 기록했음에도 불구하고 지식의 결손을 보여주었다. 그의 사고 내용과 과정은 모호하고 혼란스럽고 약간 해체되어 있어서 우회적인 논리와 마술적 사고와 관련된 빈도를 보여주었다.

치료 단계

치료가 효과를 보기 위해서 케빈이 이해할 필요가 있었던 첫 번째 개념은 현실적인 목표가 바람직할 뿐아니라 완전히 성취할 수 있고 불가능한 공상이 아니라는 것이었다. 케빈은 그가 헛된 희망으로 보았던 것을 치료가 다시 일깨울까 봐 두려워했다. 즉 치료 목표의 설정이 그가 이전에 희망이 좌절되었던 경험을 기억나게 할 수도 있다. 이제 그는 욕망으로부터 거리를 두고 타인들로부터 물러섬으로써 안락한 수준을 인식할 수 있게 되어 익숙하게 우울-불안 수준으로 적응하는 상태에 머무르지 않게 하는 것이 치료적으로 중요했다. 이러한 목적을 위해 **항우울제의 약물 처방**이 지속적인 박탈감, 게으름, 정동의 부재(무감각한 기질)를 완화하는 유용한 방식이었다. 여러 **실존적** 기법을 활용한 지지적 접근은 또한 자신이 타인들을 무시하고 자기가치를 떨어뜨리는 경향성에 집중적으로 초점을 맞추었다. 이러한 지지적 방식들은 지속적인 치료적 관계 유지에 망설임을 완화하도록 협력적으로 사용되었다. 케빈은 대처방어가 약하다는 것을 느꼈기 때문에 자신의 무가치감에 대면하는 것을 두려워했으므로 따뜻하고 수용적인 태도가 필요했다. 기술적인 지지적 접근이 어떤 실질적인 소득이 얻어지기 전에 치료를 철회하려는 그의 경향성을 미리 막는 것이 가능했다.

  인지행동 수준 치료의 관심은 불행, 자기경멸, 과거에 대한 반추를 일깨우곤 했던 모호한 케빈의 **피폐한 양식**과 혼란스러운 논리에 유용하게 향해졌다. Beck, Meichenbaum과 Ellis에 의해서 개발된 인지 중심 기법은 거절에 대한 민감성과 침울함과 비주장적인 방식의 혐오적이고 우울한 성향을 강화하던 사고방식과 두려움을 줄이도록 도와주었다. 이러한 방법들은 그의 감정과 태도의 모순을 탐색하는 데 특히 유용했다. 재발을 줄이거나 미리 막기 위해 그의 행동의 모든 측면에 만연된 기이한 신념과 **대인관계의 비밀**과 **이탈**을 재구성하는 데 더욱 중점을 둔 절차가 사용되었다. Klerman과 Benjamin 방식의 **대인관계** 치료는 특히 생산적이었다. 유사하게 단기 **집단치료**는 그가 일상적으로 마주치게 되는 상황보다 더욱 쾌적하고 수용적인 사회적 상황에서 새로운 태도와 기술을 학습하도록 보조했다. 그가 동의할 만했기 때문에 **가족** 기법이 그의 사회적 문제를 강화했던 파괴적인 패턴의 의사소통을 완화하기 위한 방법으로 사용되었다.

사례 6. 2 드루 S., 29세

기이/분열형 성격 : 소심한 유형(회피성 특질을 가진 분열형)

현재 양상

시작부터 드루는 현실로부터 완전히 괴리되어 있는 것으로 보였다. 초등학교를 방문하는 동안 공원에서 소란을 일으키고 여러 학부모의 처벌 요구가 있어서 그는 수감되는 것과 치료 중에서 치료를 택했다. 그의 짧은 언급과 해체된 사고 때문에 처음에는 할 수 있는 것이 거의 없었다. 그는 현실로부터 일시적인 피난처를 제공해 주는 자기구성적인 공상에 몰두하게 되었고 마찬가지로 누군가가 실제인 것처럼 판단되는 사람으로부터 자극을 받았다. 그에 대해 알아볼 수 있는 개인사나 생물학적 정보의 자기보고서가 거의 없었으며, 법적인 기록 중 어느 하나도 크게 도움을 주지 않았다. 그는 대변인에 의해 치료에 왔고, 스스로 말하기를 자신의 사건에는 항상 이런 식이라고 했다. 그는 추가로 언급하기를 '그의 머리를 단속하는' 경찰 집단의 욕망과 전형적인 모든 사람과 모든 것들이 모순된 경찰의 욕망이라는 것을 느낄 수 있다고 했다. 드루가 말하는 의식의 흐름은 혼란스럽게 하고 거칠게 하는 누군가의 의도로 구성되어 있는 것처럼 보였다. 그리고 그는 당분간 어느 누구도 침범할 수 없는 장소인 공상 속에서 그가 혼자라는 것에서 어떤 평화와 만족을 찾는 것 같았다. 기이한 위축된 전술들로 인해서 그는 다른 사람들에게 이탈되어 있었을 뿐 아니라 자신의 타당한 욕구를 만족시키는 이상한 반응들을 그대로 보여주었다.

임상 평가

심각도가 적은 회피자와 대응되는 **극소심의 분열형** 성격인 드루는 고립되어 있고 경계하고 위축되었다. 자신을 보호하기 위해 감정과 욕구를 죽이려 하고 충동을 억제하고 사회적인 만남을 철수하여 대인관계의 고통과 고뇌를 방어했다. 그의 표정은 무감동과 무관심을 보이지는 않았으나 무미건조한 분열형처럼 내재적인 민감성의 부족으로 인해 과도한 민감성이 약해지고 축 쳐져 있으며 그의 시도를 억제할 수밖에 없다. 게다가 자포자기가 있었고 감정과 욕망으로부터 해탈과 동떨어짐이 있었다. '진정한' 자기는 과소평가되고 분열되고 조각난 것으로 평가되고 경멸과 무가치로 거부되어 왔다. 그는 타인들로부터 소외되어 왔을 뿐 아니라 그 자신으로 돌아오는 어떠한 보호와 안락도 발견할 수 없었다. 그의 고립은 두 가지였다. 타인들로부터 얻어지는 것이 매우 적었고, 수치스러운 절망적인 느낌만이 자신에게 있었다. 타인이나 자기의 보상으로 자극받지 않기 때문에 드루는 개인적인 박탈감과 사회적 고립으로 빨려들어 갔다. 애정과 안전 획득에 대한 기대가 거의 없어서 현실적인 감정과 영감을 부정하는 것이 최선이라고 터득했다. 인지적 과정은 의도적으로 합리적 사고를 불신하고 평가절하하는 노력으로 혼란되었다. 그 대신 그에게는 현실세계에 대한 고뇌를 유예해 주는 공상세계가 있다. 그러나 외부세계가 관입해 와서 그에게 현실로 돌아오는 자괴심 때문에 이는 너무 짧은 관심이었다. 부조화로운 정서, 부적절하고 빗나간 생각은 점점 더 심각한 사회적 파산으로 발전했다. 드루는 그 둘레에 아주 단단한 갑주를 치려고 애썼다. 그의 특징적인 기이성은 그가 구성하던 고독과 고립의 장벽에서 유도되었다. 무미건조한 분열형처럼 그는 허무에 대한 통렬한 공포, 죽음이 임박한 느낌에 종속되어 있었다. 스스로를 모욕하고 자신의 세계를 축소시키고 민감성을 둔화시킴으로써 공허와 비현실감에 대한 토대를 놓았다. 이인화와 비현실감의 불안을 감소시키기 위해 주의를 끌도록 흥분하고 기이한 행동에 몰두함으로써 그의 존재를 확인했다. 그는 타인들의 반응을 단지 비합리적으로 조종했다. 그의 불안을 가라앉히는 데 실패해서 안전하게 관계할 수 있는 공상적 사람들이나 대상들의 사이비 공동체가 제공하는 미신, 마술, 텔레파시의 신념 세계로 그는 방향을 돌렸다.

드루를 위한 초기 치료 단계에서는 고도의 **능동 – 고통**의 지향을 드러냈고, 이는 상당히 기이한 반응을 보여주었기 때문에 안전한 환경 설정이 일차적인 목표였다. 정서의 안정은 불안 갈등과 허구 시나리오의 빈도와 강도를 감소시켰다. 지지치료의 잠식은 점차적으로 더욱 초점이 맞추어진 책략으로의 진전을 시작하게 했다. 신뢰가 발전함에 따라 치료자는 그가 적극적으로 철회를 유지시켰던 신념을 부식시키는 쪽으로 작업했다. 노력은 **자기**를 증진하기 위해서 수행되었고, 또한 자율성과 사회적 상호작용을 격려했다. 부속치료(예 : 집단, 가족)도 도움이 되었는데, 특히 드루가 덜 이탈되도록 하고 **타인 지향**에 투자를 늘리도록 하는 데 도움이 되었다.

영역 분석

드루는 여러 번 시도 후에 나타났듯이 타당한 MCMI－III를 산출할 수 없었다. 이러한 개입에 적용되었던 영역 분석은 MG－PDC로부터 산출되었다.

> **인지적으로 자폐적인** : 드루는 다른 사람의 의도, 기분 또는 신념을 측정하는 데 일반적인 능력의 두드러진 결손이 있었고, 일반적인 대인관계 논리의 선상에서 유리되어 있었다. 그의 사고 패턴은 부적절, 반추, 기이한 신념, 현실의 흐릿함을 반영했다.
>
> **기질적으로 정신없는** : 드루는 흔히 불신하고 염려하면서 다른 사람들로부터의 가장 무해한 자극에 경계와 공포로 반응하고, 심지어 가상적인 자극에 대해서도 위축되었다. 그는 익숙한 환경에서조차 편하지 않았고, 일정 기간 주어진 환경에 있는 정상적인 결과에서도 그러했다(예 : 치료 사무실).
>
> **환상기제** : 드루의 가장 흔한 방어는 현실세계를 그 자신이 꾸민 개입과 배경으로 차단하는 것이었다. 도피라는 회피성의 방어를 초과해 드루는 이러한 공상에 전적으로 탐닉되어 현실에 대한 이해를 상실하고 현실과 가상의 경계가 흐릿했다.

치료 단계

드루의 치료에서 첫 번째 목표는 치료의 잠재적 성과가 현실적인 것이고 단념하기보다는 동기화가 되어야 함을 보여주는 것이었다. 드루는 치료가 그가 헛된 희망으로 보았던 것을 일깨울 것이라고 두려워했다. 즉 그것은 타인들에게 신뢰를 제공했지만 거절로 돌아오는 굴욕감의 경험을 기억나게 할 수 있다. 치료자는 비지시적으로 이러한 두려움을 인정해 주고 드루는 치료자와 그 자신을 거리를 두지 않고도 적당히 편안한 수준을 발견할 수 있어서 그전보다 더 좋은 적응 수준을 유지하면서 두려움을 더욱 효과적으로 다루게 되었다. 게다가 **약리학적인**(항우울제) 처방 계획은 그의 **산만한** 정서 증상을 완화하도록 도움을 주어서 염려로부터 자유를 얻었다.

단기의 **인지행동** 접근에서 관심이 과거에 가졌던 경멸과 훼손을 자극하지 않으면서 변경될 수 있도록 드루의 사회적 주저, 불안한 품행, 자기파멸의 행위, 태도, 행동에 유용하게 맞추어졌다. 또 다른 가치 있는 단기 개입은 드루의 환경에 대한 광범위한 살핌이다. 이렇게 함으로써 그가 피하고 싶은 자극과 마주할 가능성이 커졌다. 그는 대부분의 사람들이 간단하게 간과했거나 또는 심지어 알지 못했던 것에 과민성을 보여주었다. 다시 적당한 인지적 방법은 극단적인 민감성이 역전되는 것을 막고 그가 피하고자 했던 바로 그 고통에 대한 자각을 지속하는 수단이 되었다. 또한 그의 부정적인 해석 습관을 낙관적으로 더욱 자아증진하고 재정립하는 것은 그의 자기손상하는 사고방식을 줄이고 긍정적인 경험을 강화하고 고뇌를 감소시켰다. 좌절과 두려움으로 비주장적인 행동(예 : Beck, Ellis)을 하는 그의 민감성의 기반을 재구성하려는 노력은 혐오적인 경향뿐 아니라 재발과 퇴행하려는 성향을 최소화하고 축소시켰다. 점차적으로 이러한 인지적 절차의 초점은 더욱 세밀한 수준으로 이동시켜서 그의 **자폐적인 양상**을 야기했던 모순된 감정과 태도를 탐색하기 위해서 사용되었다. 적절한 재구성이 없으면 역행에 의해서 진행에 일시적인 동요로 투쟁을 할 수 있다. 단기 기법으로 진정한 소득을 얻을 수 있었던 것은 단지 조심스러운 작업으로 신뢰 형성, 환자의 자기가치감의 증진이 가능했다.

　통찰 지향의 절차(특히 단기 역동적 개입과 잘 조합된 것)는 드루의 불안의 뿌리를 드러내고, 방어적인 **환상**으로 들어가게 했던 여러 가정과 기대에 직면하는 데 유용했다. 치료자는 그런 다음 그에게 여러 대안적인 전략을 제공했고 이러한 **새로운 경험**은 드루의 능력과 자기효능감을 상당히 증가시켰다. 실현 가능성 있는 **가족** 기법은 그의 철회하고 안주하는 행동을 강화했던 파괴적인 의사소통 방식을 완화하기 위해서 사용되었다. **대인관계** 기법(예 : Benhamin)과 **집단**치료는 그가 일상적으로 마주치는 장면보다 더 쾌적하고 수용적인 사회적 장면에서 새로운 태도와 기술을 학습하도록 보조했다.

저항과 위험

무미건조한 분열형과 극소심 분열형은 모두 불투명한 예후 전망을 갖는다. 경도의 개인들에게는 상당한 치료적 소득이 확보될 수 있지만, 그 이상의 많은 핵심 성격은 변경시킬 수 없다. 강한 유전적 소인은 아니라 할지라도 패턴이 깊게 새겨져 있다. 이러한 환자들은 거의 격려하고 지지적인 환경 속에서 살지 않는다. 개인적인 문제에 대한 탐색은 고통스럽거나 심지어 공포스럽게 경험된다. 분열형 환자들은 대부분 형태의 정신치료에서 발생하는 것과 같은 가까운 개인적인 관계를 불신한다. 잘못된 바람을 고통스러운 자기노출로 바로 세우는 치료는 불가피한 것이다. 대부분의 분열형은 문제를 그냥 내버려두고 더 많은 굴욕과 분노에 노출되어 지속적으로 모욕당한다. 그들이 치료에 오면 회피성 분열형 환자들은 경계하며, 지속적으로 치료자의 진실성을 시험하는 경향이 있다. 환자의 민감성이나 또 다른 '헛된 개선'에 지나치게 내사하는 것은 다른 사람들의 예상을 터득한 환자에게 공격이나 무관심과 경시의 확인으로 해석되기 쉽다.

　따라서 신뢰가 필수적이다. 치료자의 진실성 있는 동기에 관한 신뢰가 없으면 이러한 환자들은 치료자의 노력에도 벽을 쌓고 궁극적으로는 치료를 종결할 것이다. 똑같이 중요한 것은 지지적인 사회적 환경을 찾는 것이다. 외부의 상태가 호의적이 아니라면 치료는 충분히 어렵고 길고 험난한 전쟁이 될 것이다.

제 7 장

변덕/경계성 성격 패턴의 개인화 치료

변덕/경계성 범주의 개념상 경계성의 구성은 사실상 구조적 결함이나 기능 정도에서 심각도가 덜한 성격 장애(아마도 분열성과 강박성 유형은 예외지만) 중하나이다. 그러나 경계성 성격의 병리 정도는 의존성이나 연극성, 반사회성, 가학성의 변이로서 그리고 일반적으로 부정성 성격이 진전된 역기능의 변이에서 가장 흔히 나타난다. 성격 발달사의 배경과는 상관없이 우리가 말하는 변덕/경계성은 다양한 기분과 강력한 에너지를 빈번히 표출하는 것이 특징이다. 정동 상태는 분노와 불안, 도취감이 산재해 있고, 낙담과 무관심이 되풀이되거나 우울하거나 흥분되어 있다(Bradley, Conklin, & Westen, 2005). 분리와 상실감의 두려움에서 상당한 의존심으로 정신적인 평형 상태를 유지하고 있다. 타인에 대한 의존은 사랑, 분노, 죄책감과 같이 강한 양가감정으로 채색되어 있다. 변덕/경계성의 만성적인 불안감은 의존심이 커져서 분노와 수치감을 느낄 때 그리고 그렇게 간절히 원했던 자기주장이 안전과 보호에서 위험에 빠트릴 것이라는 공포를 가질 때 나타난다(Bennett & Ryle, 2005). 변덕/경계성 환자는 분노를 진정시키고 분개를 삼가는 시도로 종종 자기비난과 자기처벌을 하는데, 이는 종종 자기손상 행동뿐 아니라 자기훼손과 자살사고를 유도할 수 있다(Janis, Veague, & Driver-Linn, 2006; Paris, 2005a 2005b, 2005c).

경계성 환자들의 불안정한 정서와 행동은 결과적으로 사회생활에서 가지각색의 병적인 경향이 있다(Chessick, 2006; Holmes, 2005). 대부분 초기의 열망과는 빗나가서 판단하거나 예측 부족으로 반복된 좌절은 본질적인 소질과 재능을 활용하는 데 실패한다(C. Allen, 2004). 대부분의 경우 좌절에도 불구하고 변덕/경계성 환자들은 더욱 치명적이고 심각한 보상작용 상실에 걸리기 전에 평형 상태를 찾고 회복하기 위해 노력한다(Benvenu & Brandes, 2005; Fossati, Feeney, et al., 2005). 그러나 종종 내적 압력에 압도될 때 기괴한 생각, 비이성적인 충동, 망상적 사고를 분출하여 경계성의 빈약한 통제가 파열된다(Conklin, Bradley, & Westen, 2006; Dowson et al., 2004; Nigg, Silk, Wtavro, & Miller, 2005). 이러한 짧은 정신적 삽화는 단기에 전환하고 정신적 균형을 되찾게 되므로(Jang, Dick, Wolf, Livesley, & Paris, 2005) 결국 이 삽화들은 보통 개인적으로 괴상하고 취향이 독특한 존재로 알려진다.

앞에서 주지했다시피 변덕/경계성 환자는 직접적인 적대감 표현이 오로지 포기와 거부를 당할 것이라는 두려움에 충동적인 경향이 있다(Crowe, 2004; de Bruijn et al., 2006; Wilson, Fertuck, Kwitel, Stanley, & Stanley, 2006). 이러한 개인의 분노조절 형태는 분개의 감정을 건강 염려 장애와 중등도의 우울 삽화로 바뀌어 나타낸다. 변덕/경계성 환자는 책임을 회피하고 추가적으로 타인에게 짐을 지우는 수단으로 우울을 보이면서 무기력과 고통을 과장하여 연기하는 경향이 있다. 경계성 환자가 과장해서 관심과 보호받고자 하는 욕구를 '정당화' 하면 가족과 친구들 사이에 죄책과 불편을 야기한다(Sansone, Songer, & Miller, 2005). 부정성에서처럼 경계성의 뚱한 기분과 지나친 불평은 타인들로부터 격분과 비난을 불러일으킬 수 있다(Minzenberg, Poole, & Vinogradov, 2006). 이렇게 되면 경계성 환자들은 타인들의 혼란스런 요구에 불운함, 자신의 무가치함에서 밀려오는 자기비하의 소리에 분노를 자신에게로 더 강렬하게 돌린다(Joyce et al., 2006; Pompili, Giradi, Ruberto, & Tatarelli, 2005). 이러한 자기조소는 분노를 배출하기 위한 수단이 될 뿐 아니라 동정심은 아니라 할지라도 다른 사람들로부터 용서와 안심을 끌어내기 위한 얄팍한 자살 위협(Chapman, Specht, & Cellucci, 2005; Gutheil, 2004; Soderberg, Kullgren, & Renberg, 2004), 도박, 약물 남용 또는 다른 충동적인 자기손상 행동을 수반한다(Chapman, Gratz, & Brown, 2006; Oldham, 2006a, 2006b).

집조성 우울 상태의 변덕/경계성은 성마른 과민성과 적대감을 억압하는 괴로움이 동반해서 초조감과 긴장으로 안절부절 못하고 불안해한다(Minzenberg, Fisher-Ivring, Poole, & Vinogradov, 2006). 어떤 경계성 환자들은 더욱 자책하고, 자기비난적인 우울을 보일 수 있고 자기의심, 무가치감, 수치와 죄책의 망상, 자살사고를 드러낸다. 다른 경계성 환자들은 지체된 우울로 표현하고 거기서 수치와 자기비방이 기면 상태(lethargy), 허무감, 지루함, 무기력이 동반된다(Andover, Pepper, Ryabchenko, Orrico & Gibb, 2005).

변덕/경계성은 기분이 매우 유동적이고 사고와 행동이 불일치하기 때문에 그들의 상태를 이해하고 공감하기가 사실상 불가능하다. 더욱이 그들의 자아도취적 순간에 열정적인 정력과 쾌활함은 다른 사람들과 함께 흥을 일시적으로 돋울 수 있다. 그러나 비합리적이고 자기소모적인 특성을 지닌 강요적인 사교성은 초조함에 빠짐과 더불어 결국에는 다른 사람들을 격노하게 하고 기운 빠지게 하고 이전에 환기되었던 인내심과 호의마저 파기한다(Paris, 2004a, 2004b; Zanarini, Frankenburg, Hennen, Reich, & Silk, 2005).

H. S. Akiskal(1981, 1983; Ruocco, 2005a, 2005b)에 의해 주도된 현대 생리학 연구 집단은 변덕/경계성 증상을 하위 정동 장애 범주에 포함시킬 것을 강하게 주장해 왔다. 가족사의 정서, 양성의 덱사메타손 진정 검사반응, 주요 정동 삽화에 대한 예후, 자살 고위험의 기반에서 H. S. Akiskal(1983)은 경계성 색인으로 속하는 고도의 성격상의 장애가 있는 환자의 거의 50%가 평생 동안 정동 장애를 겪는 것으로 보인다고 보고했다(Gunderson et al., 2006; D. J. Smith, Muir, & Blackwood, 2004). 그는 대략 경계성의 5분의 1이 고도이고, 일차적인 성격적인 병리는 신체화 장애 그리고 사회성 병리의 형태이고, 경계성 환자들의 가장 많은 집단은 '이차적인 성격의 역기능을 동반한 비정형, 만성적인 복잡한 형태의 정서 장애'라고 했다(1981, p. 31). Akiskal은 그러한 환자들이 피상적으로 성격 장애 양상을 나타낼 수 있지만 기저에 있는 생물학적인 정동질환은 성격에 의해 가려져 있다고 주장한다. 그는 의심/편집성 영역에 해당될 수 있는 다양한 하위 정동 장애를 제안한다. Akiskal에 따르면 주요 정서 장애와 대조되는 하위 정서 장애는 하위 증상과 간헐적인(종종 영구적인) 정서의 정신병리로만 나타나서, 증상학적인 삽화로 분리되어 아주 이따금씩 구체화된다(Ben-Porath, 2004; Leichsenring, 2004; Paris, 2004a, 2004b). 그러한 장애와 연결된 기분 변화는 아주 세밀하며, 대인관계 행동 장애에서 나타나는 임상 양상을 가진다(Benvenuti et al., 2005).

H. S. Akiskal과 Millon이 주장한 경계성의 특성으로 불안전한 자기감은 결과적으로 통제할 수 없고 예측할 수 없는 기분 변화가 있는 정서 장애보다도 자아발달상의 문제가 적을 수 있다고 했다. 변덕/경계성 많은 경우의 정신치료에 상대적으로 미흡한 결과는 기저에 있는 정서 장애의 약리학적 치료를 제공받지 못함에 있다고 더욱 강조했다 (Gunderson et al., 2004). Stone(1993)은 또한 우울과 경조증을 추가해 많은 수의 기분 순환 환자들을 관찰하면서 리튬에 호의적으로 반응하는 양극성이나 단극성 질환을 가진 환자들도 경계성 성격 장애의 기준에 부합하는 유사한 특성이 있음을 예증했다.

H. S. Akiskal(1981, p. 25)에 의해서 기술되었듯이 경계성의 특성은 개별화 분리의 발달 단계의 혼란에서 오는 자기에 대한 불안정한 느낌이다. 이는 특성상 개념화된 용어로 충동, 약물 추구 행동, 다양한 형태의 성정체성, 정동 불안정성(예 : 격노와 공포와 같은 조절되지 않는 정동을 나타냄), 지루함, 무쾌감, 기이한 자기손상 시도와 '미세한 정신적 삽화'로 규정된다.

변덕/경계성 성격 구성이 〈그림 7.1〉에 있는 극성 도식에서 제시되는 진화론적인 모델로 살펴보는 것은 흥미로운 것이 될 것이다. 모델에서 반영된 일상적인 동기와 목표는 주지할 만한 가치가 있다. 극성의 모든 세 쌍에서 가장 주목할 만한 것은 갈등으로, 이들 사이에 양쪽으로 향하는 화살표이다. 이것은 정서적 동요, 행동의 예측 불가능성, 다른 사람들에 대한 모순된 사고와 느낌을 드러내는 변덕/경계성을 특징짓는 양가 감정과 부조화를 의미한다(Gregory, 2004; Sansone, 2004).

이 갈등 패턴은 다른 두 가지 고도 장애, 즉 심각한 병리 구조를 지닌 분열형과 편집성과 대조를 이룬다. 변덕/경계성은 성향이 뚜렷하나 한 방향에서 반대 방향으로 나아가면서 오락가락해서 충돌하고 부조화를 이룬다(Brendel, Stern, & Silbersweig, 2005; Gutheil, 2004). 이와는 대조적으로 분열형의 극성 성향의 강도는 혼란스럽고 방향이 정해져 있지 않기 때문에 사고와 감정과 행동이 무질서하고 기이한 특성을 보인다. 편집성의 구조적 문제는 경직성과 서로 영향을 주지 않는 구획성이다. 수행할 수 있는 좋은 근거가 있음에도 불구하고 그들의 태도, 행동과 정서를 변화시키지 않으려 하고, 극성 성향에 굽히지 않는 불변의 특성이 있다. 이렇게 명백한 어려움은 변덕/경계성에게는 없다. 이들의 경우는 각각의 극성 위치가 단지 일시적이라서 그것의 맞은편으로 빨리 교체된다.

경계성 원형

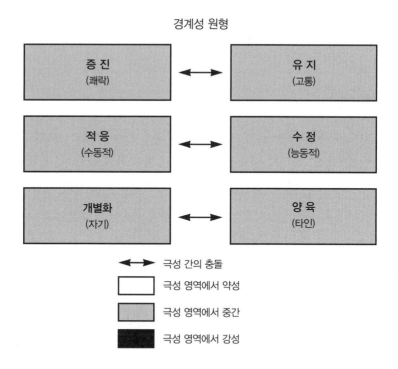

》 **그림 7.1** Millon의 극성 모델에 부합하는 변덕/경계성 성격 원형의 현황

주지했다시피 분열형 편집성 그리고 경계성 장애를 아우르는 고도의 또는 구조적 병리는 전형적인 성격 장애 또는 그 이상의 장애, 예를 들어 회피성, 연극성, 부정성과 같은 성격 장애와 공존한다. 따라서 변덕/경계성의 특징을 지닌 환자의 구조적 결함을 평가하는 데 있어 어떤 전형적인 성격 패턴이 나타나는지를 고려하는 것이 또한 필요하다(Paris et al., 2004). 극성 모델은 전형적인 극성 특징과 경계성의 구조적 결함의 통합을 요구한다. 스타일과 구조의 통합은 면밀하고 정확한 평가를 위해서 필요한 것이다.

임상 양상

변덕/경계성 성격 범주의 환자들은 임상 증상에서 예외로 넓은 다양성을 보인다. 여기서 공통적으로 가장 두드러지는 요소들을 간략하게 언급한다. 앞에서 구조적으로 결함 있는 분열형 성격에서처럼 양상을 세 가지 폭넓은 범주로 소개한다. 불안의 일차적 원천, 인지적 과정과 고정관념, 일반적 기분과 행동이다. 더 나아가 분화는 8개의 임상 영역으로 구성한다(그림 7.2 참조).

분리불안

변덕/경계성 성격은 과도하게 의존적이다. 이들은 다른 사람들로부터 수많은 보호와 인정을 받고 격려가 필요하므로 외적인 지지 자원으로부터의 독립에 특히 취약하다.

경계성 환자들이 자신을 소중히 여기고 긍정적인 강화 자원으로 사용하지 않을 뿐 아니라 독자적인 자기결정 수단과 방법이 부족하기 때문에 분리되거나 고립으로 괴로울 수 있다. 방어할 수 없으므로 잠재적으로 상실을 두려워하기 때문에 상실을 예상해서 실제로는 그렇지 않은 경우에도 일어나는 것으로 볼 정도로 왜곡되게 인식한다. 게다가 변덕/경계성 환자들은 자기가치를 평가절하하기 때문에 다른 사람들이 가치 있게 평가해 줄 것을 믿기 힘들다. 결과적으로 타인들이 결국 과소평가해서 자신을 버릴 것이라는 지나친 두려움을 가지고 있다.

이러한 환자들은 자존감의 기반이 불안정함으로 인해 자율적으로 존재하기 위한 수단이 부족하여 지속적으로 주변에 머물고, 분리불안과 피할 수 없는 유기에 대한 두려

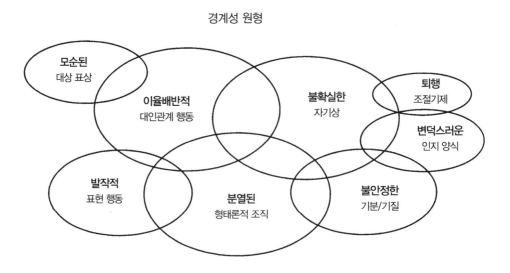

⫸ 그림 7.2 변덕/경계성 원형의 주요 영역

움에 사로잡힌다. 어떤 우울이나 흥분감을 조장하는 사건들은 정신적 삽화를 촉진시킬 수 있다.

인지적 갈등과 죄책감

변덕/경계성 환자들에게 분리불안은 매우 힘든 문제지만 의존 욕구에 관하여 갈등이 있으며 종종 자기주장을 내세우는 데 죄책감을 느낀다. 성취를 위해 전략을 활용하고 방법을 찾는 경한 병리적인 사람과는 대조적으로 경계성 환자들은 불행하게도 그들이 추구하고 있던 거의 받지 못하는 보상을 획득하기 위해 열심히 투쟁한다. 게다가 안전과 인정받기 위한 노력은 결과적으로 다른 사람들에 대한 불신과 적개심을 얻어 대부분 고립과 분리기로 들어간다.

변덕/경계성 환자들은 단지 불안할 뿐이다. 자신이 필사적으로 타인들로부터 얻고자 했던 보상은 위태로우며 심지어는 타인들이 거절하거나 포기하도록 유도한다고 그들은 주장한다. 여전히 경계성 환자들은 과거 경험 때문에 다른 사람들을 완전히 신뢰할 수 없으며 필요로 하는 정서적 지지를 얻을 수 있다고 기대하지 않는다(Shi-jie, 2006). 지나치게 분리되는 것을 불안해하고, 따라서 자신을 유기에서 보호해야 하기 때문에 그들은 여전히 불안정하다고 느낄 것이다. 게다가 다른 사람들이 계속적으로 동의하고 양보하도록 강하게 '강요'하기 때문에 그들이 의지하는 사람들에게 분노를 경험할 것이다. 문제를 복잡하게 하는 이러한 분개는 경계성 환자들에게 위협이 된다. 만일 그들이 포기하지 않는 방법으로 다른 양보를 하려면 걷잡을 수 없는 분노로 큰 고통을 감당해야 한다. 이러한 분노를 방출한다면 심지어 악의 없이 자기주장을 펼치더라도 그들의 안전은 손상당하고 심각하게 위협받을 수 있다. 그렇게 친절하지 못한 사람에게 더 이상 의존하지 않고 혼자 가야 하는지, 아니면 그나마 견딜 수 있는 극소수의 안전을 잃는 것이 두려워 순종해야 하는지, 경계성 환자들은 이 끔찍한 구속에 있는 자신을 발견한다.

걱정하지 않고 분노를 억누르기 위해 변덕/경계성 환자들은 종종 자신에게 방향을 틀어서 자기비판을 하고 자기경멸을 한다. 자신의 비열함, 무가치함, 기분 상함에 대해 죄책감을 느끼고 자신을 경멸하기 시작한다. 그들은 다른 사람들에게서 기대했던 것과 같은 비난을 자신에게 강요한다. 따라서 우리는 불안과 갈등뿐 아니라 죄책과 회한, 자기경시의 과도한 표현을 이러한 환자에게서 발견한다.

기분과 행동의 동요

변덕/경계성의 가장 주목할 만한 특징이 강렬한 기분과 자주 일어나는 불안정한 행동이다(Perseius, Ekdahl, Asberg, & Samuelsson, 2005). 한 기분과 행동에서 다른 기분과 행동으로의 빠른 변환은 경계성의 전형은 아니다. 다시 말해 우리가 언급했던 그들의 정신적 삽화는 일시적인 통제의 상실이 특징이다. 더욱 흔하게 이러한 환자들은 단일하게 현저한 기분을 가지는데 보통 자기기분에 빠진 우울한 음색이 그것이고, 이따금 주로 불안한 동요, 기분 장애 행동, 적대감을 분출하여 나빠진다(Lenzenweger & Castro, 2005).

변덕/경계성으로 분류되는 환자들은 임상적 특성에서 폭넓은 다양성을 보인다. 상대적으로 두드러지게 부각되는 요소들이 이 장에서 주요한 초점이다. 앞의 장에서와 같이 여러 특성이 여러 영역의 임상적인 의미로 구성된다(표 7.1 참조).

발작적 행동

경계성의 기이한 특성이 일차적으로 정서의 특징으로 인식되지만 행동의 모든 양상에 상당한 불일치와 불규칙성을 보인다. 경계성의 의복과 목소리에서 여러 양상의 동요와 변동성을 보인다. 이들은 아주 적합하고 매력적으로 옷을 입은 날이 있는가 하면, 어떤 날은 복장을 느슨하게 흐트러뜨린다. 또 어느 날은 목소리가 기운차고 생기 있었다가 어떤 날은 주저하고 느리고 독백을 한다. 변덕/경계성 환자들은 일관성 없는 에너지 수준을 나타내서 어떤 때는 갑작스럽고 예기치 않게 충동적으로 돌발한다(Chabrol & Ledihsenring, 2006; Davids & Gastpar, 2005). 이들 행동과 정서의 평형화는 기분, 욕동, 억제 조절과 심인성 기분 변화로 지속적으로 위기 상태에 있다. 통제의 상실과 강렬한 정서적 상태가 반복적인 자살이나 자기손상의 충동에 취약하다는 것은 놀랄 일이 아니다.

경계성의 기질과 행동은 하나의 극단에서 다른 극단으로 이동하는 감정의 연속성이 부드럽고 반복적으로 흔들리는 정서 패턴이기보다는 예측 불가능하고 성급하고 기괴

■ **표 7.1** 변덕/경계성 성격 원형의 임상 영역

행동 수준

   (F) 표현적으로 발작적인(예 : 갑작스럽고 예기치 않던 자기징벌의 발작이 종잡을 수 없는 에너지 수준으로 나타난다. 정서적인 상태와 금지적 통제의 종잡을 수 없는 변경이 행동과 정서적인 평형화를 지속적인 위험 속으로 빠지게 할 뿐 아니라 반복하는 자살과 자기훼손의 행동에 몰입하게 한다.)

   (F) 대인관계에서 이율배반적인(예 : 극단적인 관심과 애증을 요구한다. 그러나 종종 지지보다는 거부를 유도하는 예측할 수 없는 모순되고, 조종하고, 격발하는 행동을 한다. 포기와 고립에 대한 두려움으로 분노, 변덕, 종종 자기손상을 주는 방식으로 광적으로 반응한다.)

현상학적 수준

   (F) 인지적으로 변덕스러운(예 : 특히 사랑, 격노, 죄의식에서 자기와 타인에 대해 대조적인 감정과 모순된 사고를 경험할 뿐 아니라 지나간 사건에 대한 빠른 변화, 동요, 반대되는 인지와 사고를 경험한다. 그나 그녀의 행동, 업적에 갈등하고 혼란스러워하는 다른 사람들의 사회적 피드백에 의해 동요와 모순적인 반응이 환기된다.)

   (S) 불확실한 자기상(예 : 미숙하고, 애매하고, 흔들리는 자기동일성을 경험하고 종종 공허감에 놓인다. 회한과 자기처벌의 행동 양상 표출로 경솔한 행동과 변하는 자기표상을 회복하려고 한다.)

   (S) 모순된 대상(예 : 갈등하는 기억, 불일치하는 태도, 모순적인 욕구, 반대되는 감정, 기이한 충동, 갈등 감소를 위해 격돌하는 전략을 야기하면서 내면화된 표상이 초보적이고 즉흥적으로 고안되었지만 왜곡된 학습으로 이루어져 있다.)

정신내적 수준

   (F) 퇴행기제(예 : 스트레스 상황에서 발달 전 단계의 불안, 인내, 충동 통제의 사회적 적응 수준으로 물러선다. 청소년기에도 어른의 요구나 갈등에 대처할 수 없이 점증하는 유아적인 행동은 아닐지라도 미성숙의 증거를 보인다.)

   (S) 분열된 조직(예 : 요소 사이에 보이는 일관성과 조화의 특징적인 결여로 내적 구조가 뚜렷이 분절되어 있고 갈등의 형태로 구성되어 있다. 의식 수준이 종종 변경되어 있고 흐릿하다. 제한된 현존하고 덧없는 스트레스와 관련된 정신적 삽화의 결과로 대비되는 인지, 기억, 정동의 이 모든 것이 제한된 정신적인 순서와 응집력으로 다르게 나타날 수 있는 일시적인 분열을 야기한다.)

생물물리학 수준

   (S) 불안정한 기분(예 : 외부적인 사실로 인한 불안정한 기분에 따라 행동함으로써 실패한다. 짧은 기간의 분노, 불안, 도취감으로 분산되어 있을 뿐 아니라 부적절하고 강렬한 분노의 삽화가 산재되어 정상에서 우울과 흥분으로 쉽게 바뀌거나 또는 낙담과 냉담의 기간을 연장시킨다.)

주 : F = 기능적 영역   S = 구조적 영역

하고 사려가 부족한 충동이 특징이다(Trvers & King, 2005). 이러한 과민하고 불안정하고 지속 불가능한 특성은 경계성 환자들의 특징으로 생각해 왔던 대조적인 순환적 기분 조절과 구분된다.

이율배반적 대인관계 행동

변덕/경계성 환자들은 관심과 애정을 요구하지만 대인관계는 모순적이고 조종하고 변덕스러운 방식으로 예상할 수 없는 행동을 한다. 이들의 이율배반적 행동은 자신이 절실하게 찾는 지지보다는 거절을 빈번히 이끌어낸다(Meyer et al., 2005). 그들은 포기와 고립에 대한 두려움에서 예측할 수 없는 광적인 반응을 하므로 갑자기 분노하고 폭발해 자신이 요하는 보호를 받기보다는 오히려 안전에 손상을 입는다.

불확실하고 불안전한 정체성으로 경계성 환자들은 기꺼이 준비가 되어 있지 않음에도 불구하고 다른 사람들에게 지나치게 의존하게 된다. 그들은 평형을 유지하기 위해서 보호와 확신받기를 요구할 뿐 아니라 여러 외적인 지지자원으로부터 벗어나는 데 특히 취약하다. 변덕/경계성 환자들은 내재된 자아감이 부족할 뿐 아니라 독립적인 자기결정 행동을 어떻게 하는지 아는 성숙한 자세가 부족하다. 스스로가 적절한 방어를 할 수 없기 때문에 고립되어 혼자되기를 끔찍해한다. 스스로 적당하게 피할 수 없어서 상실 가능성을 무서워할 뿐 아니라 사실상 일어날 가능성이 없는 경우에도 종종 상실이 발생한다고 예상한다.

변덕/경계성 환자들은 대부분의 성격 증후군보다 타인과의 관계에서 더욱 양가적이다. 게다가 의존 욕구를 충족시키지 못함으로써 심각한 분리불안을 겪는다. 그들의 관심은 단지 인정과 애정이 아니라 타인들에게 복종하여 더 이상의 손상을 막는 것이다. 일찍이 기반이 흔들리기 때문에 경계성 환자들의 행동은 자존감과 지지를 유지하고 축적하기보다는 지니고 있는 극소수의 안전을 보존하려고 한다.

처음에 경계성 환자들은 그들 특유의 대처방식을 사용해서 다시 일어난다는 기대로 열정을 높이려고 할 것이다. 어떤 사람들은 더 큰 목표를 가지고 자신의 삶을 기꺼이 헌신적으로 희생하며 자기를 내세우지 않는 '아주 좋은' 사람인 헌신적인 순교자가 된다. 이러한 변덕/경계성의 일상적 목표는 단지 지내는 것이 아닌 교묘히 자신에게 필요한 사람들의 삶에서 환심을 사서 자신을 버리지 않도록 하는 것이다. 이들은 희생하는 것처럼 보일 수 있지만 효과적으로 분리공포로부터 보호하기 위해 자기희생을 통해 다른 사람들을 조종한다. 게다가 자기희생으로 다른 사람들과 지속적으로 접촉할 뿐 아니라 다른 사람들을 위해 상냥하고 배려하는 마음을 내재적 모델로 사용한다. 희생자라기보다는 고결한 순교자가 되는 것이 경계성 환자들이 필요로 하는 애착욕구를 강화하기 위한 복종적인 헌신 책략이다.

변덕/경계성이 안전하고 보상적인 의존적 관계를 유지하는 데 결과적으로 실패하면 고독하고 외롭고 참을 수 없는 공허한 감정이 불안과 갈등 및 분노로 축적된다(Sieswerda, Arntz, & Wolfis, 2005). 안전밸브처럼 이러한 긴장은 느리게 혹은 주기적으로 종종 감정적인 폭발로 다른 사람들에게 방출한다. 경계성 환자들은 자신이 의존하는 여러 사람들에게서 호의를 얻고자 처음에는 내적 긴장을 간접적으로 미묘하게 표현한다. 우울이 가장 일반적인 은밀한 표현 중 하나이다. 따라서 경계성 환자들이 토로하는 괴로움, 절망, 체념은 긴장을 방출하고 스스로 느끼는 고뇌를 외재화한다. 그러나 어떤 우울한 기면 상태와 음울한 행동은 분노를 표현하는 일차적인 수단이다. 우울은 그들을 '실패하게 했고', '너무 많이 요구했던' 자들에 대한 보복으로 좌절의 방법이다. 다른 사람들의 '경솔함'으로 인한 분노로 이들 변덕/경계성 환자들은 그들에게 교훈을 주거나 되돌리는 수단으로 침울하고 우울한 슬픔을 사용한다. 게다가 자신의 처지를 과장하고 힘없이 대처함으로써 효과적으로 책임을 피하고, 추가로 다른 사람들에게 부담으로 돌리고, 이를 통해 가족이 그들에게 죄책감을 느끼고 보게 한다. 게다가 이러한 경계성 환자들의 풍한 기분과 지나친 불평은 긴장과 초초한 분위기에 영향을 주어 그들을 '실망시켰던' 사람들의 평형성을 전복시킨다. 마찬가지로 자살 위협, 도박, 다른 충동적인 자기손상 행동은 이전에 자신의 부주의와 생각 없음을 만회하고 다른 사람들을 위협하는 방법으로, 더 나아가 고통을 제공하고 징벌적인 협박의 도구 기능을 할 수 있다.

변덕스러운 인지 양식

개인과 관련되는 문제와 상반된 인식과 사고로 급격한 변화, 심한 동요를 경험하는 것이 경계성 환자들의 특징이다. 그들은 대조적인 정서를 경험할 뿐 아니라 자신과 그리고 다른 사람들에 대해서 양가감정을 갖는다. 예를 들어 한순간에 배우자를 사랑할 수 있고 다음 순간에는 격노할 수 있고 그런 다음 죄책감을 경험한다. 문제의 대부분은 자신의 우유부단하고 모순되는 인식이 다른 사람들과 피드백에서 비슷한 갈등과 혼란으로 보여주고 있다(Fertuck, Lenzenweger, Clarkin, Hoermann, & Stanley, 2006; Ruchsow et al., 2006). 이것은 애초의 행동을 몇 번이고 유발해서 지속적으로 악순환을 경험한다.

경계성의 주요 문제는 태도와 행동, 정서 형성과 유관한 목표와 방향이 부족하다는 것이다(Dinn et al., 2004; Judd, 2005; Stevens, Burkhardt, Hautzinger, Schwarz, & Unkel, 2004). 자신의 존재에 일관성을 부여하지 못하기 때문에 경계성 환자들은 충동을 통제하여 행동을 조절하거나 또는 욕구를 성취하기 위한 목표 지향적인 수단을 세우기 위한 고정된 이정표가 별로 없다. 분산되어 있고 통합되지 않은 감정으로 일시적 관심이나 한순간에서 다른 순간에 마음이 변하는 아이였을 때 반응처럼 그들은 동요된다. 격한 정서의 압박에서 중심을 확실하게 지킬 수 없으므로 정신병 같은 사고 과정으로 퇴보해서 간헐적으로 유사 편집적 관념과 고도의 해리 장애를 보인다.

불확실한 자기상

전형적으로 경계성 환자들은 기저에 있는 공허감과 더불어 미숙하고 모호하고 혼란된 흔들리는 정체감을 경험한다. 자기의 표상을 빠르게 전환하여 자신이 누구인지 안정감을 유지하는 데 상당한 어려움을 가지거나 또는 자기상의 관념을 가지는 데 상당한 어려움이 있다(Tolpin, Gunthert, Cohen, & O'Neill, 2004; Whewell, Lingam, & Chilton, 2004; Zeigler-Hill & Abraham, 2006). 목표가 없는 이들은 지속적으로 자아를 통합하기 위한 근거를 제공해 주는 방침이나 역할에 전념할 수 없으며 이끌어 갈 능력이나 에너지가 없다(Berlin & Rolls, 2004; Chabrol, Rousseau, & Callahan, 2006). 경솔한 행위와 변화하는 자기표상을 회복하기 위한 노력은 회한을 나타내고 자기처벌적인 행동을 보여준다. 유사하게 경계성 환자들은 상당히 모순되는 자기표상을 보인다. 이들은 내적 응집력이 부족하고 소위 말하는 분열적 책략을 사용한다. 스키마의 병리적 부분이 이들을 통제하는 터무니 없는 수단으로 다른 사람에게 투사하거나 분열할 수 있으며, 방어 책략은 다른 사람들에게 부분적으로 혼란을 야기하도록 고안된 자신의 내적 양가감정을 반영한다.

모순된 대상

변덕/경계성의 사고와 행동을 기본으로 한 내면화된 표상을 추론하면 이들의 성향과 이미지에서 임시로 가장 기본만으로 구성된 내적 대상을 포함한다. 불일치하는 태도, 모순적인 욕구, 기이한 충동으로 타인과 관계되는 초기 학습 경험이 갈등 해소에 상충되므로 반복적으로 중단되었을 가능성이 높다. 실제로 생각하고 이해하기 위한 형판의 중심부는 복합적인 상반되는 성향으로 구성된다(Kremers, Spinhoven, Van der Does, & Van Dyck, 2006).

경계성 환자들은 자기가치를 평가절하하기 때문에 과거에 그들과 잘 지낼 수 있었을 것이라고 생각해 온 사람을 믿는 것이 힘들다. 결과적으로 깊은 정신내적인 면에서는 다른 사람들이 그들을 불가피하게 비난하고 아마도 그들을 버릴 것이라고 지나치게 두려워한다. 자존감의 형판 중심부가 매우 불안하고 자율적 존재로서의 확신감이 부족해서 변덕/경계성 환자들은 끝없이 안절부절 못하고, 분리불안을 겪고 불가피한 유기에 익숙해져 있다. 이상화나 자기희생 그리고 관심을 끌기 위한 자기파괴적 행동을 하거나 아니면 반대로 자기주장과 충동적인 분노로 복귀하려는 노력은 공포를 일으켜 고정된 내면화된 대상을 흔들어 불가피하게 실패하게 될 것이다. 외현과 내현의 양쪽 정신과정이 분열의 결과로 경계성 환자들은 다른 사람들이 긍정적인 감정과 태도 그리고 부정적인 감정과 태도를 모두 지니고 있음을 깨닫지 못한다. 그 대신 경계성 환자들의 형판 중심부는 첨예하게 분리되고 분열되어 있다. 즉 극단으로 나누어져서 다른 사람들이 전적으로 선하거나 아니면 전적으로 악하다고 이해한다. 결과적으로 경계성 환자들은 다른 사람의 반응에 엉뚱한 변화를 일으키고 자신 내면의 분열 과정으로 이상화하거나 갑작스럽게 자신을 평가절하하는 것이 주기적으로 번갈아 있을 수 있다.

내면화된 이미지와 충동성은 의존성 요구와 관련하여 격렬한 갈등에 있으므로 자신에게 주어진 확산된 정체성과 분리불안의 상황이 변덕/경계성에 상당히 안 좋다. 그들은 자기주장적이고 독립적이 되려고 했던 과거의 시도에 죄책감을 느끼고 있을 뿐 아니라 이러한 자기결정과 자기정체성의 요구들이 다른 사람들을 향한 불신과 분노의 증가된 감정으로 귀결되고 비웃음과 고립을 자초한다. 게다가 그들은 다른 사람과 가깝게 되려고 노력해야 하지만 두 가지 대조되고 고통을 주는 결과가 심상에 떠오른다. 첫째는 그들이 그 사람에 의해서 함정에 빠질 것이라는 두려움에 그들이 가지고 있는 미미한 자율성과 정체감마저 잃게 될 것이라는 점이고, 두 번째는 그들이 어떠한 경고도 없이 경솔하게 버려질 것이라는 두려움이다.

퇴행기제

변덕/경계성 환자들의 조절기제 간에 가장 중요한 점은 스트레스 하에서는 불안을 견디고 충동을 통제하며 사회적으로 적응하는 초기의 발달 단계로 후퇴하는 성향이다. 경계성 성향을 보이는 청소년들 사이에서 점차적으로 유아기적인 행동은 아니라도 뚜렷한 미성숙한 성인기에서 요구되는 갈등 대처방식에 무능력함을 알 수 있다.

경계성 환자들이 표현하는 적대감은 안전에 대한 심각한 위협을 제기한다. 타인들에 대한 분노 경험을 왜곡하도록 놔두면 역적대감과 거부, 포기를 불러일으켜 두려워하고 위험에 빠지게 된다. 이는 분노감정의 폭발을 감소시키고 무기력한 희생양으로 방향을 돌릴 뿐 아니라 정신내적으로 역전하여 비난할 수 있다. 양심에 호소하고 속죄하기 위해서 과오를 자신에게 돌리고 자신의 장점을 증명하여 스스로 정화해야 한다. 이러한 조절 목표를 성취하기 위해서 적대적 충동은 역동적으로 역전되어야 한다. 이들은 타인에 대한 공격적인 충동이 자신에게 돌아갈 수 있다. 분노를 드러내기보다는 스스로 자책하고 훼손하고 죄책감과 무가치의 감정을 과장되게 반향한다. 이러한 변덕/경계성 환자들은 두드러지게 자기비난을 하게 된다. 자신을 왜소하게 하고 능력을 저하시키고 장점을 무시함으로써 공격적인 충동을 자극하는 수단으로 삼을 뿐 아니라 가치도 없고 적도 없다는 것을 다른 사람에게 확인시킨다. 이러한 경계성 환자들의 자기소멸은 자신의 적대감을 통제하고 다른 사람들의 적대감을 모면하기 위한 시도이다.

다른 경계성 환자들 사이에서 자기 표현방식으로 적대적 충동을 더욱 깊게 각인하는 경우는 이러한 감정을 더욱 강력하게 해결해야 한다. 이러한 환자들은 그들의 분노를 더욱 자주 그리고 파괴적으로 나타내려고 하기 때문에 그들은 견디기 더욱 힘든 작업을 해야 한다. 그들은 자기를 내세우지 않고 회개하는 대신 종종 스스로에게 악의적으로 자신이 경멸받아야 하고 증오되어야 할 사람이라고 주장한다. 이러한 위안을 하기 위한 자기비난은 종종 망상적 주장에 도달해서 과실을 설득하려는 모든 합리적인 노력을 거부할 수 있다. 이러한 경우에서는 스스로를 희생해서 종종 자기훼손과 신체적 파괴로 이끈다.

분열된 조직

구조적 개념상 '분열'은 특히 변덕/경계성의 정신 내 조직의 특징이다. 그들의 마음은 첨예하게 분절되어 있고 많은 갈등 형태로 구성되어 있다. 이러한 요소 간에는 체계적인 질서와 일치성이 현저하게 결핍되어 있다. 의식 수준이 종종 이리저리 이동한다. 마찬가지로 기억과 정서 그리고 지각을 대조하고 분리해야 하는 경계선에서 빠른 움직임이 일어난다(Hazlett et al., 2005; Mauchnik, Schmahl, & Bohus, 2005). 통제 및 응집력의 결핍으로 정신적 응집과 질서에서 심각한 분열을 발생시키고, 민감성 스트레스와 관련된 정신병적 삽화를 초래한다.

변덕/경계성 환자들은 정신내적으로 양가감정을 가질 수밖에 없다. 보호와 안전에 위험에 처해 있다고 주장하면서, 타인들을 거부하고 포기하도록 함에 따라서 사람들을 화나게 하고 관심받기를 간절히 원한다. 여전히 과거를 보면 완전히 사람들을 신뢰하지 못해서 그들이 필요로 하는 애정과 안심을 획득하지 못했다는 것을 안다. 분리에 대한 불안에서 유기됨을 막거나 피하기 위해 복종하므로 심한 의존은 상실에 대한 더 큰 위협에 노출된다. 게다가 그들은 의존하는 사람들에 대한 강렬한 분노를 경험하는데 이는 의존이 수치스럽거나 나약함을 드러내기 때문이기도 하고, 타인들의 힘에 의해 양보하고 묵인해야 하기 때문이다. 이러한 분개는 그 자체로 위협이 된다. 사람들이 포기를 방지하기 위해 달래기를 지속한다면 자신의 분노를 계속 억제해야 하므로 고통을 받을 것이다. 악의 없이 자기주장을 하는 것에 있어서도 이러한 분개가 표출되었다면 그들의 안전은 심각하게 위협받을 것이다. 그들은 끔찍이 구속되어 있다. 그들이 혼자서 해결할 수만 있다면 더 이상 다른 사람들의 의존에 너무 많이 기대하지 않고, 그들이 얻을 수 있는 사소한 안전을 잃는 것에 대한 두려움에 종속될 필요가 없지 않을까?

그들은 분노를 안정시키고 분개를 가라앉히기 위해 종종 자기비난적이고 자기처벌로 향한다. 스스로를 경멸하면서 다른 사람들에게서 예상하여 터득했던 동일한 엄격한 판단을 토로한다. 그들은 불안과 갈등을 보일 뿐 아니라 명백한 죄책, 후회, 자기왜소화를 보인다. 이는 가끔씩 그들을 압도하고 특징적인 자기손상과 자기파괴적 행동을 유도하는 감정이다.

불안정한 기분

변덕/경계성의 가장 두드러진 특징은 불안정한 행동과 정서의 강도이다. 대부분은 외적 현실과 불안정한 기분 정도를 일치시키는 데 실패한다. 그들은 정상 상태에서 우울과 흥분의 변화를 보이는 경향이 있다. 거부와 무감동의 시기가 있으며 부적절하고 강렬한 분노 삽화가 산재해 있고 다음으로 단기 불안이나 다행감이 번갈아 일어난다.

한 기분과 태도에서 다른 기분과 태도로의 빠른 전환은 경계성의 일상적인 행동에서 불가피한 양상은 아니지만 통제가 무너지면 기간이 연장되는 것이 특징이다. 대부분의 경계성 환자들은 간헐적으로 분개나 충동적 폭발성 또는 흥분된 불안을 견디다 못해 각인된 우울한 음색과 같은 사고방식과 기분이 지배적으로 나타난다(Irle, Lange, & Sachsse, 2005; schmahl & Bremmer, 2006). 자기파괴적인 자기손상 행동은 보통은 결과적으로 어리석고 비합리적이라고 인정하게 된다.

자기지속 과정

앞 장에서와 같이 이 장은 어떤 양상이 성격 특성의 문제를 지속시키고 강화하는지에 대해 기술한다.

변덕/경계성 환자들의 유용한 특징 행동을 아는 것은 어려우며 환자에게서 파악하기는 고사하고 환자의 흔들림에서 파생되는 상황들로 추론할 수 있다. 무기력감, 완강한 분개, 적대적 폭발, 동정적 우울, 자기처벌적인 죄책감에 대한 집착은 명백한 소모이고 자기파괴에서 나타낸다. 순수한 감정으로 뉘우침과 자기파괴를 통해 자신을 바침에 따라 지속적으로 타인들로부터 거절을 피하고, 복수하고 긴장을 풀고, 인정과 관심을 받지만 이는 궁극적으로 더 좋은 삶을 위한 경계성자들의 노력을 강렬하게 파괴시킨다.

단기의 성과에도 불구하고 이러한 행동들은 종국에는 자기패배적이 된다. 이들은 자기비난과 불안정한 정서로 인해 현실적인 대인관계를 직면하기를 피한다. 그들의 대처 책략은 양날의 칼이라서 순간의 불편과 긴장을 수용하지만 종국에는 잘못된 태도와 전략을 지속적으로 키워간다. 경계성이 자신의 어려움을 극복하기 위해서 보여주었던 여러 역기능적인 노력을 개괄하는 것이 도움이 될 것이다(표 7.2 참조).

■ 표 7.2 자기지속 과정 : 변덕/경계성 성격

분리 감소

자기를 다른 사람들의 삶 속으로 들어가게 한다.

자기를 공감적인 주의를 얻는 것으로 고려한다.

반복적으로 대처 전략들을 바꾼다.

긴장 이완

내적 공포와 고뇌를 외부화한다.

뚱한 것으로 분노와 보복을 표현한다.

침울하게 보여 다른 사람으로 하여금 죄책감을 느끼게 한다.

자기훼손을 통한 보상

분개가 포기 위험을 일으킨다.

자기를 속죄를 성취하도록 접근한다.

자기를 가치 없는 기분을 정당화하면서 징계한다.

분리 감소

변덕/경계성 환자들은 분리불안이 상당하기 때문에 의존 욕구를 충분하게 충족시키지 못한다. 그러므로 이들의 관심은 단순히 애정과 인정을 받기보다는 더 이상의 상실을 막는 데 있다. 이미 기반이 흔들리므로 지지와 존중감을 유지하고 축적하기보다는 지니고 있는 최소한의 안전을 유지하기 위한 행동을 한다.

경계성 환자들은 처음에 경계성의 특유한 전략을 평상시보다 훨씬 강력하게 사용할 것이다. 어떤 스타일이든 성격 패턴의 전형들은 타인들과 함께 자신의 발판을 되찾기 위한 희망에서 높아진 열정을 가하는 데 적용될 것이다. 자기파괴적이고 낙담해 있는 경계성 환자들은 스스로를 순교자로서 자기를 내세우지 않은 헌신적인 사람으로, 더 높고 더 나은 삶을 위해 목숨을 희생할 각오가 되어 있는 '정말 좋은' 사람으로 자신을 보기 시작한다. 그러나 이는 합리화하기 위해서가 아니다. 이들의 목표는 자신에게 유용할 뿐만 아니라 자신에게 필요한 사람에게 버림받지 않기 위해 애착으로 사람들에게 교묘하게 환심을 사기 위한 것이다. 자기희생을 할 수밖에 없는 이들의 숭고한 순교는 강렬한 애착으로 다른 사람들의 관용과 책임을 이용하는 수단이 된다.

그러나 경계성 환자들의 노력에도 불구하고 분리불안을 감소하는 데 실패한다면 어떻게 될까? 과장된 전략이 자신이 요구하는 애착을 형성하고 강화하는 데 실패한다면 무슨 일이 일어날까?

이러한 상황에서 우리는 종종 자신의 생애의 대처방식을 포기하는 환자의 단기간을 관찰한다. 예를 들어 낙담한 경계성 환자들은 더욱 특이한 행동으로 전환해 약하고 복종적이기보다는 자기주장적이고 요구하고 공격적이며 경박해진다. 그들은 새롭고 특이한 대처방식으로 분리불안을 정복하기 위한 대체방법을 사용한다. 견딜 수 없는 두려움에 직면하면 습관적인 적응방식을 거부하고 오랜 전략도 끊어버리고 결점이 되었던 대처방식을 스스로 제거하고 드라마틱한 새로운 극적인 방식으로 대체한다. 그들의 목표는 한결같이 불안을 부정하고 통제하는 것이지만 그들은 전에 사용한 것과 정반대로 성취하기 위한 새로운 전략을 찾는다. 한 전략에서 다른 전략으로의 변환은 이들 환자들에서 관찰되는 변덕/경계성 패턴으로 설명된다.

이러한 고상한 노력은 종종 기이할 뿐 아니라 좀 더 준비된 전략보다 결국에는 효과가 더 적다. 경계성 환자들은 본질적으로 자기와 맞지 않는 행동과 속성을 채택하려고 한다. 즉 자신의 행동과 감정을 일치시키는 데 익숙해지지 않아서 비현실적으로 행동하고 타인에게 소심하고 삼가는 행동방식을 보인다. 전략에서 이러한 역치의 결말은 그들의 목표 달성의 실패로 불안의 증가, 좌절, 낙담 또는 적대감을 이끈다. 스스로 현실감으로부터 소외된 자극을 받을 뿐 아니라 사람들에게 상처받기 쉬운 굴욕감이 노출되기 전에 가식을 표출한다.

긴장 완화

변덕/경계성은 안전하고 보상적인 의존 관계 형성에 간헐적인 실패와 언제나 따르는 분리공포로 내적인 불안과 갈등, 적개심을 축적해 쌓아놓는다. 안전밸브처럼 이러한 긴장은 천천히 그리고 부지불식간에 또는 격렬한 폭발로 풀어진다.

경계성 환자들은 의존하는 사람의 호의를 지속시키려고 하기 때문에 우선 자신이 경험하는 내적 갈등을 간접적으로 표현한다. 낙담과 울적함은 그러한 은밀한 우울의 가장 흔한 형태이다. 경계성 환자들의 탄원과 분노, 절망과 체념의 표현은 심한 공포와 고통을 외재화하여 표출해 내적인 불안을 해소시킨다.

그러나 더욱 중요한 것은 우울이 심한 무기력과 암울한 행동이 분노를 표현하는 수단이라는 것이다. 예를 들어 어떤 경계성의 경우 우울은 환자의 마음을 북돋아주는 사람을 좌절시키고 보복하는 방법으로 사용한다. 이전에 사려 깊게 배려를 받지 못해 화가 난 경계성 환자들은 암울한 우울을 타인에게 앙갚음으로 되돌려 줌으로써 그들에게 교훈을 주는 수단으로 사용한다. 그들은 무기력하게 지쳐 돌아다녀 곤경을 과장함으로써 효과적으로 책임을 피하고 추가된 짐을 타인들에게 지게 하고 이에 따라 가족들이 그들을 돌볼 뿐 아니라 그렇게 하는 동안에 죄책감을 견디고 느끼게 한다.

충동적(연극성) 경계성은 자신의 분노를 비슷한 방식으로 표출한다. 타인들이 그들의 사교적이고 붙임성 있는 행동방식에 익숙해져 있기 때문에 무뚝뚝하고 뚱한 기분과 굼뜨고 울적한 그들의 태도는 타인에게 좌절을 가중시킨다. 타인과 경계를 세워 울적하고 시무룩한 태도로 철회함으로써 더 이상 경계성의 극적이고 활기찬 행동의 기쁨을 경험하지 않는다. 따라서 반항적인 우울 형태의 경계성은 처벌과 방해로 복수를 하고 자신을 나쁘게 평가했던 사람을 패배시킨다.

다른 경계성 환자들은 긴장을 분출하고 분노 표현에 능숙하다. 잦은 피곤과 사소한 신체적 잔병은 타인들이 주의를 기울이고 친절할 뿐 아니라 또한 사람들에게 고통 받는 만큼 과도한 짐을 지게 한다. 게다가 이러한 경계성 환자들의 뚱한 기분과 과도한 불평은 긴장과 동요의 분위기를 전염시키고 이에 따라 그들을 실망시킨 사람들의 마음의 평정을 뒤엎어버린다. 똑같은 방식으로 이러한 경계성의 차갑고 완고한 침묵은 더 처벌적인 협박의 수단이 될 수 있으며, 이는 타인들을 위협하는 방식으로 더한 고통을 목전에 두거나 이전에 보여주었던 경솔함을 만회하기 위해 강요하는 방식이다.

이러한 간접적인 형태의 긴장과 적대감의 분출로 성취하는 이득에도 불구하고 결국 자기파괴적인 경향이 있다. 이러한 경계성의 우울하고 동요하고 완고한 행동은 사람들을 지치게 하고 분개와 분노를 촉발시키고, 이는 다시 환자가 느끼는 불안과 갈등 및 적대감을 강화하게 될 것이다.

부정적인 감정 분출의 더욱 세밀한 여러 수단이 자기파괴적인 것으로 밝혀짐에 따라 환자의 긴장과 우울이 인내의 한계치를 넘어서면 통제를 상실할 수 있다. 기이한 생각과 정신병적인 행동이 발작해 비합리적인 정서의 격류로 분출된다. 예를 들어 타인들이 무시한다고 소리 지르는 이러한 경계성 환자들은 자신의 가치를 과소평가하고 포기하려 한다. 관심이나 재확신받고자 하는 과도한 요구를 자살 시도로 위협하므로 사람들이 그들의 힘겨움을 덜어 준다. 유사한 환경에서 일상적으로 억제된 경계성 환자들은 사랑하는 사람에게 휩쓸려 깊은 그전의 숨겨진 고통과 분개를 개방하게 되면 신랄한 공격으로 폭발한다. 이러한 환자들은 타인들이 공격적이었다고 정당하게 힐난하고, 타인들이 그들을 유혹했고 자신을 부당하게 기만하고 사기를 치고 실패한 사람으로 간주했다고 힐난한다. 정신내적인 투사로 왜곡하는 과정을 활용하여 자신들이 느끼는 약함과 무능함을 타인의 탓으로 넘긴다. 다시 말해서 넘어지고 처벌받고 경멸받아야 할 사람은 타인들이다. 이러한 환자들은 의분으로 탈선함으로써 자신들의 약함과 불완전함을 타인에게 비난하고 책망하는 것이다.

자기훼손을 통한 보상

변덕/경계성의 적대감은 자신의 안전에 심각한 위협을 준다. 타인들에게 분개를 표출하는 것은 물론이고 자신을 위협하는 역적대감으로 거절과 포기를 불러일으키기 때문에 자신을 위험에 빠트린다. 분노감정과 발작은 줄어들어야 할 뿐 아니라 책망받아야 한다. 경계성 환자들은 양심에 호소하고 동정을 구하면서 과오에 접근하여 스스로를 정화하고 고결함을 증명한다. 이러한 목표를 성취하기 위해 적대적 충동이 전환된다. 따라서 타인들에 대한 공격적인 충동은 자신에게로 향한다. 그런 다음에 스스로를 징벌하고 훼손하는 분노를 표현하고 죄책감과 무가치감으로 과장된 감정을 견디어낸다.

　많은 경계성 환자들은 주목할 만하게 자신을 되비난한다. 즉 그들의 공격적인 촉구를 희석시키려고 할 뿐 아니라 가치도 없고 적대자도 아니라는 것을 타인에게 확증시키기 위해서 자신을 과소평가하고 능력을 떨어뜨리고 명예를 실추시킨다. 이러한 경계성 환자들이 자기를 내세우지 않음은 적대적인 폭발을 통제하고 타인으로부터의 공격을 사전에 막기 위한 시도이다. 심오하게 적대감이 지속되는 다른 경계성 환자들은 이러한 행동들을 더욱 강력하게 감소해야 한다. 게다가 분노를 더욱 자주 그리고 파괴적으로 나타내어 왔기 때문에 자신을 경멸적인 증오로 바라보면서 악순환으로 자신에게 방향을 돌린다. 처벌적인 자기비난은 망상적인 소인이 될 수 있다. 게다가 그들은 비난과 불명예를 벗어나려고 설득하는 합리적인 노력을 종종 거부한다. 어떤 사례에서는 스스로를 만회하려는 노력이 자해와 자기파괴로 이끌 수 있다.

개입 목표

변덕/경계성 환자들은 치료자에게 악명 높게 힘든 환자이다(Conklin & Westen, 2005). 모든 치료 범위에서 기이하고 빈도 높은 위협 행동은 많은 치료자들에게 역전이 반응을 일으켜 소진할 위험이 매우 높기 때문에 가능한 한 치료자들은 그들의 담당 건수의 수를 제한해야 했다. 그러면서도 경계성 환자들을 작업하는 것이 만족스러운 경험이 될 수 도 있다(Chiesa, 2005). 기껏해야 적응행동을 높이는 정도의, 반사회성이나 분열형과 같은 성격을 다루는 경우와는 달리 혼돈된 경계성의 치료는 성격 변화와 재조직이 훨씬 더 가깝다. 많은 변덕/경계성 환자들은 모순되는 성가신 충동을 억제하기 위한 내재적 동기와 함께 고도로 발전된 사회적 기술의 범위를 가지고 있다. 치료적 이점은 대인관계의 조화로 생산적으로 기능하는 기간이 오랫동안 이어질 수 있으며, 만족스럽지 않을지라도 실제적인 치료 목표를 알 수 있는 기회뿐 아니라 치료자와 또 다른 관계를 마련할 수 있다.

앞에서 주지했다시피 환자의 전조 양상을 측정하고 치료 과정을 추진하기 전에 그들의 일반적인 정의적 특성에도 불구하고 변덕/경계성은 주로 다른 성격 장애, 특히 부정성, 우울성, 연극성, 반사회성, 가학성, 회피성보다 더 고도의 변이들이라는 것도 마찬가지로 알아두어야 한다. 결과적으로 이는 다른 성격장애 범주보다 더 심한 동종으로 분류된다. 어떤 경계성 환자들은 매우 보상적이지만 대부분은 그렇지 않으며, 어떤 경계성 환자들은 지지적 가족에 의해서 강화되지만 다른 경계성 환자들은 파괴적인 환경 조건에 직면되어 있다. 일반 증상임에도 불구하고 임상장면에서 차별화된 효과적인 치료 개입이 제공되어야 한다.

변덕/경계성 성격의 구조를 재조직하는 것은 사소한 시도가 아니다. 임상 양상은 수동-능동, 타인-자기, 고통-쾌락, 사고-감정 극성의 4개의 모든 영역에서 불균형 상태를 나타낸다. 경계성의 대처기제는 비효율적이고 문제를 지속시킬 뿐 아니라 그들의 일관성 부족은 정체성 혼란으로 이끈다. 성격론에서 영역의 역기능은 성격 자체의 형태론의 구조를 포함하는데, 더욱이 경계성의 결점은 다른 영역의 혼란에 의해서 제시되는 어려움이다. 최적의 기능에서부터 경계성을 형성하기까지 순기능으로부터의 많은 이탈이 세 가지 고도의 성격 장애인 분열형과 편집성 성격뿐 이니라 경계성을 만

▣ **표 7.3** 변덕/경계성 성격 원형을 위한 치료 전략과 전술

전략적 목표

  극성 균형
    고통−쾌락 사이의 갈등 줄이기
    능동−수동 사이의 갈등 줄이기
    자기−타인 사이의 갈등 줄이기

  지속성 감소
    변덕스러운 정서 줄이기
    불일치한 태도 줄이기
    예측할 수 없는 행동 조절하기

  전술적 양상
    모순적인 대인관계 행동 안정화하기
    불안정한 자기상 재형성하기
    꾸준한 적응성 있는 기분

든다. 변덕/경계성의 특징은 성격 구조(편집성과는 다른)에서 융통성과 만족한 인간관계를(분열형과는 다른) 가지고, 이들 두 가지 심각한 변이보다 경계성에 유리하게 작용한다(표 7.3 참조).

극성 균형의 재설정

변덕/경계성 환자들은 자기와 타인에게 만족을 돌리고, 수동−능동적인 자세로 환경을 조절하며, 고통과 쾌락에 의하여 동기화하고 이들 사이에서 흔들린다. 대부분의 경계성 환자들은 극성에서 특정 방향으로 나아가는 근본적인 경향을 가지고 있지만, 그들은 종종 정 반대 방향의 전략을 선택하기도 하는데, 그것은 일반적인 행동 패턴이 원하는 결과를 가져오지 않는다는 것을 알 때 그러하다. 예를 들어 의존 성향이 있는 경계성 환자들은 상대방을 괴롭히기 위한 행동으로 갑자기 독자적으로 공격적이 되어서 상대방이 돌보도록 행동을 유도하게 된다. 그러나 의존과 공격의 극단 사이의 변동은 가까이 하는 사람들을 혼란스럽고 놀라게 하고 또는 악화시켜서 바라던 결과를 야기하지 못한다. 게다가 그러한 행동은 변덕/경계성의 입장에서 심지어 반복적으로 이전 행동으로 전환하거나 취소한다. 이것은 환자에게 다른 사람들로부터의 양육적인

보호의 실패로 고통스럽고, 자기 존재에 대한 분명한 이해가 없는 데서 오는 허무감과 혼란을 증가시킨다.

치료 개입은 극단적인 극성 행동 사이에서의 동요를 완화시키는 것이다. 그래서 그들이 능동-수동, 자기-타인, 고통-쾌락 극성 사이에서 더욱 적응적인 균형으로 안정화되게 하는 것이다. 중요한 첫 단계는 극단적 행동에서 오는 불가피하게 불리한 결과를 조심스럽게 보여주고 경계성 환자가 더 적당하고 적응적인 대처 전략을 파악하도록 돕는 것이다. 자기나 타인 의존 간의 갈등 또는 수동적이고 능동적인 의존 전략 간의 갈등에서 특정한 환경적인 맥락을 고려하는 것은 불필요한 기술임이 밝혀질 수 있다. 궁극적으로 극단 사이 동요의 감소는 변덕/경계성의 삶에서뿐 아니라 자신의 불확실한 자기상을 안정화하는 데 기여할 수 있어 현실에 대한 고통을 막는 더욱 단단한 토대를 제공한다.

지속 경향의 감소

변덕/경계성 환자들에게 행동 전략으로 깊이 각인된 지속적인, 문제에 몰두하는 경향성을 극복하도록 가르치는 것은 단지 첫 번째 단계에 지나지 않는다. 치료자는 경계성 환자들의 전형적인 행동이 바라던 결과를 얻지 못하면 그들이 택한 대부분의 부자연스러운 행동을 처절하게 극복해야 하는 추가적인 도전에 직면한다(Fonagy & Bateman, 2006). 무기력에 집착하고 완강한 분개 그리고 동정을 유발하는 우울이나 자기경멸의 죄책감 등의 습관적인 태도와 역할을 역전시키는 전술은 타인과의 관계형성에서 나약한 자기감을 심화시킴으로써 경계성 환자들이 소외감을 느끼게 한다. 대부분 사람들은 이러한 극적인 행동변화를 비현실적으로 느낄 수 있으며 경계성의 욕구에 응하거나 관심을 두지 않는다. 일시적인 역전은 환자에게 관심과 지지를 제공하지만 이러한 강제적인 전략의 장기적인 효과는 감퇴되고 사람들을 화나고 피곤하게 하기 쉽다. 경계성 환자들이 이러한 타인들의 불쾌한 느낌을 점차로 감지하게 되고, 이에 따라 무엇을 해야 하는지 더욱 갈등하므로 잠재적인 포기로 점점 불안해져간다.

환자 전략의 역생산적인 본성이 일단 파악되고 나면 주요한 치료 목표는 변덕/경계성이 한 극단에서 다른 극단의 행동으로 변경하도록 야기했던 불안을 참아내도록 돕는 것이다. 이러한 극단들은 불안을 방출하고자 하는 광적인 욕구를 대표한다. 오랫동안 충분히 지연한 감정 반응을 포함한 학습은 인식한 위협이 실제인지를 평가하고 더욱 건강한 반응을 선택하도록 하는 시간을 제공해 줄 것이다. 이것은 위축된 자존감과 대인관계의 혼란을 포함해서 적당한 대처에 실패한 부정적인 결과를 감소시키는 데 기여한다. 이에 따라 현실에 대한 고통스럽고 혼란스러움이 중단되고 극단적인 반응이 더욱 완화되고 더욱 건강한 정서 경험의 기회가 많아지게 된다.

역기능 영역의 확인

변덕/경계성 성격의 세 가지 두드러진 영역의 역기능은 모순된 대인관계 행동, 성격의 형태상 조직의 분열, 불확실한 자기상이다. 경계성 환자들의 모순된 대인관계 행동은 이 장애의 특징이며, 자신의 삶에 직접적인 근원이 되는 혼란과 불확실성으로 전형화한다. 아직도 성격의 형태상 조직에 있어서 분열된 구성은 통합되지 않은 정서 기능과 인지적 흑백논리가 여전히 주를 이루고 있기 때문에 경계성 환자들의 압도적인 동기는 관심과 애정 어린 돌봄과 배려를 확고히 하는 것이다. 예상하고 있는 분리가 위협받게 될 가능성이 있을 때 분노의 표시로 부조화와 모순된 행동이 나타난다. 그러한 적대적 행동은 종종 단기간에 희망했던 애정 어린 돌봄과 배려로 유지될 수 있지만 시간이 흐르면서 포기할 가능성이 상당히 크다.

그러한 변덕/경계성 성격의 변덕스러운 성향은 불확실한 자기상에 의해서 더욱 악화된다. 이러한 잠정적인 정체감은 어떤 행동이 적절한지에 대한 혼란을 발생시킨다. 행동 전략이 원하는 결실을 맺지 못할 때 자신이 강해진다. 즉 자신은 반드시 더욱 열심히 해 볼 것이다. 결과적으로 실패하면 거절을 미연에 방지하기 위해서 뉘우침과 자기처벌의 행동으로 자신을 구원하도록 만든다. 불행하게도 그들은 자기의 강점을 부정하고 불확실한 정체성을 강화하고 퇴보된 성격의 악순환을 강화한다.

환자의 확고한 정체성을 목표로 한 치료 개입은 포기의 위협에서 나타나는 불안을 감소하도록 간접적으로 유도하며 부적응 행동의 원천을 부식시키도록 한다. 안정되고 굳건한 자기상은 또한 변덕/경계성이 뿌리 깊은 추측과 오랫동안 지켜온 확실성의 위험 요소를 탐색하여 자신의 헛된 행동 패턴을 직면하고, 일시적인 불안 증가를 참도록 하는 동기화에 필요한 안전을 제공한다. 오랜 불안을 충분히 인내한 결과는 환자가 내적 갈등을 탐구하고 적절한 행동을 탐색하도록 성격의 형태론상의 구조 내에서 많은 분열들을 통합하기 시작한다. 불쾌반응에 대한 인내는 또한 불안 감소와 대처방식의 이전으로 전락하는 경향성을 감소시킬 수 있다.

일차적인 영역 역기능의 개선은 이차적인 역기능적 영역의 개입으로 강화될 수 있다. 경계성 환자들의 변덕스러운 양식의 변화에 관심을 두는 것은 불안 유발의 환경이 실제로 자신의 오지각과 오해석의 산물인가를 환자가 평가하도록 도울 것이다. 생활 사건들은 모순된 방식으로 지각되어 불일치한 반응을 초래한다. 결국은 상충되는 방식으로 대응하고 있는 환자와 관계하는 사람은 환자가 예상치 못한 불합리한 세계로 보이는 비참한 현실에 있는 환자를 떠난다. 세계는 흑백논리의 범주가 아니라고 깨닫는 것은 과잉반응의 경향을 극복하는 데 상당한 부분을 차지한다. 만일 사람들이 모두 좋거나 나쁜 것 중 하나로 볼 경우에 적합한 응대는 그들을 사랑하거나 증오하는 것이 될 것이다. 만일 자신의 선함을 무색케 하는 결함 있는 일을 한다면 그들은 자연스럽게 나빠질 것이고 그렇게 취급받을 필요가 있다. 극단적인 행동은 이와 같이 극단적인 사고가 전제가 된다. 경계성 환자들의 양립할 수 없는 대상 표상이 그러한 사고의 실례이다. 초기의 기억을 살펴보는 것은 다른 사람들과 상반되는 정서, 모순되는 욕구, 왜곡된 스키마에 대한 통찰을 이끌 수 있다. 내인성 전환을 나타내는 갑작스러운 충동 발작과 욕동 상태의 경련성 표현 행동은 전자의 개입에 의해서 안정화될 수 있다. 변덕/경계성의 변하기 쉬운 성질이 종종 약물치료로 어느 정도 안정화될 수 있지만 다른 영역의 치료 성과는 성격 구조의 안정성을 가져오도록 돕고 기분 변동이 줄어든 상태를 나타나게 될 것이다.

치료방식 선택

경계성 진단 개념과 정의가 시간이 지나면 달라짐에도 불구하고 어느 측면에서는 여전히 변동이 없으며, 치료자들은 경계성 환자들을 다루는 데 많은 어려움이 있다 (Spurling, 2005; Swartz, Pilkonis, Frank, Proietti, & Scott, 2005). 치료자의 부득이한 위기의 좌절에도 치료자와 환자의 굳건한 동맹의 중요성은 과대평가라 할 수 없다. 다른 성격 장애보다 더 변덕/경계성 환자들은 그들의 생애에 큰 대가를 치르는 기이한 대인관계를 가진다(Livesley, 2004; Oldham, 2006a, 2006b). 이러한 환자들의 강력한 긍정적이고 부정적인 반응과 치료자를 향한 그들의 급격히 변동하는 태도는 강력한 역전이반응을 일으킬 수 있다. 환자는 치료자와 이상화나 평가절하에 빠질 수 있고, 법적인 반발, 자살이나 자해, 다른 통제 불가능한 행동을 하려는 성향이 있다. 그리고 이 모든 것은 치료자에게 동정, 분노, 좌절, 두려움과 부적절감을 일깨운다(Bender, 2005; Gregory, 2004).

결과적으로 문제 중 하나의 과정으로 치료자는 자신을 어찌할 바 모르게 하는 사생활 침해와 같은 개인적인 경계의 혼미를 경험할 수 있다. 변덕/경계성 환자들은 치료자에게 점심을 함께 먹을 것을 요구하고, 치료자의 집에 방문하거나 조종하고 모욕적인 전략으로 치료자의 공간에 침입하는 것을 주저하지 않는다. 환자가 부적절한 친근함을 간청한 다음은 입장이 바뀌어 치료자가 더욱 우월한 지위에서 이점을 취하는 것을 비난할 수 있다.

치료의 초기 목표는 독립을 키워 성취하도록 돕는다는 점을 분명히 함으로써 가능한 어려움들이 피해야 한다. 이것은 치료자가 위기에서 도움을 거부하거나 지지해 주기를 거절해야 한다는 것을 의미하는 것이 아니라 오히려 도움은 강력한 힘을 키우는 목표로 지지해야 한다는 것이다. 특별한 계약이나 긴 전화통화는 치료 작업에 득이 되는 계약이나 치료 목표에 대한 간략한 조언으로 대체되어야 한다. 간단히 말하면 분명한 한계는 처음의 몇 회기 내에서 세워져야 한다. 그런 다음 치료자는 가능한 명확한 한계 내에서 책임감을 가지고 지지적이 되어야 한다. 책임감의 실패는 위선과 포기의 비난으로 이어질 것이다. 즉 주제넘은 의견을 같이하는 경계성 환자들이 치료자에게 추가검사를 이끌어낼 것이다. 어떤 잠재적인 내담자들은 처음부터 치료자가 더욱 보살핌과 배려받는 입장을 제공하기를 요구할 것이다.

환자가 치료자의 말을 수용한다면 서로 동맹을 형성하여 작업을 시작할 수 있다. 좋은 치료관계는 발전시키는 데 약간의 시간이 소요될 수 있다. 모든 개인이 위험한 것은 아니고 필연적으로 모든 자기폭로가 포기할 만하고 용납될 수 없게 평가받도록 이어지는 것이 아니라는 사실을 경계성 환자들이 깨달음으로써 대부분이 치료에 득이 될 수 있다. Beck과 Freeman(1990a, 1990b)은 치료자를 신뢰하는 데 환자의 어려움이 쉽사리 빨리 해결될 수 없다는 점을 주지했다. 신뢰의 어려움에 대한 분명한 이해, 분명하고 주장적이고 정직한 의사소통으로 각별한 관심을 가지는 치료자의 비언어적인 지시 모두가 도움이 될 수 있다. 신뢰할 수 있는 태도를 지닌 행동이 중요한 점은 과대평가되어서는 안 된다. 자신의 반응에 대한 정보가 내담자에게 흘러나가는 것은 치료자에게 적합하지 않을 수 있지만 치료자가 억누르는 데 실패한 어떤 강한 감정이라도 부분적으로 인정되어야 하고 환자가 치료자를 불신하는 근거를 틀림없이 찾아내야 한다.

만일 그들의 경계가 한계를 넘어선다면 대부분의 경계성 환자들이(타인에 대한 근본적인 불신으로 인하여) 친근감을 불편해하고 치료가 매우 불안해질 수 있다(Aviram, Hellerstein, Gerson, & Stanley, 2004). Beck과 Freeman(1990a, 1990b)은 치료자는 치료에서 그들을 더욱 편안하게 해 줄 수 있는 방법 관해 내담자의 피드백에서 강구해 내야 한다고 주장한다. 만일 경계성 환자들이 치료에서 논의된 주제에 어느 정도 통제한다고 느낀다면 그들은 치료 과정에 귀속된 친근감으로 상당한 안락을 경험할 것이다(Bland & Rossen, 2005).

환자가 치료에서부터 추출되지 않을 것이라는 점과 종결은 상호적인 결정으로 이루어져야 할 것이라는 점을 치료의 초기에서부터 분명히 하는 것은 더 좋아지기 위해서 매우 중요하다(Stone, 2004). 그렇지 않으면 치료자로부터 주위를 끌기 위해서 치료과정에서 퇴행하려고 하거나 저항하려고 하는 환자의 위협에 마주치게 될 것이다. Benjamin은 치명적인 공격이든 혹은 매혹적인 몸짓의 형태이든 내담자에 의해서 그러한 조작적인 사건에서 치료자의 적절한 반응은 여전이 비공격적으로 확고히 하는 것이라고 주장한다. 치료의 기간과 목표는 자신의 습관적인 감정적 동요에도 불구하고 분명하게 언급되어야 하고 지지적인 분위기로 환자에게 안전한 기반을 주어야 한다.

행동 기법

변증법적 행동치료(Arntz, 2005; Ben-Porath & Koons, 2005; Linehan, 1987, 1992)는 설득을 통해서 치료자의 세계관의 선상에 환자의 세계관을 이끌어 오는 환자와 치료자의 대화를 강조한다는 의미에서 개념적으로 여러 인지적 접근과 연관되어 있다. 이러한 목표를 위해 치료자의 자기노출은 타당하고 유용한 기법으로 간주된다(Ben-Porath, Peterson & Smee, 2004; Robins & Chapman, 2004; Sunseri, 2004). 치료의 궁극적인 목표는 환자가 태도와 행동에서 책임감 있는 자율성을 갖도록 하는 것이다. 이러한 목표는 자살과 자해행위를 금지하고, 치료적 동맹을 맺고, 기능(예 : 약물 남용)을 방해하는 증상을 다루고, 생활에서 어려움이 덜한 문제부터 역으로 해서 환자의 인지적 스키마(기대, 야망, 신념)에 만족하도록 계층적으로 설계된 단계로 이동함으로써 점차 도달될 수 있다. Linehan(1992)의 개인치료의 개요는 의존을 감소하고 정서와 부정적인 피드백에 대한 내성을 개선의 목표로 하는 기술 훈련, 시연, 대화분석과 같은 행동 개입을 수반한 부수적인 집단치료를 포함한다(Bohus et al., 2004).

　대안 행동의 명료화를 제안하는 Turkat(1990)은 경계성 사이의 '문제해결의 결함'을 강조하는 데 집중한다. 예를 들어 그는 잘 구조화된 범주를 개발함으로써 개념 형성, 처리 속도, 기술 훈련으로 체계적인 훈련을 추천한다.

대인관계 기법

Benjamin(1993)은 치료 변화에 따른 의미 있는 효과에 관한 접근에 실패로 소진한 치료자의 최근의 결과로서 환자의 긴 개인사에서 유래된 유기의 예상에서 파생한 경계성 관계 형성의 상호작용 패턴을 연구했다. 환자가 충분한 보살핌을 치료자가 제공할 수 없는 것을 알게 될 때 치료자가 원인이 되어 철회하는 자살 시늉과 같이 간절하고 극단적인 행동을 한다. 그리고 나서 경계성은 치료자가 부주의해서 종종 치료를 위험하고 극적인 방식으로 종결한다고 비난한다. 때때로 치료자들은 법률에 의해서 책임지거나 심지어 위협받는 상황에 처하기도 한다. 만일 환자가 치료에 복귀해야 한다고 결정한다면 치료자는 열정을 잃을 뿐 아니라 직업적인 무책임에 대한 법적인 구속이나 책무에 두려워할 수 있다. 지속적인 실패의 악순환은 설정되어 있다. 또 다른 가능성은 환자가 더 좋아지지만 개선이 되면 치료에서부터 쫓겨나는 결과를 초래할 것이라는 두려움이 있다. 그러므로 이들은 선제적으로 퇴행할 것이다.

　Benjamin(1993)에 의해서 개괄된 접근은 견고한 동맹의 발달을 강조한다. 다음 치료의 목적은 환자가 부적응 패턴을 깨닫는 것이다. 꿈의 분석, 자유 연상, 역할 시연, 토론은 모두 이러한 목표를 달성하도록 한다. 경계성 환자들이 현재의 증상 행동과 초기 개인사 간의 연관을 이해하도록 돕는 것은 안도감과 동기유발을 야기한다. 희생양(자주 가족에 의해 논박당하는)이 되었던 환자의 현실감을 입증하는 것은 또한 환자를 치료의 길로 들어서도록 도울 수 있다. 초기의 학대에서 요구되었던 자신의 역할이 명백한 잘못이라는 점이 밝혀질 필요가 있음에도 불구하고 경계성 환자들이 느끼는 어떠한 죄책감도 정상으로 인정될 필요가 있다. 일단 부적응 패턴이 확인되고 나면 치료자와 환자는 그것들을 쌓는 작업을 할 필요가 있다. 치료자는 경계성 환자들에게서 치료가 모두 잘 진행되고 있을 때 종종 급강하한다는 점을 파악할 수 있다. 계획은 행동의 결함을 변화시키고 감소하기 위해 수립된다. 자기파괴 행동의 근거는 내적인 공상의 검토를 통해 밝혀진다. 예를 들어 달래주는 부모와 학대자는 여전히 사랑받고 환자에게 좋을 것이라고 인식한다. Benjamin은 "그에게 이러한 자기파괴적 결과를 줄 만큼 당신이 여전히 당신의 형(또는 어떤 중요한 다른 사람)을 사랑하시나요?"와 같은 직접적인 질문을 통해서 오래된 애착의 해결책을 강화하는 것을 제안한다.

가족 개입은 환자의 개인치료를 지지하지만 변덕/경계성 환자들에게는 지나치게 관여되어 있는 부모나 다른 가족 구성원과의 빈번한 상호작용을 가질 때 종종 유용하다(Coyle, 2006; Hoffman et al., 2005). 이러한 사례에서 경계성 환자들은 가족에 충성치 못한 것에 대해 그리고 치료의 조기 종결에 대해 종종 죄책감을 느낀다. 의존적인 행동을 강화하지 않고 가족이 환자 문제로 환자를 돕는 데 참여하는 것은 치료 목적을 만족시키는 데 상당히 도움을 줄 수 있다. 학대와 근친상간이 문제였던 가족에서는 참여에 대한 강한 저항이 있을 수 있다. 부모와 개별적인 만남에서 가족의 개입은 환자의 독립을 증가시키는 데 초점을 두는 것이며, 부모나 또는 다른 가족 구성원들을 비난하는 것이 아니라는 점을 강조해야 한다(Anderson & Crump, 2004).

집단 접근은 양자 치료에서 제공되지 않는 이점을 지니고 있으므로 종종 개인적인 중재에 유용한 부가적인 도움을 준다. 부적응 패턴에 직면할 때 통제한다거나 나쁜 의도를 가지고 있다고 비난받을 수 있는 것이 개인치료자보다 또래 집단에서 덜 발생하는 것 같다. 이러한 풍부한 대인관계의 설정에서 기이하고 변덕스러운 그들의 패턴을 확인할 수 있으며, 여러 환자들이 풍부한 실연의 기회를 제공할 수 있다. 다른 한편 새로운 행동은 종종 집단에 의해 적극적으로 고무될 수 있고 일반적으로 지지적인 분위기에서 실행될 수 있다. 그러나 변덕/경계성은 집단에서 나타나는 감정을 내면화하는 것과 아울러 집단에서 발생되는 고통을 다루는 지지적인 개인치료가 필요할 수 있다. 집단에서의 행동과 정서적 불일치 때문에 경계성 환자들이 희생양이 되는 것은 흔하다. 또한 문제는 지도자의 애정을 받는 것으로 추정된 사람들의 성취에 관한 경쟁심과 질투심에 있다. Horowitz(1997)는 편애에 대한 환상을 일으킬 가능성을 줄이기 위해서 개인치료자는 집단치료자가 될 수 없다는 것을 주장한다. 또한 이질적인 참여자로 구성된 집단이 현명하고 대부분의 집단 구성원들은 경계성보다 더 높은 기능을 수행하는 구성원이 선호된다. 다른 한편 어떤 치료자들은 전적으로 경계성 환자들로 구성된 동질적인 집단이 성공적일 수 있음이 또한 밝혀졌다고 주장한다.

인지 기법

성격 장애에 대한 인지적 개입을 개관한 그들의 책에서 Beck과 Freeman(1990a, 1990b)은 경계성을 다루는 데 초기의 걸림돌 중 하나는 이들의 분명한 정체성의 결여로 매주마다 우선순위를 정하고 지속하기가 어렵다고 논평했다. Beck과 Freeman이 제시한 구체적인 행동 목표의 초점은 여러 가지 이유에서 초기 치료 개입이 유용하다. 신뢰가 형성되기 전에 개인적인 사고와 감정을 깊이 밝힐 필요가 없으며 성공적인 초기 치료는 치료를 지속하기 위한 동기를 제공할 수 있다. 치료가 더 광범위한 목표로 방향을 돌리는 데 있어 매우 도움이 될 수 있는 장기적인 문제와 마찬가지로 즉각적인 문제에서도 각 회기마다 시간을 따로 정하거나 이점에 관한 중점적인 논의에서 치료자는 환자의 관심과 목표가 매주 바뀐다는 것을 발견할 수 있다. 환자에게 지속적인 행동주의적 인지적 패턴을 설명함으로써 치료자는 발생하는 문제 사이에 근본적인 공통성을 지적하는 각별한 노력을 기울여야 한다.

변덕/경계성 환자들이 부과된 과제를 완성하도록 납득시키는 것은 종종 어렵다. 새로운 행동 시도에 장단점을 논의 시에는 치료자가 환자들을 통제하거나 조종하려고 하지 않는다고 느끼도록 하는 데 도움을 준다(Kellogg & Young, 2006; Kroger et al., 2006). 환자들이 과제를 하지 않겠다고 결정할 때 이들 생각에 집중하도록 요구함으로써 환자들이 방해나 걸림돌이 될 수 있는 과정을 확인하게 한다. 어떤 치료자들은 더 좋아지기를 원치 않는다고 생각하고 이는 환자들의 잘못된 의도에서 온 것을 알아낸다. 환자의 불이행에 대한 이해는 이러한 어려움들이 극복되기 전에 평가될 필요가 있다(Gresen-Bloo et al., & Brown, 2006).

경계성 환자에 대한 인지적 치료의 주된 치료 초점은 그들의 이분법적 사고를 줄이는 것이다(Brown, Newman, Charlesworth, Crits-Christoph & Beck, 2004; Wenzel, Chapman, Newman, Beck & Brown, 2006). 변덕/경계성 환자들은 더욱 현실적인 연속적 영역에서보다는 '선', '악', '믿을 수 있는', '믿을 수 없는'과 같은 고정된 범주에서 생각하는 경향이 있다. Beck과 Freeman(1990a, 1990b)은 그들의 흑백논리에 관한 환자들의 사례를 지적하고 그들의 경험이 현실 기반인지의 여부를 생각하도록 요구했다(D. M. Allen & Whitson, 2004; M. M. Lee & Overholser, 2004). 환자가 '믿을 만하고'와 '믿을 만하지 않고'의 두드러진 극성에 대하여 기술하도록 요구하는 것이 하나의 예가 될 수 있다. 환자가 이러한 극단적인 정의를 하고 나면 치료자와 내담자는 사람들이 지속적으로 믿을 만하거나 믿을 수 없는 행동을 실제로 지속적으로 보이는지 살펴보고, 환자들은 어떤 사람은 다른 사람들보다 더욱 신뢰할 만한데도 불구하고 결코 믿을 만하지 못하거나 항상 믿을 만한 사람들이 매우 드물다는 것을 깨닫는다(Salsman & Linehan, 2006). 환자 자신의 행동과 동기의 탐색은 소위 믿을 수 없는 행동의 모든 예가 나쁜 의도나 또는 다른 사람에 대한 관심 부족에서 동기화되는 것이 아니라는 것을 분명히 하는 데 도움을 줄 수 있다(Lynch, Chapman, Rosenthal, Kuo, & Linehan, 2006).

이분법적 사고의 감소는 기분의 강도 및 동요의 감소에 영향을 미치며, 문제 상황에 그런 극단적인 의미로 평가되지 않는다(Rosenthal, Cheavens, Lejuez, & Lynch, 2005). 비적응적 감정 증상 조절에 대한 추가 방법들이 터득된다(Guzman, 2005). 많은 경계성 환자들은 분노나 다른 불쾌한 감정을 표현하면 그들의 관계를 위험에 빠트리게 될 것이라고 믿는다. 감정 표현이 문제를 일으키는 신념을 강화하여 부정적인 결과를 초래하면 감정을 억압한다. 치료자는 환자가 부정적인 감정을 적절한 방식으로 표현하도록 치료 목표의 성취에 속도를 내도록 돕고 피드백과 결과를 제공하도록 환자를 격려한다.

협력관계를 구성하는 것은 이러한 정서적으로 불안정한 환자에게 가장 어렵다. 이러한 목표를 촉진하는 데 있어서의 주안점은 환자의 불신태도를 알아차리고 수용하는 치료자의 의지이다(Markowitz, Skodol, & Bleiberg, 2006). 치료자들은 암묵적이거나 명시적인 동의를 통해 일관성을 보여줄 뿐 아니라 그들의 생각을 정직하고 분명하게 소통해야 한다. 세상은 불일치하고 문제 있는 장소라고 믿음으로써 대부분의 변덕/

경계성 환자들은 그들이 불가피하게 다른 사람들에 의해서 버려질 것이라고 두려워한다. 경계성의 일관성 없는 행동과 이상한 감정에도 불구하고 오로지 연이어 조금씩 단계적으로 변화하기를 압박해야 한다. 치료 종결에 대한 두려움이 적대적 행동이나 비평으로 싸이게 될 수 있다. 그러나 이들 공포 환자는 포기 공포가 자해나 자살 시도와 같은 자기파괴적 행동의 순서로 일으키는 것을 인정하도록 해야 한다. 환자가 충동 통제를 학습하도록 돕는 과정에서 경계성이 치료자를 포함해 어느 누구의 통제 하에 있을 필요가 없도록 하는 것이 제일 중요하다. 일단 환자들이 자신의 충동을 통제하는 방법을 학습할 수 있고 이에 따라 삶을 개선할 수 있다면 그들은 인지적 개입에 덜 저항할 수 있을 것이다. 치료자와 환자는 충동적 성향에 대한 초기의 암시를 확인하는 작업을 할 필요가 있다. 자기지도 훈련을 통해서(Meichenbaum, 1977) 환자들이 새롭고 적응적인 태도와 감정을 적용하는 것을 돕도록 하기 위한 유용한 단계가 선택될 수 있다. 특히 자기파괴적 충동은 인지적으로 해결할 필요가 있다. 한번 충동적인 의도와 성향에 대해 이해하고 나면 나머지는 같은 목적을 이루기 위한 수단이 발전될 수 있다. 자해하고 자살하려는 충동이 강하다면 입원이 고려되어야 한다.

자기상 기법

공감적인 접근은 종종 치료의 초기 단계에서 가장 좋은 개입이다. 치료자의 공감, 확신, 대인관계의 역동에 대한 교육, 충고, 한계 설정, 환자의 자기노출과 비밀에 대한 안전보장은 이러한 초기 접근에서 환자-치료자 상호작용의 더 큰 체계를 이룬다.

모든 추후의 개입은 변덕/경계성 환자들의 정체감을 강화하고 강점과 성취에 주목하여 목표를 촉진할 것이다. 자아를 형성하는 것에 대한 논의 또한 도움이 될 수 있다. 경계성의 무기력감과 위험이 내재된 삶에 대한 기본적인 신념은 행동경험과 새로운 대처기술의 개발을 통해 해결할 수 있다(Bland, Williams, Scharer, & Manning, 2004). 어떤 생각은 환자 자신의 인생에서 반증을 통해 직면할 것이다. 대부분의 변덕/경계성 환자들은 자기노출은 필연적으로 거절을 유도한다고 강하게 믿는다. 치료관계는 이러한 가정이 보편적으로 타당하지 않다는 좋은 예시가 된다. 거부에 대한 두려움을 논의하여 환자가 거절의 일정 부분은 생의 한 정상적인 부분이라는 것과 거부나 개인적인 사소한 욕구가 내재적 흠의 증거가 될 수 없다는 것을 이해하도록 돕는 것은 환자가 고립을 덜 느끼게 한다.

로저스학파나 게슈탈트 과정에서처럼 환자에게 흐트러진 자기감에 대응하도록 하기 위한 노력이 시도되어야 함에도 불구하고 더욱 응집력 있는 자기상을 강화하는 절차는 처음으로 일어나는 다른 변형을 기다려야 할 수도 있다. 환자가 하나의 변덕스러운 상태에서 자유롭게 다른 변덕스러운 상태로 이동하면 분명한 자기상이 생기도록 하는 일종의 구조를 만들어내기 위해서 실행할 수 있는 것은 거의 없다.

정신내적 기법

정신분석(내적) 치료자들은 만일 그들이 '내면화된 학대적 애착 모습'과 '결별'할 수 있다면 경계성이 자기파괴적인 행동을 포기할 것이라고 믿는다. 반감의 내면화는 다른 누군가에 대한 애착의 대체로 사용할 수 있다. 치료자는 '감정적인 치어리더'가 되어서 건강한 삶의 선택과 행동을 격려한다. 그러나 치료자를 직접적으로 다른 사람으로서의 의미 있는 애착은 피해져야 한다(Gratz, Lacroce, & Gunderson, 2006; Vaslamatzis, Coccossis, Zervis, Panagiotopoulou, & Chatziandreou, 2004; Zeeck, Hartmann, & Orlinsky, 2006). 다른 한편 환자들이 치료자를 충분히 신뢰한다고 스스로 인정할 수 있다면 그들은 어린 학대받는 아이였을 때 치료자의 동정을 내면화해서 자기보호적이고 자기육성하는 성향을 구축한다(M. J. Horowitz, 2006; Sachsse, Vogel, & Leichsenring, 2006). 만일 뚜렷하게 학대자의 책망을 피하였다면 변덕/경계성 환자들은 처음부터 감정적으로 자신의 내면화 형상을 분리하여 학대자에게 불성실하게 도전할 수 있다(Silk, 2005). 그러나 경계성 환자들에게 이러한 방향으로 너무 빨리 종용하는 것은 치료에서 상당한 불안, 자기파멸적인 행동, 철회를 촉진할 수 있다(Leichsenring, 2005). 치료의 목표가 환자들이 결정하도록 하고, 위협받지 않는 한에서 필요하다면 학대하는 사람과 좋은 기간을 유지할 수 있다는 점을 치료자는 분명히 해야 한다(Chatziandreou, Tsani, Lamnidis, Synodinou, & Vaslamatzis, 2005).

정신 역동적 특성의 접근은 역전이 반응을 모니터하고 통제의 필요성을 강조한다(Giesen-Bloo et al., 2006; Levy et al., 2006). 변덕/경계성 환자들은 쉽게 치료 과정을 중단시킬 수 있는 치료자에 대한 강렬한 긍정적인 반응과 함께 부정적인 반응도

가지고 있는 경향이 있다. 치료자의 개인적인 한계가 얼마나 엄격해야 하는가, 위기를 어떻게 적당하게 다루어야 하는가, 얼마나 자주 얼마나 많은 직면이 효과적인가에 관한 많은 논쟁이 있다. 자유 연상과 최소한의 치료 행위와 같은 고전적 접근은 대부분의 경계성 환자에게는 좀처럼 참을 수 없다. 정신병적인 삽화에 대한 그들의 본성적인 성벽은 그러한 방법들에 의해서 유발될 수 있다. 정신 역동적 기법에 의한 치료의 일반적인 기간은 동등하게 효과적인 대안의 활용으로 볼 때 불필요하게 시간이 많이 걸리는 것 같다.

약리적 기법

정신약리학적 처방은 종종 그들의 다중 증상 장애의 선상에서 변덕/경계성 성격에 조제된다(Hollander, Swann, Coccaro, Jiang, & Smith, 2005; Markovitz, 2004). 예후의 상태로 우울은 흔하다. Soloff와 동료들(1986)에 의한 연구는 다르게 나타나는 우울은 항우울제 처방에 다른 분류로 청구하기를 주장한다. 동요하고 적대적인 환자들은 MAOIs의 처방으로 더욱 개선될 수 있다. 만일 좋아지지 않는다면 다른 환자들은 SSRIs, 트라이사이클릭 처치, 소량의 향정신병약의 투약이 가능하다(olanzapine, clozapine, risperidone). 뒤의 것은 우울과 적대감과 불안이 환상, 참조적 사고, 비현실, 이인화와 같은 정신병적 증상을 동반할 때 가장 유용한 것으로 나타난다(Nickel et al., 2006). 이러한 불안완화제(anxiolytics)를 복용할 때 어떤 경계성 환자들은 더욱 동요할 수 있지만 불안과 공포가 벤조디아제핀으로 통제될 수 있다(Cowdry & Gardner, 1988). 더욱 일반적으로 중복 약 처방은 가능하다면 피하는 것이 현명하다(Oldham et al., 2004). 이러한 환자들 사이에서 다양하고 가변적인 증상의 혼재는 임상가에게 종종 이를 반영하는 복합적인 약 처방을 유도하지만 그것은 이러한 환자들에게 불균형의 정서를 강화할 수 있다(Bogenschutz & Nurnberg, 2004; Nickel et al., 2005). 가능하다면 하나 또는 두 가지 주된 증상군이 우선적으로 고려되어야 한다. 대부분의 주의는 특이한 부적 효과를 조절하는 것에 방향이 맞추어져야 한다(Tritt et al., 2005).

어떤 약은 처방할 때 신중해야 한다. 예를 들어 자살하려는 환자에게 MAOIs가 좋은 점이 평가되어 과대투약 시는 치명적이라는 것을 고려하는 것은 특별히 중요하다.

치료자가 명심해야 할 또 다른 요소는 많은 변덕/경계성 환자들이 처방에 만족하지 않는다는 것이다. 다른 사람들은 종종 약 처방이 개선을 촉진해나가는 데 방해가 되는 것 같다고 하면서 더 나빠진 것 같은 느낌을 보고한다(Grootens & Verkes, 2005; Ruocco, 2005a, 2005b). 하나의 가능한 설명은 경계성 환자들이 진정으로 더 좋아진다면 그들이 치료자에 의해서 버림받을 것이라고 느낄 수 있다는 것이다. 어떤 사람들은 불안과 우울을 줄이는 또 다른 제안은 탈억제 행동을 유도하는 것이라고 주장한다.

상승효과 합의

변덕/경계성이 적응적인 성격 변화로 발달하도록 돕는 가장 중요한 첫 번째 단계는 관계 형성에서 내재된 악영향을 주는 환자의 스키마를 변경시키기 위해 견고한 작업동맹을 맺는 것이다. 지지적 개입은 이러한 첫 번째 목표를 성취하기 위한 유용한 방법이다(Apter-Danon & Candilis-Huisman, 2005). 불안-자극하는 자기탐색으로 깊이 파고들어 가는 것 없이 동기를 지지하여 환자가 행동 목표를 이해하도록 돕는 것은 치료 초기에 성공할 수 있다. 그런 다음에 고도의 불안과 우울은 정신약리학적 개입을 근거로 평가할 수 있다(Black, Blum, Pfohl, & Hale, 2004; Mckay, Gavigan, & Kulchycky, 2004). 정신약리학적 약물과 병행된 행동 개입은 경계성의 사회적 관계를 예상하는 데 도움이 된다. 이러한 시점에서 치료자는 집단 접근이 유용한 보조자임을 단정한다. 여기서 객관적인 피드백과 지지적 환경이 환자가 인지와 정서적으로 더 많이 탐구함으로써 공격받았다는 느낌으로부터 보호받도록 도울 수 있다. 환자가 주된 문제를 이해한다고 치료자가 느낀다면 가족치료는 치료 과정의 속도를 높이고 환자의 부적응적이고 기괴한 방식에 대한 통제를 굳건히 하는 데 도움을 줄 수 있다.

예시 사례

이론(Millon, 1969, 1981, 1990)과 연구(Millon, 1977, 1987a, 1987b)는 변덕/경계성 패턴이 모든 다른 성격 장애와 거의 변함없이 겹친다는 것을 보여준다. 분열성과 강박적 양상은 단지 주요한 예외이고, 자기애성과 회피성도 경계성 구조와 공변하는 것은 흔치 않다. 성격 장애 유형 중 다른 하나는 체계적으로 발전하거나 더욱 결여된 패턴으로 서서히 발전한다.

그러나 우리가 여러 성격에서 관찰한 것은 정서의 불안정성과 충동성의 단기 삽화들이 변덕/경계성의 좀 더 내재적이고 지속적인 특실처럼 보인다. 여기서 주요한 개념은 간결성이다. 즉 이들이 스스로 드러내는 공변하는 여러 증상은 하잘것없는 본성이다. 충동적인 분노, 정서의 불안정성, 자기파괴적인 행동은 여러 비경계성 성격의 통합적인 특성이 아니다. 이러한 행동들은 심각한 정신적인 쇠약으로 순간적으로 빠진다. 즉 공상화된 자존감이나 현재 상황의 중요한 근거의 상실이다. 그들은 여러 일시적인 삽화의 기간 동안에 더욱 유순한 평정을 되찾을 때까지 경계성을 보일 것이다. 다른 사람들은 더욱 명백히 드러난 고통스러운 정신적 타격을 수반하는 경계성의 증상에 압도된다. 그러나 이들 성격은 분열형과 편집성의 선상을 따른다면 전적으로 훨씬 더 보상적이기 쉽다. 그들은 사회적 불안과 고립, 자작적인 인지 간섭, 밋밋하고 위축된 정동 패턴을 여러 번 강화한다.

논의는 더욱 지속적이고 통합된 방식으로 주요 특징을 나눈 변덕/경계성의 여러 하위 유형으로 돌아간다. 우리는 회피성, 우울성, 의존성, 자기애성, 반사회성, 가학성, 부정성 성격의 구조적인 결함이 덜한 변이들을 여러 방식으로 결정하는 것처럼 변덕/경계성 증후군에서 같은 복잡한 결정요인을 발견할 것을 주장한다. 이들 간의 일차적

■ 표 7.4 변덕/경계성 성격 장애의 하위 유형

낙담한 : 유순하고, 순종적이고, 충성스럽고, 겸손함. 취약하게 느끼고 지속적으로 위험에 처한다. 희망이 없고, 우울하고, 무기력하고, 힘이 없다고 느낀다.(혼합된 경계성/회피성–우울성–의존성 하위 유형)

자기파괴적 : 내부로 향하면서 내적 처벌로 화를 내고, 순응하고, 공손하고, 비위를 맞추는 행동이 저하되었다. 점차적으로 긴장과 기분을 고조한다. 자살 가능(혼합된 경계성/우울성–부정성 하위 유형)

충동적 : 변덕스럽고, 피상적이고, 들떠 있고, 산란하고, 광적이고, 매혹적이다. 상실에 대한 두려움에 동요되어 있고, 우울하고 안절부절 못한다. 잠재적인 자살 가능성(혼합된 경계성/연극성–반사회적 하위 유형)

성마른 : 완고할 뿐 아니라 부정적이고 참을성이 없고, 안절부절 못하고, 도전적이고, 시무룩하고, 비관적이고, 분개한다. 쉽게 경시당하고 빨리 환멸을 느낀다.(혼합된 경계성/부정성 하위 유형)

인 차이는 강도, 빈도, 시기적절성, 잠재적으로 지속되는 병인요소이다. 경계성 수준의 사람들은 하고자 하는 일에서 적절한 적응 능력 없이 시작하거나 아니면 일련의 더욱 불운한 초기 경험에 시달려 있다. 더욱 문제되는 개인사로 그들은 첫째로 적당한 대처방식을 발전시키는 데 실패했거나 아니면 반복되는 구제되지 않는 곤란한 어려움의 중압을 받고 천천히 보상작용이 상실되었다. 대부분의 경계성 사례들이 더욱 적응적이거나 높은 수준의 기능을 통해서 연속적으로 진보한 다음에 구조적 결합 상태로 저하된다는 것이 우리의 관점이다. 일부 환자들에 있어서 어린 시절의 변이들은 주목할 만하지만 결코 어릴 때부터 경계성 패턴의 흔적이 나타나지는 않는다.

변덕/경계성의 전형적인 일상의 기분과 행동이 자신의 기본적인 성격 패턴을 반영한다. 다음의 사례들에서 우리는 그 장애의 여러 하위 유형을 구분 짓는 임상적 특질에 주목한다(표 7.4 참조).

사례 7.1 패티 C., 26세

변덕/경계성 성격 : 낙담한 유형(의존/회피성 특질을 가진 경계성)

현재 양상

물리학 대학원 학생인 패티는 자칭 사회적 능력의 부족으로 전문적인 도움을 구했다. "나는 항상 혼자였고, 이는 새삼스러운 것은 아니예요. 그러나 나는 갑자기 정말 외롭다는 것을 알게 되었어요. "나는 정말 외롭습니다". 그녀는 3년 정도 프로그램을 하면서 친구가 없었다. "대학에서도 마찬가지였어요. 파티에 갔지만 말하지 않고 그저 서 있었어요." 그녀는 실험실에서 고독한 활동을 즐겼지만, 사회적 연결이 부족하다는 것을 절실하게 깨달았다. 즉 그녀는 자신에게 사로잡혀 있었고 자신을 심하게 통제하기 시작했다. 그녀가 제시했듯이 "나는 아주 어린 사람들에게 어떻게 말해야 하는지 배우지 못해서 미칠 지경이에요. 나는 단서를 찾지 못하는 얼간이인 것 같아요." 그녀는 동료들에게 호감 가는 인상을 주려고 매우 노력했지만, 사람들이 그녀에 대해 어떠한 관심도 갖지 않음을 알 수 있었다. 한번은 더욱 의미 있는 말로 "그들은 나에게 관심을 두려고 하지 않아요."라고 말했다. 육체적 상태의 상당한 불편은 폐쇄적인 자세와 쉴 새 없이 팔을 문지르는 행동에서 드러났고, 상당한 공포를 가지고 그녀의 조교에게 "모든 사람이 나를 보고 있어요!"라고 접근했다. 그녀는 캠퍼스 근처의 작은 아파트에서 혼자 살아가는데 사회적으로 친교를 위한 간절한 관계가 거의 없이 자발적으로 단절된 상태에서 단지 은둔생활을 지속하며 변화에 대해 상당히 둔감한 것처럼 보일 뿐이었다.

임상 평가

패티와 같이 **낙담한 경계성** 환자들은 악화된 의존/회피성과 구조적으로 결합이 있는 경계성 성격으로 구성된 혼합된 임상양상 특질을 나타낸다. 밝혀졌듯 패티는 그녀가 의존했던 한두 명의 가족 구성원에게 수년 동안 애착해 왔고, 그들과 감정과 사고를 공유하며 충성하고 희생해 왔다. 그러나 패티의 조용한 협력과 맹종의 전략은 그다지 성공적이지 못했다. 결과적으로 그녀는 안전에 대한 반복적인 집착과 관심을 표출하였다. 즉 그녀의 내적인 자원의 병리적 결핍과 자기의심은 그녀가 알았던 사람에게 집착하고 그녀가 지녔던 나머지의 자율과 개성을 깊이 감추었다. 그녀는 운명을 극복할 힘이 없고 무기력하고 희망이 없다고 느끼며 우울해지고 쉽게 낙담하게 되었다. 모든 것이 짐이었다. 간단한 책임도 그녀가 모을 수 있는 것보다 더 많은 에너지를 요구했다. 삶은 공허하고 무거웠다. 그녀는 혼자서 살 수 없었고 무가치감을 느끼고 쓸모없고 멸시받는다고 설정하기 시작했다.

종종 패티는 습관적인 전략을 역전시켜 관심과 안전을 유도하기 위해서 적극적으로 살폈다. 단기간 동안 그녀는 지나치게 흥겹고 낙천적이었고 기저에 있는 낙담을 줄이려고 했다. 어떤 때는 복종적이고 묵종적인 과거가 자기가 아니라고 하고 격려와 보살핌이 얼마나 필요했는지 다른 사람들이 알지 못했던 것에 대해 거친 공격을 하는 분노의 분개로 폭발적인 격분을 나타냈다. 요사이 고립과 격리로 무서움이 압도적으로 그녀를 겁먹게 했고, 망각과 허무에 빠지는 것을 최소화하기 위해 누군가에게 편안함을 요구하고 잡아달라고 호소했다. 다시 말하면 궁극적으로 그녀는 근본적인 의존성에서 안전이 위태로웠기 때문에 대조되는 충동이 불안을 일으켰다. 적개심은 2배로 위험한 것이었다. 즉 그녀가 지지를 기대했던 사람들의 힘이 약한 까닭에 그녀가 의존하는 바로 그 사람이 공격하도록 유도할 뿐 아니라 그들이 격노하도록 자극해서 거부와 유기를 야기했다. 이러한 적대적 충동을 줄이기 위해 패티는 모든 상호작용을 깊게 삼가해갔다. 종종 죄책감과 자기비난이 지배적인 특징이 되었다. 공격적인 충동을 통제하기 위해 열정적으로 투쟁하면서 그녀는 감정을 내적으로 돌리려 했고 자신에게 심각한 처벌적인 판단과 행동을 부여하곤 했다.

패티의 치료는 일관성 있고 진정하고 공감적인 접근이 필요했고, 그녀의 기대와 실망을 부인하는 안전하고 지지적인 환경을 세웠다. 기분 전환에 대한 검토와 숙려뿐 아니라 치료 초기 단계에서 그녀가 인식하는 욕구에 역설적으로 지배–종속 패턴의 주저하는 반응의 검토 또한 효과적이었다. 패티가 감정적으로 안정되어감에 따라서 그녀의 신념의 불일치성이 모니터되고 변형될 수 있었다. 이러한 방식으로 대응되는 지속성은 무익한 자율성의 추구와 기이하고 불일치한 가정이 포함되었다(자기가치의 결핍으로부터 야기된 **자기–타인** 극성의 변동성). 또한 그녀의 조작적인 무기력과 고립의 변화는 이러한 작업 단계에서 적당한 것이었다(**고통** 회피의 성향과 함께 **능동–수동** 분열의 안정화). 이러한 조합된 접근들은 더욱 효과적이고 지속적인 패턴 변화를 위해서 효과적인 서막이 될 것이다.

영역 분석

패티는 치료의 작업 단계를 시작하기 전에 여러 측정을 완수했다. MCMI-III Grossman 다축척도 그리고 MG-PDC의 점수는 다음의 가장 특징적인 영역을 나타냈다.

불확실한 자기상 : 자기에 대한 이해가 깊게 혼란되어 있어서 패티는 이들 사이에서 다른 페르소나와 혼란을 경험했고, 필요성 면에서 최선의 조화를 바라고 한때는 할 수 있었지만 그동안 내내 진정성에 대한 이해를 상실했고 궁극적으로 공허감을 남겨 두었다.

대인관계에서 혐오/모순 : 대인 회피와 외부 두려움, 대조적으로 예측할 수 없는 행동 사이의 동요 때문에 패티는 사회적 상호관계에서 사적인 거절 또는 조작적이고 숨겨진 적대감(이 두 가지가 거리감과 소외를 만들었다)으로 스트레스를 야기했다.

축소되고/변덕스러운 인지 : 패티는 계속 변화하고 압도적인 인지 내용과 패턴을 경험했고, 이는 가끔 통합되지 않아서 우연히 변경된 반대되는 주제로 이루어졌다. 이로부터 나오는 정서 부담은 그녀가 유지했던 보유한 사고나 갈등하는 신념의 불협화음을 받아들이는 데 무능력으로 이어졌다.

치료 단계

능동적인 단기 기법은 성장을 극대화하고 지속된 의존을 극소화하고 고양된 경험을 제공해서 패티에게 환경 변화를 주는 데 득이 되었다. **정신약리학적** 처방이 치료의 중점적인 기법의 선구자로 도입되었는데, 이러한 것이 경계와 활력을 높일 것이고 환자에게 독립과 자신감을 지연시키게 했던 피로, 기면증, 낙담, 불안한 상태를 감소시키곤 했다. 치료자와 환자의 관계는 패티의 최근의 개인사를 특성화할 수 있었던 지배 종속의 패턴을 극복하도록 조심스럽게 자세를 잡았다. 비지시적이고 **인본주의적인** 접근이 치료 과정에서 그녀의 **불확실한 자기상**을 점차적으로 재구성하고 자기확신감과 자율성을 키워나가는 방향으로 치료 양상을 연속적인 접촉으로 시작했다. 패티에 적합하게 맞는 다른 양상은 점차적으로 실증적으로 적용해나갔다.

패티가 수동적으로 무능해지는 것과 공상에 집착하여 잠기는 것을 막기 위해서 단기이긴 하나 주요 접근이 점진적으로 세워졌다. 우원적인 치료 노력들은 자기를 내세우지 않는 여성의 의존적 태도와 행동에 대응해서 세워졌다. 일차적인 치료 과업은 그녀가 분명하고 효율적인 사고 관점에서 장애물을 멀리하도록 만들고 점점 더 지지적 환경에 의존함으로써 완전히 무기력한 상태로 미끄러지는 것을 막는 것이었다. 불안하고 비사교적인 그녀는 자신의 능력에서 진정한 결손을 관찰했을 뿐 아니라 그녀가 소유했던 장점과 재능이 무엇인지를 평가할 수 있었다. 자신이 **변덕**에 갇히고 지속적인 **위축**에 막혀 스스로 서는 것이 허무하다는 신념을 강화했고 이에 따라 부적절성을 점점 덜 극복하려는 성향이 있었다. **인지적 방법**(예 : Ellis, Beck)이 기이한 신념과 가정을 재구성하는 데 특히 도움이 되었다. 그녀의 전략은 증가된 무기력, 우울, 의존의 악순환을 촉진했다. 그녀는 자신을 기회 성장에 접근할 수 없게 함으로써 효과적으로 더 이상의 성숙을 차단했고, 다른 사람들에게 더욱 서럽고 더욱 의존적이 되었다. 앞에서 언급된 기법들은 여러 반대의 신념, 대조적인 감정, 빠르게 순환하는 생각을 대체하기 위해 지속인 적성활동과 주장적인 행동과 태도를 확실하게 했다. 이러한 더욱 중점적으로 효과적인 사고 패턴들이 증진됨에 따라 덜 **모순적인** 시회기술을 학습하고 **혐오적인** 반응을 경감하기 위해 **대인관계**와 행동수정 방법의 한 쌍의 소개가 가능했다.

효과적인 단기에 초점을 둔 치료는 지속적으로 진전이 빠를 것이라는 잘못된 인상을 만들 수 있었다. 초기에 견고한 발전 징후에도 불구하고 패티는 여전히 미래를 위해서 많은 자율성을 추구하는 노력에 저항했다. 그녀가 오래 지속해 온 습관을 삼가도록 설득하는 것은 극단적으로 느리고 곤란한 것이라는 점이 밝혀졌다. 그러나 여러 단계들이 지지하는 관점에서 수행해 나가도록 하는 것이 중요했다. 특히 문제되는 것은 그녀가 다른 사람들의 높은 기대를 만족시킬 수 없어서 그들에게 실망을 야기했다고 그녀가 느꼈다는 것이다. 그녀가 역량과 자존감의 이미지를 형성하도록 돕는 노력은 후의 다시 퇴보하지 않도록 하는 본질적인 단계였다. 그녀의 특성을 강화하고 다른 사람들에 대해 기대는 습관을 제거하는 프로그램은 가치 있는 노력이었다.

사례 7.2 드웨인 T., 33세

변덕/경계성 성격 : 충동적인 유형(연극성과 반사회성 특질을 가진 경계성)

현재 양상

드웨인은 여자 친구가 "너는 정말로 누군가와 이야기할 필요가 있어. 너는 아무것도 하지 않는 거잖아, 그리고 난 이렇게 살지 않을 거야!"라고 말했을 때 그의 삶에서 교차로에 와 있음을 발견했다. 그는 나이가 들어가고 있다는 것과 그리고 아마도 계획을 갖는 것과 같은 자신에게 더욱 논리적인 무엇인가를 할 시기가 되었다는 것을 인정했다. 그는 날마다 무엇이든 많은 일을 하고 있다고 느꼈고, 직업전선에서 다양하게 추구하지만 당황하고, 대학에 등록했다가 포기하고, 삶에서 가능한 모든 수단으로 많은 흥분을 유지하는 방법을 추구하면서 수년 동안 영원한 표류자였다. 그는 곤경에 대해 많이 지각하고 있었지만 미래 계획에 관련한 생각은 사려 깊지 않았다. 한순간에 그는 의과대학에 돌아갈 바람을 말했다가 다음 순간에 그가 그래도 보았던 것은 많았기 때문에 세계 도처를 계속 여행하는 것을 말하고 있었다. 드웨인은 삶의 결정에 관련된 것들에 특정한 중요성을 정하는 문제에 립 서비스를 했다. 여전히 여자 친구의 최후통첩보다도 도움을 요청하는 사람에 대해 더 많은 부담이 있었던 것처럼 보였다. 또한 주지할 만한 것은 그의 치료자와의 동요였는데, 그것은 그는 '상당한 멍청이'처럼 그의 계획에 관한 질문을 취소했다. 그는 스스로를 많은 인내를 소유하지 못한, 와락 흥분하는 사람으로 기술했다. 분명히 의사결정은 방어적이어서 드웨인은 가능한 한 빨리 문제를 봉합하고 이에 따라 어떠한 깊은 탐색도 원하지 않는 것처럼 보였다.

임상 평가

드웨인 같은 **충동적 경계성**은 연극성과 반사회성 성격에 병리가 덜한 특정한 부분으로 전형화된 구조상 결함 있는 변이가 있다. 각각이 변덕스럽고 회피적이고 피상적이고 유혹적이며, 드웨인의 특성은 **자기극성**의 선호를 드러내고 변이가 더욱 반사회성으로 기울어져 있었다. 그러나 경계성의 기능 수준상에는 이러한 전략은 덜 바람직하다. 결과적으로 더욱 극단적으로 사건에 대처하는 노력을 분명히 했음에도 다수는 단지 그의 어려움을 지속하고 심화할 뿐이었다. 예를 들어 드웨인은 끊임없는 지지와 격려를 확인하는 기술을 숙달하지 못했다. 즉 지나치게 무책임한 방식으로 인간 관계를 하기 때문에 오랜 기간을 안전한 기반의 일관성 있는 강화원이 부족했다. 그는 갈구했던 관심과 보상이 박탈당해 유혹적인 힘으로 무책임한 전략을 강화하려고 했다. 그는 극단적인 과민성, 변덕스러움, 산만함을 뚜렷이 나타냈다. 가끔씩 그는 과장된 허풍과 흥분으로 강렬하고 탐욕스러운 요구를 드러냈다. 그가 관심을 잃지 않을까 두려워서 종종 모든 예의적인 관념과 판단력을 잃어버린 광적인 환락, 불합리하고 피상적인 황홀감을 드러냈다. 드웨인의 더 강한 반사회적 개인사와 함께 연속적으로 쉼이 없고 우발적인 행동에 몰입해서 미리 계획한다거나 더욱 실증적인 대안을 고려하는 데 실패했고, 행동의 결과를 유념하는 데 부주의했다. 그의 유혹적이고 폭발적인 힘은 확신을 잃었고, 활력, 매력, 젊음이 끝나가는 것을 두려워하며 걱정하기 시작했고, 그의 가치와 매력에 대해서 의심하기 시작했다. 자기 자신의 환멸과 유기됨을 예상하면서 운명을 숙고하기 시작했다. 걱정은 더 깊은 걱정을 낳고 의심은 더 많은 의심을 낳기 때문에 그의 동요는 마침내 우울로 변했고, 자학과 공허와 유기의 감정을 증가시켰다. 이 감정은 드웨인이 다른 사람들의 간언을 무시하기보다 우선 치료를 추구하는 쪽으로 움직이게 할 수 있었다.

직접적인 드웨인의 치료에 관심은 대등한 동맹의 모델로 치료적 관계를 세우는 것으로, 특히 일반적으로 다른 사람들에 대한 부정적인 관점에 도전하는 것이었다. 전반적인 치료는 덜 방어적인 방식으로 사회적 패턴의 적응 과정을 시작으로 치료를 지속했다. 그는 더욱 직면하고 직접적인 수단을 사용하여 문제시되는 방어가 줄어들었다. 드웨인은 매 순간 관계를 지배하고자 하는 욕구가 있었고 다른 사람의 무시(**자기-타인 불일치**, 초기의 비방으로 추론하여 **자기**에 대한 불안정한 과도한 자기 주장)인 왜곡된 가정은 지속적으로 도전 가치를 구축할 수 있다. 게다가 그의 경솔함에 직면하는 것은 이점이 있었고, **환경(능동적-쾌락 경향성)** 속에서 현실을 즐기는 접근은 덜 충동적이고 더욱 안전 지향적인 대인관계의 대처 전략을 선호하는 것이었다.

영역 분석

드웨인은 자기보고 양식을 채워나가기 시작했다. 그러나 이내 싫증을 냈고 완성하기를 거부했다. 이 영역 분석을 위해 활용되었던 유일한 평가지는 MG – PDC로, 개입을 위한 두드러진 과녁을 이끄는 데 활용되었다.

자율적인/불확실한 자기상 : 드웨인은 종종 누구도 필요로 하지 않고 그 자신의 법에 의해서만 행동한다는 자기신념을 성취해 왔지만, 그것이 자기에 대한 동요하는 느낌과 관련된 더 깊은 욕구를 감싸는 얇은 막이었음에도 불구하고 종종 매우 공허하게 느껴졌다.

대인관계의 무책임 : 종종 드웨인은 조작적이고 매혹적이고 매력적이었지만 이것은 사회적 책무를 통해 수반해야 하는 중압감이 주어지곤 했다. 그는 성공적으로 대부분의 시간을 매력적으로 보냈지만 더욱 모순적인 경계성 영역에서처럼 사회적 스트레스에 의해 고통당할 때 쉽게 화내고 반응적이 되곤 했다.

변덕스러운 인지 : 드웨인은 주위의 세계에서 사건을 어떻게 인지하는가에 따라 즉시 방향을 잡는 사람이었다. 그는 다른 사람들이 야기할 수 있는 위험과 자율적으로 지내는 능력에 관해서 깊은 양가감정이 있어서 빨리 움직였지만 분노, 사랑, 격노, 죄의식 등으로 신중하지 않게 움직였다.

치료 단계

드웨인에 대한 성공적인 단기적 접근의 본질은 치료자가 기꺼이 환자의 관점에서 보고 신뢰감을 전달하고 동맹을 맺는 것이다. 합리적인 단기 목표를 성취하기 위해 이러한 라포 형성은 그의 허세와 거만에 대한 치료자의 조건부 항복 표식으로 해석될 수는 없다. 단기 치료는 드웨인이 남의 마음에 끌리고자 하는 특질을 줄이기 위한 인내와 함께 전문가적인 확고함과 권위의 균형이 필요했다. 공정하고 강한 권위적 인물상을 상정함으로써 치료자는 드웨인에게 자신이 기대했던 것과 다른 가능성을 탐색하도록 격려하는 방법을 성공적으로 사용했다. 치료자는 합리적이고 확신에 찬 언급을 통해 그에게 힘, 논리, 공정의 혼합을 배우도록 모델을 제공했다. 이것의 첫 번째 단계가 자율성의 분위기에서만 유지되었던 그의 **불확실한** 자기상에서의 현재 엷게 굳어진 병리적인 **균형을 깨는** 것에 목표를 두는 것은 특히 중요했다. 치료자는 조기 종결을 촉진하기 위해 드웨인이 자신의 안락지대에서 좀 더 거리를 두도록 압력을 넣지 않지만, 치료관계에서 안전한 환경을 만드는 것이 동시에 중요했고 그다음에 그의 의식에서 만연되어 있던 절대적인 자기신념에 대해 몇 가지 의문을 가지도록 했다. 이것은 그의 **변덕**을 완화하는 데 목표를 두었던 **인지적 방법**의 초기 추이였다. 그런 다음 비록 단기 치료지만 인지적 접근에 직면을 줄인 다음 드웨인에게 자신의 분노를 방출할 기회를 제공했다. 일단 적대적 감정이 수그러들고 나면 그는 습관적인 행동과 인지적 태도를 검토하도록 하고 그전보다 덜 파괴적인 인식으로 발산 수단을 이끌 수 있었다.

Benjamin과 Kiesler와 같은 **대인관계의 방법**은 더욱 사회적으로 **책임 있는** 행동을 탐색하는 수단을 제공했다. 드웨인을 위한 유용한 단기 목표는 그가 죄책감의 경험을 인내하고 그가 야기했을 수 있는 어려움에 대한 책임을 수용하도록 하는 것이었다. 이러한 방법들은 인지적 직면이 소규모의 방편으로 사용되었고, 다른 사람의 어리석음과 게으름 및 적대감 문제를 항상 추적하는 경향성을 약화시키도록 도왔다. 그가 어려운 책임감을 수용했을 시에 치료자가 이를 받아들이도록 자신을 속였을 것이라고 분개하는 드웨인의 성향을 다루기 위한 치료자의 준비가 중요했다. 마찬가지로 치료자는 도전받는 데 준비가 되어 있어야 했고, 또한 그를 앞지르려고 하는 환자의 노력을 피할 준비가 되어 있어야 했다. 드웨인은 일관성 있게 치료자의 기법을 시험하는 상황을 상정하고, 불일치를 찾아내고, 가능하면 치료자를 과소평가하고 경멸했다. 비난의 태도를 나타내고자 하는 충동을 억제하는 것은 치료자에게 있어서 주요한 과업이었지만, 특히 인지(예 : Beck, Ellis)와 대인관계를 결합한 개입에 적용할 시에는 긍정적인 성과에 사용되었다.

내재적이라기보다는 주로 상황적인 드웨인의 경솔한 치료는 또한 주목해야 한다. 그가 자원해서 치료를 구하지 않아서, 어느 정도 단지 혼자서 자신의 모든 문제를 해결해낼 것이라 확신했다. 그러한 믿음은 조심스럽게 직면되었다. 자기동기화가 된 치료였다면 아마도 일련의 법적인 구속, 가족의 문제, 사회적 경멸 또는 성취 실패에 자극을 받았을 것이다. 지배적이고 간혹 위협적인 사람이라면 불평을 성마름과 쉼 없는 형태로 쉽사리 표현했을 것이다. 그러나 드웨인은 하나의 피상적인 주제에서 다른 주제로 방황했고 권위적인 인물로서 솔직해지는 데 대해 일찍이 마음이 안 내켰다. 이러한 성향은 모니터되어 삼가하게 되었다. 그밖에 가족 구성원과의 접촉은 드웨인이 했던 것과 전혀 다르게 문제를 보고할 수 있었기 때문에 결실이 있을 수 있었다. 그가 진지하게 논의했던 것을 달성하기 위해 그의 고통스러운 문제에 직접적으로 직면했다. 치료는 그의 정신적 균형을 다시 잡는 것, 만일 그의 행동이 솔직히 반사회적이지 않았다면 인지적 방법으로 그전의 적당한 대처 행동을 강화시키는 단기 목표로 가장 잘 되었을 것이다. 일반적으로 이러한 환자에 대한 단기 접근은 통찰보다는 통제를 형성하도록 과거보다는 지금과 여기로 향하도록 지배적이고 위협적이기보다는 협력적인 관계를 유지하는 방식을 습득하도록 했다.

사례 7.3 샤리 W., 29세

변덕/경계성 성격 : 성마른 유형(부정성 특질을 가진 경계성)

현재 양상

샤리는 일련의 어려운 대인관계 사건에 관한 치료를 받고자 했었는데 마지막은 그녀의 남자 친구와 차 안에서의 논쟁 중에 차가 여전히 움직이고 있는데 즉흥적으로 차에서 그녀가 뛰어내려서 끝났던 이야기였다. "나는 그냥 어떻게 될지 보고 싶었어요."라고 했는데 이는 이 사건의 합리화를 위한 그녀의 간단한 변명이었고, 그녀는 그때는 적절하게 '무엇인가를 느끼기 위한 방식이었을 것'이라고 했다. 응급실에 실려 가는 동안 내과 인턴의 도움으로 다행스럽게 그녀의 신체적 상해는 깨끗하게 치료되었다. 이러한 사건이 일어나기 전에 샤리는 학교를 세 번 휴학했고, 이에 따라 '그녀의 행동에 보조를 맞추려는' 남자 친구는 화가 났고 그녀에게 압력을 주었다. 겉으로 드러난 차 논쟁 사건 이후에 그녀는 남자 친구와 헤어졌다. 그러나 샤리를 가시적으로 화나게 했던 것은 삶의 많은 부분에 정서적으로 두드러지게 부재했던 아버지가 그녀의 계모와 함께 병원에 갑자기 나다났던 것이다. "그들은 나를 12살에 기숙사 학교로 보냈어요.", "그들이 이제 와서 나를 보살피겠다고?"라고 불평했다. 그녀의 생애는 내내 그녀가 필요할 때 또는 그녀가 그들과 오로지 강한 유대감을 발전시키려 할 때 사람들은 샤리를 떠났다. 기숙사 학교 출신의 친구들 또한 이러한 경우였다. 그들은 필요할 때 의지할 수 없었다. 이것이 그녀의 안전을 위협했기 때문에 누군가를 믿거나 또는 누군가와 친근해지는 데 상당한 어려움이 있었다.

초기 인상

샤리와 같은 **성마른 경계성** 환자들은 종종 구조적인 결함이 적은 자와 가장 주목할 만한 부정성 성격과 구별하는 것이 힘들다. 대체적으로 샤리의 분명한 증상은 부정성 환자들보다 훨씬 더 높은 빈도로 발생되는 더욱 강렬하고 우울한 정신적 삽화였다. 그녀는 극단적으로 예측 불가능하고, 쉼이 없고 동요하고 참을성 없고 불평하는 행동이 가장 특징적이다. 의욕은 일시적이었고 쉽게 허망해했고, 모욕당했고, 흔들렸고, 타인들에게 질투하는 경향이 있었고 삶에서 인정받지 못하고 속았다고 느꼈다. 이러한 분노와 분개에도 불구하고 샤리는 분리를 두려워했고 애착과 사랑을 획득하려는 열망이 있었다. 간단히 말해서 Horney(1950)가 제시했듯이 그녀는 양가감정이 있었다. 그녀는 지속적으로 흔들렸고 우선은 매력 없는 행동 과정을 추구해 왔고, 그다음으로는 또 다른 행동 과정을 그리고 세 번째로는 다시 제자리로 돌아왔다. 독립하고자 하는 모든 희망이 고갈되었다고 다른 사람들에게 공표했지만 철회하는 것은 고립되는 것이었다.

샤리는 항상 타인들에게 의존함에 분개했고, 그녀가 방향을 돌려 사랑과 자존감을 간청했던 그러한 사람들을 저주했다. 다른 경계성 하위 유형과 대조적으로 그녀는 타인들로부터 받았던 지지에서 소수의 일관성조차 경험하지 못했다. 그녀는 결코 정상적인 기반 위에서 욕구를 만족시켜 보지 못했고 관계 속에서 결코 안전을 느끼지 못했다. 한편으로는 변명하는 굴종으로 다른 한편으로는 완고한 저항과 고집으로 기이하게 계속적으로 갈팡질팡했다. 그녀는 자신의 입장을 유지할 수 없고 다른 사람들과 편안한 지위를 찾을 수 없어 점차 통명스러워졌고, 고통스럽고 불만족스럽게 되었다. 장기간 그녀는 무가치하고 무기력의 감정을 표현했고, 심하게 자기비난적이고 자기파괴적이기까지 했다. 다른 시기에는 그녀의 습관적인 부정이 이성의 경계를 넘어서 통제를 상실했고, 현실을 왜곡시켜 격정으로 자신을 몰아갔고, 다른 사람에게 지나친 요구를 하게 했고, 다른 사람들을 악의 있게 공격했다. 이러한 거친 폭발 후에 그녀는 적대감을 내부로 돌려 후회하기 시작했고 용서를 간청했고 자신의 불쾌함을 보상하기 위한 행동을 약속했다.

샤리의 부적응적 전략과 극단적인 변덕스러운 내적 갈등에 도전하기 전에 치료자는 공감적인 자세로 치료적 관계를 의존할 만하고 안전하다고 간주할 수 있도록 그녀를 확신시킬 필요가 있었다. 기분의 보상작용 상실 징후에 대한 경계와 그리고 가능한 우울 또는 정신병리적 삽화를 적시의 효과적인 방식으로 반응하도록 준비하는 것은 시작에서부터 그리고 과정 내내 신중했다. 환경에서 사람들을 시험하려는 그녀의 욕구와 무가치함(갈등하는 **자기-타인의 경향성**) 때문에 그들이 실패할 것이라는 그녀의 기대는 성격상 구성에서 지속성의 핵심 특성이었다. 덜한 **능동적-고통** 지향적 태도와 전략으로 건강함을 보여주는 것은 가장 결실 있는 접근이 될 수 있었다. 그녀가 훨씬 더 큰 수준의 편안함을 획득해서 이러한 결합된 접근으로 제언될 수 있었던 다른 구성으로 장기 상호작용 패턴을 탐색하고 논의했다.

영역 분석

다음에 나오는 가장 문제되는 영역은 MG-PDC와 MCMI-III Grossman 다축척도에 의해서 측정되었다.

기질상의 불안정 : 샤리는 예측할 수 없는 행동과 일상적으로 부적절한 맥락에서 장·단기의 우울, 분노, 흥분, 도취감을 유도하는 외부 현실에 대한 예민한 반응으로 기분을 안정화하는 데 상당한 정도의 문제를 가지고 있었다.

대인관계의 모순 : 정당화든지 아니든지 다른 사람들의 악의에 대해 즉각적으로 인식함으로써 샤리는 다른 사람들과의 역할 사이에서 계속적으로 망설이면서 공손한 묵종에서부터 막연한 적대감에 이르기까지 교묘하게 변할 수 있었다. 대부분 이러한 부문은 도움이 되었지만 때때로 통제를 상실했고, 경계성의 계산적이지 못한 모순적인 대인관계 특성을 보여주었다.

불확실한/이탈된 자기상 : 대부분 사람에 의해서 오해되었고 평가받지 못했고, 대부분의 환경에 의해서 고통당하고 환멸을 느끼면서 샤리는 일반적으로 자신을 고의적으로 불운하게 된 것으로 회고했다. 그러나 때때로 그녀는 이 영역 속에서 외재화 기제의 통찰을 잃어버렸고, 혼란한 느낌에 빠졌고, 정체성을 상실했고, 생활에서 그녀의 역할이 갈팡질팡한 인식으로 공허감에 처해 있었다.

치료 단계

샤리의 현재 증상과 기본적 정신병리를 변경하는 진지한 노력은 단기 기법을 중심으로 시도했다. 단기 치료의 일차적인 목표는 자율성의 촉진, 신뢰 형성, 자기결정의 두려움 극복이었다. 초기에 저항의 기간이 있었지만 그리 놀랍지 않다. 이러한 단계별 접근의 시작 부분에서 치료자의 노력으로 샤리에게 책임감과 거부의 표시(**자기상**에서 **불만족**)였던 자기통제를 갖도록 격려하여 그녀의 감정에 대응하도록 하는 것이 중요했다. 신뢰, 온정, 공감적 분위기가 실망 거부, 심지어 분노를 예방하는 데 절대적으로 필요했다. 이러한 잠재적인 반응이 주어진 샤리의 특성화된 방식으로 예측되었고, 근본적인 변화의 탐색과 재발 방지에 요구되는 마음을 평정하는 데 적절하게 부합했다. 건전하고 안전한 치료적 동맹이 결성 되었을 때 그녀는 모순된 감정과 **자기** 관점에서의 **불확실성**을 인내하는 것을 배웠고, 도전에 실현을 수 용하는 데 좀 더 자유롭게 되었다. 그녀의 불안정한 감정에 어떻게 마주해서 어떻게 다루는가를 배우는 것은 Bcck과 Mcichcnbaum처럼 **인지적 방법을** 통해 더 건강한 태도를 강화하는 데 연관되어 있었다. 게다가 치료자는 어떻게 감정, 갈등, 불확실에 접근할 수 있으며, 합리적인 마음의 평정과 예측으로 해 소하는지를 드러내는 모델이 될 필요가 있었다. 개인적 작업에 보조적 탐색은 **가족치료 방식에서** 제시 되었다. 이러한 것들은 개인치료에서 발견되는 것보다 더욱 자연스러운 장면에서 새롭게 학습된 여러 태도와 전략을 탐색하는 데 유용했다. 정동의 불안정성과 자기비하가 나타날 때마다 샤리는 현실적인 대인관계의 어려움에 직면해서 해결하기를 회피했다. 그녀의 대처 책략은 스쳐가는 불편과 긴장을 완 화하지만 태도와 전략에서의 과오를 지속하는 양날의 칼이었다. 이러한 왜곡된 태도와 과오의 행동은 인지적 대인관계 치료 개입의 주요 과녁이었다.

샤리의 현실 집착이 붕괴되고 역할 능력이 쇠약해지는 경우에 대응하기 위해 단기 치료 전략을 위해 서 특별한 주의가 요구되었다. 그녀가 요구했던 관심과 지지가 철회되면 다른 사람들의 화를 돋우면서 그들을 근심스럽고 지치게 하는 그녀의 전략이 밝혀졌을 때 세심한 보호가 취해졌다. **약리학적인 약물** 이 우울, 흥분, 간헐적이고 변덕스러운 적대감 충동으로 나타나는 그녀의 성가신 기분을 달래기 위해 사용되었다. 특별한 관심이 주어져서 이러한 삽화 동안에 자살 위험을 예측하고 소멸시켰다. 초기 동안 의 주요 관심은 지속하는 보상작용 상실 과정의 예측이었다. 쇠약의 초기 징후 중에서도 낙담과 우울한 실의가 두드러졌다. 이러한 단계에서 **지지적** 치료가 요구되었고, 인지적 재적응 방법이 적극적으로 적 용되었다. 샤리가 도덕에 접근하게 하고, 그녀가 일상적인 활동 영역을 지속하고, 자기확신을 형성하도 록 격려하기 위해서 그리고 우울한 감정에 몰입되는 것을 막기 위한 노력이 이루어졌다. 그러나 그녀는 자신의 능력 이상으로 압력 받지 않았는데, 목표 성취의 실패가 그녀의 무능과 무가치에 대한 관점을 강화할 수 있었기 때문이었다. 잘못된 가정과 믿음을 교정하도록 방향 잡힌 적당하게 조절된 인지적 방 법은 특별히 도움이 되었다.

사례 7.4, 앨리슨 L., 34세

변덕/경계성 성격 : 자기파괴적 유형(피학성과 우울성 특질을 가진 경계성)

현재 양상

앨리슨은 친구들이 그녀의 팔 위에 있는 상처를 알아차리자 치료에 왔다. "한 번이 아니지요. 몇 번 그 랬고, 그래서 나는 많은 사람들이 알게 되어 여기 오는 것이 더 좋다고 생각했어요." 이번에도 손목을 그었지만 이번은 자살 시도를 나타내는 것은 아니라고 설명했다. 그녀의 자해 성향은 어린 시절로 거슬러 올라가 치료의 긴 개인사를 가지고 있다. 오래전에 그녀는 죽고자 했다. 앨리슨은 자신은 나쁜 사람이고 인간으로서 무가치함 때문에 사람들은 자신을 항상 떠났다고 굳게 확신했다. 앨리슨은 가장 최근에 3개월 정도 적절한 관계를 유지한 남자 친구가 떠났다고 기술했다. "내가 그 사람에게 너무 요구만 했었지요. 단지 난 필요하고 필요하고 또 필요했고 너무나 필요했지만, 그가 그랬고 다른 사람들이 그랬던 것처럼 나를 떠나서 나는 더 이상 즐거움이 없었어요." 떠난 사람과 자기비난의 이러한 패턴은 그녀의 아버지에게로 거슬러 올라간다. 앨리슨이 그녀와 어머니에 대한 아버지의 신체적 성적 학대의 긴 개인사에 대항해서 첫 번째로 저항한 후에 아버지는 갑작스럽게 떠나 버렸다. "나는 정말로 좋은 딸이 아니었어요." 이것이 그녀가 개념화한 것이었다. 그때부터 어머니는 결혼생활을 망친 그녀에게 화를 냈고, 그녀의 어머니는 항상 그녀가 홀로 된 상태로 남게 하기 위해서 새로운 남자 친구가 있는 그녀를 괴롭혔다고 느꼈다. 치료 내내 "죽는 게 더 좋다."는 주제가 만연되어 있었다. 치료의 착수에서 상담자가 자신을 해치지 말라고 요구했을 때 그녀는 '그가 모든 다른 사람들처럼' 그녀를 치료에서 거부할 것이라고 투사하면서 즉시 방어적으로 대답했다. 그러나 그녀는 상당히 고통스럽게 이러한 진술을 했고 작업을 시작했다.

초기 인상

자기파괴적인 경계성인 앨리슨은 다른 경계성 하위 유형처럼 행동의 다양한 과정을 통해 지속적으로 동요되었다. 다른 사람들에게 굴복하는 것은 독립의 기회를 상실하는 것이었지만 철회하는 것은 고립되는 것에 지나지 않았다. 미안해하는 순종, 완고한 저항, 반대 사이에서 갈팡질팡하면서 그녀의 우유부단함은 '자신을 구속하게' 했고 다른 사람들과 어떤 불편한 거리를 유지하게 했다. 그러나 다른 하위 유형과 달리 그녀는 더욱 내부로 향하게 되었고, 내적인 책망의 태도로 분노를 표출했다. 그녀는 우울성과 피학성 특질의 오랜 개인사를 가지고 있었다. 그리고 이러한 특성은 그녀의 결함 있는 정신적 구조에 침투해 있었다. 초기에 앨리슨의 겉모습은 사교성과 안락함으로 치장했지만 이것은 단지 진정한 자유에 대한 두려움과 다른 사람들의 기대에 복종하는 것에 대한 깊은 갈등을 숨겼다. 이러한 대립되는 성향을 통제하기 위해 그녀는 자기절제와 자기희생적인 성향을 유지하느라 애썼다.

원하는 정서적 지지와 승인을 얻는 데 대한 실패는 우울과 만성적인 불안을 이끌었다. 앨리슨은 매우 긴장하고 우울했고, 내적인 불안, 분노, 거부감과 상반되는 태도를 표현하려고 애썼다. 이러한 불편을 피하기 위해 그녀는 다른 사람들의 기분과 기대에 지나치게 민감하게 되었다. 그녀가 자신을 자기희생적이고 순종적이라고 하지만, 극단적인 타인 지향은 불안정한 생활방식의 증가로 귀결된 인정받기를 성취하는 데 기여하도록 활용되었다. 과거에 그녀는 다른 사람들이 전달했던 신호에 주의를 기울여 일반적으로 거부로 회피하였다. 이러한 몰두는 시간이 지나면서 성공적이 되지 못했을 뿐 아니라 사회적 의존과 개인적인 무기력감이 커졌다. 앨리슨은 내적인 결손에 대한 지각을 거부했는데 그렇지 않으면 그녀가 바랐던 분명한 인상과 내적인 메마름과 정서적인 빈곤 사이에 괴리감을 보여줄 것 같았기 때문이었다. 그녀 내면에 삶의 요소를 감추고 부정하려는 성향은 다른 사람들에게 의존을 강화했고, 의존은 전차적으로 불안을 유발하게 되었다. 이러한 양가감정의 지속으로 앨리슨은 신체적 불편을 겪었고, 넓은 범위의 신체적 증상으로 커지는 고통을 표현했다. 점점 더 화나고 변덕스러운 기분과 충동에서 그녀는 분노를 내부로 향하면서 초기의 예절과 책임감의 상태를 유지하려고 애썼다. 분노는 외적인 처벌이 아니라 내적인 처벌이 되었다. 모순된 감정의 갑작스러운 발산이 종종 나타났지만 대부분의 경우 유일하게 자기파괴적이고 자기훼손하는 행동과 태도의 패턴으로 증가했다. 자살의 가능성은 거의 항상 상존하는 것이었다.

앨리슨은 궁극적으로 실망과 실패할 것이라는 확신을 가지고 치료관계에 접근하는 것 같았고, 어떤 다른 중요한 연대가 있을 수 있다고 믿었기 때문에 태도에서 일치와 진정성은 치료자의 입장에서 가장 중요한 것이었다. 그녀는 과정 속에 투자하기보다는 잘 짜인 각본의 역할을 하는 성향이 있었기 때문에 치료자는 일상화되어 있었던 앨리슨의 복종적인 습관(극단적인 **수동적인** 타인 지향)에 마음을 쓸 필요가 있었다. 이러한 결연한 자세로 치료자는 그녀의 이미 낮은 **자아감**을 더 부식시켰던 지속성의 신념을 중점적으로 다룸으로써 시작할 수 있었다. 사회적 참여에 순종적으로 반응하는 것과 상당한 분개뿐 아니라 실망을 일으키는 그녀의 습관을 수정하기 위해서 더욱 현실적인 기대와 능동적으로 독립하는 기술을 제공하도록 했다. 이러한 변화는 증진된 **쾌락**에 대해 더욱 개방적인 성향을 촉진했다.

영역 분석

앨리슨의 이러한 양가감정은 마침내 자기보고식 평가지 위에 표현되었다. 따라서 MG-PDC는 이러한 영역분석을 위한 일차적 도구였다.

불확실한 자기상 : 앨리슨은 만연한 공허와 절망감으로 자기에 대한 느낌이 종종 퇴행적 과정을 경험하는 것처럼 나타난다고 지적했다(앞의 '퇴행기제' 참조). 그녀는 종종 자신을 수줍고 모호함으로 회상했으며, 전적으로 불안하고, 가장 죄책감 있는 순간에 자학을 했던 것으로 회상했다.

대인관계의 무방비/공경 : 앨리슨의 사회적 행동은 우울성/피학성 패턴과의 혼합으로 기술될 수 있었고, 본질적으로 자해라고 해도 좋을 정도까지 다른 사람들의 요구를 만족시키려는 의도를 가지고 있지만, 그렇게 해서 그녀의 대인관계 기술이 몇 년 동안 많은 고통스러운 거래의 과정으로 완전히 고갈되었다.

돌발성 표현 : 앨리슨은 표현에서 정력적이지 않고 좀처럼 폭발하지 않았지만 그녀의 충동적이고 금지된 행동은 자기처벌과 내부로 향한 적대감으로 자살 사고 표현과 자살을 동반으로 명료하게 되어 있고 정서적인 불균형을 높이고 강화했다.

치료 과정

치료의 첫 번째 목표에서 치료의 잠재적인 성과는 현실화하고 그녀를 지지하기보다는 동기화해야 한다는 점을 보여주었다. 앨리슨은 그녀가 거짓 기대로 보았던 것을 치료가 일깨울까 두려워했다. 즉 그녀가 다른 사람들에게 신뢰를 주었지만 돌아오는 것은 거절이었을 때 그것은 그녀가 경험한 굴욕을 다시 기억나게 할 수 있다. 치료자들이 이러한 두려움에 대해 비지시적으로 인식하고 있었고 앨리슨은 치료자와 거리를 두지 않고도 상당한 **자기확신**의 느낌과 함께 안락의 최적 수준을 발견할 수 있었다. 초기 과정은 그녀가 익숙해졌던 것보다 더 나은 수준의 적응을 유지하면서도 두려움을 더욱 효과적으로 다루도록 학습하는 것에 초점을 맞추었다. 기법의 중점은 또한 자기가치를 손상하고 다른 사람들을 불신하는 앨리슨의 성향에 두었다. 단기 **지지적** 방법은 지속적인 치료관계를 위해 그녀의 혐오를 감소하는 데 사용되었다. 환자가 무가치함에 대한 느낌에 직면하는 것을 두려워하는 것 같았고, 자신의 대처방어가 약하다고 느꼈으므로 온정적이고 공감적인 태도가 필요했다. 그녀의 칭찬할 만한 능력은 어떠한 실질적인 득이 있기 이전에도 그녀가 치료를 철회하지 않으려고 애쓰는 것이었다. 점차적으로 앨리슨이 도전받을 수 있도록 단기의 **인지행동** 방법들을 추가함으로써 치료자는 과거에 그들이 가졌던 굴욕과 비하, 보상작용 상실로 채택했던 자기경멸적인 행동을 일깨우지 않을 정도에서 변경될 수 있는 그녀의 사회적 주저, 불안한 품행, 비하하는 행동, 태도, 자학적인 행동 속에서 보이는 **불안정성**에 주의를 기울일 수 있었다. 그녀의 불안하고 비주장적인 행동(예 : Beck, Ellis)에 대한 민감성의 근거를 다시 설정하는 인지적 노력은 그녀의 혐오적인 성향뿐 아니라 재발과 퇴행에 대한 성향을 축소시키고 감소시켰다.

대인관계(예 : Benjamin) 치료 절차의 다음 단계는 그녀의 불안의 뿌리를 드러내는 것으로, 그녀의 사회적 행동의 여러 측면에 만연되어 있는 여러 가정과 기대에 직면하는 데 유용했다. 그녀의 최근 사회적 역할을 검토해 봄으로써 앨리슨은 소심한 공적인 페르소나를 인지하기 시작했고, 더욱 주장적인 사회화가 가능하다고 상상하기 시작했다(예 : **게슈탈트** 기법을 이러한 대인관계 양상으로 통합시킴으로써). 일차적인 개인 회기에 부가된 그 이상의 **집단치료**는 그녀가 일상적으로 만나는 것보다 더 경쟁력 있는 태도와 기술을 좀 더 쾌적하고 수용적인 사회적 장면 에서 학습하도록 도와주었다. 결과적으로 그녀는 사회적 거래에서 덜 **방어적**이 되었고 덜 **맹종**하게 되었다. 단기 개입의 또 다른 영역 가치는 앨리슨의 환경에 대한 조밀한 살핌에 있었다. 그렇게 함으로써 그녀가 피하고자 했던 악의에 찬 사회적 자극과 마주칠 가능성을 증가시켰다. 그녀의 민감한 안테나는 대부분의 사람들이 간과하는 것을 탐지해 변형시켰다. 다시 적당한 인지적 대인관계의 방법을 사용함으로써 그녀의 과민성이 역효과를 예방하였다. 다시 말하면 그녀가 피하고자 했던 바로 그 고통을 지속적으로 깨닫도록 하는 수단이 되었다. 앨리슨의 초점과 그녀의 부정적인 해석 습관을 자아증진과 낙관적인 특성으로 재설정하여 자기폄하하는 사고방식을 줄이고 긍정적인 경험을 강화하고 분노를 줄였다.

저항과 위험

경계성 환자들이 정서적으로 보살핌의 여건을 찾아 그들의 요구 수용과 애착이 강화되면 그들은 현실에서 수긍할 만한 안전한 상태를 유지하면서 상대적으로 편안하고 평안하게 살 수 있다. 그러나 변덕/경계성에 필요한 관심과 지지가 철회되고, 용서 결핍과 분노로 몰아대는 전략이 다른 사람들을 진저리나게 하고 격앙시키는 것이 증명된다면 현실에 대한 그들의 빈약한 입장은 붕괴되고 그들의 기능하는 능력은 시들게 된다.

많은 치료자들은 종종 현실과 갑자기 관계의 단절을 표시하는 침울한 우울과 폭발적인 적대감이 더욱 지속적인 적응의 어려운 과정을 유도할 수 있음을 걱정한다. 쇠약이 더해가는 초기 징후 중에 낙담과 지속적인 거절이 두드러진 기간이 있다. 이 단계에서 지지적 치료와 인지적 재설정이 특별히 유용하다. 노력은 그들이 일상적인 영역에서 활동을 지속하도록 격려하고, 자신감을 형성하고, 우울감에 빠지는 것을 막는 것이다. 물론 이것이 그들의 능력 이상을 압력으로 독촉하거나 또는 호통 치듯이 말해서는 안 되는데, 왜냐하면 이러한 목표를 달성하려는 그들의 실패가 오로지 자신의 무능과 무가치의 신념이 커지는 것을 강화시켜 주기 때문이다. 우울이 주 증상이 된다면 환자의 축 늘어진 정신을 고양시키는 수단으로 적당한 항우울제 약물을 조제하라고 충고할 수 있다. 자살 위협이 된다거나 또는 환자가 적대적 발작으로 통제나 참여를 상실한다면 미래의 더욱 심각한 시설 개입을 사전에 경감시키기 위한 기대로 짧은 시설 수용을 고려하도록 충고할 수 있다.

어떤 치료자들은 변덕/경계성 환자의 정신병적인 경험으로 환자의 성향과 현실에 대한 실질적인 단절에 과잉행동할 수 있다. 내담자에 대한 편향적 치료작업을 피하기 위해서 치료자는 단기 입원이 자신이 '미쳤다'는 표식으로 그리고 외래환자의 치료작업이 무익하다는 표식으로 오해되지 않도록 해야 한다. 치료자가 그들의 노력이 무익하고 환자의 행동에 의해서 위협받는다고 느낀다면 문제되는 다양한 반응에 역전이가 포함할 수 있다. 그러한 감정을 경험하고 있다는 것을 알아차리는 치료자들은 환자와의 상호작용에서 자신의 관심과 어긋나는 환자에게 편향이 있지 않다는 것을 확신하기 위해 살펴볼 필요가 있다. 만일 이것이 특별한 내담자의 치료 패턴이라면 치료자가 동료들과 상의를 하는 것이 가장 좋을 것이다.

　다른 한편 어떤 환자들은 입원 기간에 책임감 부족으로 지나치게 의존적이 된다. 그러한 경계성 환자들을 작업하는 치료자들은 환자의 입원이 치료가 아니라 단지 환자를 가라앉혀서 삶을 유지하도록 하려는 것이라는 점을 제시함으로써 이러한 의존을 깨울 수 있다. 치료자가 입원 동안 치료를 하지 않음으로써 자신에게 입원을 일시적인 문제해결로 간주하고 이에 따라 더 기능적인 생활로 돌아오고자 하는 의지를 강화하도록 도울 수 있다.

제 8 장

의심/편집성 성격 패턴의 개인화 치료

의심/편집성 성격은 서로 공통분모를 가지고 있는 회피성, 가학성, 강박성, 자기애성 원형보다 적절성이나 강도, 위상에서 더욱 구조적인 결함과 역기능적인 변이를 지니고 있다. 의심/편집성 성격 패턴의 현저한 특징을 가진 사람들 중에서 경도 또는 중등도는 타인들에게 혐오를 가지고 부당하게 불신하며, 기만당함과 악의감에 대한 과민성으로 감정 상태가 억제되어 있다(Ravindran, Yatham, & Munro, 1999). 이들은 근본적으로 외적인 영향력이 공포스럽고 자기결정권이 제거될까 두려워서 친밀한 관계 형성에 저항한다(J. J. Johnson, Smailes, Cohen, Brown, & Bernstein, 2000; Rasmussen, 2005). 편집성 성격은 자만심과 적이 없으며 자부심이 강함에도 불구하고 사람들의 행운에 대해 극단적으로 질투하고 시기한다. 이러한 분개감을 정당화하기 위해 끊임없이 기만하는 신호를 탐색하고, 적극적으로 사람들의 진실성을 검증하는 상황을 구축한다(R. G. Harper, 2004). 자신의 불가결하게 도발적이고 거슬리는 행동은 타인들에게 바로 그 악의의 표시로 투사한다. 심지어 가장 미미하고 사소한 단서를 확대해서 자신들의 편견을 정당화한다(Rawlings & Freeman, 1997). 편집성 환자들이 자신의 역할에 대해서 어떠한 책임감과 비난도 수용하려고 하지 않기 때문에 자신의 인식과 반대되는 상황은 무시한다(Bernstein, Useda, & Siever, 1995; Williams, Haigh, & Fowler, 2005). 개인적으로 논리적이지만 이러한 왜곡된 상황은 종종 비합리적으로 과대망상으로 발전한다.

지속적으로 경계하고 전시체제 상태에 있는 편집성 환자들은 초조하게 긴장하고 있으며, 과민한 반응을 하고 경계적인 방어 자세를 가진다(Blackburn & Coid, 1999; Sinha & Watson, 2006). 복종과 가학적 대우를 예상하고 자신을 보호하기 위해 대인 관계에 거리를 두고 타인들의 부드럽고 정감 있는 감정에 둔감해지려고 노력하므로 (Camisa et al., 2005), 타인의 고통에 무감각하게 되고 마찬가지로 자신의 감정과 내적 갈등에도 소원해진다(McHoskey, 2001).

역기능으로 경직되어 있지만 냉담한 사회적 철회 자세와 타인들에게 자신의 악의와 단점을 투사함으로써 정신내적 고통으로부터 벗어나고 미화된 자기상을 지닌다 (Birkeland, 2003). 실제적인 상황에서 능력에 도전을 받거나 자율성에 대한 위협이 상상되면 이들의 희박한 자기결정감과 우월성은 심하게 흔들릴 수 있다(Waska, 2002). 초기에는 이전의 자율성과 자존감을 재건하기 위해 원기왕성하게 싸우는 동안에 박해적인 공상을 강화하기 위해서 새로운 '증거들'을 구성한다(Palermo & Scott, 1997).

자기주장을 하는 동안에 타인들에게 상당한 적대감이 분출될 수 있다(Coolidge, DenBoer, & Segal, 2004). 편집성의 두드러진 자기애적인 양상인 전능감과 우월성 착각으로 인한 위기는 자기 고양과 거만하고 다양한 경조성 장애를 이끌 수 있다 (Noonan, 1999). 이들은 과장된 즐거움으로 흥분하고 들떠 이전의 만족 상태를 회상함으로써 자신의 잃어버린 고귀한 상태를 광적으로 회복시키려 한다. 어떤 경우는 이전에 자기결정과 신뢰의 인식이 쉽게 재건되지 않을 수 있다. 이따금씩 이들의 능력은 결손되고 어리석은 것처럼 보였고(Tizon Garcia, 2003), 과거의 거만과 자기확신감은 패배와 굴욕으로 좌초되고 깊은 무기력과 주요 우울증이 남겨져 있을 수 있다 (Fuchs, 1999).

구조적인 결함을 정당화하는 의심/편집성 양상은 대처 기술이 경직되고 협소하다. 완고하고 유연하지 못한 구조는 응집성이 결여된 불안정한 경계성 성격과 현저하게 대조를 이룬다. 경계성 환자들이 통제로 인한 해리와 유동적인 책임감에 종속되어 있는 반면에 편집성 환자들은 단단한 외관이 산산조각났던 경험에 영향을 받아 강직한 억제를 보인다.

완전히 무의미하고 관련 없는 상황은 종종 자신의 준거로 변형되고(Porcerelli, Cogan, & Hibbard, 2004), 외적인 현실세계에 내적인 의미의 세계를 부과하기 시작한다. Cameron(1963)이 일찍이 제시했던 것처럼 이들은 왜곡된 과정으로 구성되어 있는 '가상의 공동체'를 만든다. 상황과 사건은 그들에게 객관적인 귀인을 상실하게 하고 주관적인 기대와 감정으로 해석한다. 타인들의 지도에 따를 수 없고 따를 의지도 없어, 그들 자체의 힘에 익숙해져서 자신의 지시에 걸맞게 현실을 재구성한다(Reid, 2005). 타인들에게 일어난 상황에 접하게 되면 이들이 원하는 대로 할 수 있는 권력을 가지고 사건을 결정하는 세계를 구성한다. 이들은 개인적인 지위와 의미를 확인할 수 있는 새로운 현실을 지속적으로 구성함으로써 객관적인 현실을 왜곡하는 경험으로 인한 불안을 감소시킨다.

Stone(1993)은 많은 변이의 편집성 장애 양상들을 모아 두었으며, 일상적인 통찰력 있고 정연한 서술방식으로 다음과 같이 기록했다.

> 그 거대함은··· 비밀스러운 것이거나 지나친 것일 수 있고, 편집성 개인의 자기해리(정체감 상실)에 대한 강렬한 두려움을 핵심적인 역동으로 반영한다···.
> 편집성 개인의 특징인 **과잉경계**는 활동범위 상실에 대한 적대감과 두려움에 연관을 가진다. 편집성 개인들과 상호작용하는 사람들과의 거리감 있는 심리적 · 지리적 공간에 대한 욕구는 다음의 두 가지를 반영한다. (a) 타인의 적대적 침범에 대한 두려움(현실적인 거리는 생존의 의미를 갖게 하기 때문에), (b) 자아분리감을 상실한다는 입장에서 타인에 의해서 '과도하게' 영향을 받는 것에 대한 두려움의 반영(여분의 심리적 '공간' —타인들이 익숙하지 않은— 이해법이다.)(p. 200)

우리는 〈그림 8.1〉에서 보는 것과 같이 편집성 성격의 진화론적인 모델을 언급함으로써 현대적인 개념으로 선회한다. 여기서 가장 주목할 만한 것은 각각의 극성 집단의 짝 사이에 있는 벽의 존재이다. 이것은 자신과 타인에 대한 사고와 감정에서 견고한 구획성을 의미하며, 이는 세계에 대해서 지각하고 관계하는 데 억제되어 있고 유연성이 없는 현상이다. 이들은 삶에서 발전시켰던 동기와 목표가 무엇이든지 굳게 고착되어 있고 생활환경에 의해 변화하지 않고 영향 받지 않고 머물러 있다.

편집성을 특성화하고 다른 두 고도/구조적 병리 유형(분열형과 경계성)과 구별 짓는 극성 성향은 완고함과 경직성이다. 이들의 신념과 태도가 기이함에도 분열형은 이것을 과도한 유동적인 구조로 특성화하고, 반면에 의심/편집성은 완고하고 굽히지 않는 정신구조의 고착성으로 외부 현실에 마지못해 적응한다. 마찬가지로 편집성의 비탄력성과 경직성은 경계성의 특출한 비일관성인 변동성과는 다르다.

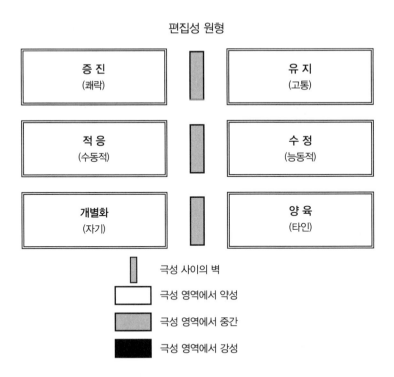

편집성 원형

증 진 (쾌락)		유 지 (고통)
적 응 (수동적)		수 정 (능동적)
개별화 (자기)		양 육 (타인)

극성 사이의 벽

극성 영역에서 약성

극성 영역에서 중간

극성 영역에서 강성

≫ 그림 8.1 Millon의 극성 모델에 부합하는 의심/편집성 성격 원형의 현황

　다른 2개의 고도/구조적 병리에서처럼 의심/편집성 장애는 거의 예외 없이 하나나 그 이상의 흔한 경도나 중등도 성격과 공변한다. MCMI 경우에서 대부분의 편집성을 검토해 보면 편집성－회피성, 편집성－자기애성, 편집성－강박－충동성과 같이 전형적인 장애와 결합되어 있는 편집성 융합을 볼 수 있다. 임상가의 과업은 이러한 성분을 분리해내는 것이 아니라 그것들이 전형적/구조적 혼재가 예외 없이 공존한다는 것을 아는 것이다. 이러한 혼합이 우리가 전형적인 변이 또는 하위 유형으로 기술해 왔던 것이다.

임상 양상

　어떤 증상의 특성은 의심/편집성과 공통점이 있다. 앞의 구조적으로 결함 있는 2개의 원형에서처럼 우리는 이 특징을 우선적으로 3개의 광대 영역의 임상적 의미로 나눌 것이다. 불안의 일차적인 근원, 인지 과정과 편견, 전형화된 기분과 행동이다. 편집성 성

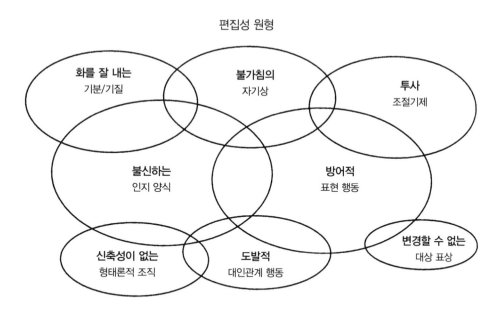

편집성 원형

화를 잘 내는
기분/기질

불가침의
자기상

투사
조절기제

불신하는
인지 양식

방어적
표현 행동

신축성이 없는
형태론적 조직

도발적
대인관계 행동

변경할 수 없는
대상 표상

··》 **그림 8.2** 의심/편집성 원형의 주요 영역

격변이의 5개 주요 하위 유형은 개략적으로 상세히 논의할 것이다. 8개 임상 영역의 도식에 따라 편집성 원형으로 구분한 특징을 이 장에 제시한다(그림 8.2 참조).

애착 불안

의심/편집성 환자들은 나약하고 열등감이 있으며 자신이 어느 누구도 신뢰할 수 없기 때문에 의존을 몹시 싫어 한다. 타인을 위협하는 것은 궁극적으로 스스로 배신을 노출하는 것이며, 단지 지지가 가장 필요할 때 방법을 제시하기 위한 동기를 내세운다. 속을 수 있는 기회보다는 자신이 운명의 개척자가 되어 모든 얽힘과 의무로부터 자유롭기를 갈망한다. 자신의 신뢰를 타인에게 두는 것은 나쁜 것이고, 더 나쁜 것은 자신의 통제에 종속되어 힘이 줄어들고 침해당하는 것이다.

　의심/편집성 환자들은 외부의 권위에 의해서 강요받고 자신보다 강한 힘에 매어 있게 되는 것에 극도로 불안해한다. 자율성에 대한 위협에 심하게 민감하고, 모든 의무를 저항하고, 모든 형태의 협력이 자신을 부추겨 타인들의 의지에 복종하게 하는 교활한 책략이 아닐까 의심한다.

개인적인 통제와 독립성의 상실에 대한 두려움의 결과로서 특정한 영향을 받기를 저항하는 기저에 애착 불안이 있다. 더욱이 지배당함을 두려워하면서 어느 누구도 자신의 의지를 강탈할 수 없다는 것을 확인하는 데 세심하게 신경 쓴다.

무기력과 무능감을 불러일으키고 독립성과 활동의 자유가 감소되거나 사람들에게 종속된 취약한 위치에 놓이는 상황은 정신적 삽화를 촉발할 수 있다. 기만과 배신이 두려우며 의존 상태의 위험에 갇혀 지위를 완전히 되찾기 위해 투쟁하면서 사람들이 자신을 박해한다고 힐난하고 공격적으로 덤벼들며, 자신은 대단한 장점과 우월성을 가지고 있다고 미화한다. 그들은 선호하는 자기상과 동떨어진 방식으로 자신을 생각하고 느끼고 행동한다는 것을 객관적으로 찾아내야 하므로 그들은 어떤 강력한 근원이 자신을 조종해서 다른 사람의 악한 의도에 복종하도록 강요한다고 주장할 것이다. 이러한 비난이 병적이라는 것은 그들의 모호함과 비논리성에 의해서 분명해진다. 즉 편집성은 이러한 힘을 확인할 수 없는 원천, 예컨대 '그들', '목소리', '공산주의자', '악마'와 같이 확인할 수 없는 근원에 안전하게 둔다.

의심/편집성의 애착에 대한 두려움과 사소한 공포는 분열형의 불안과 비슷하다. 두 성격 모두 가까운 개인적인 관계를 겁내고 허무함의 위협에 취약하다. 이러한 공통점은 임상가들이 이들 증후군을 구분하는 데 어려움이 있다. 그러나 각각의 환자 사이의 결정적인 차이점이 있다. 분열형 환자들은 그 자체에 대한 강화가 거의 없다. 즉 망상은 낮은 자존감을 초래한다. 게다가 그들은 타인들로부터 등을 돌리고 자신으로부터도 등을 돌리므로 자기에 대한 느낌에 매어 있지도 소유하지도 않는다. 반면에 편집성 환자들은 사람들과 동떨어져 있으려 하지만 그들은 스스로에게서 강화를 발견한다. 자기결정에 익숙해져서 다른 사람들과 상관없는 발달된 자기상과 보상체계를 만들기 위해 능동적으로 공상세계를 사용한다. 외적으로 인정과 권력 상실에 맞닥뜨리면 그들은 내적인 지지근원으로 되돌아간다. 따라서 분열형과 대조적으로 그들의 내적 세계는 거절과 고통의 경험을 충분히 보상한다. 망상적 상상을 통해 현실보다 더 매력적인 자기상을 재건한다.

인지적 의심과 망상

편집성의 결핍된 신뢰는 인지, 사고, 기억에 영향을 끼친다. 분명히 모든 사람들은 과거 경험과 욕구를 바탕으로 선택적으로 사건을 인지하고 추론을 이끌어낸다. 그러나 편집성은 과거 생활에서 일반적인 감정과 태도가 만성적으로 광범위한 의심을 창출해서 다른 사람들에 대한 강렬한 불신을 낳게 된다. 즉 그들은 과민하고 적대감과 기만의 표식을 감지하는 데 집착하는 경향이 있으며, 자신들의 예상을 입증하기 위해서 다른 사람들의 행동과 말을 적극적으로 집어내고 확대하고 왜곡한다(D. J. Harper, 1996). 더구나 그들의 의심을 입증하는 데 실패한 사건들은 단지 다른 사람들이 얼마나 기만적이고 영리한가를 증명할 수 있을 뿐이라고 추정한다. 이러한 가식을 드러내기 위한 열망에서 끊임없이 친한 사람들의 정직성을 테스트하면서 정당한 신념을 찾기 위해 모든 구석과 틈을 탐사한다. 마침내 타인들을 달래고 회유한 다음에 그들에게 격분, 분노를 일으킨다(Shopshire & Craik, 1996).

간단히 말하면 의심/편집성의 편견은 좀처럼 사실들에 의해서 뒤집히지 않는다. 즉 사소하고 부적절한 사실에도 불구하고 모순을 무시하고 현실을 장악하여 자신의 기대에 따르거나 또는 예상대로 다른 사람들이 행동하도록 자극하는 분위기를 만들어낸다.

편집성 환자들은 다른 사람들과 애착을 갖거나 자신의 생각과 관점을 다른 사람과 공유하려는 의지가 없어 이러한 성격이 고립되고, 그 자신의 의심과 공상을 억제할 수 있는 현실 확인을 잃어버린다. 다른 사람들이 보는 것처럼 독립성으로 사물을 볼 수 없다. 사람들과 동떨어져 있고 자신의 상상력의 확산을 거스르는 사람이 없어 편집성은 소망이나 공포를 지지하는 상황을 조작하고, 단일한 궤도를 이탈하여 끊임없이 깊이 생각하고, 가장 취약한 증거들을 모아서 자신의 신념에 부합하기 위해 과거를 재구성하고, 자신의 불안과 욕망을 정당화하기 위한 뒤얽힌 논리를 세운다. 마음속에서는 자신이 보았던 것과 생각했던 것의 차이가 없다. 빨리 지나가는 인상과 흐릿한 기억이 사실이 된다. 연결되지 않은 사실들의 사슬이 서로 맞물리고 결론이 유도된다. 의심에서 추측과 가상에 이르는 판에 박힌 과정이 과대망상을 양산하고, 실효성이 없고, 흔들리지 않는 믿음 체계가 만들어진다.

망상은 의심/편집성 성격의 자연적인 산물이다. 자기를 자극과 강화에 의존하는 두 조건은 일시적 망상을 출현시킬 정도로 전도성이 있다. 그들은 독립성의 유지를 주장함으로써 스스로를 고립시키고 다른 사람들의 입장과 태도를 공유할 수 없다. 충분한 시간 동안 숙고하고 색다른 가정과 가설을 세운다. 그런 다음 **혼자 판단하고 평가해** 이러한 것을 타당한 것으로 확인한다.

의심/편집성의 망상은 다른 병리적 패턴에서 보이는 것과는 다르다. 자기강화와 독립적인 사고에 익숙해져 있고 자신의 능력과 우월성을 확신하기 때문에 편집성은 신념을 공식화하고 신념의 정확성을 확증하는 데 모두 탁월하다. 따라서 망상은 체계적이고 합리적이고 확신하는 경향이 있다. 이와는 대조적으로 분열형과 경계성의 간헐적인 망상은 일상적이지 않은 정서적인 압박 상태에서 제기된 비논리적이고 불확실하다. 게다가 더 차이 나게 하는 것은 그들이 일상적으로 기괴하고 상당히 비합리적이고 분산되어 있고 체계적이지 못하다는 점이다.

방어적 경계와 숨겨진 적대감

편집성 환자들은 지속적으로 경계하고 전시체제로 바뀌어 어떠한 응급이나 위협에 준비한다. 실질적인 위협에 접하든 아니든 그들은 고정된 준비, 즉 공격과 경멸의 가능성에 대비해 경계경보를 유지한다. 위협에 관한 가장 미세한 힌트에 날을 세우고 거슬리는 신경과민으로 그들은 매번 드러나는 반사적인 방어 자세를 취한다. 이러한 완고한 통제 상태는 결코 누그러지지 않고, 좀처럼 이완하고 편해지고 경계를 늦추려고 하지 않는다.

의심/편집성의 불신과 방어의 경계면 아래에는 분개를 일으켰던 깊은 분개의 저류가 있다. 대부분의 사람은 지위를 부당하게 획득했다. 따라서 자신은 세계를 속인 사기꾼과 도둑인 권력 있는 사람으로부터 무시당해 왔고, 부당하게 대우받았고, 경시받는 것에 대해 괴로워한다. 단지 얇은 장막으로 곤두선 증오를 감추고 있을 뿐이다.

자신의 실수와 약점을 수용할 수 없기 때문에 단점을 타인들에게 귀인함으로써 자존감을 유지한다. 자신의 실패를 거부하고 다른 사람에게로 투사하거나 전가한다. 그들은 타인의 가장 사소한 결점을 탐지하는 탁월한 재능을 가지고 있다. 세심하고 직접적으로 기꺼운 마음으로 자신을 무시한 사람에게 사소한 결점을 찾아내서 과장한다. 시기와 적개심의 저류는 좀처럼 가라앉지 않는다. 그들은 까다롭고 성마르며, 자신이 의문시하는 사람의 장점과 분노와 분개를 일깨우는 사람의 태도와 행실을 경멸하고 비난할 준비가 되어 있다.

의심/편집성 성격의 핵심으로 언급될 수 있는 보편적인 속성은 없다. 이러한 환자의 대부분은 여기서 기술된 인지, 행동의 불안 군거를 보이지만 여러 결함이 펼쳐지는 형태가 다양하므로 기저에 있는 다른 대처 패턴을 흐리게 하는 공통 증상에 초점을 맞추지 않도록 주의해야 한다. '원형적인 진단 영역' 부분에서 우리는 편집성 성격 5개의 기본 하위 유형을 기술한다. 우리가 차이를 기술함에도 불구하고 구별이 실제로 잘 정의된 것은 아니라는 점에 유념해야 한다. 중복되는 부분이 있다. 즉 더욱 두드러진 특성 각각의 하위 변이에서 다른 성격의 자취가 종종 발견된다. 순수하게 이 책의 전형을 만족하는 경우는 거의 드물다.

앞의 장에서처럼 검토된 성격의 특징은 여기서 8개 영역을 기준으로 나눈다(표 8.1 참조).

방어 행동

의심/편집성 환자들은 긴장하고 경계하는 것처럼 보인다. 눈은 고정되어 있어 그들의 주의를 끄는 한 측면에 뚜렷이 초점이 맞추어져 있다. 빠른 동작을 해서 부적합한 것으로 보았던 것에 귀기울이거나 참조하는 것은 그들에게는 일상적이다. 그렇지 않으면 그들은 고정되어 있고 움직일 수 없을 것 같다. 이러한 특징은 편집성의 환경에 대한 각성의 질을 나타낸다. 그들은 자신 스스로 폄하하거나 기만하거나 적의를 예상하고 피하는 데 지나치게 민감해 있다. 이는 그들이 외부의 영향과 통제에 완강하고 굳게 저항함을 의미한다. 의심/편집성 환자들은 지속적으로 전시 상황처럼 움직이고 실제적 또는 가상의 위협을 준비한다. 위협에 접하든 아니든 그들은 고정된 상태로 준비하고 공격과 폄하의 가능성에 경계경보를 한다. 그들은 날을 세우고 까다롭고 성급하며 그들이 가장 치밀한 공격 행동으로 전환할 수 있는 방어적인 자세를 늘상 취한다. 그들의 견고한 통제 상태는 결코 누그러지지 않고, 그들은 좀처럼 방어를 내리려 하지 않는다.

도발적 대인관계 행동

의심/편집성 환자들은 과거에 관계했던 사람들에게 원한을 품을 뿐 아니라 최근의 지인들에게도 전투적이고, 성을 잘 내고, 논쟁적인 태도를 보이는 경향이 있다. 그들은

▣ 표 8.1 의심/편집성 성격 원형의 임상 영역

행동 수준

- **(F) 표현적으로 방어적인**(예 : 부단히 방어적이고, 예상되는 속임과 해악을 피하면서 지나치게 경계한다. 외부적인 영향과 통제의 원천에 대해 완강하고 굳게 저항한다.)
- **(F) 대인관계에서 도발적인**(예 : 과거의 사람들에 대해 원한을 가지고 있고 용서하지 못할 뿐 아니라 최근에 획득한 것에 대해 호전적이고, 성을 잘 내고 불신하는 태도를 보인다. 충성을 시험하고 숨겨진 편견에 끼어들어 동기의 존재를 조사함으로써 시기와 격분을 촉발시킨다.)

현상학적 수준

- **(F) 인지적으로 불신하는**(예 : 무해한 사건들을 음해하는 의도가 있다고 의미를 부여하며 친척, 친구, 지인을 포함해 다른 사람들의 동기에 증거 없이 회의적이고 냉소적이며 불신한다. 숨겨진 의미를 쾌적한 문제로 읽으려는 경향을 보이고, 벗어나 있고, 사소한 어려움을 이중성과 사기의 증거로 확대하려고 하고, 특히 배우자나 친한 친구의 진실성과 신뢰성에 관해서 더욱 그러하다.)
- **(S) 불가침의 자기상**(예 : 자기중요성과 자기참조의 지속되는 이상을 가지고 있고 동일성, 지위, 자기결정력을 잃을까 봐 강렬한 두려움을 경험하면서 상당히 고립되어 있다. 그럼에도 불구하고 개인적으로 품위를 손상시키고, 전적으로 악의가 없는 행동과 사건을 무례하게 단언하면서 자기참조에 대한 일관적인 생각을 가지고 있다.)
- **(S) 변경할 수 없는 대상**(예 : 내적 표상이 이상한 형태로 딱딱하게 굳어진 태도, 유연성이 없는 지각표상들, 준망상적 계층인 집요한 기억, 불변의 인지, 돌이킬 수 없는 신념과 나란히 세워진 한 맺힌 욕동들로 이루어져 있다.)

정신내적 수준

- **(F) 투사기제**(예 : 적극적으로 바람직하지 않은 개인적 특질을 인정하지 않고 동기를 자기의 것이 아니라고 하고 그것을 다른 사람에게서 유도하고 다른 사람의 탓으로 돌린다. 자신의 매력적이지 않은 행동과 특징에 맹목적으로 머물러 있다. 그렇지만 다른 사람의 결점에 지나치게 민감하고 고도하게 비판적이다.)
- **(S) 신축성 없는 조직**(예 : 갈등중재와 욕구 충족의 통로가 굳어져 있을 뿐 아니라 현저하게 수축되어 있고 유연하지 못한 대처와 방어수단 패턴이 존재해 예기치 않았던 스트레스원이 폭발적인 발작 또는 내적 동요를 부추기는 환경의 변화를 조절하는 데 너무 완고한 긴장과 팽팽한 구성을 만들어낸다.)

생물물리학 수준

- **(S) 화를 잘 내는 기분**(예 : 시무룩하고, 무뚝뚝하고, 유머 없는 품행을 보여준다. 화가 나면 감정적이지 않고 객관적으로 보이려고 시도하지만 화가 나서 날카롭고, 과민하고, 퉁명스럽고, 즉흥적인 반응을 한다.)

주 : F = 기능적 영역　　　　S = 구조적 영역

타인들과의 교류에서 선동적이고, 충성을 시험하고 간섭하고, 숨은 동기의 가능성에 집착하여 조사함으로써 대인관계에서 격분과 분노를 촉발시키는 경향이 있다. 편집성의 분명한 불신과 방어적인 경계 아래에는 성공한 사람에 대한 깊은 분개의 저류가 흐른다. 의심/편집성의 입장에서 대부분의 사람이 지위를 부당하게 획득했다. 설상가상으로 권력을 얻기 위해 사기 치는 사람들에 의해서 개인적으로 무시당하고 부당하게 대우받고 모욕당했기 때문에 고통스럽다고 느낀다.

의심/편집성 환자들의 모든 사소한 좌절은 초기의 학대를 포함한 과거, 개인사의 고통을 상기시킨다. 자신이 알고 있던 기만과 영원한 악의의 그물로 포획되어 편집성 환자들의 두려움과 분노는 엄청난 규모로 상승할 수 있다. 자신의 방어가 분쇄되고 통제가 해리되고 숙명에 대한 공상이 만연하다면 기저에 있는 두려움과 격노의 격랑이 밀려올 수 있다. 적대적 에너지의 큰 물이 범람해 질책과 공격의 폭력적이고 통제할 수 없는 급류가 소용돌이친다. 이러한 정신적 발작은 보통 짧다. 두려움과 적대감이 사그라들면서 이러한 환자들은 전형적으로 평정을 되찾고 자신의 행동을 합리화하려 하고 방어를 재구성하고 공격성을 가라앉힌다. 기이한 정서의 침잠이 '정상' 상태로 귀결하는 것이 아니라 단지 그들의 앞 성격 패턴으로 돌아갈 뿐이다.

불신의 인지 양식

아마도 편집성의 가장 두드러진 특성은 혐오적인 의심이다. 게다가 그들은 부당하게 친척, 친구, 지인을 포함한 다른 사람들의 동기에 대해 회의적이고 냉소적이고 불신하며(H. Lee, 1999), 무해한 사건들이 숨겨지거나 음모가 있는 의도적인 전조로 해석된다. 대부분은 완전하게 드러난 문제에서 숨겨진 의미를 찾으려고 하고, 특히 배우자나 친근한 친구의 진실성과는 관련이 없거나 사소한 문제를 이중성이나 기만의 증거로 확대하는 경향이 있다.

앞에서 주지했듯이 우리 모두는 욕구와 과거 경험의 패턴에 근거해 선택적으로 지각하고 추론한다. 불행하게도 편집성 환자들의 학습된 감정과 태도는 타인들에 대한 깊은 불신과 혐오적인 의심이다. 악명 높게 민감하고 어디에서든 기만과 사기의 표식을 감지하려는 경향이 있다. 그들은 이러한 생각에 사로잡혀 능동적으로 사소한 단서를 모으고, 가장 나쁜 기대를 확인하기 위해 과장하고 왜곡한다. 미리 형성된 의심을 확인하는 데 실패한 사건들은 단지 다른 사람들이 얼마나 기만적이고 영리할 수 있는 가를 보여주는 것이라는 점이 문제를 더욱 복잡하게 한다. 추정된 구실을 드러내는 노력으로 신념의 정당성을 찾기 위해 다른 사람들을 시험한다. 이러한 편견이 사실에 의해서 뒤집히는 것은 드물다. 의심/편집성 환자들은 비록 사소하고 부적절한 자료라 할지라도 현실 파악으로부터 모순을 제거하고 자신의 예상을 확인한다. 더욱 문제되는 것은 예측한 대로 다른 사람들이 행동하도록 자극하는 분위기를 만들어낸다는 것이다. 친한 사람들의 정직성을 검증하고 지속적으로 다른 사람들을 으르고 달랜 후에 거의 모든 사람에게 격분과 분노를 촉발한다.

의심과 불안정을 공유하고 신뢰하기를 꺼리는 의심/편집성 환자들은 자신의 의심을 억제하는 현실 확인을 멀리하여 스스로를 고립시키고 떠난다. 비밀을 유지해야 하기 때문에 사실을 볼 수 있는 능력을 점점 더 상실한다. 친밀과 나눔이 결여되어 있고 이들의 확산되는 상상을 경감시키는 사람이 없어 두려움과 바람을 옹호하는 사건들을 조합하고, 부단하게 이상한 생각에 잠기고, 가장 희박한 증거들을 연결시키고, 과거 선입견에 순응하도록 재구성하고, 왜곡을 정당화하기 위한 뒤얽힌 논리를 세운다. 편집성 환자들은 자신의 책략을 떠나서는 자신의 사변과 반추를 확인할 수 없다. 마음속에 그들이 보았던 것과 그들이 사고한 것 사이에 거의 차이가 없다. 순간의 인상과 흐릿한 기억이 사실이 된다. 연결되지 않은 사실들의 고리가 서로 이어진다. 상상에서 가정과 의심에 틀에 박힌 과정이 발생하고, 이내 설득력이 없고 유연성이 없는 믿음체계가 만들어진다.

불가침의 자기상

대다수의 의심/편집성 환자들은 지속적으로 자기참조와 자부심의 관념을 가진다. 그들은 명예훼손은 아니더라도 전적으로 무해한 사건이나 행동에서 개인적으로 손상당하고 모욕당했다고 주장하면서, 타인들에게 나타나지 않는 자신의 특성에 대해 공격받는다고 인식한다. 결과적으로 그들은 불가침을 추구하고 독립을 자랑스럽게 지향하며, 다른 사람들에게 좌우되어 털어놓기를 거부한다. 이러한 상당히 고립된 태도는 그들의 정체성과 자기결정권 상실에 대한 강렬한 두려움으로부터 생겨났다.

편집성 환자들은 의존을 몹시 싫어하는데 이는 약함과 열등함을 의미할 뿐 아니라 자신이 어느 누구도 신뢰할 수 없기 때문이다. 타인에게 의지하는 것은 궁극적으로 스스로 배신을 노출하는 것이며, 지지가 가장 필요할 때 방법을 제시해 줄 근거를 제공하기 위해 노출하는 것이다. 속을 수 있는 기회보다는 자신이 운명의 개척자가 되어 모든 개인적 얽힘과 의무로부터 자유롭게 되도록 노력한다.

자기결정을 확신하는 더 나은 수단으로 의심/편집성 환자들은 대항할 적이 없음과 자긍의 태도를 보여준다. 자신이 특별한 능력이 있다고 확신하면서 운명을 혼자 마음대로 할 수 있고 또한 모든 장애나 저항, 갈등을 극복할 수 있다고 한다. 따라서 모든 자기의심의 흔적은 떨쳐버리고 배려하고 보살펴 주는 사람들의 접근을 거부한다. 이것으로 그들은 결코 누군가를 필요로 하거나 의존해야 하는 것을 두려워하지 않아도 될 것이다.

그들은 극단적인 불안 자극보다 더 강한 힘을 써야 된다. 편집성 환자들은 자율성에 대한 위협에 극도로 민감하고, 모든 책무에 저항하고, 어떠한 형태로든 협력하는 것은 그들을 부추기고 다른 사람의 의지에 복종되도록 강제하는 책략이 될까 봐 소극적으로 사려한다. 개인적인 통제와 독립의 상실에 대한 두려움의 결과로서 특정한 영향을 받기를 저항하는 기저에는 애착 불안이 있다. 지배에 대한 두려움으로 어느 누구도 그들의 의지를 강탈할 수 없다는 것을 확신하기 위해서 세심하게 살핀다. 무기력과 무능을 조장하거나 또는 이동의 자유를 감소시키거나 또는 타인들의 권력에 종속되는 취약한 환경은 갑작스럽고 지독한 반격을 촉발할 수 있다. 위험성 있는 의존에 포획되었다고 느끼고, 지위를 다시 얻기 위해서 싸우고, 기만과 조종을 두려워하면서 공격적으로 덤벼들고, 타인들이 그들을 학대하려고 했다고 비난한다. 그들의 자기상과 이질적인 방식으로 생각하고 느끼고 행동했다고 다른 사람들이 정확하게 비난한다면 강력하고도 악의에 찬 원천이 악의로 강요했다고 주장할 것이다. 이러한 힘을 확인할 수 없는 '그들'이나 '어떤 목소리' 또는 '악마'에 둘 때 이러한 비난은 상당히 병리적인 것이 될 수 있고 초기의 정신 장애 증상을 나타내는 것으로 볼 수 있다.

변경할 수 없는 대상

대부분의 의심/편집성은 중요한 초기 관계에서 내면화된 표상이 제한되어 있고 경직되고 고착되어 있다. 이는 신념과 태도, 이미지들이 견고하게 나타나는 확고한 형태의 대상이다. 여러 정신내적 구성요소는 그들이 상호작용하는 타인들의 성향과 태도에 대하여 부적절한 확신을 지닌다. 대상에 대한 이러한 형판의 중심부 가까이에서 가장 주목할 만한 것은 특이한 개성과 완강하게 사로잡힌 고착된 가정으로 구성되어 있는 것이다.

편집성 환자들의 경험력이 배신이나 가학적 대우를 두려워하고 불신하는 근거가 된다. 이러한 위협을 줄이기 위해 방어적인 자세를 취할 뿐 아니라 가능한 한 공격자로서 옹호하고 승리하기 위한 수단으로 타인들과 강한 경계를 유지하기 위해 거리를 두려고 노력한다. 그들은 안전을 보장받기 위해 자신의 약한 의지를 회피하려고 타인들을 통제하는 새롭고 뛰어난 능력을 개발하기 위해 안간힘을 쓰며 이동한다.

앞에서 분명히 설명한 대로 의심/편집성 환자들의 확신과 자긍은 단지 속 빈 껍데기일 뿐이다. 자율성이라는 거만한 자세는 안전하지 않은 내면의 발판에 얹혀 있다. 방어적 책략은 변화에 극단적으로 취약해 현실과 공상의 위협에 의해 지속적으로 약화된다. 힘과 대항할 적이 없음을 재확신하는 노력에서 방어를 내세우거나 또는 비방가들을 좌절시키든지 어떤 행동 수단을 취할 것이다.

투사기제

아마도 의심스러움은 편집 장애의 유일한 이차적인 징후로 투사/조절기제를 사용한다. 이러한 성격은 바람직하지 않은 특질과 동기를 적극적으로 타인에게 귀인하면서 자신의 것이 아니라고 한다. 따라서 자신의 안 좋은 행동과 특성에 대해서 어두울 뿐아니라 다른 사람에게 제한적으로 나타나는 유사한 특성에 대해서는 지나치게 경계한다. 이와 같이 피할 수 없는 뚜렷한 부적절함과 적대감으로 고통을 받고 있는 의심/편집성 환자들은 단순한 부정을 넘어선다. 여러 굴종적인 특성을 강하게 부정할 뿐 아니라 이를 실제나 가상적인 비난자에게 돌려놓는다. 투사기제를 통해 어리석고 악의 있고 원한이 있는 사람은 다른 사람이라는 주장을 할 수 있다. 게다가 환자 자신은 무능력하고 악의에 찬 사람들로 인한 죄 없고 불운한 희생자로 여긴다.

자신의 과오와 약점을 수용할 수 없기 때문에 자신의 단점을 타인들에게 귀인함으로써 자존감을 유지한다. 즉 자신의 실패를 거부하면서 그것을 다른 사람들에게 투사하거나 탓한다. 다른 사람에 있는 가장 사소한 결손을 찾아내는 데 탁월한 재능을 가지고, 자신이 경멸하는 사람들에게 직·간접적으로 발견했던 사소한 결점을 지적해내고 확대한다. 좀처럼 시기심과 적개심은 가시지 않아 화가 나고 짜증이 나며, 다른 사람의 이점을 문제시하고 태도와 품행이 그들에게 분노와 경멸을 자아냈던 사람을 기꺼이 비하하고 비난한다.

반전에 의해서 의심/편집성 환자들은 자신의 과오를 면죄할 뿐 아니라 '정당화된' 분개와 분노의 배출구를 발견한다. 편집성 환자들이 잘못되었다고 판단될 경우에는 사람들은 마땅히 서투름에 책망받아야 한다. 그들이 공격적이 되었다면 이는 단지 다른 사람들의 악의가 그들을 자극했기 때문이라고 한다. 그들은 결백하고 과오와 비방 때문에 정당하게 분개했고 불쌍하고 중상을 입은 희생양이다.

의심/편집성 환자들은 지속적인 비방과 위협에 직면되면 열정적으로 스스로 희생하려고 하고 자율성을 재건하려고 할 것이다. 그러나 환상을 제외하고 이러한 목적을 달성하기위한 아무런 수단도 없을 수 있다. 부적절감과 무의미한 감정에 직면할 수 없는 그들은 우월한 자기가치의 이미지를 조작하기 시작한다. 혼자서 반추하다 내버려 두고 복잡한 자기기만을 통해 우월성의 증거들을 구축한다. 객관적인 현실을 부인하면서 미화시킨 자기상으로 대신한다. 자신에게 무한한 권력과 재능을 부여함으로써 더 이상 부끄러워하지 않고 타인들을 두려워하지 않는다. 타인들이 왜 그들의 지위와 장점을 부식시키려 하는지를 너무도 분명하게 이해하므로 사소한 질시는 극복할 수 있다. 타인들의 박해와 악의적인 공격의 의미는 명백하다. 즉 사람들이 부러워하고 파괴하려고 하는 것은 편집성의 탁월함과 우월성이다.

신축성 없는 조직

의심/편집성의 정신내적 세계의 구조체계는 상당히 통제되어 있고 체계적으로 정돈된 이미지와 충동으로 이루어져 있다. 특히 주목할 만한 것은 방어적인 대처 통로는 아주 드물게 지속해 온 수축과 경직성이다. 마찬가지로 갈등중재와 욕구 충족의 과정도 고착되어서 변경할 수 없다. 환경 변화에 대한 적응이 너무 경직되어 있어서 예기치 못한 스트레스원이 폭발적인 발작과 내적 충격을 일으킬 정도로 비탄력적인 구조가 예민함과 엄격한 틀을 만들어낸다. 다른 고도의 성격 장애와는 대조되게 편집성 구조체계 결함의 특성은 응집성의 부족이 아니라 오히려 과도한 제약과 경직이다.

외적인 폭발과 내적 충격의 가능성을 차단하기 위해 의심/편집성 환자들은 일상생활에서 진행 중인 사건들을 변형해 그들의 내부 구조와 목적에 맞도록 만들려고 한다. 앞에서 주지했다시피 이러한 목표를 달성하기 위해 그들은 투사기제나 변이들(예 : 투사적 동일시)을 활용한다. 더구나 환경에 대한 과잉경계와 경직성으로 주지된 환자들조차도 현실과 환상 사이의 견고한 경계를 느슨하게 하고 통제를 낮추기 시작할 수 있다. 앞에서 그들의 정신적 세계로 구분되었던 양상을 흐리게 하는 이러한 과정은 불가피하게 새로운 골칫거리의 결과를 만들어낼 것이다.

화를 잘 내는 기분

대다수의 의심/편집성의 성격 기저에는 일반적으로 차갑고 음울하고 무뚝뚝하고 유머 없는 기질이 있다. 이러한 점이 학습된 것이든 기질이든 간에 편집성 환자들은 감정적이지 않고 '객관적'이 되려고 하는 경향이 있다. 다른 한편 전형적으로 날카롭고 시기하고 질투심이 있고 재빠르게 공격을 취하고 사소한 자극에도 화가 나서 반응한다. 그들의 주요 목표 중 하나는 기질과 사랑의 감정을 둔감화하는 것이다. 그들은 타인들의 고통에 대해서 무정하고 단호하고 공감하지 못한다. 이러한 행동으로 올가미에 갇히고 기만과 종속의 그물에 잡히는 예상에서 스스로를 보호한다. 냉담하고 동정적이지 못한 자세는 의심/편집성 환자들에게서는 어려운 것이 아니다. 이러한 자세는 올가미에 갇히는 것에 대한 성공적인 방어 책략일 뿐 아니라 분개와 분노를 덜 수 있도록 해 준다.

적대감은 방어와 보상의 방법으로 사용된다. 이는 평형화에 대한 위협을 감소시키는 수단일 뿐 아니라 자기결정과 자율성에 대한 이미지을 회복하는 데 도움을 준다. 한번 발산되면 적대감은 초기의 간직했던 분개로 다가온다. 현재의 분노는 과거로부터 오는 증오에 의해서 부추겨진다. 앞서의 굴욕에 의해서 독려된 보복과 변명에 대한 열망이 표면으로 부상해서 흐르는 적대감의 여울 속으로 합류된다.

자기지속 과정

구조적으로 결함 있는 행동은 경도나 중등도 질환의 행동보다 덜 적응적이고 더 자기패배적이다. 게다가 성격은 구조적인 결함으로 긴장된 생활에 취약하고 정신적인 장

▣ **표 8.2** 지기지속 과정 : 의심/편집성 성격

애착 감소

다른 사람에 대한 의존으로부터 거리를 둔다.

부드러운 감정을 둔감화하거나 부정한다.

친절의 전조를 단절한다.

적개심의 방출

적대감이 위험에 처한 자발성을 보호한다.

과거의 부당에 대한 분개로 촉발되는 분노

울분이 폭력적인 방출을 야기한다.

현실의 재구성

객관적인 특질을 자기의 것이 아니라고 하고 비난자에게 투사한다.

피할 수 없는 적대적 환경을 만든다.

우월한 자기가치를 만들어낸다.

애가 쉽게 촉진된다. 애착 불안이나 예상되는 가학적 대우 또는 자기결정권의 상실을 증진하는 상황은 방어적인 경계와 철회, 그리고 궁극적으로 의심/편집성 성격의 특성인 망상으로 귀결된다. 종종 환자의 고립과 공상적 반추는 깊게 굳어져 더욱 지속적인 정신적 습관과 태도로 이끈다. 현재 우리는 편집성의 대처 노력, 즉 그들이 보상작용 상실로 진행하는 것을 미리 막으려고 하지만 단지 그들의 어려움을 가중시킬 뿐인 편집성의 대처노력에 관해 논의할 것이다(표 8.2 참조).

애착 감소

의심/편집성 환자들은 가학적인 대우와 배신의 두려움과 불신하는 근거를 가지고 있다. 불안의 여러 근원을 감소하기 위해 방어적인 자세를 취할 뿐 아니라 가능한 공격자로서 옹호하고 승리하기 위한 수단으로 사람들과 거리를 두어 강하게 경계하는 것을 체득했다. 그들은 안전을 확보하기 위해 나약한 결심을 미리 막고 사람들을 통제하는 새로운 힘을 산출하기 위한 다양한 수단에 몰두한다.

이러한 요구의 주요 단계 중 하나는 동정심과 사랑의 감정을 둔감화하는 것이다. 편집성 환자들은 사람들의 고통과 탄원에 무감각하고 민감하지 않다. 그렇게 행동함으로써 함정에 빠지는 것과 기만과 굴종의 망에 갇히는 것으로부터 안전해진다. 차갑고

비동정적인 자세를 견지하는 것은 편집성 환자들에게는 어렵지 않다. 그것은 애착에 대한 방어적 책략으로 기여할 뿐 아니라 또한 분개와 분노를 경감시키기도 한다.

　자기결정권을 견고히 하는 수단으로 의심/편집성 환자들은 대항할 적이 없고 자만심 있는 분위기를 추구한다. 자신이 특별한 능력을 가지고 있다고 확신하며, 혼자서 운명을 개척하고 모든 장애물과 저항과 갈등을 극복할 수 있다고 확신한다. 아무도 감히 협박할 필요가 전혀 없도록 자기의심의 모든 흔적을 염두에서 사라지게 하고 타인들의 보살핌의 제안을 거부한다.

　그러나 편집성의 자율성은 위조된 것이다. 그들은 견고한 자기확신과 확대된 허세에 의해 우월성의 착각을 유지한다. 때때로 자신의 능력의 결함이 증명되고 바보처럼 보이게 된다. 이와 같은 그들의 불안정한 평형성으로 자기로 향하는 확실성과 자긍심이 너무 쉽게 자주 전복된다. 그들은 적이 없다는 신념을 회복하기 위해 극단적이고 상당히 병리적인 판단을 한다. 분명한 결점과 과오를 수용하기보다는 어떤 용납되지 않는 영향력이 그들을 서서히 해치고 실패하도록 야기하며, 다른 사람들 앞에서 굴욕을 당하도록 한다고 주장한다. 자신이 발견한 취약점, 비효능감, 수치감 또는 곤경은 스스로 저항할 수 없는 파괴적인 힘에 기인되었음이 틀림없을 것이다. 낯선 힘에 대한 그들의 의심은 점점 커지고, 비하와 수치에 대한 경계가 조각남으로써 점점 더 현실을 왜곡하기 시작한다. 그들은 실패가 자기가 원인이라는 사실을 받아들이지 않을 뿐 아니라 이러한 진부한 힘과 사건을 실패의 원인으로 돌리려고도 하지 않는다. 오히려 그들의 상실을 엑스레이, 자성, 독극물 또는 다른 기괴한 힘과 악마의 악의에 찬 활동에서 반영한다. 영향력과 박해에 대한 그들의 망상은 복종에 대한 두려움과 그들의 결점을 교활한 책략이나 초자연적인 힘의 작용에 기인함으로써 강화된 자만심을 유지하려는 욕구를 의미한다.

적개심의 방출

우리가 언급한 대로 의심/편집성의 확신감과 자만심은 단지 속 빈 강정이다. 그들의 독립적인 자세는 불안정한 발판 위에 있다. 이들은 도전에 극단적으로 취약하고, 방어적인 외형은 현실과 망상적인 위협에 의해 지속적으로 약화된다. 그들은 힘과 대항할 적이 없음을 재주장하기 위해 방어를 내세우거나 공격자를 좌절시키든지 어떤 행동수단에 의지할 것이다. 편집성 환자들에게 있어서 적개심은 매우 방어적이고 반항적인 척도로, 생체적 평형에 대한 위협을 감소시키는 수단이자 자기결정과 자율성에 대한 이미지를 재건하기 위한 수단이다.

한 번 방출된 편집성의 적개심은 초기에 깊게 담아둔 분개에서 나온다. 현재 분노의 불길은 과거로부터 원한이 재활성화되어 촉진된다. 보복과 변명을 위한 강렬한 충동이 표면으로 드러나 굽이치는 적대감의 여울 속으로 흘러들어간다. 다른 사람들의 모든 사소한 거절은 그들이 초기 굴욕과 학대로 돌아가게 하는 그의 역사적 줄거리의 한 부분으로 고통스러운 과거를 생각나게 하는 것이다. 기만과 악의의 영원한 그물에 갇힌 채로 편집성 환자들의 두려움과 분노는 엄청난 규모로 상승할 수 있다. 자신의 방어가 분쇄되고, 통제가 해리되고, 운명의 자취에 대한 공상이 만연한다면 기저에 있는 두려움과 격노가 밀려올 수 있다. 통제할 수 없는 혹평과 공격의 급류가 강력한 배출로 누그러질 때까지 광란의 적대적인 에너지가 범람할 수 있다.

이러한 정신적 발작은 보통 짧은 기간 발생한다. 두려움과 적대감의 팽창이 소멸됨에 따라 이러한 환자들은 그들의 자세를 다시 취해 행동을 합리화하려고 하고 방어를 재구성하고 그들의 공격을 누그러뜨린다. 그러나 이러한 기괴한 정서의 가라앉음은 정상으로 돌아온 것이 아니라 오히려 환자가 단지 그전의 덜 심각한 편집성 성격 패턴으로 복귀한 것뿐이다.

현실의 재구성

의심/편집성은 사건들을 적절하게 자기상과 열망으로 변형시킨다. 현실을 극단적인 형태로 재구성한 망상은 더욱 일반적인 과정으로 보인다. 과도한 경직성으로 주지되는 수동 양가성도 이러한 통제의 늦춤, 현실적인 것과 망상적인 것 사이의 경계를 늦춘다. 약점과 악의를 부정하고 다른 사람들에게 이를 투사하고, 과대망상을 통해서 자기를 과장한다.

의심/편집성 환자들은 피할 수 없는 증거로 부적절감과 적대감이 상승하여 곤란해지면 단순한 부정보다 더 강해야 한다. 그러기 위해서 이러한 부적당한 특성을 자기의 것이 아니라고 할 뿐 아니라 이를 실제로 또는 가상했던 비난자들에게 돌린다. 타인들은 어리석고 악의에 차 있고 보복적인 반면에 편집성 환자인 자신은 결점이 없고 다른 사람들의 무능과 악의의 불행한 희생자이다(Beck et al., 2001). 이러한 간단한 전환으로 편집성 환자들은 자신을 과오로부터 용서할 뿐 아니라 정당화된 분개와 격노의 방출을 찾는다. 과오가 있다면 다른 사람들이 부조리로 인해 비난받아야 한다. 그들이 공격적이었다면 이는 단지 다른 사람들의 악의가 그들을 자극했기 때문이다. 그들은 결점이 없고, 정당하게 분개한 실수와 비방의 희생양일 뿐이다. 그러나 투사책략의 이득은 단명한다. 게다가 그것은 궁극적으로 편집성의 곤경을 강화한다. 비방하고 악의에 찬 주장을 타인들에게 귀인함으로써 그들은 사실상 아무도 존재하지 않는 위협에 대면한다. 주관적인 왜곡에 의해 편집성 환자들은 자신을 둘러싸고 있는 만연한 적대적 환경을 만들어내고 거기로부터 어떤 물리적인 도피를 할 수 없다. 게다가 편집성의 부당한 비난은 다른 사람들에게 필연적으로 격앙과 분노를 일으킨다. 따라서 그들의 투사전략은 다른 사람들이 선한 의지로 제시했던 것을 편집성 환자들은 두려워하는 적대감으로 변형시킨다.

진정한 훼손과 위협에 직면하게 되면 의심/편집성 환자들은 스스로를 희생하고 자율성과 능력에 대한 이해를 재구성하는 경향이 강하다. 게다가 그들은 어떠한 논의도 없이 단지 공상 속으로 방향을 돌린다. 부적절함과 무용함에 직면할 수 없기 때문에 자기가치의 우월성과 중요성의 이미지를 만들어낸다. 반추와 함께 그들은 복잡한 자기기만을 통해 우월함의 증거를 제시한다. 자신에게 무한한 장점, 권력, 재능을 부여함으로써 더 이상 스스로 수치스럽게 생각하거나 다른 사람들을 두려워할 필요가 없다. 그들은 사소한 질시를 극복할 수 있어서 다른 사람들이 어째서 그들을 해하고 핍박하는지를 자명하게 이해할 수 있다. 다른 사람들의 악의 있는 공격의 의미는 분명하다. 즉 이는 자신의 우월성 때문에 그들이 부러워하고 파괴하려 한다고 여기는 것은 편집성의 탁월성이다.

편집성의 자기영화와 과대망상은 한 단계 한 단계 체계적인 패턴으로 구성된다. 전체적 양상은 첨예하게 두드러지게 된다. 하나의 망상이 사회적 현실 속에서 확인되지 않는 다른 망상을 촉진한다. 현실의 절망감에 대처하기 위해 초기에 사용되는 허위는 현실 그 자체보다 더 현실적이 된다. 이러한 점에서 우리는 정신병적 단계의 분명한 위급성을 볼 수 있다.

개입 목표

다른 구조적으로 결함 있는 성격 원형들과는 달리 편집성의 미래 (치료)전망은 유망하지 않다(Bender, 2005). 그들의 습관과 태도는 깊게 새겨져 있어 기능의 전 구성에 만연해 있다. 물론 약간의 개선은 가능하지만 기본적 성격 양상을 개조하기보다는 문제되는 삽화의 빈도를 줄이는 것이다. 의심/편집성의 결함은 정신내적 현상이기보다는 오히려 더욱 대인관계에 가까운 것 같고, 사람들보다 덜 교란되는 경향이 있다. 대부분의 편집성 성격은 심각하고 지속적인 망상에 빠져들어서가 아니라 단지 다른 사람들의 요구로 또는 방어가 무너져서 더 심한 상태로 발병할 때 심리치료에 접하게 되는 경향이 있다. 그들은 지인들로부터 매우 의심이 많고 성미가 급한 사람으로 간주된다. 특히 특별한 재능이 있고 쟁쟁한 사람의 후계자를 유치하는 행운이 일어난다 해도 상당한 성공을 획득하는 경우는 매우 드물다.

　어려운 사회적 관계에도 불구하고 편집성에 대한 장기적 예후는 구조적으로 결함 있는 상대인 정신분열형처럼 그렇게 나쁘지는 않다. 의심/편집성 환자들은 자신들로부터 만족을 얻을 수 있지만 분열형 환자들은 그렇지 않다. 외적인 좌절에 접해 편집성 환자들은 상처가 충분히 치료될 때까지 자신을 키워나갈 수 있다. 분열형 환자들은 자신과 다른 사람들에 대한 신뢰가 부족하기 때문에 빈손으로 남는다. 또 다른 구조적으로 결함 있는 경쟁자인 경계성과 비교했을 때 편집성 환자들은 예후에 관련된 것에 있어서 장단점이 있다. 경계성 환자들은 특징적으로 기이한 대인관계라 할지라도 그럴싸하고 좋은 관계를 유지하지만 편집성 환자들은 그렇지 않다. 결과적으로 경계성 성격의 환자는 그들이 요구하는 지지와 격려를 얻을 수 있다. 게다가 의심/편집성과는 달리 그들은 어려운 시기에 다른 사람들에게 향하고, 종종 그 이상의 악화를 예측해서 충분한 정동과 안전을 간청한다. 대조적으로 편집성 환자들은 관계가 서먹해졌을 때 사회성을 유지하기가 어렵다. 이러한 행동은 그들의 고립을 증가시킨다. 그들의 의심과 비밀을 강화할 뿐 아니라 사회적 소외를 더욱 심화시킨다. 경계성의 단점은 내면적 보유의 결손으로, 외적인 지지를 일깨우는 데 실패하는 무기력 상태로 넘어지게 한다. 반면 의심/편집성 환자들의 사례에서는 그러하지 않다. 그들은 약함과 나태에 종속하는 것을 거부할 뿐 아니라 또한 자력으로 서려고 분투할 것이다.

▣ **표 8.3** 의심/편집성 성격 원형을 위한 치료 전략과 전술

전략적 목표

　　극성 균형

　　　고통의 감소

　　　다른 것의 증가

　　지속성 감소

　　　거절의 유발 중지

　　　견고한 수정하기

　　　자기보호적인 철회 취소하기

　　전술적 양상

　　　근접할 수 없는 자기상 변화하기

　　　성급한 기분 완화하기

　　　인지적 의심 재설정하기

　　치료에 들어오는 이유이면서 성격 표시로 불만을 제시하는 각 환자의 독특한 조합에도 불구하고 편집성 성격에 대한 상승 협동치료의 기본 목표는 모든 임상적 영역에 만연해 있는 극단적인 위축과 경직성을 늦추는 것이다. 동시에 시도는 의심/편집성 원형을 지속시키는 데 공헌해 왔던 극성 전환으로 혼란된 혼합의 균형을 잡는 것이어야 한다. 만일 편집성 환자들이 지속적인 방어 대신에 경계심을 내리고 대인관계로부터 만족과 강화를 얻을 수 있는 것을 배울 수 있다면 그들은 종종 스스로를 많은 삶을 증진시키는 경험에 개방될 수 있을 것이다(표 8.3 참조).

극성 균형의 재설정

의심/편집성 성격은 정신적 고통에 극도로 민감해서 모든 기회마다 거부와 굴욕을 예상한다. 이러한 이유 때문에 부정을 강화하거나 혐오하는 상황을 피하려고 한다. 항상 다른 사람들이 자신을 해치려 한다고 걱정하고 외적 통제를 두려워하기 때문에 다른 사람들로부터 철회해서 자신으로 방향을 돌리는 것을 체득했다. 치료는 다른 사람들의 요구에 극단적으로 무관심한 것을 완화하는 것뿐 아니라 우세한 자기 지향을 감소하는 것에 초점을 맞춘다. 다른 사람들에 대해 경계하는 편집성의 불신을 감소하는 것은 고통-쾌락 극성의 균형을 잡기 위해서 기본적인 것이다. 이러한 환자들이 타인들

과의 상호작용으로 보상 가능성을 확인하도록 돕는 것은 대인관계 접촉의 영역 에서 긍정적인 경험을 추구하고 싶어 하는 그들의 욕구에 불을 지피게 될 것이다.

지속 경향의 감소

타인을 의심하는 본성과 극단적인 불신은 이 성격 문제의 핵심에 놓여 있다. 그들은 거부반응의 징후를 경계해야 하기 때문에 사람들을 조사하는 것이 불가피하게 되어 있다. 타인에게 자신의 불안정성을 투사로 결합한 비난과 선동은 사람들의 반감을 살 수밖에 없다. 의심/편집성을 영속시키는 악순환의 개입은 가장 잘 간접적인 행동방식 으로 성취된다. Beck과 Freeman(1990a, 1990b)은 편집성에게 자기효능감을 신장시 키기를 제안한다. 이것은 순차적으로 투사가 방어로 사용될 가능성을 줄일 수 있다. 자신에게 힘을 실어주는 것은 편집성이 환경을 적대감의 표식으로 예상하여 살펴보는 극단적인 것과 각성을 무디게 할 수 있다.

  망상적 사고 패턴의 결과로 의심/편집성 환자들은 타인들로부터 거부와 거절을 피 하려는 경향이 있다. 이때 철회는 자기보호적인 기능을 한다. 이것은 또한 그들을 더 욱 의심하게 만들어서 현실을 왜곡하게 하고, 필요한 현실 점검 없이 반추하고 그럴싸 한 정교한 날조를 하게 만든다. 타인들에 대한 의심하는 태도와 결합된 부적절한 현실 검증은 망상적인 사고 과정의 발달을 촉진한다. 이 장애의 개인분류상 치료의 주요 목 표는 다른 사람들에 대한 전제를 재평가하기 전에 편집성의 자기보호적인 철회에 몰 두하는 성향을 극소화하는 것이다. 의심/편집성이 환경의 위험에 대한 인지가 거의 부 정확한 것이라는 점이 확인되면 자기보호적인 철회의 사용이 감소하고 이에 따라 그 들의 병리가 완화될 수 있다.

역기능 영역의 확인

의심/편집성 성격은 인지적 양식과 표현적 행동 영역에서 우세한 역기능을 보인다. 그 들의 의심하는 본성은 견고함, 경직성, 마주하게 되는 모든 상황에 대한 무분별한 악 의이다. 가상적이고 부적절한 대부분의 두려움을 편집성이 살피도록 돕는 것은 이러 한 경계를 늦추는 데 조력할 것이다. 이는 자기보호적인 철회에 몰두할 필요를 더욱 줄이게 될 것이다.

의심/편집성에 의해서 보이는 보호적인 사고는 그들의 자기상을 보호할 뿐 아니라 종종 공격과 거절을 유도하기도 한다. 개인적 과오가 다른 사람에게 투사되고 귀인됨에 따라 상대방의 악의적인 본성에 모든 불행의 근원이 있다는 신념이 강화된다. 치료적 노력은 편집성의 자기효능감을 강화하는 것이고 점차 편집성 환자 자신의 사소한 과오를 인정하도록 격려하는 것이다. 감정적으로 대인관계에서 도발적인 스타일과 결합된 편집성 환자들의 과민한 까다로움의 표시는 심지어 친숙한 다른 개인들에서도 거슬리는 것으로 경험될 것이다. 개입은 의심/편집성이 사회적으로 수용할 수 있는 방식으로 긍정적인 정서 표현을 격려하면서 분노와 비난을 표현하도록 가르쳐야 한다.

의심/편집성의 초기 관계 경험은 고착되고 비생산적이고 공인되지 않은 신념으로 유기되고 내면화되었다. 그들의 형태상의 조직과 그들의 완고하고 변할 것 같지 않은 대처방식의 체계적인 경직성과 고착성은 주요한 딜레마를 나타낸다. 이러한 영역에서의 작업은 더욱 다양한 대처기제의 획득을 강조하는 것이다. 그것은 또한 새로운 관계 경험을 기대하는 데 있어서 필수적인 것이다.

치료방식 선택

의심/편집성 환자들에게 좋은 접근은 무엇인가? 본질적으로 치료자는 느리고 점진적인 단계를 통해서 신뢰를 형성해야 한다. 환자를 위한 조용하고 형식적이고 진정한 존경이 보여야 한다(Meissner et al., 1996). 치료자는 이러한 환자들의 비상식적인 신념을 수용은 하되 승인은 하지 말아야 하고 그들이 인내할 수 있는 속도로 생각과 느낌을 탐색하도록 허락해야 한다. 치료의 주요한 초기 목표는 편집성 환자들이 익숙해졌던 굴욕과 학대 없이 불안을 다른 사람들과 나눌 수 있다는 것을 보여줌으로써 불신으로부터 자유롭게 하는 것이다. 만약 이것이 성취될 수 있다면 의심/편집성 환자들은 자신의 입장에서뿐 아니라 다른 사람들의 눈을 통해서도 세상을 볼 수 있다. 만일 치료자를 신뢰할 수 있다면 그들은 안도하기 시작하고 방어를 늦추고 스스로 새로운 태도에 개방적일 수 있다. 일단 그들이 치료자를 믿을 수 있는 사람으로 수용하고 나면 그들은 기댈 수 있고 생각과 제안을 수용할 수 있다.

행동 기법

행동치료의 목표는 편집성이 비난에 대한 과민성을 줄이고 행동반응을 조절하기 위해서 설계되었다. 다양한 정보정리와 사회적 기술 훈련 프로그램은 특히 저항을 보이는 편집성 환자에게 조언을 주는 인지적 접근을 사용한다. 기술 훈련은 역할 시연, 행동 시연, 비디오테이프 방법의 모델링과 같은 것을 포함한다(Oades, Zimmerman, & Eggers, 1996). 이 과업의 중심에는 다른 사람들이 방어적이지 않고 반작용 없는 방식으로 말하는 것을 편집성이 해석할 수 있도록 학습하게 하는 것이다.

행동 개입은 지속적으로 경계하고 적극적으로 외적인 통제에 저항하는 의심/편집성의 요구에 맞추어 사용된다. 편집성 환자들은 외적인 영향 하에 있기를 두려워하기 때문에 행동 기법은 개인적인 통제를 강조할 필요가 있다. 강화를 제공하기 위해서 타인들에게 의존하는 임시적인 경영 프로그램은 실패할 것이고 피해야 된다. 편집성 환자들은 자발성을 위협하는 상황에서 불안을 떨쳐버리고 통제하기 위해 공격적으로 비난할 수 있다. 그러나 즉각적인 성과를 얻는다는 것은 일시적이고 단지 의심/편집성 유형을 지속할 뿐이다. 자신감과 자기통제의 증진과 같이 방어의 감소는 주장 훈련을 통해서 획득된다. 치료자는 공격과 주장의 차이에 대해서 환자에게 가르칠 필요가 있다. 편집성 환자들이 강렬한 부정적인 정서 없이 건설적인 방식으로 생각을 표현할 수 있도록 가르치는 것은 난폭한 기질을 무디게 할 것이다. 이완 훈련은 그들이 더욱 편안하게 느끼도록 돕고 물질 남용과 같은 대안적인 이완수단의 필요를 감소시킬 수 있다.

기능 분석은 편집성 반응이 증진되는 구체적인 상황이 드러날 것이다. 충동 통제는 환자가 상황을 통제할 수 없다면 전후관계를 결정하여 이를 피하는 것을 알아차리도록 조력함으로써 강화될 수 있다. 가능하다면 환경적인 자극은 제거되어야 한다. 환자의 협력을 얻기 위해서 치료자는 향상된 자기통제를 획득하는 기술을 강조함으로써 언어강화물을 사용할 수 있다.

어떤 행동주의자들은 비난에 대한 환자의 불안을 감소시키는 것에 초점을 둔다. 불안 감소 접근 구성은 공포 자극에 대항하기 위해서 불안위계를 세우는 것, 점진적인 근육이완을 가르치는 것, 적응적인 인지 레퍼토리를 개발하는 것이다. 비난과 부정적 피드백은 대인관계 기술이 부족한 결과이다. 따라서 불안관리 훈련 과정은 사회 기술 훈련 다음에 와야 한다. 의심/편집성 환자들은 종종 극단적인 자기몰두로 사람들의 생각과 느낌을 이해하기 어렵다. 이러한 부주의를 극복하도록 돕는 것은 의사소통 기술 훈련으로 성취될 수 있다. 내담자가 역할 시연을 함으로써 치료자는 직접적인 피드백을 제공하는 것이다. 요약하자면 이러한 환자들에 대한 치료는 사회적 평가에 괴민함을 줄이고 비난을 유도하는 여러 행동을 제거하는 것을 목표로 한다.

대인관계 기법

대인관계 접근은 의심/편집성과 치료자 사이의 협력적인 관계를 세우는 데 적합하다. 이 장애에 대한 대인관계 치료의 중요한 목표는 Benjamin(1993)의 재인지 패턴을 촉진하는 것이다. 그러나 그녀는 편집성 환자들이 종종 가족사의 논의를 주저한다고 말한다. 이러한 저항은 가족문제가 처벌을 가져올 것이라는 두려움에서 기인한 것이다(Kantor, 2004). 그러나 특히 치료적 관계에서 초기 학습 경험을 고려해 보면 공격을 기대하는 것을 이해할 수 있지만 이러한 예상은 현재 환경에 더 이상 적합하거나 적응적인 것이 아니라는 점을 편집성 환자들이 배울 필요가 있다. 치료자의 진정한 협동으로 대부분의 편집성 사고는 감퇴하기 시작한다. 즉 더 이상 편집성 환자들은 치료자를 판단적이고 비난적이라고 인지하지 않는다. 모든 치료자의 과업은 비난도 아니고 유화도 아닌 친절과 인내를 전달하는 것이다. 굳건한 신뢰의 기반 위에서 환자는 다른 사람들로부터 예상되는 적대감이 더 이상 적합하지 않고 자신의 분노와 적대감은 단지 다른 사람들로부터 상대적인 분노를 일으킬 뿐이라는 것을 인정하기 시작한다.

의심/편집성 환자들이 자신의 부모로부터 겪었던 학대와 따돌림은 아동 양육에 깊은 영향을 미칠 수 있다. 이 분야를 목표로 개입하지 않는다면 미래 세대는 학대를 반복할 수 있다. Benjamin은 편집성 환자들이 학대되었을 때 어떻게 느꼈는지를 기억하도록 돕는 것을 제안한다(그들의 자녀들을 더욱 공감적인 태도로 키울 수 있다). 편집성 환자들이 자주 잘못 지향했던 분노를 재분출하면서 이전의 이들을 차별대우했던 공격자와 동일시했던 부적응 패턴을 변경하여 대처하도록 요구할 필요가 있을 것이다. Benjamin에 의해서 제안된 하나의 전략은 그들이 독재적인 부모처럼 행동하고 있다는 것을 보여주는 것이다. 이러한 관찰은 편집성 환자들이 매우 다르게 행동하도록 자극을 줄 수 있다.

치료자는 대인관계에 숨 돌릴 틈을 주기 위해서 잠시 물러서야 한다. Stone(1993)이 주지했듯이 통찰 치료는 극단적인 불안을 유발하는 자기표현과 전이반응을 고무시킨다. 회기 사이의 기간을 많이 두는 것은 조기 종결을 막을 수 있다. 그러나 일단 환자가 안전하다고 느끼면 그들이 신뢰의 태도를 학습하고 현재 삶의 문제에 대해서 더욱 적합하고 편안하게 생각하도록 도울 수 있는 기회가 있게 된다.

환자가 과거의 경험을 살펴봄으로써 세상은 안도할 수 없을 정도로 위험한 것은 아니라는 사실을 구축해나가는 것은 더욱 유연한 대인관계 양식의 발달을 부수적으로 촉진할 것이다. 가까운 관계에 몰두하는 것에 대한 저항은 환자가 혼자 남는 것과 친근한 관계를 갖는 것의 이점을 탐색하도록 격려함으로써 조절한다. 의심/편집성 환자들이 다른 사람과의 상호작용으로 실질적으로 긍정적인 것을 제공받을 수 있다는 점을 수용한다면 고립의 감소에 중요한 단계가 성취된 것이다.

대부분의 성격 장애와 마찬가지로 **집단치료**는 현실 검증을 위한 이상적인 대화의 장을 제공한다. 편집성의 완고하고 비난적인 태도와 함께 자신의 내재적 불신, 경직성, 대인관계의 왜곡을 검토하는 것을 거부하기 때문에 집단방법은 일반적으로 금기시된다(Yalom, 1985). 다른 집단 구성원의 피드백이나 공헌을 곡해하는 성향은 적대감을 자극해 집단의 응집력을 약화하고 편집성을 조기 종결의 위험에 놓이게 한다. 그러나 편집성 환자들은 안전한 거리를 유지함으로써 집단 과정을 검토하는 이점을 얻을 수 있다. 편집성이 수동적인 관찰자가 되도록 허락하는 것은 자신의 실질적인 방어 없이 사람들의 행동에서 다른 전제들을 검토하도록 고무할 수 있다(Karterud et al., 2003).

마찬가지로 만일 편집성의 과정에 조심스러운 주의를 기울이지 않으면 **부부**와 **가족** 기법은 좌초되는 위험을 당할 수 있다. 의심/편집성 환자들은 파트너의 진실성과 진심에 대해 의심하고, 치료자가 다른 가족 구성원과 유대했다고 보는 경향이 있다. 따라서 보조 치료자들을 두는 것이 현명할 것이다. 다른 사람들과의 상호작용뿐 아니라 가족 역동에서 부정적인 정서가 우세하면 더 긍정적인 상태와 정서를 표현하도록 환자를 독려함으로써 균형 잡힐 것이다. 다른 한편 일단 환자가 적당히 충동 조절을 하게 되었으나, 편집성의 만연된 불신에 직접적인 도전을 하지 않는다면 편집성이 아닌 배우자가 자신의 신념을 참아 내도록 지지하는 것이 대체적으로 현명하다.

인지적 기법

인지적 기법은 의도적으로 그들을 다치게 하는 다른 사람들을 신뢰할 수 없다는 역기능적인 신념에 대한 통찰을 의심/편집성 환자들이 얻도록 추가적으로 도울 수 있다. 그러나 도식-주도(schema-driven) 인지적 왜곡은 직접적으로 도전되어서는 안 된다. 왜냐하면 직면은 개인적인 공격으로 비춰질 것이기 때문이다. Beck과 Freeman(1990a, 1990b)은 환자의 기본적인 가정을 수정하기 위해 자신의 과잉경계와 방어를 줄이도록 환자의 이완이 요구된다고 주지한다. 편집성의 자기효능감은 자동사고, 대인관계 행동, 기본적 가정의 다른 측면을 수정하기 위한 시도여야 한다. 여러 저자들이 이 목표를 달성하기 위한 두 가지 방법을 제안한다. 첫째는 만일 의심/편집성이 상황에 의해서 제기되는 위협을 과대평가하거나 또는 문제를 해결할 수 있는 능력을 과소평가한다면 대처 능력을 증진하는 개입으로 더욱 현실적인 칭찬은 자기효능감을 증가시킬 것이다. 둘째는 상황에 만족하는 적당한 기술이 부족하다고 판단된다면 대처 능력을 향상시키는 개입은 자기효능감을 증가하는 데 기여할 것이다.

편집성의 의심하는 인지적 양식은 종종 이분법적인 사고와 과잉일반화에 의해서 인지적 오류를 드러낸다. 예를 들어 다른 사람들이 전적으로 능력 있거나 아주 무능력하므로 완전히 신뢰할 만하거나 아니면 완전히 신뢰할 수 없다고 간주한다. 편집성 환자들은 예상 관념에서부터 증거를 거꾸로 하는 성향이 있기 때문에 그러한 신념이 강화된다. 여러 기법들이 이들에게 새로운 관점을 세우기 위해 사용될 수 있다. 초기에 편집성 환자들은 여러 상호작용과 수반되는 인지, 정서와 함께 대인관계의 경험을 모니터하도록 지시받을 수 있다. 더 많은 정보를 모으는 것은 편집성의 지식 기반에 존재하는 다른 사람들의 동기에 대한 간극을 메우는 데 도움이 될 수 있다. 그런 다음 대안적인 설명이 탐색된다. 치료자는 그 전제를 과오로 해석하는 것이 아니라 편집성 환자들이 대안적인 전제를 찾을 수 있도록 하는 가능성에 무게를 두는 쪽으로 살펴야 한다. 치료자는 자신의 신념을 타당하다고 간주하는 편집성의 마음속에 있는 의심의 요소를 알아차릴 수 있게 하기 위해서 노력해야 한다(Stone, 1993).

자기상 기법

위대함과 자기중요성의 느낌을 전달하는 얇은 외피 아래서 편집성 환자들은 깨지기 쉬운 자기상에 조심스럽게 안주하고 있다(Dimaggio, Catania, Salvature, Carcione; Nicolo, 2006). 개인적인 과오를 인정할 수 없기 때문에 이를 다른 사람들에게 투사한다. 인지 개입은 환자가 다른 사람을 비난하고 투사를 방어기제로 활용하는 욕구를 보여줄 수 있다. 어떤 치료자들은 환자가 다른 사람들과 공감하고 그들의 입장에서 사물을 보도록 돕는 것을 목표로 대인관계 기술을 제안한다. 이것은 환자에게 다른 사람들의 입상에서 예상해 보고 그들의 입장에 서 보는 것이 어떨 것 같은지 상상해 보라고 요구함으로써 실행된다. 다른 사람들의 생각과 느낌에 대한 환자의 신념의 타당성은 얼마나 밀접하게 그 신념이 유용하고 부합하는지를 조사함으로써 살펴볼 수 있다. 이 점에서 특히 가치가 실존을 기반으로 한 관점이 도입될 수 있는데, 이는 환자가 여러 의심과 두려움의 관점에서 자신의 가치를 측정한다는 것을 깨닫도록 돕는다. 그런 후에 치료자는 환자의 점증되는 확신감을 과거와 현재의 현실 간의 차이를 탐색하는 매개물로 사용할 수 있다.

치료의 세부적인 양상을 고려하는 기법이 신뢰 형성 다음에 오는 것은 당연하다. 그러나 다양한 절차가 그 방식에 따라 사용된다. 주어진 시간에서 사용되는 특별한 접근과 상관없이 치료자는 환자의 개별적인 동작을 세심하게 설명함으로써 그 이상의 의심을 자극하는 것을 피한다. 합리적인 치료는 직접적이고 분명해야 하고, 치료 계획은 편집성이 통제에 대한 필요성을 인식해야 한다. 환자는 즉각적으로 자신의 망상과 직접적으로 직면되어야 한다.

정신내적 기법

Gabbard(1994)는 이 장애의 **정신분석적** 개입 목표를 환자 문제에 대한 신념을 외적인 원인에서 내적인 기원으로 바꾸도록 돕는 것으로 보았다. 그러나 이것은 대단한 두려움일 것이다. 즉 편집성의 왜곡과 적대적 감정을 참아내는 치료자의 의지와 마찬가지로 공감적인 민감성이 진정한 라포를 발전시키는 기반으로 준비되어야 한다. 치료자는 환자에게 삶의 세부사항을 물을 때 사건에 대한 인식에 도전하는 것을 피해야 하며, 가장 중요한 것은 치료자는 역전이 방식으로 문제되는 반응을 하는 경향을 삼가야 한다. Salzman(1980)은 환자가 치료자를 호의적이고 우호적인 도우미로 이해하도록 해야 한다고 말한다.

그들의 단단한 방어구조를 풀어주는 것은 편집성 환자들이 더 만족스러운 대인관계를 수립할 수 있도록 에너지를 확보하게 할 수 있다. 그들은 또한 과거와 과거의 잘못에 대해 보상받아야 한다는 감정을 반추하며 많은 양의 에너지를 소모한다. 이 분야에서 목표는 환자가 현실을 수용하도록 하는 것에 중심을 두는 것이다(Millon, Simonsen, Birket-Smith, & Davis, 1998). 좌절은 모든 사람의 삶에서 불가결한 부분으로 의심/편집성 환자들은 보상에 대한 여러 주장들을 단념해야 한다. 편집성 환자들의 방어가 점차적으로 희석됨에 따라 취약하고 열등감과 무가치함의 가장 내적인 느낌이 전면으로 다가온다. 우울감이 발생하면 우울 요소들을 해소하기 위해 치료의 초점을 변경할 수 있다.

종종 치료적 균형은 환자가 치료자로부터 역전이 반응을 유도하려고 시도함으로써 도전받을 수 있다. 치료자는 그것들을 실행하기보다는 감정을 억제하고 이에 따라 앞에서 기대되었던 것과는 다른 새로운 대상관계를 환자에게 제공해야 한다고 Gabbard(1994)는 강조했다. 점차적으로 이러한 새로운 경험들이 내면화될 것이다.

약리적 기법

약리학적인 입장에서 치료의 이점을 보고하는 조사가 상대적으로 부족함에도 불구하고 약리학적 시도는 불안이나 우울과 같은 의심/편집성의 방어 실패와 세부적인 증상이 발생할 때 투여될 수 있다. 종종 이러한 입장에서 유용한 것은 SSRI(예 : fluoxetine, sertraline) 항우울제이다. 하나 또는 혼합의 벤조디아제핀 소량을 처방한다(예 : alprazolam, diazepam). 정신적 쇠약으로 현실적인 접촉이 악화될 때만 소량의 투약이 요구된다(risperidone, olanzapine). 약 처방이 편집성의 내적 통제 요구를 위협하는 것으로 나타나면 결과적으로 저항이 기대된다. 다른 치료적 노력과 병행해 약 처방을 함으로써 치료자는 가능한 부작용과 잠재적인 이점을 상세히 개괄하면서 환자를 치료 계획에 편입시켜야 한다. 협력을 얻기 위해 치료자는 약 처방이 얼마나 자기통제를 늘리고 긴장을 완화하는 데 도움이 될 수 있는지 강조해야 한다.

상승효과 합의

치료 초기에 초점은 치료관계 발달에 두어야 한다. 다른 기법들은 환자가 치료에서 충분한 신뢰를 쌓고 동맹이 안정되었을 때 바랐던 결과를 얻을 수 있다. 자기효능을 증가시키는 데 초점을 두는 비지시적인 인지적 접근은 적절한 경우에 다른 방법이 필요한 첫 번째 행동 과정이다. 두 번째 단계의 치료적 방법의 선택은 실질적이고 궁극적인 목표에 있다. 기껏해야 치료는 기본적인 성격 패턴을 전환시키려는 것보다 통제하거나 완화하는 것이다.

환자의 자존감 증가와 인간관계의 신뢰를 발달시키는 것은 다른 치료 양상에서 근간이 될 것이고, 임상 영역 전반에 심오한 영향을 미칠 것이다. 예를 들어 자신의 능력에 대해 더욱 안정감을 느끼면 투사적인 방어에 몰두하려는 환자의 욕구가 감소될 것이다. 다른 인지 기법들은 환경에 대한 의심/편집성의 비현실적인 지각에 맞추어 연속적으로 사용된다. 환자가 마음속으로 자신의 신념의 정확성에 대해 의심하면 대인관계에서 잠재적인 긍정적 특성을 탐색하도록 고무할 것이다. 동시에 행동방법은 환자에게 방어를 늦추고 적대감의 표현을 금지하도록 가르칠 수 있다. 더 나은 삶의 관점과 타인들로부터 강화받을 수 있는 잠재력이 갖추어진 환자들에게는 이후 더욱 탐색적인 정신 역동적인 과정으로 다룬다. 편집성의 기본적 성격 구조를 재형성하기 위해서는 여러 기법의 조심스러운 활용과 순서의 나열을 필요로 하고, 무의식적인 요소들이 드러나게 하기 위해서 천천히 조심스럽게 진행되어야 한다.

가족이 의심/편집성에 영향을 미치고 결혼 대상자가 악의적인 비난에 정면으로 맞서면 부부나 가족치료는 동시적으로 수행되어야 한다. 치료 과정에서 약 처방은 불안을 노출되거나 편집성이 극도로 적대적이거나 발작하기 시작할 때 고려되어야 한다. 현실 통제가 약화되면 시설 수용이 필요할 수 있다. 이러한 시점에서 세밀하게 조율된 치료적 노력은 어떤 진행으로 주도할 수 있으면 보류해야 할 것이다. 환자가 치료를 지속하기로 결정한다면 치료자가 가혹하게 될 수 있는 환자를 시설에 수용하기로 결정하고 이로써 깨지기 쉬운 흠집 형태의 신뢰 유대를 재형성해야 한다.

예시 사례

여러 속성이 포괄적인 의심/편집성 성격의 핵심 특징으로 간주될 수 있다. 앞 장에서 대다수 환자들은 불안, 인지, 행동의 군거가 뚜렷이 기술되었다. 그러나 우리는 이러한 장애가 전개하는 여러 형태의 모호하고 공통적인 증상에 초점을 두지 않도록 조심해야 한다. 다음에 네 가지 성인 하위 유형의 편집성 성격 특색을 기술한다. 이 구분이 현실적으로 잘 정의되지 않았는지 주의해야 한다. 즉 이들은 종종 다른 데서 발견된 각 하위 변이의 많은 특징 양상이 중복되기 때문이다. 몇 개의 순수한 교과서적인 사례들이 다음에 기술되었다(표 8.4 참조).

사례 8.1 재클린 M., 51세

의심/편집성 성격 : 광적인 유형(자기애성의 특질을 가진 편집성)

현재 양상

재클린은 모든 동료들과 약물에 의해서 학대받는다고 느끼고 어째서 '모든 사람이 나를 그렇게 싫어하는지!' 이해하지 못했다. 현란한 스타일과 연극적인 재능으로 그녀는 어린 나이에 자신에게 정해진 운명이 있다고 느꼈다. 그녀는 자신을 몽상가로 간주하면서 '그녀의 영혼에서' 작품을 그렸고, 거기서 사

■ 표 8.4 의심/편집성 성격 장애의 하위 유형

배타적인 : 은둔적이고, 자기폐쇄적이고, 은자의 생을 산다. 수시로 나타나는 위협과 파괴적인 힘에 대해 자기보호적으로 폐쇄적이다. 가상적 위험에 대해 과민하고 방어적이다.(혼합된 편집/회피성 하위 유형)

악의의 : 전투적이고, 심술궂고, 소심하고, 냉담하고, 포학하다. 적대감이 일차적으로 공상으로 드러난다. 다른 사람들에게 자신의 불쾌한 외모를 투사한다.(혼합된 편집성/가학성 하위 유형)

완고한 : 자기주장적이고, 비생산적이고, 고집이 세고, 요지부동이고, 융통성이 없고, 예외 없고, 침울하고, 역정을 내고, 괴팍한 자세를 취한다. 법대로 하고 자기의로움이 있다. 그전의 억제된 적대감을 발산한다. 자기타인 갈등을 부인한다.(혼합된 편집성/강박성 하위 유형)

전투적인 : 언쟁적이고, 트집 잡고, 잘 토라지고, 논쟁적이다. 과오를 찾고, 참을성이 없고, 분개하고, 질투심이 있고, 성마르고, 끝없이 볶아댄다.(혼합된 편집성/부정성 하위 유형)

광적인 : 과대망상이 비합리적이고 근거가 없다. 다른 사람들에게 드러내 놓고 경멸하고 거만하다. 특이한 주장과 공상으로 세워진 긍지를 상실했다.(혼합된 편집성/자기애성 하위 유형)

람에 대한 특별한 통찰력을 품고 있었다. 그녀는 비록 사람들과 한마디 말을 해 보지 않아도 그들이 누구인지 깊은 이해로 사람들의 얼굴을 그릴 수 있었다. "나는 사람들의 근본은 알 수 없어도 그들의 진정한 본질을 그릴 수 있다."라고 말했기 때문에 그녀가 타인의 적개심을 파악하지 못한다는 것에 아연케 되었다. 또한 그녀는 이탈리아에서 예술을 공부할 동안에 발견한 빛에 대한 특별한 민감성이 있었다. 그녀는 함께 공부했던 예술가 무리로부터 떨어져 작업했을 때 '자연적인 능력'을 지각하게 되었다. 그녀는 그림에 대한 열정이 메말랐고 유망성이 거의 없다는 것이 분명해지면서도 다른 사람들이 줄곧 그녀의 탁월한 재능에 지속적으로 분개를 보였고 모든 면에서 그녀의 노력을 부식시키려고 했다는 것을 첨언하는 데 주저함이 없었다. 그녀가 확인할 수 있었던 유일한 문제는 사람들이 그녀를 이해하기에는 역시 그녀가 너무 탁월하고 생각이 깊다는 것이었다. 결국 '위대한 예술가는 참아야 하고' 이것은 그녀의 인고의 시기였다. 이것은 그녀가 임무를 추구하고 위대한 예술가가 되도록 요구하는 것을 지속적으로 수행하는 것을 단념시키지 못했다.

임상 평가

광적인 편집성은 구조적으로 결함이 적은 자기애성 성격과 비슷하다. 자기애성 성격과 이 성격 구조는 종종 혼조되어 있다. 둘 다 경탄할 만한 자기상을 가지고 있고 고상하고 가식적인 방식으로 행동한다. 순진하게 자기만족하고, 관대하지 못하고, 탐구적이고, 과대망상적이고, 뻔뻔하고 다른 사람들에게 거만한 경멸과 드러난 우쭐함의 풍모를 보인다. 낙관적인 인상과 착취적인 행동으로 성공을 과시하려는 자기애성과는 대조적으로 재클린은 어렵게 생활을 꾸려 갔다. 그녀의 고결한 비약된 이미지가 와해되면서 전능하다는 착각은 간헐적으로 파손되었다. 적어도 자신이 중심적인 상황에서 가치 있고 경탄할 만한 인물이라는 것에 익숙해져 현재 부과된 축소된 의미 있는 상황을 참을 수 없어 했다. 그녀의 자기애는 극심하게 상처 입었다.

재클린은 현실적으로 발생되었던 무관심, 경멸, 경시의 두려움을 감소시킬 필요가 있었을 뿐 아니라 엉뚱한 주장과 공상을 통해서 상실한 자긍심을 재건하려고 했다. 자존심에 대한 공격에 화가 난 그녀는 자신에 대한 이미지를 재건하고 무너져 있는 상태에서 한 번 더 올라가려고 시도했다. 그녀는 착각을 강화해서 자신에게 우월한 권능과 고상한 능력을 부여했고, 중요한 계획과 충돌하는 사건을 지워버렸다. 여러 과장된 주장들은 고착되어서 흔들리지 않았다. 이는 위상을 되찾고 의미 있는 존중감의 정체성을 회복하기에는 재클린의 욕구가 너무 중요했다. 분명한 모순과 타인들의 조소에도 불구하고 그녀는 보상받을 만한 자격이 있고 특별한 인정과 특전에 걸맞다고 주장하면서, 자신과 다른 사람들에게 그녀의 주장의 타당성을 확신시키기를 장황하게 계속했다. 그러나 재클린의 주장을 지지하는 증거는 희미했고 사소한 방해로 쉽게 붕괴되었다. 다른 사람들 앞에서 더 이상 유지할 수 없었고, 그녀가 각인시켰던 인정을 얻을 수 없었기 때문에 구원을 위해 그녀는 점점 더 자신에게로 방향을 돌렸다. 그녀는 명예가 다른 사람들에 의해서 의심 사지 않기 위해 어떤 우상화된 사람의 역할과 성격을 추정하기 시작했다. 거대한 임무는 '세계를 구원하기 위해서' 로 제안되었다. 극복할 수 없는 난국을 해결하기 위한 계획이 이루어졌다. 여러 스키마가 세밀하게 작동했다. 그것들은 객관적인 요구에 상응했고, 사람들로부터 최소한 순간적인 주의와 인정을 이끌어내는 데 충분한 논리로 명료화되었다.

이러한 이유로 그녀가 이미 행동 과정이 옳은 것으로 '알고 있었다고' 인정해 줄 수 있는 치료자를 찾고 있었기 때문에 재클린은 치료에서 현저한 저항이 쉽사리 나타났다. 꾸준한 방어적이지 않은 직면의 방식이 이러한 자세와 공존했지만 진실하고 신뢰할 만하고 정직한 자세가 처음부터 요구되었다. 재클린의 일차적인 양상은 자기감정의 결함을 감추고 고통으로부터 보호하는 동안 '대중들' 에서 철수와 그녀의 위대함을 포함해 잘못된 신념으로 확인하는 일이었다. 이러한 행동들이 다른 사람들로부터 더 많은 정도의 거절을 촉발했다는 것은 놀랍지 않았다. 다른 사람들을 평가절하하고 불신하는 그녀의 성향은 더욱 대등한 주고받는 사회적 관계에 참여하기 위해서 수정될 필요가 있었다.

영역 분석

재클린은 여러 영역 분석에서 활용된 다양한 평가에 적극적으로 참여했다. 그러나 피드백 회기가 약점보다는 강점에 강조를 두고 사려 깊게 다루어졌지만 이 회기 동안의 결과를 보고 좀 놀랐다. MG-PDC와 MCMI-III Grossman 다축척도는 다음과 같은 것을 나타냈다.

인지적으로 과대망상적/불신하는 : 이 영역은 음모론과 표리부동의 비난으로 난폭하게 굴었던 재클린의 부당한 냉소주의와 불신으로 가득 찬 위대함과 웅대함의 자기애적인 신념으로 당연히 피드백의 연결고리를 나타낸다.

대인관계에서 선동적인 : 재클린은 일상적 상호작용에서 사람들을 시험해 왔는데, 여기서 어느 누구도 신뢰할 수 없다는 것과 모든 사람은 어느 정도 그녀에게 대적하려 했다는 놀라운 것을 그녀에게 보여 주었다.

침해할 수 없는 자기상 : 영속적인 자기중요성의 관념은 재클린의 자기반영에 만연되어 있었다. 거기서 그녀는 파멸했다는 가상적인 시나리오로 자신을 무기력한 희생자로 채색했다. 어떤 점에서는 그녀에 대해 그리고 긍정적인 진정한 노력에 초점이 맞추어졌다.

치료 단계

단기 방법들이 재클린에게 최적일수 있으나 **환경운영, 정신약리학적 처방, 행동수정** 기법은 변화에 영향을 미치는 데 실질적인 가치가 있는 것 같지 않다. 사회적으로 인정받지 못하는 그녀의 태도를 변경시키기 위해서 **인지적 재정립**의 절차가 가장 잘 시도되었다. 라포의 기준은 그녀의 희생을 주제로 탐색하는 방향으로 **지지적 척도**를 세워 그녀의 **불가침한 자기상**을 느슨하게 하였다. 재클린은 그다음에 더

육 직접적인 방법으로 역기능적인 신념과 기대에 직면하여 견딜 수 있었다. 그러나 시작은 그녀의 결손을 강조하지 않도록 세심해야 했는데, 왜냐하면 이것은 치료관계를 위험에 빠뜨릴 수 있기 때문이었다. 그녀는 치료자와 거리를 잘 유지했고, 그녀의 입장에서 특히 결함의 단서를 탐색하는 데 저항했다. 그러나 초기의 불편이 사라진 후에 치료에서 주도적인 자세를 취하지 않으려는 노력이 있었다. 보통 인간이 완수할 수 있는 것은 무엇이든지(**인지적 확장**) 이미 수행했기 때문에 관점을 변화시킬 필요가 없다는 신념은 초기에 직면했다. 인지적 직면 방법은 효과적으로 다른 사람에게 자신의 결함에 대한 책임을 전가하는 노력을 감소시켰다. 치료자로서의 입장이 아니고 직접 다루지 않았더라면 여전히 그녀의 도피와 무의지는 심각하게 단기 과정을 방해했을 것이다. 확실하지만 지속적이고 정직하게 직면하는 기법으로 치료자는 재클린에게 그녀의 특성화된 **의심**을 일깨워 그녀의 개인적인 실수를 다른 사람에게 투사하는 논쟁을 피하게 했다. 왜곡된 기대를 취소하기 위해 강하게 인지적으로 근거한 방법은 다른 사람들을 가치절하하고, 다른 사람들의 판단을 불신하고, 그들을 순진하고 단순하다고 생각하는 그녀의 성향에 초점을 맞추었다. 그녀는 자신의 신념의 정확성에 의심하기보다는 다른 사람의 관점이 항상 과오가 있다고 가정했다. 그녀는 다른 사람들에게 불일치가 많으면 많을수록 자신의 우월성에 점점 더 많은 확신이 있었고, 그녀는 더 많이 거만하고 주제넘게 되고자 했다. 치료자는 진정한 신뢰와 존경의 경향을 형성하기 위한 상당한 인내와 평형성을 유지했다

그녀의 **선동적인** 태도와 사회적 습관을 금지하고 수정하기 위해 어렵지만 궁극적으로 신념을 변경하는 성공적인 단계로 **대인관계** 방법(예 : Kiesler, Klerman)의 소개는 후기 단계에 있었다. 더욱 표현적이고 시간이 연장된 기법들이 여러 가지 점에서 유용할 수 있었지만 이는 환자의 자기착각이 이 방법들을 촉진하는 상상적인 자유에 의해서 너무 강하게 강화되어 정당화하는 데 어려움이 있었다. 단기 **집단**치료와 **가족**치료처럼 초점이 맞추어진 대인관계 방법은 그녀를 더욱 현실적인 사회적 측면으로 보도록 하는 데 도움을 줄 수 있었고, 더욱 협력적인 사회적 기술을 학습하도록 도왔다. 그러나 이는 개입 시간에서는 적용할 수 없는 것이었다. 재클린의 최근 고갈된 자존감을 재구성하기 위한 많은 노력이 이루어졌음에도 불구하고 치료 과정에서 비굴하게 보이지 않도록 돌보았다. 그녀는 단순히 과거의 성취와 성공을 회상하도록 하여 자기확신을 가지도록 했고 이는 몇 회기에서 달성됨으로써 빠르게 회복될 수 있었다. 그러나 재발 방지의 목표는 재클린에게 다른 사람들의 욕구에 더욱 민감해지도록 하고 공유된 사회적 삶에서 억제력과 책임감을 수용하는 능력으로 강화하도록 했다. 이것은 그녀의 단점을 솔직히 직면하는 능력을 강화하도록 했다. 주의점은 이러한 노력에 단순히 피상적으로 따름으로써 속이지 않도록 관심을 가지는 것이었다.

성취감의 실패로 낯선 기간이 이어졌을지라도 재클린의 치료는 특히 이러한 본성의 문제에서 자기동기화되었다. 더욱 전형적으로 단기 직면 치료는 만일 혼자 남겨져도 재클린과 같은 광적인 편집성은 자신의 문제를 풀 수 있을 것이라는 신념에 대응하기 위한 것이었다. 무슨 자극이든지 그녀의 자부심은

환자 역할을 하기에는 위험이 되는 것처럼 보였다. 그녀가 초기 단계에서 치료를 수용했지만 이러한 태도가 오히려 깨지고 빈약하게 되어서야 비로소 치료자를 솔직하고 쉽게 겁주지 못할 사람으로 그녀가 존경하게 되었다.

사례 8.2 조지 S., 49세

의심/편집성 성격 : 악의적 유형(가학적 특질을 가진 편집성)

현재 양상

조지는 술집에서 폭력적인 난동을 부려서 체포되었다. 이것이 그의 첫 번째 범법이었기 때문에 징역이나 벌금선고 대신에 치료의 선고가 주어져 그는 어쩔 수 없이 수용했다. 처음에는 자기노출을 꺼렸지만 조지는 그의 감형된 선고가 순응을 조건으로 한다는 것을 이해하자 마침내 이에 응했다. 그러나 그는 "나는 엄마에 관해서나 자질구레한 이야기는 하지 않을 것이요."라고 불평했다. 그는 직업을 바꾸고 새로운 삶에 정착하고 있었다. 최근까지도 그는 이사 회사에서 일해 왔지만, 그는 자신의 트럭을 사용해서 이사 일과 재계약을 모두 하는 프리랜서가 되고 싶어 했다. 그의 고객들이 그가 알았던 지인이고 '대부분 내가 아는 사람은 내가 잘 알고 있고 그들을 보증할 수 있다' 는 것과 그들은 앞에서 돈을 지불할 것이라며 그는 새로운 사업준비를 필요로 했다. 조지는 외부인들을 믿을 이유가 없다는 것을 계속해서 설명했고 심지어 소위 죽마고우도 일상적으로 파렴치하다고 믿었다.

이러한 보호조치에 대한 동기를 계속 설명함에 따라 조지는 유년기가 억압하는 부모였음이 분명해졌고, 모든 사람을 의심했고 모든 행동에 숨은 동기가 있다고 믿었다. 그에 의하면 자기충동적인 동기의 이면에는 사람들이 그를 학대하려는 욕구가 있었다는 것이다. 이러한 망상은 인과응보라는 강한 열망을 가져왔고 조지는 이러한 모든 사람이 '자신이 한 대로 얻을 것' 이고, 개인적으로 이를 볼 수 있는 날이 올 것이라고 상상했다.

초기 인상

조지처럼 악의의 편집성 환자들은 가학적 성격의 구조적으로 변이의 결함이 있는 경향이 있고, 그들의 특색은 종종 편집성과 혼재한다. 그는 권력 지향, 다른 사람들에 대한 불신, 분개, 부러움 그리고 독재적이고 호전적이고 협작적인 방식이 가장 큰 특징이다. 이러한 형상 하에 필요한 경우에는 교활한 복수와 비정한 힘에 의해 과거의 잘못을 스스로 옹호하고, 다른 사람 이상의 승리에 대한 무자비한 욕망이 있었다. 조지는 구조적으로 결함을 갖지 않은 자와 대조적으로 그가 단지 유년기에 겪었던 바로 그 적대감과 가혹한 처벌이 다른 사람들을 학대하고 억압하는 노력을 더 증진해 왔다고 했다. 그의 거만하고 야성적인 전략은 너무 자주 역발되었다. 그리고 그는 공상을 통해서 하는 것처럼 그렇게 많이는 아니지만 행동을 통해서 보복하려고 했다. 반복된 좌절은 다른 사람들로부터 공격성의 예상이 확인되었고, 이는 더 많은 적대감과 비호감을 일깨웠다. 고립되고 분개해서 그는 점차적으로 자신에게로 향했고 운명에 대해 사념하고 저주했다. 그 자신이 반추하며, 그는 환경의 모든 측면이 위협과 위험한 역할을 한다는 시나리오를 상상하기 시작했다. 게다가 투사라는 정신내적 기제를 통해 자신의 원한을 다른 사람들에게 기인했고, 그들을 탓하고 그 속에서 악의와 나쁜 의도를 느꼈다. 객관적인 해악과 가상의 적대감 사이에 금을 그어 놓고 다른 사람들이 고의적으로 그를 가해했다는 신념을 유지했다. 혼자 위협받고 자기희생을 증가시키면서 조지는 의심을 과대망상으로 변형시켰다.

조지는 간절하게 독립을 요구했다. 모든 역경에도 불구하고 그는 임시적으로 자기가치에 대한 신념에 집착했다. 그의 자율성과 강점을 보호하려는 욕구는 피해망상 속에서 보였다. 다른 사람들이 가지고 있는 악의는 우발적인 것도 아니고 간헐적인 것도 아니었다. 오히려 그것은 그의 자존감을 겁주고 공격하고 부식시키기 위해서 설계된 것이었다. 다른 사람들은 그의 의지를 약화시키려고 하고, 능력을 파괴하려고 하고, 거짓을 퍼트리고, 그의 재능을 시기하고, 그의 사고를 통제하려 하고 그를 꼼짝 못하게 해서 종속시키려고 했다. 피해의 주제는 권위에 종속하는 것에 대한 두려움, 나긋해지고 복종적으로 되는 것, 자기결정에서 밀려 속게 되는 것의 두려움으로 채워졌다. 자기탐색을 혐오하는 조지는 행동수정을 통해 성취된 매우 구체적으로 명백한 사회적 목표로부터 시작할 필요가 있었다. 이러한 방법들이 사회적 상호작용 문제의 고통을 덜어주기 때문에 그 자신의 악의를 모른다고 하고 보복지향적인 환상을 따르는 투사하는 성향에 목표를 두고 치료자는 도전을 통해 더 깊은 탐색에 몰두할 수 있었다. 지속적으로 다른 사람들에게 힘을 행사하고 그들을 구속함으로써 만족을 인식하는 것 같은 그들이 일으키는 협박(**능동적－고통** 지향, **타인에 대한 가치절하**)은 이러한 방법으로 해결이 되었다. 그의 거만한 태도의 축소가 더욱 호감이 가는 인간성을 만들고 다른 사람들에게 문제되는 태도로 나타나는 가능성을 감소시키는 것이 보였다. 그 이상의 사회적 변화는 조지의 지속적인 위험의 인지를 감소시키고 더욱 건강하고 긍정적인 사회적 상호작용을 양성하는 데 도움을 줄 수 있었다.

영역 분석

조지는 지속적으로 "여러 질문을 통해 나의 생애를 기록한 것들이 당신이 약속했던 것처럼 다시 판사에게 돌려보내지지 않았으면 해요."라고 말하면서 동기에 대해 의심했다. "내가 당신을 염두에 두지 않고 어떤 것을 노출한다면 당신은 나를 고소하고 나는 면허증을 잃게 될 것입니다."라고 치료자는 더욱 확신시킴과 함께 공개되는 유일한 기록은 평가의 요약이며, 검토로 치료가 될 것이라는 확신 후에 검사에 응했다. 불행하게도 극도로 높은 성취도로 인해 MCMI－III 점수는 타당성이 없었다. 그러나 MG－PDC는 개입을 위한 여러 목표 영역을 확인했다.

무모한 표현 : 조지의 조용한 투덜댐은 산발적으로 우발적인 적대감과 악의의 폭발방식이었고, 극단

적인 보복에 종속되어 있다는 것을 분명히 감지했을 때도 그러했다. 이것은 교대로 다른 사람들로부터 더 많은 적대감을 불러일으켰고 지속적으로 분노, 불신, 냉소, 선동의 시나리오를 일깨웠다.

투사기제 : 조지가 보기에 그는 잘못된 것이 없었고, 그 문제에 대한 그의 상호작용에서 다른 모든 사람은 누구라도 의식에서 숨겨진 잠재적인 독설로 가득 찬 악의적인 감정으로 채워진 낯선 사람들이었다.

대인관계에서 선동적인 : 다른 사람들을 비하하고 손상시키는 가학성으로 만족한 경험을 한 요소들과 결합되어 그가 원했던 바로 그 적개심을 일으키도록 고안된 편집성 행동의 검열과 함께 조지는 다른 사람에게 폭발을 위했던 것처럼 보이면서 가능한 한 논쟁과 같은 사회적 변화를 만들기 위해 많은 기회를 엿보고 있었다.

치료 과정

단기간의 우원화된 초점은 조지에게 최적으로 적합했다. 그는 자발적으로 치료에 참여하려고 하지 않았고 치료는 단지 외적인 어려움의 압력으로 동의했다. 강하고 단호한 태도는 치료자의 기술을 시험하고, 불일치를 찾아내고 분노를 일으키고, 가능하다면 치료자를 무시하고 경멸하는 상황을 설정하여 치료자를 속이고자 하는 조지의 욕망을 극복할 수 있었다. 치료자에게서 가장 중요한 과업은 비난적인 태도를 표현하는 충동을 삼가는 것이었다. 조지와의 라포 형성의 중요한 단계는 사물을 그의 관점으로 보는 것이었다. 단기 개입으로 성공할 수 있다면 치료자는 건설적인 동맹의 전개를 위한 신뢰감과 의지를 전달할 필요가 있었다. 전문적인 권위와 인내의 균형은 그가 재발하고 충동적으로 치료를 철회할 가능성을 줄이는 데 유용했다. 개입의 직접적인 목표는 조지의 어려움이 전적으로 그의 통제 하에 있는 것이 아닌가를 유념하면서 치료자는 적대적 감정을 확인할 수 있었다. 정형화된 **행동수정** 방법은 그의 사회적인 행동에서 더 많은 일치와 대인관계의 조화를 성취하도록 시작하여 결실 있게 탐색 하는 것이었다. 그가 요구했다시피 그의 적대적이고 **자극** 행동에 대한 대안을 학습하는 것에 목표를 둔 전문적인 목표 지향적인 개입을 위해서 더 깊은 탐색은 삼가되었다. 조지는 이러한 방법에 대해 감정을 표현했고, 하루는 이를 난센스라고 부르면서 다음과 같이 기록했다. "나는 당신이 하기 나름이에요. 그냥 충동적으로 나는 여러 제안 중 하나를 시도했는데 그게 나에게 왔을 때 나는 놀랐어요." 분명히 그의 행동이 다른 사람에게 해를 끼친 듯했다.

이것이 희망적인 시작이었지만 모든 것이 이러한 양상에서 부드럽게 순행할 것이라는 확신은 없었다. 따라서 단기 직접적인 **인지-역동** 기법으로 그의 기대와 파괴적이고 자기패배의 특성에 도전하는 것과 그리고 그의 특징적인 **투사적 방어**를 드러내는 것을 목표로 한 더욱 새로운 경험을 제공하는 것이 추가되었다. 깊게 뿌리박힌 이러한 문제특성이 대부분의 치료적 절차의 효과를 잠식했지만 단기 역동적 양상과 **대인관계** 기법 모두에서 더욱 결정적인 기법을 탐색하는 것은 효과적이었고, 덜 **혐오적**이고 덜 **선동적**인 사교의 기술을 가르치는 것으로 잘 작동했다. 성격의 재건이 단지 조지의 더 깊은 병리를 변경하는 유일한 수단은 아니었다. 또한 인지적 재구조화의 절차는 그의 상처와 분노 감정의 원천을 인정하도록 돕고 어떻게 그가 다른 사람들의 상처와 분노를 유발했는지를 평가하기 위한 가장 유용한 기법임이 밝혀졌다. 조지는 태도를 재구성하고 그 결과의 이점을 보도록 학습했다. 예를 들어 그는 그의 공격적인 행동과 부단한 싸움의 결과로 대인관계의 어려움을 경험했지만, 그의 행동을 달리 보고 그의 욕구를 충족하는 다른 수단을 획득함으로써 이러한 성향은 감소되었다. 조지는 한 문제가 항상 다른 사람의 적개심으로 이끌릴 수 있다는 가정을 학습하지는 않았다. 그가 문제에 대한 책임의 평가를 받아들일 수 있음을 알아냈기 때문에 그는 치료자가 자신을 속여서 인정하도록 했다고 결론지을 필요가 없었다. 이러한 상황 속에서 치료자는 그에게 일반적인 거부나 비난에 반응하는 모든 충동을 삼갔다.

사례 8.3 카를로스., 32세

의심/편집성 성격 : 완고한 유형(강박적 특질을 가진 편집성)

현재 양상

고등학교 체육 선생님인 카를로스는 거의 변함없이 밋밋한 정서를 가진 행동방식으로 지나치게 자기주장적이고 주도면밀했다. 카를로스는 사람들이 자신에게서 무능하다는 구실을 찾기를 바란다고 하고 "그들은 오로지 다른 방법을 찾을 수 없어요."라고 인식하고 있기 때문에 그의 학교 공무원들이 평가를 요청했다. 그에게는 일련의 규칙과 정책이 있었는데 이를 그의 학생들이 따르도록 기대했던 것이었다. 불행하게도 이는 종종 학교 정책과 충돌했다. 카를로스는 학교 규범이 너무 많이 느슨하다고 믿었고 그래서 학생들을 위해 규범을 더욱 엄격히 강화하도록 자신이 위임받았다고 생각했다. "그들은 내가 없으면 결코 성인이 되는 것을 배울 수 없을 것이고, 결코 훈육이나 책임감을 얻을 수 없을 것입니다. 나는 그들이 가지고 있는 모든 것이지요." 그는 계속해서 행정관, 부모, 다른 선생님들이 버릇없고 장난꾸러기인 장애인 아동을 기른다고 비난했다. 특히 카를로스는 운동을 통해 초감각적인 지각을 발달시켰던 지점까지 그의 감각기관을 연마했다고 확신했다. 그는 다른 사람들의 동기와 감정을 느낄 수 있었고, 이를 기반으로 그의 학생들을 분류하는 데 소질이 있다고 느꼈다. 그는 ESP를 사용해서 다른 선생님들과 행정관들이 그를 질투한다는 것과 '그를 해쳐서' 해고하기 위해 동기화되어 있다는 것을 발견했다.

초기 인상

구조적으로 결함이 적은 강박적 성격보다 더 많은 병리적 변이인 카를로스와 같은 **완고한 편집성**은 일정한 범위의 견고한 특성이 두드러진 여러 편집성의 특성으로 연결되고 통합되어 있다(L. M. Horowitz, 2004). 그러나 다른 사람들의 좋은 사무실을 통해 만족과 보호를 얻을 것이라는 기대를 가지는 강박성 환자들과는 대조적으로 카를로스는 자기-타인 갈등을 통해서 완전히 낙담했고, 의존적인 복종과 단절했고 모든 것이 '그렇게 되어야 하는 방식'에 찬동하면서 자기주장적인 분개한 자세를 취했다. 커져가는 적대감과 적합한 거절에도 불구하고(특히 자신의 관점에서 보는 적합성이 아니라 행정부의 희망에 따른 적합성) 그는 기본적인 경직성과 완전성을 유지했다. 그는 유머가 없고 긴장되고 경직되고 자기 변호적이었다. 그가 안전의 일차적인 자원으로 다른 사람들을 무시할 필요가 있음에도 불구하고 그의 생애의 나머지 과잉통제와 무결함의 습관은 그렇게 쉽게 포기되는 것은 아니었다. 즉 이러한 기본적인 성격은 철칙이었다.

계속해서 명료한 규칙과 통제를 추구했지만 카를로스는 오히려 과거에 그랬던 것처럼 사회적인 규칙을 고수하는 것보다 사회적 규칙을 해석하는 것이 더욱 중요하다는 분명한 입장을 강요했다. 그가 지금 일축한 관례 지침의 박탈로 그는 점차적으로 자기 스스로 질서를 찾고 힘과 독립 추구에 의지하는 것을 배웠다. 이렇게 감지한 독립으로 그는 복종과 예의범절의 구속으로부터 스스로 자유롭게 되었다. 그는 똑같이 요구하고 처벌적인 태도로 다른 사람들에게 공격하면서 그가 그전에 억눌렸던 적대감의 저장고를 분출하기 시작했고, 스스로 만들어 놓았던 기준을 다른 사람들에게 부과했다. 그러나 카를로스는 완전히 갈등과 죄책감으로부터 자유롭지 못했다. 그의 새롭게 발견된 적대감을 정당화하려는 노력에도 불구하고 과거의 신념들로 이러한 행동들을 청산하지 못했다. 게다가 그의 거만함은 과거의 불안으로 재활성화되었다. 그는 과거의 적대적 행동이 자극했던 유발 기억을 피하지 못했다. 그 안으로 깊이 죄책감의 잔재와 보복의 두려움이 있었다. 이러한 2개의 요소는 피해망상을 일으켰다. 예감, 투사, 죄책감의 결과로 그를 비난하고 처벌하고 경시하고 포기하게 하려고 다른 사람들이 그를 '따라오고 있다고' 믿기 시작했다. 이러한 만성적으로 잘 정의된 망상은 과거에 고전적인 편집성 사례에서 종종 환자의 '정상적인' 신념의 주요 체계로 분리되어 있고, 완고한 편집성 유형에서 발견되는 경향이 있다. 카를로스의 지나치게 경직되고 빡빡하게 통제된 사고 과정은 구분하여 분리하고 그의 신념 부문에 맞출 수 있게 했다. 따라서 그는 대부분의 시간을 정상적으로 기능하는 것처럼 보였다. 그러나 한번 망상과 연관된 주제와 결부되면 정상으로 감추어진 밀폐되었던 비합리성의 신념이 드러난다.

카를로스의 과도한 **고통** 지향 덕분에 치료의 초기 노력은 지지적인 전략으로 성마른 기분을 변경하는 데 국한되었다. 점차적으로 목표 지향적인 기법이 그의 잘 구조화된 방어를 느슨하게 하는 단계로서 그의 환상적인 적대감의 둔감화에 집중되었다. 이러한 것은 극단적인 자기주장을 표출하고 강력한 역할로 통제를 유지하는(자기-타인 갈등을 깨고, **자기**를 지나치게 강조하고 **타인**을 버려진 것처럼) 자세로 분노를 투사함으로써 '궁지에서 늑대를 견제할 수 있다'는 신념 같은 자기영속성을 해결하기 위한 기법이 뒤따른다. 그의 방어가 이완됨으로써 다른 방법들이 처벌의 가치를 가진 감정을 완화해 이에 따라 덜 방어적인 사회적 상호작용을 탐색하는 데 기여했다.

영역 분석

카를로스는 "만일 치료가 나에게 문제가 있다고 하면, 나는 당신이 돌팔이라고 논박할 수 있어요. 나는 누군가 나를 감시하고 그들이 원하는 어떤 의미를 강요하는 상황에서 종이에 적어 놓을 수는 없어요." 라고 말하면서 자기보고 평가지를 완성하는 데 거부했다. 그래서 사용될 수 있는 유일한 것은 MG-PDC였고, 그것은 다음과 같은 결과를 산출했다.

> **기질적으로 성마른** : 차갑고 냉정하고 그의 단조로운 정동에서 카를로스는 모든 것에 유머가 없었다. 그는 모든 측면에서 무감정의 풍모를 유지했다. 그러나 이것은 날카로움과 방어의 수준을 감추고 있음이 분명해 보였다.
>
> **인지적으로 수축된/의심하는** : 그의 관점이 견고하고 불변해서 표준에 따라 살아가는 거부감에 대한 거대한 응보로서, 주위 세계의 틀을 과도하게 허용하거나 하찮게 보는 신념으로 구성한 그의 구체화된 이분법적인 구조에서부터 흔들릴 수는 없다. 그는 게다가 세상은 자신 또는 자신과 같은 소수의 사람들에 의해서 전복될 것이라고 믿었다.
>
> **대인관계에서 선동적인** : 카를로스는 천성적으로 호전적이고 갈등을 고조한 가시 돋친 선동의 말을 했다. 그의 높고 능력 있는 지위를 유지하고 자신의 안전과 보호를 확고히 하기 위해 그의 세계관에 대해 다른 사람들에게 묵인과 고수를 강요함으로써 그는 주변에 있는 낡은 세계를 노출해야 하는 임무를 가진 사람처럼 보였다.

치료 단계

카를로스에게 사용된 초기의 주요 수단은 단기 **지지적** 처방이었다. **정신약리학적** 약물이 그의 날카로움과 음울한 무덤덤함(**기질적으로 성마름**)을 일으키는 불안을 완화하는 데 초기에 효과가 있었다. 그러나 사용된 투약 수준이 그의 효율적인 경계심을 의미 있게 감소시킬 만하지는 않았다. 카를로스의 주된 증상은 우발적인 불안 발작, 과도한 피로를 포함했다. 그의 드러난 스타일인 효능감과 책임감에 위협을 받는 그러한 증상 때문에 더욱 직접적인 **동기면담** 기법에 더욱 중점을 둔 **인본주의적** 치료가 특히 유용했다. 또한 유용했던 중요한 치료 접근의 부분은 그가 현실적인 불편이나 불안을 자극하는 상황에 둔감해지도록 하기 위해서 설계된 더욱 직접적인 행동수정 기법이었다. 아마도 그의 증상이 내적인 정신병리적 역동(예 : 양가감정과 억압된 분개)에서 대표적으로 발생한다는 것을 알아차리는 데 실패했기 때문에 적은 표현보다 간결한 접근방식이 가장 좋았다. 분명히 방어적인 보호막이 모두 제거되기 위해서 치료자는 카를로스의 확신을 배가해서 키웠다. 그가 인내할 수 있는 것보다 더 많은 방어를 제거하기 위해 치료 계획을 확장하여 연장시켰다. 다행스럽게 그는 잘 방어되어 치료자에 의한 조심스러운 질문이 문제되는 재발을 일으키지 않고 성장을 일으켰다. 주의점은 카를로스의 말버릇이었다.

인지적 의심에서 흘러나온 기저에 있는 조롱에 대한 두려움 때문에 카를로스는 그의 부적절감에서 나타나는 가장 나쁜 두려움을 노출하는 과정을 치료로 보았다. 게다가 그의 **수축된** 양식이 "누구든지 정말로 치료를 필요로 하는 사람은 약한 사람임에 틀림없다."는 신념, 즉 단순히 견디기 힘든 자기신념이었다. 축 늘어지고 우울하고 흥이 없이 일어날지도 모를 고통스러운 망상에 개의치 않고 어떤 변화에 대한 욕구에 직면하기보다는 그는 안정된 현 상태를 유지하기를 원했다. 앞에서 주지했듯이 그의 무방어는 존중되어야 했고, 탐색과 통찰이 조심스러운 보폭으로 진행되었다. 치료 과정에서 신뢰와 확신의 정도가 일단 발전되고 나면 불안을 안정과 변화로 조장하기 위해 치료자는 **인지적 방법**을 사용했다. 카를로스는 그가 익숙해져 있던 사고와 행동들로 제한하기를 바랐기 때문에 치료적 절차는 그가 인내할 수 있는 것보다 더 직면할 수 없었다. Beck과 다른 사람들에 의해서 주지되었던 목표의 본질은 어떠한 결점이 비극으로 귀결될 수 있는 것의 두려움 또는 가장 높은 수준을 수행하지 못하는 것이 굴욕적인 실패로 귀결할 것이라는 두려움 같은 이러한 가정을 변화시키는 데 초점이 맞추어진다. 첫째, 카를로스가 전략을 그의 일반적으로 **선동적인** 상호작용으로 대처하기를 원했고, 둘째로 그가 그의 점진적으로 변화하는 전략의 이점을 느낄 수 있었기 때문에 이러한 방법을 따르기 위해서 **대인관계 기법의 형성**이 필요했다. 특히 그가 잘 교육받았기 때문에 그의 문제되는 신념이 명시적으로 제시되기 전에 표명한 가상의 통찰력은 주로 치료자를 회유하는 모습이었다. 그의 습관적인 방어들이 매우 잘 구조화되어 있어서 일방적인 통찰에 근거한 진단은 기껏해야 일시적인 것이었다. 진정한 진전은 문제의 자기진술과 가정을 수정하기 위한 단기 기법에 초점을 둘 필요가 있었다. 이러한 구체적인 기법이 없었다면 그는 치료 목적을 위한 단지 립서비스에 주의를 기울였을 것이고, 과거의 단점에 대한 죄책감과 자기비난을 표현하지만 방어적인 통제를 기꺼이 단념하려 하지는 않았을 것이다. 마찬가지로 감정이 가득한 그의 혐오와 불편 때문에 유일하게 공감은 유용한 것이었다. 견고하고 명료한 생활방식을 따르는 욕구에 의해 그는 더욱 표현적인 비지시적인 기법보다는 단기 인지적 대인관계 방법에 더 잘 반응했다. 좌절의 발생을 줄이기 위해서 권리에 기반을 둔 규칙과 규정의 유연성 없는 정확성과 끊임없는 자기비난과 같은 부적응적인 신념을 포기하도록 그의 의지를 강화하기 위한 노력이 이루어졌다.

사례 8.4 줄리아나 M., 36세

의심/편집성 성격 : 배타적 유형(회피성 특질을 가진 편집성)

현재 양상

줄리아나는 동료가 그녀를 해고당하게 꾸미고 있다고 확신하고 초조감을 가진 긴장한 사서였다. 그녀는 주치의에게 항우울제를 처방받은 후에 치료 과정에서 약간 거칠어졌다. "나는 당신이 단지 나의 증상에 대해 유독 더 많이 알려고 한다고 생각했어요. 당신이 나에게 그렇게 많은 질문을 할 것이라고는 생각하지 못했어요."라고 그녀는 초기 인터뷰에서 몇 개의 질문을 후에 술회했다. 줄리아나는 숫자에 대해서 상당한 이해 능력을 가지고 있고, 다른 사람들이 이해하지 못하는 수에서의 패턴을 이해하는 능력을 가지고 있다고 주장했다. 만일 그녀의 저녁식사가 7시 22분에 시작하면 이것은 초장에서부터 악운이고 어쩔 수 없는 것이었다. 그러나 반대로 7시 21분은 좋았다. 한 단어가 6개의 철자로 구성되어 있으면 그것은 3개씩 나누어지고, 그것은 좋은 것이지만 단지 짝수라면 그것은 궁극적으로 나쁜 것이었다. 그녀가 일할 수 있었던 일주일 동안의 시간을 포함해 그녀의 정문의 숫자 키의 숫자와 그녀의 숫자에 대한 미신은 삶의 모든 면을 방해했다. 그녀는 동료들이 자신을 좋아하지 않아 그녀의 파일에 잘못된 숫자를 밀어 넣어서 그녀의 패턴을 깨버렸다고 확신했다.

어린 시절부터 그녀의 어머니는 다른 사람들이 이득을 취해서 그녀를 비참하게 할 수 있기 때문에 줄리아나에게 자신을 보호해야 한다는 생각을 주입시켰다. 줄리아나가 '덜 성숙한 과부'로 기술했던 그의 어머니는 다른 사람들이 그녀의 돈을 빼앗아 갈까 봐 매우 걱정했다. 다른 사람들이 그녀의 아파트에 들어오는 것과 그녀의 전화가 통화 중인 것을 그녀의 어머니가 싫어했기 때문에 줄리아나는 다른 사람들과 매우 제한된 관계를 가졌고, 다른 사람들이 방문하거나 전화하는 것을 허락하지 않았다.

초기 인상

줄리아나는 주목할 만하게 과민했다. **배타적 편집성**인 그녀는 극단적으로 염려와 기분 변화가 심했고, 특히 지위, 신념, 성취에 관련된 비판적인 판단에 지나치게 민감했다. 병리적인 초기 단계에서 그녀는 세상으로부터 철회 빈도가 높았고 점차 은둔하고 고립되는 면에서 회피성 성격과 유사했다. 그녀는 다양한 자기에 초점이 맞추어진 방식에 집착했다. 예를 들어 그녀는 환상적인 자존감을 증진하기 위해 난해한 지적인 활동에 몰두했다. 많은 배타적 편집성 환자들은 고통스러운 환상의 놀라운 현상을 가라앉히는 방법으로 알코올이나 약물에 집착한다. 그들의 배타적인 상태로부터 육체적인 안도를 얻는 수단으로뿐 아니라 두려움에서 장대함에 귀 기울이기 위하여 어떤 사람들은 문란한 성적인 탈선을 추구한다. 줄리아나는 위협적이고 파괴적으로 판단되는 환경으로부터 자신을 보호하기 위해 '특별한 기술' 뒤에 숨었다. 이러한 방식으로 그녀는 초기 단계에서 외관적으로 문제들을 빠르게 비추어서 무엇이 문제될 수 있을지를 예측하고, 자신을 실질적인 위험과 가상적인 위험으로부터 방어했다. 앞의 증거로 줄리아나와 같은 자기보호적인 배타적 유형은 회피성 성격과 몇몇 핵심적인 특징을 공유했다.

줄리아나는 오히려 우발적이고 사소한 사건에 대한 섣부른 결론을 내리는 경향이 있었고, 그 사건은 대부분 자신의 불안과 적대감을 투사함으로써 의미가 주어지는 것이었다. 그녀의 사회적 세계의 자연적 복잡성은 하나 또는 두 가지 지속적이고 포괄적인 생각으로 좁혀졌다. 이러한 방식으로 그녀는 모든 것이 기본적으로 같은 주제에 대해서 하나 또는 두 가지 하위 유형을 대표한다는 '지식'으로 대면했던 문제를 효과적으로 다룰 수 있었다. 자신을 고립시키는 이유의 대부분은 무엇이든 그녀에게 영향을 미치는 누구든지 예방할 필요에서 파생되었다. 그녀에게 영향을 주는 외적 자원을 배제하거나 돌리려 했고 자발적으로 남아 있는 자신을 지키기 위해 자신의 생각과 신념에만 의존하려는 강한 열망이 있었다. 그녀의 강렬한 불안과 위협의 감정은 결과적으로 방어적 행동으로 확대되었다. 그녀가 인지했던 음모와 피해는 자작적인 것이었다. 이러한 놀라운 감정을 방어하기 위해 그녀는 의도적으로 자신의 생각을 흐트러뜨렸고, 생각으로부터 자신을 거리를 두려고 했다. 그녀의 내적 세계는 우발적인 사고의 혼란스러운 잡동사니가 되었다.

줄리아나의 일차적인 노력은 **능동적 고통** 지향을 줄여 인지된 혼란스럽고 잔인한 외부 세계를 피하는 방향이었고 더 많은 사회적 능력을 획득하기 위해 **자기**와 **타인**을 보살핌으로써 쾌락을 증진하는 것이었다. 그것은 그녀의 기분과 품행에 관련해 이점이 있을 것 같았다. 다른 탐구는 그녀의 통제된 공포를 살피고, 충동적으로 사소한 환경의 관여를 강조하도록 유도하던 사고 패턴의 재조직을 포함할 수 있었다. 영속적인 순환을 깨뜨리기 위해 사회적 범위가 이러한 기술과 행동이 그녀의 건강한 상호작용을 획득하기 위해 감정적인 영역과 일치하도록 시작하는 것으로부터 탐색되어야 했다.

영역 분석

줄리아나는 영역 분석에 의해서 호기심이 자극되었다. MCMI-III와 Grossman 다축척도의 결과는 다음과 같았다.

> **기질적으로 비통한** : 그녀는 감추려고 했지만 간헐적으로 표면에 새어 나오는 심각한 혼란과 유동적인 긴장을 겪었는데 그것은 괴로워하는 얼굴과 몸의 긴장의 호소에서 알 수 있었고, 애매한 행동방식으로 시연되었다.
>
> **인지적으로 산란한/의심하는** : 다른 위험이나 사소한 가능성도 끊임없이 경계해서 줄리아나는 관리할 수 있지만 그밖에 침입할지도 모르는 걱정되는 존재의 흔적을 찾는 데 몰두해 있다. 그녀는 계속 늘어나는 회의주의에 어떤 생각도 지속적으로 즐기지 못하게 하는 불행한 시도가 그녀의 마음속을 더욱더 후퇴시켰다(제3장의 회피성 성격의 공상기제를 보라).
>
> **대인관계에서 혐오적인** : 그녀의 공상 속으로 후퇴하고 현실과 자기창조의 경계를 무너뜨리는 것은 줄리아나에게 갖추어진 병적인 효과적인 탐색이 적당한 이유가 없이 어떤 계기가 주어지면 그녀를 해할 수 있는 위협적이고 악한 세계의 사람들로 보는 것이다. 그녀의 사회적 기술은 미약한 상호관계 방식의 신념이 반영되었다.

치료 단계

줄리아나의 단기 치료의 주요한 신뢰는 그녀의 사회적 관심과 능력을 증진하는 것이었다. 그녀의 **분개된 기분**을 해소하는 데 도움을 주기 위해 주치의와의 상담을 통해 **정신약리학적** 처방의 효과성이 모니터되었고 평가되었다. 여러 약물의 시행 기간 중에 효과적으로 그녀의 에너지를 증가시켰는지, 유용한 감정의 결과를 보여줬는지 결정하기 위해 탐색되었다. 그러나 약물은 줄리아나가 아직 다루지 못하는 감정을 활성화할 수 있었기 때문에 조심성 있게 사용되어야 했다. 바로 첫 회기의 치료 진행은 더욱 **비지시적**이고 **지지적**인 성질이었고 거기서 그녀가 스트레스와 불안을 다루었던 습관적인 방법을 탐색할 수 있어 여러 대처기제의 효과 여부를 알 수 있었다. 이러한 내성적이고 수동적인 여성을 위한 초기 치료 노력은 그녀의 철회 성향을 줄여 더욱 사회적인 사람이 되도록 하는 욕구를 높이는 방향으로 가장 잘 잡힌다. 내관법을 사용하고 최소한도로 정동과 정력이 분명히 안정되었기 때문에 다른 사람들이 불편하게 하든지 아니면 온정이 있든지에 상관없이 그녀가 점점 더 고립되는 것이 예방되었다. 단지 일이나 가족책무에 의해 요구되는 여러 활동들을 추구하려는 그녀의 성향 덕택에 그녀의 사회적 세계를 확장시키기 위한 에너지가 투여되었다.

인내치를 넘어선 강요는 할 수 없었지만 신중하고 잘 갖추어진 **인지적** 방법(예 : Beck, Meichenbaum)은 줄리아나가 더욱 직접적으로 상황에 대한 도전에 견디어서 덜 **의심**하고 덜 **왜곡**된 양상의 사고의 계발을 촉진하게 되었다. 그녀의 문제되는 태도의 인지적인 재정립 시도는 대인관계의 신뢰에 대한 동기를 갖추고 또한 그녀의 민감성을 줄이는 데 유용했다. 자신에 대한 거짓된 신념과 다른 사람들의 그녀에 대한 거짓된 태도를 소거하려는 일에 추가해 치료자는 줄리아나가 긍정적인 정서적 성향을 소유하고, **대인관계** 방법을 통해 이러한 성향에 일치하게 덜 **혐오적**인 활동을 수행하도록 격려하였다. 대인관계 환경을 축소하여 그녀는 새로운 경험에 노출하는 것을 차단했다. 물론 이것은 그녀의 선호였다. 그러나 그러한 행동은 단지 그녀의 고립되고 철회된 존재를 키울 뿐이었다. 이러한 미끌어지거나 재발을 방지하기 위해서 치료자는 모든 건설적인 사회적 활동뿐 아니라 가능성 있는 새로운 관계를 지속했다. 그렇지 않았다면 줄리아나는 비사교적이고 공상적 선입관에서 점차 길을 잃게 되었을 것이다. 그러나 이 분야에서 그녀의 한계치와 능력이 제한되어 있었기 때문에 사회적 과잉 압력은 피해졌다. 초기의 단기 초점이 맞추어진 치료기법이 그녀가 이 분야에서 더 많은 기술을 개발하도록 도울 수 있었다. 사교적 기술을 함양하기 위한 작업은 불편한 인지를 재구성하고 그녀가 약간의 기술과 능력으로 대인관계 상황을 다룰 수 있도록 학습하는 데 상당한 대가를 지불했다.

단기 방법의 성공이 낙관적인 견해를 정당화할 수 있었지만 줄리아나의 초기 수용성은 앞으로의 진전과 진보가 속도가 날 것이라는 잘못된 인식을 만들었다. 사회적 수용을 원하는 것과 자신이 취약한 위치에 있다는 두려움 사이에 있는 양가감정을 다시 드러내도록 부추기는 것을 막기 위한 주의가 초기의 치료 성공에서 요구되었다. 그녀가 오래 견뎌 온 예상되는 실망을 포기할 수 있도록 단기 성공을 위해 초기에 추가 회기를 요구했다. 지지는 특히 그녀의 공포를 완화하기 위한 노력이 지속하지 못할 것이고 필연적으로 사회적인 반대를 다시 일으킬 것이라는 그녀의 감정을 완화시키기 위해 제공되었다.

저항과 위험

편집성 환자들에 대한 치료적 작업은 다루기 힘든 최상의 제안이다. 자발적으로 치료에 오는 사람은 거의 없다. 그들에게서 치료는 약함과 의존을 의미하고 이것은 모두 아주 저주스러운 것이다. 그들이 치료에 왔을 때 편집성의 의심과 불신성이 그들을 정서와 대인관계의 어려움을 드러내는 데 경계하기 때문에 내적 과정을 살펴보는 데 극단적으로 어렵게 만든다.

그들의 의심과 적대감이 불편과 분개를 기꺼이 자극할 수 있기 때문에 많은 치료자들이 이러한 환자들이 싫어하는 덫에 갇히게 된다. 치료자들은 이러한 환자들의 거만하고 비열하다는 충고에 의해서 소심해지는 것에 경계해야 한다. 편집성의 특성은 신뢰를 떨어뜨리는 사람을 받아들이지 못하는 것이 약점이다(그들이 신뢰를 두었던 누군가를 수용할 수 있는 특성은 의심/편집성의 약점이 아니다). 다른 문제들은 치료적 노력을 복잡하게 할 수 있다. 유혹적인 굴욕과 경시의 서곡인 과잉친절과 지나친 동정은 종종 이러한 환자들을 현혹시키는(기만하는) 의미를 갖는다. 편집성 환자들이 이것을 검토하려고 할 때 그들은 한편으로는 현혹시키는 '친절한' 사람으로 인해 고통스럽다. 편안한 거리가 유지되어야 한다. 어떠한 치료자들도 그들의 왜곡된 태도와 신념에 대해 직접적으로 이러한 환자들에게 질문해서는 안 된다. 이것은 새로운 합리화를 날조하게 유도할 수 있다. 그것은 라포가 형성되었든지 아니든지 상관없이 그들의 불신과 파괴를 강화할 수 있다. 즉 상상컨대 그것은 방어적인 적개심의 탄알을 발사하게 하고, 공개된 정신병적인 발작을 촉진시킬 수 있다. 신념, 자기확신, 자율성의 이미지와 의심/편집성의 능력은 직접적으로 도전받아서는 안 된다. 이러한 착각은 그들 방식의 너무 생생한 부분이므로 그들에게 문제되는 것은 이들의 깨지기 쉬운 평형성을 공격하는 것이다.

이러한 성격의 환자들을 작업하는 데 귀속되는 위험과 요구되는 치료적 수정에도 불구하고 궁극적으로 치료의 과정 속으로 그들을 더 잘 이끌어 주어야 하는 긍정적이고 건강한 관계방식의 여명을 제공하여 회복의 길로 들어서게 하는 것은 가능하다.

참고문헌

Aaronson, C. J., Bender, D. S., Skodol, A. E., & Gunderson, J. G. (2006). Comparison of attachment styles in borderline personality disorder and obsessive-compulsive personality disorder. *Psychiatric Quarterly, 77,* 69–80.

Abraham, K. (1927). *Contributions to the theory of the anal character* (In selected papers on psychoanalysis). London: Hogarth. (Original work published 1921).

Abroms, E. M. (1993). *The freedom of the self: The bio-existential treatment of character problems.* New York: Plenum Press.

Akiskal, H. S. (1981). Subaffective disorders: Dysthymic, cyclothymic, and bipolar II disorders in the "borderline" realm. *Psychiatric Clinics of North America, 4,* 25–46.

Akiskal, H. S. (1983). Dysthymic disorder: Psychopathology of proposed chronic depressive subtypes. *American Journal of Psychiatry, 140,* 11–20.

Akiskal, H. S. (2005). Searching for behavioral indicators of bipolar II in patients presenting with major depressive episodes: The "red sign," the "rule of three" and other biographic signs of temperamental extravagance, activation and hypomania. *Journal of Affective Disorders, 84,* 279–290.

Akiskal, H. S., Kilzieh, N., Maser, J. D., Clayton, P. J., Schettler, P. J., Shea, M. T., et al. (2006). The distinct temperament profiles of bipolar I, bipolar II, & unipolar patients. *Journal of Affective Disorders, 92,* 19–33.

Akiskal, K. K., & Akiskal, H. S. (2005). The theoretical underpinnings of affective temperaments: Implications for evolutionary foundations of bipolar disorder and human nature. *Journal of Affective Disorders, 85,* 231–239.

Allen, C. (2004). Borderline personality disorder: Towards a systemic formulation. *Journal of Family Therapy, 26,* 126–141.

Allen, D. M., & Whitson, S. (2004). Avoiding patient distortions in psychotherapy with borderline personality disorder patients. *Journal of Contemporary Psychotherapy, 34,* 211–229.

American Psychiatric Association. (1980). *Diagnostic and statistical manual of mental disorders* (3rd ed.). Washington, DC: Author.

Anderson, J. S., & Crump, D. (2004). Borderline personality disorder: A view from the trenches, with special attention to its impact on family transition. *Journal of Family Studies, 10*, 254–272.

Andover, M. S., Pepper, C. M., Ryabchenko, K. A., Orrico, E. G., & Gibb, B. E. (2005). Self-mutilation and symptoms of depression, anxiety, and borderline personality disorder. *Suicide and Life-Threatening Behavior, 35*, 581–591.

Appels, M. C. M., Sitskoorn, M. M., Vollema, M. G., & Kahn, R. S. (2004). Elevated levels of schizotypal features in parents of patients with a family history of schizophrenia spectrum disorders. *Schizophrenia Bulletin, 30*, 781–790.

Apter-Danon, G., & Candilis-Huisman, D. (2005). A challenge for perinatal psychiatry: Therapeutic management of maternal borderline personality disorder and their very young infants. *Clinical Neuropsychiatry: Journal of Treatment Evaluation, 2*, 302–314.

Arieti, S., & Bemporad, J. R. (1980). *Severe and mild depression: The psychotherapeutic approach.* London: Tavistock.

Arntz, A. (2005). Introduction to special issue: Cognition and emotion in borderline personality disorder. *Journal of Behavior Therapy and Experimental Psychiatry, 36*, 167–172.

Arntz, A., Dreessen, L., Schouten, E., & Weertman, A. (2004). Beliefs in personality disorders: A test with the Personality Disorder Belief Questionnaire. *Behavior Research and Therapy, 42*, 1215–1225.

Aviram, R. B., Hellerstein, D. J., Gerson, J., & Stanley, B. (2004). Adapting supportive psychotherapy for individuals with borderline personality disorder who self-injure or attempt suicide. *Journal of Psychiatric Practice, 10*, 145–155.

Badcock, J. C., & Dragovic, M. (2006). Schizotypal personality in mature adults. *Personality and Individual Differences, 40*, 77–85.

Barch, D. M., Mitropoulou, V., Harvey, P. D., New, A. S., Silverman, J. M., & Siever, L. J. (2004). Context-processing deficits in schizotypal personality disorder. *Journal of Abnormal Psychology, 113*, 556–568.

Bates, T. C. (2005). The panmodal sensory imprecision hypothesis of schizophrenia: Reduced auditory precision in schizotypy. *Personality and Individual Differences, 38*, 437–449.

Battle, C. L., Shea, M. T., Johnson, D. M., Yen, S., Zlotnick, C., Zanarini, M. C., et al. (2004). Childhood maltreatment associated with adult personality disorders: Findings from the Collaborative Longitudinal Personality Disorders Study. *Journal of Personality Disorders, 18*, 193–211.

Beck, A. T., Butler, A. C., Brown, G. K., Dahlsgaard, K. K., Newman, C. F., & Beck, J. S. (2001). Dysfunctional beliefs discriminate personality disorders. *Behavior Research and Therapy, 39*, 1213–1225.

Beck, A. T., & Freeman, A. (1990a). Belief Questionnaire. In A. T. Beck & A. Freeman (Eds.), *Cognitive therapy of personality disorders.* New York: International Universities Press.

Beck, A. T., & Freeman, A. (1990b). *Cognitive therapy of personality disorders.* New York: Basic Books.

Beck, A. T., Freeman, A., & Davis, D. D. (2004). *Cognitive therapy of personality disorders* (2nd ed.). New York: Guilford Press.

Beck, A. T., & Haaga, D. A. F. (1992). The future of cognitive therapy. *Psychotherapy, 29,* 34–38.

Bedwell, J. S., & Donnelly, R. S. (2005). Schizotypal personality disorder or prodromal symptoms of schizophrenia? *Schizophrenia Research, 80,* 263–269.

Bemporad, J. R. (1999). Psychological factors in depression. *Journal of American Academy of Psychoanalysis, 27,* 603–610.

Benazzi, F., & Akiskal, H. (2005). Irritable-hostile depression: Further validation as a bipolar depressive mixed state. *Journal of Affective Disorders, 84,* 197–207.

Bender, D. S. (2005). The therapeutic alliance in the treatment of personality disorders. *Journal of Psychiatric Practice, 11,* 73–87.

Bender, D. S., Skodol, A. E., Pagano, M. E., Dyck, I. R., Grilo, C. M., Shea, M. T., et al. (2006). Prospective assessment of treatment use by patients with personality disorders. *Psychiatric Services, 57,* 254–257.

Benjamin, L. S. (1993). *Interpersonal diagnosis and treatment of personality disorders.* New York: Guilford Press.

Benjamin, L. S. (2003). *Interpersonal reconstructive therapy: Promoting change in nonresponders.* New York: Guilford Press.

Benjamin, L. S. (2005). Interpersonal theory of personality disorders: The structural analysis of social behavior and interpersonal reconstructive therapy. In M. Lenzenweger & J. Clarkin (Eds.), *Major theories of personality* (2nd ed.). New York: Guilford Press.

Bennett, D., & Ryle, A. (2005). The characteristic features of common borderline states: A pilot study using the states description procedure. *Clinical Psychology and Psychotherapy, 12,* 58–66.

Ben-Porath, D. D. (2004). Strategies for securing commitment to treatment from individuals diagnosed with borderline personality disorder. *Journal of Contemporary Psychotherapy, 34,* 247–263.

Ben-Porath, D. D., & Koons, C. R. (2005). Telephone coaching in dialectical behavior therapy: A decision-tree model for managing inter-session contact with clients. *Cognitive and Behavioral Practice, 12,* 448–460.

Ben-Porath, D. D., Peterson, G. A., & Smee, J. (2004). Treatment of individuals with borderline personality disorder using dialectical behavior therapy in a community mental health setting: Clinical application and a preliminary investigation. *Cognitive and Behavioral Practice, 11,* 424–434.

Benvenuti, A., Rucci, P., Ravani, L., Gonnelli, C., Frank, E., Balestrieri, M., et al. (2005). Psychotic features in borderline patients: Is there a connection to mood dysregulation? *Bipolar Disorders, 7,* 338–343.

Berenbaum, H., Boden, M. T., Baker, J. P., Dizen, M., Thompson, R. J., & Abramowitz, A. (2006). Emotional correlates of the different dimensions of schizotypal personality disorder. *Journal of Abnormal Psychology, 115,* 359–368.

Bergida, H., & Lenzenweger, M. F. (2006). Schizotypy and sustained attention: Confirming evidence from an adult community sample. *Journal of Abnormal Psychology, 115,* 545–551.

Bergin, A. E., & Lambert, M. J. (1978). The evaluation of therapeutic outcomes. In S. L. Garfield & A. E. Bergin (Eds.), *Handbook of psychotherapy and behavior change* (2nd ed.). New York: Wiley.

Berlin, H. A., & Rolls, E. T. (2004). Time perception, impulsivity, emotionality, and personality in self-harming borderline personality disorder patients. *Journal of Personality Disorders, 18,* 358–378.

Berliner, B. (1947). On some psychodynamics of masochism. *Psychoanalytic Quarterly, 16,* 459–471.

Berman, S. M. W., & McCann, J. T. (1995). Defense mechanisms and personality disorders: An empirical test of Millon's theory. *Journal of Personality Assessment, 64,* 132–144.

Bernstein, D. P. (2002). Cognitive therapy of personality disorders in patients with histories of emotional abuse or neglect. *Psychiatric Annals, 32,* 618–628.

Bernstein, D. P., Useda, D., & Siever, L. J. (1995). Paranoid personality disorder. In W. J. Livesley (Ed.), *The DSM-IV personality disorders* (pp. 45–57). New York: Guilford Press.

Bienvenu, O. J., & Brandes, M. (2005). The interface of personality traits and anxiety disorders. *Primary Psychiatry, 12,* 35–39.

Birkeland, S. (2003). Den paranoide personlighedsstruktur [The paranoid personality structure]. *Nordisk Psykologi, 55,* 197–216.

Black, D. W., Blum, N., Pfohl, B., & Hale, N. (2004). Suicidal behavior in borderline personality disorder: Prevalence, risk factors, prediction, and prevention. *Journal of Personality Disorders, 18,* 226–239.

Blackburn, R., & Coid, J. W. (1999). Empirical clusters of *DSM-III* personality disorders in violent offenders. *Journal of Personality Disorders, 13,* 18–34.

Bland, A. R., & Rossen, E. K. (2005). Clinical supervision of nurses working with patients with borderline personality disorder. *Issues in Mental Health Nursing, 26,* 507–517.

Bland, A. R., Williams, C. A., Scharer, K., & Manning, S. (2004). Emotion processing in borderline personality disorders. *Issues in Mental Health Nursing, 25,* 655–672.

Blizard, R. A. (2001). Masochistic and sadistic ego states: Dissociative solutions to the dilemma of attachment to an abusive caretaker. *Journal of Trauma and Dissociation, 2,* 37–58.

Bogenschutz, M. P., & Nurnberg, H. G. (2004). Olanzapine versus placebo in the treatment of borderline personality disorder. *Journal of Clinical Psychiatry, 65,* 104–109.

Bohus, M., Haaf, B., Simms, T., Limberger, M. F., Schmahl, C., Unckel, C., et al. (2004). Effectiveness of inpatient dialectical behavioral therapy for borderline personality disorder: A controlled trial. *Behavior Research and Therapy, 42,* 487–499.

Borgogno, F. (2004). On the patient's becoming an individual: The importance of the analyst's personal response to a deprived patient and her dreams. *Psychoanalytic Dialogues, 14,* 475–502.

Bos, E. H., Bouhuys, A. L., Geerts, E., Van Os, T. W. D. P., Van der Spoel, I. D., Brouwer, W. H., et al. (2005). Cognitive, physiological, and personality correlates of recurrence of depression. *Journal of Affective Disorders, 87,* 221–229.

Bradley, R., Conklin, C. Z., & Westen, D. (2005). The borderline personality diagnosis in adolescents: Gender differences and subtypes. *Journal of Child Psychology and Psychiatry, 46,* 1006–1019.

Bradley, R., Heim, A. K., & Westen, D. (2005). Transference patterns in the psychotherapy of personality disorders: Empirical investigation. *British Journal of Psychiatry, 186,* 342–349.

Brendel, G. R., Stern, E., & Silbersweig, D. A. (2005). Defining the neurocircuitry of borderline personality disorder: Functional neuroimaging approaches. *Development and Psychopathology, 17,* 1197–1206.

Brenner, C. (1959). The masochistic character: Genesis and treatment. *Journal of the American Psychoanalytic Association, 7,* 197–266.

Brown, G. K., Newman, C. F., Charlesworth, S. E., Crits-Christoph, P., & Beck, A. T. (2004). An open clinical trial of cognitive therapy for borderline personality disorder. *Journal of Personality Disorders, 18,* 257–271.

Calkins, M. E., Curtis, C. E., Grove, W. M., & Iacono, W. G. (2004). Multiple dimensions of schizotypy in first degree biological relatives of schizophrenia patients. *Schizophrenia Bulletin, 30,* 317–325.

Cameron, N. (1963). *Personality and psychological development.* New York: Houghton-Mifflin.

Camisa, K. M., Bockbrader, M. A., Lysaker, P., Rae, L. L., Brenner, C. A., & O'Donnell, B. F. (2005). Personality traits in schizophrenia and related personality disorders. *Psychiatry Research, 133,* 23–33.

Carson, R. C. (1982). Self-fulfilling prophecy, maladaptive behavior, and psychotherapy. In J. C. Anchin & D. J. Kiesler (Eds.), *Handbook of interpersonal psychotherapy.* New York: Pergamon Press.

Chabrol, H., & Leichsenring, F. (2006). Borderline personality organization and psychopathic traits in nonclinical adolescents: Relationships of identity diffusion, primitive defense mechanisms and reality testing with callousness and impulsivity traits. *Bulletin of the Menninger Clinic, 70,* 160–170.

Chabrol, H., Rousseau, A., & Callahan, S. (2006). Preliminary results of a scale assessing instability of self-esteem. *Canadian Journal of Behavioral Science, 38*(2), 136–141.

Chang, B. P., & Lenzenweger, M. F. (2005). Somatosensory processing and schizophrenia liability: Proprioception, exteroceptive sensitivity, and graphesthesia performance in the biological relatives of schizophrenia patients. *Journal of Abnormal Psychology, 114,* 85–95.

Chapman, A. L., Gratz, K. L., & Brown, M. Z. (2006). Solving the puzzle of deliberate self-harm: The experiential avoidance model. *Behavior Research and Therapy, 44,* 371–394.

Chapman, A. L., Specht, M. W., & Cellucci, T. (2005). Borderline personality disorder and deliberate self-harm: Does experiential avoidance play a role? *Suicide and Life-Threatening Behavior, 35,* 388–399.

Chatziandreou, M., Tsani, H., Lamnidis, N., Synodinou, C., & Vaslamatzis, G. (2005). Psychoanalytic psychotherapy for severely disturbed borderline patients: Observations on the supervision group of psychotherapists. *American Journal of Psychoanalysis, 65,* 135–147.

Chessick, R. D. (2006). A developmental model of borderline personality disorder: Understanding variations in course and outcome. *Journal of the American Academy of Psychoanalysis and Dynamic Psychiatry, 34,* 385–388.

Chiaroni, P., Hantouche, E.-G., Gouvernet, J., Azorin, J.-M., & Akiskal, H. S. (2005). The cyclothymic temperament in healthy controls and familially at risk individuals for mood disorder: Endophenotype for genetic studies? *Journal of Affective Disorders, 85,* 135–145.

Chiesa, M. (2005). In-patient hospital-based psychosocial treatment of borderline personality disorder: A systematic review of rationale and evidence-base. *Clinical Neuropsychiatry: Journal of Treatment Evaluation, 2,* 292–301.

Christensen, M. V., & Kessing, L. V. (2006). Do personality traits predict first onset in depressive and bipolar disorder? *Nordic Journal of Psychiatry, 60,* 79–88.

Clark, D. M., Ehlers, A., Hackmann, A., McManus, F., Fennell, M., Grey, N., et al. (2006). Cognitive therapy versus exposure and applied relaxation in social phobia: A randomized controlled trial. *Journal of Consulting and Clinical Psychology, 74,* 568–578.

Cloninger, C. R. (1986). A unified biosocial theory of personality and its role in the development of anxiety states. *Psychiatric Developments, 3,* 167–226.

Coen, S. J. (2005). How to play with patients who would rather remain remote. *Journal of the American Psychoanalytic Association, 53,* 812–834.

Collins, L. M., Blanchard, J. J., & Biondo, K. M. (2005). Behavioral signs of schizoidia and schizotypy in social anhedonics. *Schizophrenia Research, 78,* 309–322.

Conklin, C. Z., Bradley, R., & Westen, D. (2006). Affect regulation in borderline personality disorder. *Journal of Nervous and Mental Diseases, 194,* 69–77.

Conklin, C. Z., & Westen, D. (2005). Borderline personality disorder in clinical practice. *American Journal of Psychiatry, 162,* 867–875.

Coolidge, F. L., & Anderson, L. W. (2002). Personality profiles of women in multiple abusive relationships. *Journal of Family Violence, 17,* 117–131.

Coolidge, F. L., DenBoer, J. W., & Segal, D. L. (2004). Personality and neuropsychological correlates of bullying behavior. *Personality and Individual Differences, 36,* 1559–1569.

Cowdry, R. W., & Gardner, D. L. (1988). Pharmacotherapy of borderline personality disorder: Alprazolam, carbamazepine, trifluperazine and trancypromine. *Archives of General Psychiatry, 45,* 111–119.

Coyle, J. P. (2006). Treating difficult couples: Helping clients with coexisting mental and relationship disorders. *Family Relations: Interdisciplinary Journal of Applied Family Studies, 55,* 146–147.

Craighead, L. W., Craighead, W. E., Kazdin, A. E., & Mahoney, M. J. (Eds.). (1994). *Cognitive and behavioral interventions: An empirical approach to mental health problems.* Boston: Allyn & Bacon.

Crowe, M. (2004). Never good enough: Pt 1. Shame or borderline personality disorder? *Journal of Psychiatric and Mental Health Nursing, 11,* 327–334.

Cruz, J., Joiner, T. E., Johnson, J. G., Heisler, L. K., Spitzer, R. L., & Pettit, J. W. (2000). Self-defeating personality disorder reconsidered. *Journal of Personality Disorders, 14,* 64–71.

Cyranowski, J. M., Frank, E., Winter, E., Rucci, P., Novick, D., Pilkonis, P., et al. (2004). Personality pathology and outcome in recurrently depressed women over 2 years of maintenance interpersonal psychotherapy. *Psychological Medicine, 34,* 659–669.

Davids, E., & Gastpar, M. (2005). Attention deficit hyperactivity disorder and borderline personality disorder. *Progress in Neuro-Psychopharmacology and Biological Psychiatry, 29,* 865–877.

de Bruijn, E. R. A., Grootens, K. P., Verkes, R. J., Buchholz, V., Hummelen, J. W., & Hulstijn, W. (2006). Neural correlates of impulsive responding in borderline personality disorder: ERP evidence for reduced action monitoring. *Journal of Psychiatric Research, 40,* 428–437.

Dimaggio, G., Catania, D., Salvatore, G., Carcione, A., & Nicolò, G. (2006). Psychotherapy of paranoid personality disorder from the perspective of dialogical self theory. *Counseling Psychology Quarterly, 19,* 69–87.

Dimic, S., Tosevski, D. L., & Jankovic, J. G. (2004). The relationship between personality dimensions and posttraumatic stress disorder. *Psychiatry Today, 36,* 39–50.

Dinn, W. M., Harris, C. L., Aycicegi, A., Greene, P. B., Kirkley, S. M., & Reilly, C. (2004). Neurocognitive function in borderline personality disorder. *Progress in Neuro-Psychopharmacology and Biological Psychiatry, 28,* 329–341.

Dorr, A. (1985). Contexts for experience with emotion, with special attention to television. In M. Lewis & C. Saarni (Eds.), *The socialization of emotions.* New York: Plenum.

Dowson, J., Bazanis, E., Rogers, R., Prevost, A., Taylor, P., Meux, C., et al. (2004). Impulsivity in patients with borderline personality disorder. *Comprehensive Psychiatry, 45,* 29–36.

Eisenbud, J. (1967). Why PSY? *Psychoanalytic Review, 53,* 47–163.

Eldridge, N., & Gould, S. (1972). Punctuated equilibria: An alternative to phyletic gradualism. In T. Schopf (Ed.), *Models in paleobiology.* San Francisco: Freeman.

Engel, G. (1968). A life setting conducive to illness. *Bulletin of the Menninger Clinic, 32,* 355–368.

Ettinger, U., Kumari, V., Crawford, T. J., Flak, V., Sharma, T., Davis, R. E., et al. (2005). Saccadic eye movements, schizotypy, and the role of neuroticism. *Biological Psychology, 68,* 61–78.

Farmer, R. F., Nash, H. M., & Dance, D. (2004). Mood patterns and variations associated with personality disorder pathology. *Comprehensive Psychiatry, 45,* 289–303.

Fertuck, E. A., Lenzenweger, M. F., Clarkin, J. F., Hoermann, S., & Stanley, B. (2006). Executive neurocognition, memory systems, and borderline personality disorder. *Clinical Psychology Review, 26,* 346–375.

Fiester, S. J. (1995). Self-defeating personality disorder. In W. J. Livesley (Ed.), *The DSM-IV personality disorders* (pp. 341–358). New York: Guilford Press.

Filippini, S. (2005). Perverse relationships: The perspective of the perpetrator. *International Journal of Psychoanalysis, 86,* 755–773.

Folley, B. S., & Park, S. (2005). Verbal creativity and schizotypal personality in relation to prefrontal hemispheric laterality: A behavioral and near-infrared optical imaging study. *Schizophrenia Research, 80,* 271–282.

Fonagy, P., & Bateman, A. W. (2006). Mechanisms of change in mentalization-based treatment of BPD. *Journal of Clinical Psychology, 62,* 411–430.

Fossati, A., Citterio, A., Grazioli, F., Borroni, S., Carretta, I., Maffei, C., et al. (2005). Taxonic structure of schizotypal personality disorder: A multiple-instrument, multi-sample study based on mixture models. *Psychiatry Research, 137,* 71–85.

Fossati, A., Feeney, J. A., Carretta, I., Grazioli, F., Milesi, R., Leonardi, B., et al. (2005). Modeling the relationships between adult attachment patterns and borderline personality disorder: The role of impulsivity and aggressiveness. *Journal of Social and Clinical Psychology, 24,* 520–537.

Francis-Raniere, E. L., Alloy, L. B., & Abramson, L. Y. (2006). Depressive personality styles and bipolar spectrum disorders: Prospective tests of the event congruency hypothesis. *Bipolar Disorders, 8,* 382–399.

Fuchs, T. (1999). Patterns of relation and premorbid personality in late paraphrenia and depression. *Psychopathology, 32,* 70–80.

Gabbard, G. O. (1994). *Psychodynamic psychiatry in clinical practice.* Washington, DC: American Psychiatric Press.

Garyfallos, G., Adamopoulou, A., Karastergiou, A., Voikli, M., Sotiropoulou, A., Donias, S., et al. (1999). Personality disorders in dysthymia and major depression. *Acta Psychiatrica Scandinavica, 99,* 332–340.

Giesen-Bloo, J., van Dyck, R., Spinhoven, P., van Tilburg, W., Dirksen, C., van Asselt, T., et al. (2006). Outpatient psychotherapy for borderline personality disorder: Randomized trial of schema-focused therapy versus transference-focused psychotherapy. *Archives of General Psychiatry, 63,* 649–658.

Gladstone, G. L., Parker, G. B., Mitchell, P. B., Malhi, G. S., Wilhelm, K., & Austin, M. (2004). Implications of childhood trauma for depressed women: An analysis of pathways from childhood sexual abuse to deliberate self-harm and revictimization. *American Journal of Psychiatry, 161,* 1417–1425.

Glickauf-Hughes, C., & Wells, M. (1995). *Treatment of the masochistic personality: An interactional-object relations approach to psychotherapy.* Lanham, MD: Aronson.

Goldberg, S. C., Schultz, S. C., Schultz, P. M., Resnick, R. J., Hamer, R. M., & Friedel, R. O. (1986). Borderline and schizotypal personality disorders treated with low dose thiothixene versus placebo. *Archives of General Psychiatry, 43,* 680–686.

Goldstein, K. (1940). *Human nature in the light of psychopathology.* Cambridge, MA: Harvard University Press.

Gooding, D. C., & Braun, J. G. (2004). Visuoconstructive performance, implicit hemispatial inattention, and schizotypy. *Schizophrenia Research, 68,* 261–269.

Gooding, D. C., Matts, C. W., & Rollmann, E. A. (2006). Sustained attention deficits in relation to psychometrically identified schizotypy: Evaluating a potential endophenotypic marker. *Schizophrenia Research, 82,* 27–37.

Goulding, A. (2004). Schizotypy models in relation to subjective health and paranormal beliefs and experiences. *Personality and Individual Differences, 37,* 157–167.

Grand, D. (1998). Emerging from the coffin: Treatment of a masochistic personality disorder. In P. Manfield (Ed.), *Extending EMDR: A casebook of innovative applications* (pp. 65–90). New York: Norton.

Grant, B. F., Hasin, D. S., Stinson, F. S., Dawson, D. A., Chou, S. P., Ruan, W. J., et al. (2005). Co-occurrence of 12-month mood and anxiety disorders and personality disorders in the U.S.: Results from the national epidemiologic survey on alcohol and related conditions. *Journal of Psychiatric Research, 39,* 1–9.

Gratz, K. L., Lacroce, D. M., & Gunderson, J. G. (2006). Measuring changes in symptoms relevant to borderline personality disorder following short-term treatment across partial hospital and intensive outpatient levels of care. *Journal of Psychiatric Practice, 12*(3), 153–159.

Gregory, R. J. (2004). Thematic stages of recovery in the treatment of borderline personality disorder. *American Journal of Psychotherapy, 58,* 335–348.

Grilo, C. M. (2004). Factorial structure and diagnostic efficiency of *DSM-IV* criteria for avoidant personality disorder in patients with binge eating disorder. *Behavior Research and Therapy, 42,* 1149–1162.

Grilo, C. M., Sanislow, C. A., Shea, M. T., Skodol, A. E., Stout, R. L., Gunderson, J. G., et al. (2005). Two-year prospective naturalistic study of remission from major depressive disorder as a function of personality disorder comorbidity. *Journal of Consulting and Clinical Psychology, 73,* 78–85.

Grinker, R. R. (1961). A demonstration of the transactional model. In M. Stein (Ed.), *Contemporary psychotherapies*. Glencoe, IL: Free Press.

Grootens, K. P., & Verkes, R. J. (2005). Emerging evidence for the use of atypical antipsychotics in borderline personality disorder. *Pharmacopsychiatry, 38*, 20–23.

Gunderson, J. G., Daversa, M. T., Grilo, C. M., McGlashan, T. H., Zanarini, M. C., Shea, M. T., et al. (2006). Predictors of 2-year outcome for patients with borderline personality disorder. *American Journal of Psychiatry, 163*, 822–826.

Gunderson, J. G., Morey, L. C., Stout, R. L., Skodol, A. E., Shea, M. T., McGlashan, T. H., et al. (2004). Major depressive disorder and borderline personality disorder revisited: Longitudinal interactions. *Journal of Clinical Psychiatry, 65*, 1049–1056.

Gutheil, T. G. (2004). Suicide, suicide litigation, and borderline personality disorder. *Journal of Personality Disorders, 18*, 248–256.

Guzmán, C. M. (2005). Intervención en crisis en pacientes con trastornos de personalidad limítrofe [Crisis intervention with borderline personality disorders]. *Revista Interamericana de Psicología, 39*, 151–158.

Haller, D. L., & Miles, D. R. (2004). Personality disturbances in drug-dependent women: Relationship to childhood abuse. *American Journal of Drug and Alcohol Abuse, 30*, 269–286.

Handest, P., & Parnas, J. (2005). Clinical characteristics of first-admitted patients with *ICD-10* schizotypal disorder. *British Journal of Psychiatry, 187*, S49–S54.

Hans, S. L., Auerbach, J. G., Styr, B., & Marcus, J. (2004). Offspring of parents with schizophrenia: Mental disorders during childhood and adolescence. *Schizophrenia Bulletin, 30*, 303–315.

Hantman, J. G. (2004). Elective affinities: Studies in implied psychoanalysis. The techno-schizoid: Technology in film as bridge or resistance to intimacy. *Canadian Journal of Psychoanalysis, 12*, 85–101.

Harper, D. J. (1996). Deconstructing "paranoia": Towards a discursive understanding of apparently unwarranted suspicion. *Theory and Psychology, 6*, 423–448.

Harper, R. G. (2004). Paranoid personality. In R. G. Harper (Ed.), *Personality-guided therapy in behavioral medicine* (pp. 65–90). Washington, DC: American Psychological Association.

Harvey, P. D., Reichenberg, A., Romero, M., Granholm, E., & Siever, L. J. (2006). Dual-task information processing in schizotypal personality disorder: Evidence of impaired processing capacity. *Neuropsychology, 20*, 453–460.

Hazlett, E. A., New, A. S., Newmark, R., Haznedar, M. M., Lo, J. N., Speiser, L. J., et al. (2005). Reduced anterior and posterior cingulate gray matter in borderline personality disorder. *Biological Psychiatry, 58*, 614–623.

Haznedar, M. M., Buchsbaum, M. S., Hazlett, E. A., Shihabuddin, L., New, A., & Siever, L. J. (2004). Cingulate gyrus volume and metabolism in the schizophrenia spectrum. *Schizophrenia Research, 71*, 249–262.

Heisler, L. K., Lyons, M. J., & Goethe, J. W. (1995). Self-defeating personality disorder: A cross-national study of clinical utility. *Journal of Nervous and Mental Diseases, 183*, 214–221.

Herbert, J. D., Gaudiano, B. A., Rheingold, A. A., Myers, V. H., Dalrymple, K., & Nolan, E. M. (2005). Social skills training augments the effectiveness of cognitive behavioral group therapy for social anxiety disorder. *Behavior Therapy, 36*, 125–138.

Hoffman, P. D., Fruzzetti, A. E., Buteau, E., Neiditch, E. R., Penney, D., Bruce, M. L., et al. (2005). Family connections: A program for relatives of persons with borderline personality disorder. *Family Process, 44*, 217–225.

Hollander, E., Swann, A. C., Coccaro, E. F., Jiang, P., & Smith, T. B. (2005). Impact of trait impulsivity and state aggression on divalproex versus placebo response in borderline personality disorder. *American Journal of Psychiatry, 162*, 621–624.

Holmes, J. (2005). Disorganized attachment and borderline personality disorder: A clinical perspective. *Archives of Psychiatry and Psychotherapy, 7*, 51–61.

Horney, K. (1939). *New ways in psychoanalysis.* New York: Norton.

Horney, K. (1950). *Neurosis and human growth.* New York: Norton.

Horowitz, L. M. (2004). Obsessive-compulsive and paranoid personality disorders. In L. M. Horowitz (Ed.), *Interpersonal foundations of psychopathology* (pp. 131–146). Washington, DC: American Psychological Association.

Horowitz, M. J. (1997). *Personality styles and brief psychotherapy* (2nd ed.). Northvale, NJ: Aronson.

Horowitz, M. J. (2006). Psychotherapy for borderline personality: Focusing on object relations. *American Journal of Psychiatry, 163*, 944–945.

Huprich, S. K. (2005). Differentiating avoidant and depressive personality disorders. *Journal of Personality Disorders, 19*, 659–673.

Huprich, S. K., & Fine, M. A. (1996). Self-defeating personality disorder: Diagnostic accuracy and overlap with dependent personality disorder. *Journal of Personality Disorders, 10*, 229–246.

Huprich, S. K., & Fine, M. A. (1997). Diagnoses under consideration: Self-defeating and depressive personality disorders: Current status and clinical issues. *Journal of Contemporary Psychotherapy, 27*, 303–322.

Huprich, S. K., Porcerelli, J., Binienda, J., & Karana, D. (2005). Functional health status and its relationship to depressive personality disorder, dysthymia, and major depression: Preliminary findings. *Depression and Anxiety, 22*, 168–176.

Hyman, S. M., & Schneider, B. A. (2004). The short-term treatment of a long-term interpersonal avoidance. *Clinical Case Studies, 3*, 313–332.

Irle, E., Lange, C., & Sachsse, U. (2005). Reduced size and abnormal asymmetry of parietal cortex in women with borderline personality disorder. *Biological Psychiatry, 57*, 173–182.

Jang, K. L., Dick, D. M., Wolf, H., Livesley, W. J., & Paris, J. (2005). Psychosocial adversity and emotional instability: An application of gene-environment interaction models. *European Journal of Personality, 19*, 359–372.

Janis, I. B., Veague, H. B., & Driver-Linn, E. (2006). Possible selves and borderline personality disorder. *Journal of Clinical Psychology, 62*, 387–394.

Johnson, J. G., Cohen, P., Chen, H., Kasen, S., & Brook, J. S. (2006). Parenting behaviors associated with risk for offspring personality disorder during adulthood. *Archives of General Psychiatry, 63*, 579–587.

Johnson, J. G., Cohen, P., Kasen, S., & Brook, J. S. (2005). Personality disorder traits associated with risk for unipolar depression during middle adulthood. *Psychiatry Research, 136*, 113–121.

Johnson, J. G., Cohen, P., Kasen, S., & Brook, J. S. (2006). Personality disorders evident by early adulthood and risk for anxiety disorders during middle adulthood. *Journal of Anxiety Disorders, 20*, 408–426.

Johnson, J. J., Smailes, E. M., Cohen, P., Brown, J., & Bernstein, D. P. (2000). Associations between four types of childhood neglect and personality disorder symptoms during adolescence and early adulthood: Findings of a community-based longitudinal study. *Journal of Personality Disorders, 14,* 171–187.

Joseph, S. (1997). *Personality disorders: Symptom-focused drug therapy.* New York: Haworth Press.

Jovev, M., & Jackson, H. J. (2004). Early maladaptive schemas in personality disordered individuals. *Journal of Personality Disorders, 18,* 467–478.

Joyce, P. R., McKenzie, J. M., Mulder, R. T., Luty, S. E., Sullivan, P. F., Miller, A. L., et al. (2006). Genetic, developmental and personality correlates of self-mutilation in depressed patients. *Australian and New Zealand Journal of Psychiatry, 40,* 225–229.

Judd, P. H. (2005). Neurocognitive impairment as a moderator in the development of borderline personality disorder. *Development and Psychopathology, 17,* 1173–1196.

Kantor, M. (1992). *Diagnosis and treatment of the personality disorders.* St. Louis, MO: Ishiyaku Euroamerica.

Kantor, M. (2004). *Understanding paranoia: A guide for professionals, families, and sufferers.* Westport, CT: Praeger Publishers/Greenwood Publishing Group.

Karterud, S., Pedersen, G., Bjordal, E., Brabrand, J., Friis, S., Haaseth, O., et al. (2003). Day treatment of patients with personality disorders: Experiences from a Norwegian treatment research network. *Journal of Personality Disorders, 17,* 243–262.

Kawasaki, Y., Suzuki, M., Nohara, S., Hagino, H., Takahashi, T., Matsui, M., et al. (2004). Structural brain differences in patients with schizophrenia and schizotypal disorder demonstrated by voxel-based morphometry. *European Archives of Psychiatry and Clinical Neuroscience, 254,* 406–414.

Kellogg, S. H., & Young, J. E. (2006). Schema therapy for borderline personality disorder. *Journal of Clinical Psychology, 62,* 445–458.

Kendler, K. S., Gardner, C. O., & Prescott, C. A. (2006). Toward a comprehensive developmental model for major depression in men. *American Journal of Psychiatry, 163,* 115–124.

Kerns, J. G. (2005). Positive schizotypy and emotion processing. *Journal of Abnormal Psychology, 114,* 392–401.

Keshavan, M., Shad, M., Soloff, P., & Schooler, N. (2004). Efficacy and tolerability of olanzapine in the treatment of schizotypal personality disorder. *Schizophrenia Research, 71,* 97–101.

Kiesler, D. J. (1982). The 1982 Interpersonal Circle: A taxonomy for complementarity in human transactions. *Psychological Review, 90,* 185–214.

King, A. R., Terrance, C., & Cramer, D. (Ed.). (2006)., Relationships between personality disorder attributes and friendship qualities among college students. *Journal of Social and Personal Relationships, 23,* 5–20.

Klein, D. N., Shankman, S. A., & Rose, S. (2006). Ten-year prospective follow-up study of the naturalistic course of dysthymic disorder and double depression. *American Journal of Psychiatry, 163,* 872–880.

Klein, D. N., & Vocisano, C. (1999). Depressive and self-defeating (masochistic) personality disorders. In T. Millon, P. Blaney, & R. D. Davis (Eds.), *Oxford textbook of psychopathology* (pp. 653–673). New York: Oxford University Press.

Klerman, G. L. (1984). Ideologic conflicts in combined treatments. In B. Beitman & G. L. Klerman (Eds.), *Combining pharmacotherapy and psychotherapy in clinical practice* (pp. 17–34). New York: Guilford Press.

Koenigsberg, H. W., Buchsbaum, M. S., Buchsbaum, B. R., Schneiderman, J. S., Tang, C. Y., New, A., et al. (2005). Functional MRI of visuospatial working memory in schizotypal personality disorder: A region-of-interest analysis. *Psychological Medicine, 35,* 1019–1030.

Koo, M., Levitt, J. J., McCarley, R. W., Seidman, L. J., Dickey, C. C., Niznikiewicz, M. A., et al. (2006). Reduction of caudate nucleus volumes in neuroleptic-naïve female subjects with schizotypal personality disorder. *Biological Psychiatry, 60,* 40–48.

Kool, S., Schoevers, R., de Maat, S., Van, R., Molenaar, P., Vink, A., et al. (2005). Efficacy of pharmacotherapy in depressed patients with and without personality disorders: A systematic review and meta-analysis. *Journal of Affective Disorders, 88,* 269–278.

Kraepelin, E. (1913). *Psychiatrie: Ein lehrbuch fur studirende und aerzte* (8th ed.). Liepzig, Germany: Abel.

Kremers, I. P., Spinhoven, P., Van der Does, A. J. W., & Van Dyck, R. (2006). Autobiographical memory in depressed and nondepressed patients with borderline personality disorder after long-term psychotherapy. *Cognition and Emotion, 20*(3/4), 448–465.

Kretschmer, E. (1925). *Physique und character.* Berlin, Germany: Springer Verlag.

Kröger, C., Schweiger, U., Sipos, V., Arnold, R., Kahl, K. G., Schunert, T., et al. (2006). Effectiveness of dialectical behavior therapy for borderline personality disorder in an inpatient setting. *Behavior Research and Therapy, 44,* 1211–1217.

Laptook, R. S., Klein, D. N., & Dougherty, L. R. (2006). Ten-year stability of depressive personality disorder in depressed outpatients. *American Journal of Psychiatry, 163,* 865–871.

Lebe, D. (1997). Masochism and the inner mother. *Psychoanalytic Review, 84*(4), 523–540.

Lee, H. (1999). [An exploratory study on the cause of paranoia: The self-concept and reasoning bias]. *Korean Journal of Clinical Psychology, 18,* 1–15.

Lee, K., Dixon, J. K., Spence, S. A., & Woodruff, P. W. R. (2006). Time perception dysfunction in psychometric schizotypy. *Personality and Individual Differences, 40,* 1363–1373.

Lee, M. M., & Overholser, J. C. (2004). Cognitive-behavioral treatment of depression with comorbid borderline personality traits. *Journal of Contemporary Psychotherapy, 34,* 231–245.

Leichsenring, F. (2004). Quality of depressive experiences in borderline personality disorders: Differences between patients with borderline personality disorder and patients with higher levels of personality organization. *Bulletin of the Menninger Clinic, 68,* 9–22.

Leichsenring, F. (2005). Are psychodynamic and psychoanalytic therapies effective? A review of empirical data. *International Journal of Psychoanalysis, 86,* 841–868.

Lenzenweger, M. F., & Castro, D. D. (2005). Predicting change in borderline personality: Using neurobehavioral systems indicators within an individual growth curve framework. *Development and Psychopathology, 17,* 1207–1237.

Leszcz, M. (1989). Group psychotherapy of the characterologically difficult patient. *International Journal of Group Psychotherapy, 39,* 311–335.

Levy, K. N., Clarkin, J. F., Yeomans, F. E., Scott, L. N., Wasserman, R. H., & Kernberg, O. F. (2006). The mechanisms of change in the treatment of borderline personality disorder with transference focused psychotherapy. *Journal of Clinical Psychology, 62,* 481–501.

Linehan, M. M. (1987). Dialectical behavior therapy for borderline patients. *Bulletin of the Menninger Clinic, 51,* 261–276.

Linehan, M. M. (1992). Behavior therapy, dialectics, and the treatment of borderline personality disorder. In D. Silver & M. Rosenbluth (Eds.), *Handbook of borderline disorders* (pp. 415–434). Madison, CT: International Universities Press.

Linscott, R. J., & Knight, R. G. (2004). Potentiated automatic memory in schizotypy. *Personality and Individual Differences, 37,* 1503–1517.

Livesley, W. J. (2004). Changing ideas about the treatment of borderline personality disorder. *Journal of Contemporary Psychotherapy, 34,* 185–192.

Livesley, W. J., Jackson, D. N., & Schroeder, M. L. (1989). A study of the factorial structure of personality pathology. *Journal of Personality Disorders, 3,* 292–306.

Li-ying, W., Yun-ping, Y., & Tao, L. (2004). [The comorbidity of social anxiety disorder with personality disorder and the effect of parental rearing practices]. *Chinese Journal of Clinical Psychology, 12,* 196–197.

Löffler-Stastka, H., Ponocny-Seliger, E., Fischer-Kern, M., & Leithner, K. (2005). Utilization of psychotherapy in patients with personality disorder: The impact of gender, character traits, affect regulation, and quality of object-relations. *Psychology and Psychotherapy: Theory, Research and Practice, 78,* 531–548.

Luby, J. L., & Yalom, I. D. (1992). Group therapy. In E. S. Paykel (Ed), *Handbook of affective disorders.* New York: Guilford Press.

Lynch, T. R., Chapman, A. L., Rosenthal, M. Z., Kuo, J. R., & Linehan, M. M. (2006). Mechanisms of change in dialectical behavior therapy: Theoretical and empirical observations. *Journal of Clinical Psychology, 62,* 459–480.

MacKinnon, R. A., & Michels, R. (1971). *The psychiatric interview in clinical practice.* Philadelphia: Saunders.

Magnavita, J. J. (1997). *Restructuring personality disorders: A short-term dynamic approach.* New York: Guilford Press.

Marchesi, C., Cantoni, A., Fontò, S., Giannelli, M. R., & Maggini, C. (2005). The effect of pharmacotherapy on personality disorders in panic disorder: A one year naturalistic study. *Journal of Affective Disorders, 89,* 189–194.

Markovitz, P. J. (2004). Recent trends in the pharmacotherapy of personality disorders. *Journal of Personality Disorders, 18,* 90–101.

Markowitz, J. C., Kocsis, J. H., Bleiberg, K. L., Christos, P. J., & Sacks, M. (2005). A comparative trial of psychotherapy and pharmacotherapy for "pure" dysthymic patients. *Journal of Affective Disorders, 89,* 167–175.

Markowitz, J. C., Skodol, A. E., & Bleiberg, K. (2006). Interpersonal psychotherapy for borderline personality disorder: Possible mechanisms of change. *Journal of Clinical Psychology, 62,* 431–444.

Markowitz, J. C., Skodol, A. E., Petkova, E., Xie, H., Cheng, J., Hellerstein, D. J., et al. (2005). Longitudinal comparison of depressive personality disorder and dysthymic disorder. *Comprehensive Psychiatry, 46,* 239–245.

Mauchnik, J., Schmahl, C., & Bohus, M. (2005). New findings in the biology of borderline personality disorder. *Directions in Psychiatry, 25,* 197–215.

McHoskey, J. W. (2001). Machiavellianism and personality dysfunction. *Personality and Individual Differences, 31,* 791–798.

McKay, D., Gavigan, C. A., & Kulchycky, S. (2004). Social skills and sex-role functioning in borderline personality disorder: Relationship to self-mutilating behavior. *Cognitive Behavior Therapy, 33,* 27–35.

McWilliams, N. (2006). Some thoughts about schizoid dynamics. *Psychoanalytic Review, 93,* 1–24.

Meichenbaum, D. (1977). *Cognitive-behavioral modification: An integrative approach.* New York: Plenum Press.

Meissner, W. W., Stone, M. H., Meloy, J. R., & Gunderson, J. G. (1996). Personality disorders. In G. O. Gabbard & S. D. Atkinson (Eds.), *Synopsis of treatments of psychiatric disorders* (2nd ed., pp. 947–1010). Washington, DC: American Psychiatric Association.

Melartin, T., Leskelä, U., Rytsälä, H., Sokero, P., Lestelä-Mielonen, P., & Isometsä, E. (2004). Co-morbidity and stability of melancholic features in *DSM-IV* major depressive disorder. *Psychological Medicine, 34,* 1443–1452.

Messer, S. B. (1996). Concluding comments. *Journal of Psychotherapy Integration, 6,* 135–137.

Meyer, B., Ajchenbrenner, M., & Bowles, D. P. (2005). Sensory sensitivity, attachment experiences, and rejection responses among adults with borderline and avoidant features. *Journal of Personality Disorders, 19,* 641–658.

Meyer, B., Pilkonis, P. A., & Beevers, C. G. (2004). What's in a (neutral) face? Personality disorders, attachment styles, and the appraisal of ambiguous social cues. *Journal of Personality Disorders, 18,* 320–336.

Migo, E. M., Corbett, K., Graham, J., Smith, S., Tate, S., Moran, P. M., et al. (2006). A novel test of conditioned inhibition correlates with personality measures of schizotypy and reward sensitivity. *Behavioral Brain Research, 168,* 299–306.

Millon, T. (1969). *Modern psychopathology: A biosocial approach to maladaptive learning and functioning.* Philadelphia: Saunders. (Reprinted 1985, Prospect Heights, IL: Waveland Press)

Millon, T. (1977). *Millon Clinical Multiaxial Inventory manual.* Minneapolis, MN: National Computer Systems.

Millon, T. (1981). *Disorders of personality: DSM-III, Axis II.* New York: Wiley-Interscience.

Millon, T. (1984). On the renaissance of personality assessment and personality theory. *Journal of Personality Assessment, 48,* 450–466.

Millon, T. (1987a). *Millon Clinical Multiaxial Inventory manual: II.* Minneapolis, MN: National Computer Systems.

Millon, T. (1987b). On the nature of taxonomy in psychopathology. In C. Last & M. Hersen (Eds.), *Issues in diagnostic research* (pp. 3–85). New York: Plenum Press.

Millon, T. (1988). Personologic psychotherapy: Ten commandments for a post eclectic approach to integrative treatment. *Psychotherapy, 25,* 209–219.

Millon, T. (1990). *Toward a new personology: An evolutionary model.* New York: Wiley-Interscience.

Millon, T. (with Davis, R. D.). (1996a). *Disorders of personality: DSM-IV and beyond.* New York: Wiley.

Millon, T. (1996b). *Personality and psychopathology: Building a clinical science.* New York: Wiley-Interscience.

Millon, T. (1999). *Personality-guided therapy.* New York: Wiley.

Millon, T. (2002). Assessment is not enough: The SPA should participate in constructing a comprehensive clinical science of personality. *Journal of Personality Assessment, 78,* 209–218.

Millon, T. (2004). *Masters of the mind: Exploring the stories of mental illness from ancient times to the new millennium.* Hoboken, NJ: Wiley.

Millon, T., Bloom, C., & Grossman, S. (in press). *Personalized assessment.* New York: Guilford Press.

Millon, T., & Davis, R. D. (1996). An evolutionary theory of personality disorders. In J. Clarkin & M. Lenzenweger (Eds.), *Major theories of personality disorder.* New York: Guilford Press.

Millon, T., & Grossman, S. D. (2006). Millon's evolutionary model for unifying the study of normal and abnormal personality. In S. Strack (Ed.), *Differentiating normal and abnormal personality* (2nd ed., pp. 3–46). New York: Springer.

Millon, T., Millon, C., Davis, R. D., & Grossman, S. D. (2006). *Millon Clinical Multiaxial Iventory-III manual* (2nd ed.). Minneapolis, MN: NCS Pearson Assessments.

Millon, T., Simonsen, E., Birket-Smith, M., & Davis, R. (1998). *Psychopathy: Antisocial, criminal, and violent behavior.* New York: Guilford Press.

Minzenberg, M. J., Fisher-Irving, M., Poole, J. H., & Vinogradov, S. (2006). Reduced self-referential source memory performance is associated with interpersonal dysfunction in borderline personality disorder. *Journal of Personality Disorders, 20,* 42–54.

Minzenberg, M. J., Poole, J. H., & Vinogradov, S. (2006). Adult social attachment disturbance is related to childhood maltreatment and current symptoms in borderline personality disorder. *Journal of Nervous and Mental Diseases, 194,* 341–348.

Mittal, V. A., Tessner, K. D., McMillan, A. L., Delawalla, Z., Trotman, H. D., & Walker, E. F. (2006). Gesture behavior in unmedicated schizotypal adolescents. *Journal of Abnormal Psychology, 115,* 351–358.

Mohr, C., Blanke, O., & Brugger, P. (2006). Perceptual aberrations impair mental own-body transformations. *Behavioral Neuroscience, 120,* 528–534.

Morgan, C., Bedford, N., & Rossell, S. L. (2006). Evidence of semantic disorganization using semantic priming in individuals with high schizotypy. *Schizophrenia Research, 84,* 272–280.

Murray, E. J. (1983). Beyond behavioral and dynamic therapy. *British Journal of Clinical Psychology, 22,* 127–128.

Nagata, T., Oshima, J., Wada, A., Yamada, H., Ota, Y., Yamauchi, T., et al. (2004). [Personality disorders in social anxiety disorder patients: Relationship with major depressive disorder]. *Seishin Igaku, 46,* 685–690.

Nakamura, M., McCarley, R. W., Kubicki, M., Dickey, C. C., Niznikiewicz, M. A., Voglmaier, M. M., et al. (2005). Fronto-temporal disconnectivity in schizotypal personality disorder: A diffusion tensor imaging study. *Biological Psychiatry, 58,* 468–478.

Neziroglu, F., McKay, D., Todaro, J., & Yaryura-Tobias, J. A. (1996). Effect of cognitive behavior therapy on persons with body dysmorphic disorder and comorbid Axis II diagnosis. *Behavior Therapy, 27,* 67–77.

Nickel, M. K., Muehlbacher, M., Nickel, C., Kettler, C., Gil, F. P., Bachler, E., et al. (2006). Aripiprazole in the treatment of patients with borderline personality disorder: A double-blind, placebo-controlled study. *American Journal of Psychiatry, 163,* 833–838.

Nickel, M. K., Nickel, C., Kaplan, P., Lahmann, C., Mühlbacher, M., Tritt, K., et al. (2005). Treatment of aggression with topiramate in male borderline patients: A double-blind, placebo-controlled study. *Biological Psychiatry, 57,* 495–499.

Nigg, J. T., Silk, K. R., Stavro, G., & Miller, T. (2005). Disinhibition and borderline personality disorder. *Development and Psychopathology, 17,* 1129–1149.

Noonan, J. R. (1999). Competency to stand trial and the paranoid spectrum. *American Journal of Forensic Psychology, 17,* 5–27.

Noyes, R., Jr., Langbehn, D. R., Happel, R. L., Stout, L. R., Muller, B. A., & Longley, S. L. (2001). Personality dysfunction among somatizing patients. *Psychosomatics: Journal of Consultation Liaison Psychiatry, 42,* 320–329.

Oades, R. D., Zimmerman, B., & Eggers, C. (1996). Conditioned blocking in patients with paranoid, non-paranoid psychosis or obsessive compulsive disorder: Associations with symptoms, personality and monoamine metabolism. *Journal of Psychiatric Research, 30,* 369–390.

Oldham, J. M. (2006a). Borderline personality disorder and suicidality. *American Journal of Psychiatry, 163,* 20–26.

Oldham, J. M. (2006b). Integrated treatment for borderline personality disorder. *Psychiatric Annals, 36,* 361–369.

Oldham, J. M., Bender, D. S., Skodol, A. E., Dyck, I. R., Sanislow, C. A., Yen, S., et al. (2004). Testing an APA practice guideline: Symptom-targeted medication utilization for patients with borderline personality disorder. *Journal of Psychiatric Practice, 10,* 156–161.

Overall, J. E., & Hollister, L. E. (1980). Phenomenological classification of depressive disorders. *Journal of Clinical Psychology, 36,* 372–377.

Palermo, G. B., & Scott, E. M. (1997). *The paranoid: In and out of prison.* Springfield, IL: Charles C Thomas.

Paris, J. (2004a). Borderline or bipolar? Distinguishing borderline personality disorder from bipolar spectrum disorders. *Harvard Review of Psychiatry, 12,* 140–145.

Paris, J. (2004b). Is hospitalization useful for suicidal patients with borderline personality disorder? *Journal of Personality Disorders, 18,* 240–247.

Paris, J. (2005a). Borderline personality disorder. *Canadian Medical Association Journal, 172,* 1579–1583.

Paris, J. (2005b). The diagnosis of borderline personality disorder: Problematic but better than the alternatives. *Annals of Clinical Psychiatry, 17,* 41–46.

Paris, J. (2005c). Understanding self-mutilation in borderline personality disorder. *Harvard Review of Psychiatry, 13,* 179–185.

Paris, J., Zweig-Frank, H., Ng Ying Kin, N. M. K., Schwartz, G., Steiger, H., & Nair, N. P. V. (2004). Neurobiological correlates of diagnosis and underlying traits in patients with borderline personality disorder compared with normal controls. *Psychiatry Research, 121,* 239–252.

Parker, G., Roy, K., Wilhelm, K., Mitchell, P., Austin, M., & Hadzi-Pavlovic, D. (1999). An exploration of links between early parenting experiences and personality disorder type and personality functioning. *Journal of Personality Disorders, 13,* 361–374.

Perseius, K., Ekdahl, S., Åsberg, M., & Samuelsson, M. (2005). To tame a volcano: Patients with borderline personality disorder and their perceptions of suffering. *Archives of Psychiatric Nursing, 19,* 160–168.

Pickup, G. J. (2006). Theory of mind and its relation to schizotypy. *Cognitive Neuropsychiatry, 11,* 177–192.

Pompili, M., Girardi, P., Ruberto, A., & Tatarelli, R. (2005). Suicide in borderline personality disorder: A meta-analysis. *Nordic Journal of Psychiatry, 59,* 319–324.

Porcerelli, J. H., Cogan, R., & Hibbard, S. (2004). Personality characteristics of partner violent men: A Q-sort approach. *Journal of Personality Disorders, 18,* 151–162.

Raine, A. (2006). Schizotypal personality: Neurodevelopmental and psychosocial trajectories. *Annual Review of Clinical Psychology, 2,* 291–326.

Raja, M. (2006). The diagnosis of Asperger's syndrome. *Directions in Psychiatry, 26,* 89–104.

Ralevski, E., Sanislow, C. A., Grilo, C. M., Skodol, A. E., Gunderson, J. G., Shea, M. T., et al. (2005). Avoidant personality disorder and social phobia: Distinct enough to be separate disorders? *Acta Psychiatrica Scandinavica, 112,* 208–214.

Rasmussen, P. R. (2005). The paranoid prototype. In P. R. Rasmussen (Ed.), *Personality-guided cognitive-behavioral therapy* (pp. 49–71). Washington, DC: American Psychological Association.

Ravindran, A. V., Yatham, L. N., & Munro, A. (1999). Paraphrenia redefined. *Canadian Journal of Psychiatry, 44,* 133–137.

Rawlings, D., & Freeman, J. L. (1997). Measuring paranoia/suspiciousness. In G. Claridge (Ed.), *Schizotypy: Implications for illness and health* (pp. 38–60). New York: Oxford University Press.

Reich, W. (1949). *Character analysis* (3rd ed.). New York: Farrar, Straus and Giroux. (Original work published 1933).

Reid, W. H. (2005). Delusional disorder and the law. *Journal of Psychiatric Practice, 11,* 126–130.

Robins, C. J., & Chapman, A. L. (2004). Dialectical behavior therapy: Current status, recent developments, and future directions. *Journal of Personality Disorders, 18,* 73–89.

Rogers, C. (1961). *On becoming a person: A therapists view of psychotherapy.* New York: Houghton Mifflin.

Rosenthal, M. Z., Cheavens, J. S., Lejuez, C. W., & Lynch, T. R. (2005). Thought suppression mediates the relationship between negative affect and borderline personality disorder symptoms. *Behavior Research and Therapy, 43,* 1173–1185.

Ruchsow, M., Walter, H., Buchheim, A., Martius, P., Spitzer, M., Kächele, H. et al. (2006). Electrophysiological correlates of error processing in borderline personality disorder. *Biological Psychology, 72*(2), 133–140.

Ruocco, A. C. (2005a). Reevaluating the distinction between Axis I and Axis II disorders: The case of borderline personality disorder. *Journal of Clinical Psychology, 61,* 1509–1523.

Ruocco, A. C. (2005b). The neuropsychology of borderline personality disorder: A meta-analysis and review. *Psychiatry Research, 137,* 191–202.

Ryder, A. G., Schuller, D. R., & Bagby, R. M. (2006). Depressive personality and dysthymia: Evaluating symptom and syndrome overlap. *Journal of Affective Disorders, 91,* 217–227.

Sachsse, U., Vogel, C., & Leichsenring, F. (2006). Results of psychodynamically oriented trauma-focused inpatient treatment for women with complex posttraumatic stress disorder (PTSD) and borderline personality disorder (BPD). *Bulletin of the Menninger Clinic, 70,* 125–144.

Sacks, O. (1973). *Awakenings.* New York: Harper & Row.

Salsman, N. L., & Linehan, M. M. (2006). Dialectical-behavioral therapy for borderline personality disorder. *Primary Psychiatry, 13,* 51–58.

Salzman, L. (1980). *Treatment of the obsessive personality.* Northvale, NJ: Aronson.

Sansone, R. A. (2004). Chronic suicidality and borderline personality. *Journal of Personality Disorders, 18,* 215–225.

Sansone, R. A., Songer, D. A., & Miller, K. A. (2005). Childhood abuse, mental healthcare utilization, self-harm behavior, and multiple psychiatric diagnoses among inpatients with and without a borderline diagnosis. *Comprehensive Psychiatry, 46,* 117–120.

Schatzberg, A. F., Rush, A. J., Arnow, B. A., Banks, P. L. C., Blalock, J. A., Borian, F. E., et al. (2005). Chronic depression: Medication (nefazodone) or psychotherapy (CBASP) is effective when the other is not. *Archives of General Psychiatry, 62*, 513–520.

Schmahl, C., & Bremner, J. D. (2006). Neuroimaging in borderline personality disorder. *Journal of Psychiatric Research, 40*, 419–427.

Schneider, K. (1950). *Psychopathic personalities* (9th ed.). London: Cassell. (Original work published 1923).

Schürhoff, F., Laguerre, A., Szöke, A., Méary, A., & Leboyer, M. (2005). Schizotypal dimensions: Continuity between schizophrenia and bipolar disorders. *Schizophrenia Research, 80*, 235–242.

Schut, A. J., Castonguay, L. G., Flanagan, K. M., Yamasaki, A. S., Barber, J. P., Bedics, J. D., et al. (2005). Therapist interpretation, patient-therapist interpersonal process, and outcome in psychodynamic psychotherapy for avoidant personality disorder. *Psychotherapy: Theory, Research, Practice, Training, 42*, 494–511.

Scott, S. (2006). The medicalization of shyness: From social misfits to social fitness. *Sociology of Health and Illness, 28*, 133–153.

Seedat, S., & Stein, M. B. (2004). Double-blind, placebo-controlled assessment of combined clonazepam with paroxetine compared with paroxetine monotherapy for generalized social anxiety disorder. *Journal of Clinical Psychiatry, 65*, 244–248.

Sellen, J. L., Oaksford, M., & Gray, N. S. (2005). Schizotypy and conditional reasoning. *Schizophrenia Bulletin, 31*, 105–116.

Serban, G., & Siegel, S. (1984). Response of borderline and schizotypal patients to small doses of thiothixene and haloperidol. *American Journal of Psychiatry, 141*, 1455–1458.

Shapiro, D. (1981). *Autonomy and rigid character.* New York: Basic Books.

Shea, M. T., Stout, R. L., Yen, S., Pagano, M. E., Skodol, A. E., Morey, L. C., et al. (2004). Associations in the course of personality disorders and Axis I disorders over time. *Journal of Abnormal Psychology, 113*, 499–508.

Shi-jie, Z. (2006). [Cognitive characteristics of patients with borderline personality disorder]. *Chinese Journal of Clinical Psychology, 14*, 36–39.

Shopshire, M. S., & Craik, K. H. (1996). An act-based conceptual analysis of the obsessive-compulsive, paranoid, and histrionic personality disorders. *Journal of Personality Disorders, 10*, 203–218.

Sieswerda, S., Arntz, A., & Wolfis, M. (2005). Evaluations of emotional noninterpersonal situations by patients with borderline personality disorder. *Journal of Behavior Therapy and Experimental Psychiatry, 36*, 209–225.

Siever, L. J., & Davis, K. L. (2004). The pathophysiology of schizophrenia disorders: Perspectives from the spectrum. *American Journal of Psychiatry, 161*, 398–413.

Silk, K. R. (2005). Object relations and the nature of therapeutic interventions. *Journal of Psychotherapy Integration, 15*, 94–100.

Sinha, B. K., & Watson, D. C. (2006). Hostility and personality disorder. *Imagination, Cognition and Personality, 25*, 45–57.

Skodol, A. E., Grilo, C. M., Pagano, M. E., Bender, D. S., Gunderson, J. G., Shea, M. T., et al. (2005). Effects of personality disorders on functioning and well-being in major depressive disorder. *Journal of Psychiatric Practice, 11*, 363–368.

Skodol, A. E., Gunderson, J. G., Shea, M. T., McGlashan, T. H., Morey, L. C., Sanislow, C. A., et al. (2005). The Collaborative Longitudinal Personality Disorders Study (CLPS): Overview and implications. *Journal of Personality Disorders, 19,* 487–504.

Skodol, A. E., Oldham, J. M., Bender, D. S., Dyck, I. R., Stout, R. L., Morey, L. C., et al. (2005). Dimensional representations of *DSM-IV* personality disorders: Relationships to functional impairment. *American Journal of Psychiatry, 162,* 1919–1925.

Skodol, A. E., Pagano, M. E., Bender, D. S., Shea, M. T., Gunderson, J. G., Yen, S., et al. (2005). Stability of functional impairment in patients with schizotypal, borderline, avoidant, or obsessive-compulsive personality disorder over 2 years. *Psychological Medicine, 35,* 443–451.

Slater, L. (1998). *Prozac diary.* New York: Random House.

Slote, G. (2000). Rapid breakthrough into the unconscious of a depressed and masochistic patient in an initial 2-hour therapy session. *International Journal of Intensive Short-Term Dynamic Psychotherapy, 14*(2), 49–74.

Smith, A. (2006). Cognitive empathy and emotional empathy in human behavior and evolution. *Psychological Record, 56,* 3–21.

Smith, D. J., Muir, W. J., & Blackwood, D. H. R. (2004). Is borderline personality disorder part of the bipolar spectrum? *Harvard Review of Psychiatry, 12,* 133–139.

Söderberg, S., Kullgren, G., & Renberg, E. S. (2004). Life events, motives, and precipitating factors in parasuicide among borderline patients. *Archives of Suicide Research, 8,* 153–162.

Soloff, P. H., George, A., Nathan, R. S., Schulz, P. M., Ulrich, R. F., & Perel, J. M. (1986). Progress in pharmacotherapy of borderline disorders: A double-blind study of amitriptyline, haloperidol, and placebo. *Archives of General Psychiatry, 43,* 691–697.

Spitzer, R. L., Endicott, J., & Gibbon, M. (1979). Crossing the border into borderline personality and borderline schizophrenia. *Archives of General Psychiatry, 36,* 17–24.

Spurling, L. (2005). Combined therapy with borderline patients. *British Journal of Psychotherapy, 21,* 543–558.

Stanghellini, G., Bertelli, M., & Raballo, A. (2006). Typus melancholicus: Personality structure and the characteristics of major unipolar depressive episode. *Journal of Affective Disorders, 93,* 159–167.

Stein, D. J., Ono, Y., Tajima, O., & Muller, J. E. (2004). The social anxiety disorder spectrum. *Journal of Clinical Psychiatry, 65,* 27–33.

Stevens, A., Burkhardt, M., Hautzinger, M., Schwarz, J., & Unckel, C. (2004). Borderline personality disorder: Impaired visual perception and working memory. *Psychiatry Research, 125,* 257–267.

Stone, M. H. (1993). Long-term outcome in personality disorders. In P. Tyrer & G. Stein (Eds.), *Personality disorder reviewed.* London: Gaskell.

Stone, M. H. (2004). Determining amenability to psychotherapy in patients with borderline disorders. *Psychiatric Annals, 34,* 437–445.

Strauss, J. L., Hayes, A. M., Johnson, S. L., Newman, C. F., Brown, G. K., Barber, J. P., et al. (2006). Early alliance, alliance ruptures, and symptom change in a nonrandomized trial of cognitive therapy for avoidant and obsessive-compulsive personality disorders. *Journal of Consulting and Clinical Psychology, 74,* 337–345.

Sunseri, P. A. (2004). Preliminary outcomes on the use of dialectical behavior therapy to reduce hospitalization among adolescents in residential care. *Residential Treatment for Children and Youth, 21,* 59–76.

Swartz, H. A., Pilkonis, P. A., Frank, E., Proietti, J. M., & Scott, J. (2005). Acute treatment outcomes in patients with bipolar I disorder and co-morbid borderline personality disorder receiving medication and psychotherapy. *Bipolar Disorders, 7,* 192–197.

Takahashi, T., Suzuki, M., Zhou, S., Hagino, H., Tanino, R., Kawasaki, Y., et al. (2005). Volumetric MRI study of the short and long insular cortices in schizophrenia spectrum disorders. *Psychiatry Research: Neuroimaging, 138,* 209–220.

Takahashi, T., Suzuki, M., Zhou, S., Tanino, R., Hagino, H., Kawasaki, Y., et al. (2006). Morphologic alterations of the parcellated superior temporal gyrus in schizophrenia spectrum disorders. *Schizophrenia Research, 83,* 131–143.

Taylor, C. T., Laposa, J. M., & Alden, L. E. (2004). Is avoidant personality disorder more than just social avoidance? *Journal of Personality Disorders, 18,* 571–594.

Tillfors, M., Furmark, T., Ekselius, L., & Fredrikson, M. (2004). Social phobia and avoidant personality disorder: One spectrum disorder? *Nordic Journal of Psychiatry, 58,* 147–152.

Tizón García, J. L. (2003). La relación paranoide: La vida desde el búnker [The paranoid relation: Life from the bunkers]. *Revista Intersubjetivo, 5,* 163–192.

Tolpin, L. H., Gunthert, K. C., Cohen, L. H., & O'Neill, S. C. (2004). Borderline personality features and instability of daily negative affect and self-esteem. *Journal of Personality, 72,* 111–137.

Travers, C., & King, R. (2005). An investigation of organic factors in the neuropsychological functioning of patients with borderline personality disorder. *Journal of Personality Disorders, 19,* 1–18.

Tritt, K., Nickel, C., Lahmann, C., Leiberich, P. K., Rother, W. K., Loew, T. H., et al. (2005). Lamotrigine treatment of aggression in female borderline-patients: A randomized, double-blind, placebo-controlled study. *Journal of Psychopharmacology, 19,* 287–291.

Turkat, I. D. (1990). *The personality disorders.* New York: Pergamon Press.

Uhlhaas, P. J., Silverstein, S. M., Phillips, W. A., & Lovell, P. G. (2004). Evidence for impaired visual cortex processing in schizotypy with thought disorder. *Schizophrenia Research, 68,* 249–260.

Vaslamatzis, G., Coccossis, M., Zervis, C., Panagiotopoulou, V., & Chatziandreou, M. (2004). A psychoanalytically oriented combined treatment approach for severely disturbed borderline patients: The Athens Project. *Bulletin of the Menninger Clinic, 68,* 337–349.

Vittengl, J. R., Clark, L. A., & Jarrett, R. B. (2004). Self-directed affiliation and autonomy across acute and continuation phase cognitive therapy for recurrent depression. *Journal of Personality Assessment, 83,* 235–247.

Voglmaier, M. M., Seidman, L. J., Niznikiewicz, M. A., Dickey, C. C., Shenton, M. E., & McCarley, R. W. (2005). A comparative profile analysis of neuropsychological function in men and women with schizotypal personality disorder. *Schizophrenia Research, 74,* 43–49.

Vuorilehto, M., Melartin, T., & Isometsä, E. (2005). Depressive disorders in primary care: Recurrent, chronic, and co-morbid. *Psychological Medicine, 35,* 673–682.

Warner, M. B., Morey, L. C., Finch, J. F., Gunderson, J. G., Skodol, A. E., Sanislow, C. A., et al. (2004). The longitudinal relationship of personality traits and disorders. *Journal of Abnormal Psychology, 113,* 217–227.

Waska, R. T. (2002). Mutilation of self and object: The destructive world of the paranoid-schizoid patient and the struggle for containment and integration. *Psychoanalytic Review, 89,* 373–398.

Wenzel, A., Chapman, J. E., Newman, C. F., Beck, A. T., & Brown, G. K. (2006). Hypothesized mechanisms of change in cognitive therapy for borderline personality disorder. *Journal of Clinical Psychology, 62*(4), 503–516.

Westen, D. & Weinberger, J. (2004). When clinical description becomes statistical prediction. *American Psychologist, 59,* 595–613.

Whewell, P., Lingam, R., & Chilton, R. (2004). Reflective borderline group therapy: The patients' experience of being borderline. *Psychoanalytic Psychotherapy, 18,* 324–345.

Widiger, T. A. (1995). Deletion of self-defeating and sadistic personality disorders. In W. J. Livesley (Ed.), *The DSM-IV personality disorders* (pp. 359–373). New York: Guilford Press.

Will, H. (1994). Zur phanomenologie der depression: Aus psychoanalytischer sicht [The phenomenology of depression: A psychoanalytic view]. *Psyche Zeitschrift fur Psychoanalyse und ihre Anwendungen, 48,* 361–385.

Williams, P., Haigh, R., & Fowler, D. (2005). "Cluster A" personality disorders. In G. O. Gabbard, J. S. Beck, & J. Holmes (Eds.), *Oxford textbook of psychotherapy* (pp. 261–267). New York: Oxford University Press.

Wilson, S. T., Fertuck, E. A., Kwitel, A., Stanley, M. C., & Stanley, B. (2006). Impulsivity, suicidality and alcohol use disorders in adolescents and young adults with borderline personality disorder. *International Journal of Adolescent Medicine and Health, 18*(1), 189–196.

Yalom, I. D. (1985). *The theory and practice of group psychotherapy.* New York: Basic Books.

Young, J. E. (1990). *Cognitive therapy for personality disorders: A schema-focused approach.* Sarasota, FL: Professional Resource Exchange.

Young, J. E., & Lindeman, M. D. (1992). An integrative schema-focused model for personality disorders. *Journal of Cognitive Psychotherapy, 6,* 11–23.

Zanarini, M. C., Frankenburg, F. R., Hennen, J., Reich, D. B., & Silk, K. R. (2005). Psychosocial functioning of borderline patients and Axis II comparison subjects followed prospectively for 6 years. *Journal of Personality Disorders, 19,* 19–29.

Zeeck, A., Hartmann, A., & Orlinsky, D. E. (2006). Internalization of the therapeutic process: Differences between borderline and neurotic patients. *Journal of Personality Disorders, 20*(1), 22–41.

Zeigler-Hill, V., & Abraham, J. (2006). Borderline personality features: Instability of self-esteem and affect. *Journal of Social and Clinical Psychology, 25,* 668–687.

Zimmerman, M., Rothschild, L., & Chelminski, I. (2005). The prevalence of *DSM-IV* personality disorders in psychiatric outpatients. *American Journal of Psychiatry, 162,* 1911–1918.

찾아보기

역자 소개

최영안

    숙명여자대학교 대학원 교육학 박사
    한양대학교 의과대학 정신의학과 임상심리 레지던트 수료
    임상심리 전문가(한국 심리학회), 한국 보훈병원 정신과 임상심리학 실장
    현재 마음의 소리 심리상담센터 원장, 순천향대학교 외래교수

    주요 저서
    알기쉬운 심리학(공저, 2009), 정신건강론(저, 2010)

김광현

    경북대학교 대학원 교육학 석사
    충북대학교 대학원 교육학 박사과정 4학기 수료
    대한 예수교 장로회 대신총회신학 연구원(M.div.)
    현재 전문 번역가, 생리학에 기반한 학교상담 평가도구 개발자